JEAN ZIEGLER

Die Schweiz, das Gold und die Toten

Buch

Jean Ziegler widerlegt den lange aufrechterhaltenen Glauben, die Schweiz habe sich während des Dritten Reiches stets neutral verhalten, und belegt dies mit präzise recherchierten Fakten: Schweizer Bankiers haben Hitlers Raubgold aufgekauft und so dem Reich die kriegswichtigen Rohstoffkäufe ermöglicht. Ohne die Schweizer Bankiers wäre der Zweite Weltkrieg früher zu Ende gegangen, und Millionen von Menschen wären am Leben geblieben.

Astronomisch hohe Kriegsgewinne begründeten die internationale Macht der Schweizer Banken. Gleichzeitig wiesen die Berner Behörden an ihren Grenzen Zehntausende jüdischer Flüchtlinge zurück.

Neue, vor allem amerikanische Geheimdienstberichte offenbaren die helvetische Komplizenschaft mit den Nazis und enthüllen die Bestände von sogenannten nachrichtenlosen Vermögen von Holocaust-Opfern in Schweizer Bankkellern.

Über fünfzig Jahre hat die Schweiz ihre Neutralität beteuert – jetzt holt die Vergangenheit die Eidgenossen ein.

Autor

Jean Ziegler ist Professor für Soziologie an der Universität Genf und assoziierter Professor an der Pariser Sorbonne. Er ist Nationalrat im Parlament der Schweizer Eidgenossenschaft. Durch seine zahlreichen Bücher wurde er international bekannt.

JEAN ZIEGLER

Die Schweiz, das Gold und die Toten

GOLDMANN

Umwelthinweis:
Alle bedruckten Materialien dieses Taschenbuches
sind chlorfrei und umweltschonend.

Der Goldmann Verlag
ist ein Unternehmen der Verlagsgruppe Bertelsmann

Vollständige Taschenbuchausgabe Mai 1998
Wilhelm Goldmann Verlag, München
© 1997 der Originalausgabe Jean Ziegler
© 1997 der deutschsprachigen Ausgabe
C. Bertelsmann Verlag GmbH, München
Umschlaggestaltung: Design Team München
Druck: Elsnerdruck, Berlin
Verlagsnummer: 12783
KF · Herstellung: Sebastian Strohmaier
Made in Germany
ISBN 3-442-12783-1

1 3 5 7 9 10 8 6 4 2

Dieses Buch ist gewidmet

meinem Freund, dem amerikanischen Künstler
und Journalisten Andreas Freund,
geboren 1925 in Breslau, im Tessin interniert
von 1939 bis 1945, gestorben in Paris
am 17. November 1996

dem schweizerischen Theologie-Studenten
Maurice Bavaud, der 1939 versucht hatte,
Adolf Hitler zu töten.
Geboren 1916 in Boudry, Kanton Neuenburg,
starb Bavaud unter dem Fallbeil
im Berliner Zuchthaus Moabit,
am 18. Mai 1941, um 6 Uhr morgens.

Inhalt

Vierter Teil: Der Wirtschaftskrieg

Fünfter Teil: Der Sieg über die Sieger

Sechster Teil: Die Holocaust-Beute

Anhang

ERSTER TEIL

Die schuldigen Schuldlosen

Merke: Es gibt Untaten,
über welche kein Gras wächst.

Johann Peter Hebel

I. Der helvetische Gedächtnisschwund

Eine strahlende Herbstsonne steht über dem Genfer See. Rot, gelb und orange glühen die Bäume. Der Himmel ist kristallklar. Die Gipfel der Savoyer Alpen am Südufer glitzern in der Sonne. Neuschnee ist in der Nacht zuvor auf das Vorgebirge des Mont-Blanc-Massivs gefallen. Ich sitze im Schnellzug Genf–Bern der Schweizerischen Bundesbahnen.

Der Zug rollt durch die Rebberge des Lavaux hoch über dem rechten Seeufer. Goldenes Licht spielt in den Reben. Es ist Montag, der 30. September 1996.

Das vergangene Wochenende habe ich mit der Vorbereitung meiner Parlamentsrede verbracht, zahllose Telefonanrufe besorgter Bürgerinnen und Bürger beantwortet und mit zwei Freunden aus einer Genfer Privatbank meine Dokumentation aufgearbeitet. Jetzt versuche ich meine Notizen zu ordnen, ständig abgelenkt von der schwelgerischen Pracht dieser Landschaft.

Auf dem Bundeshaus in Bern weht die große Schweizerfahne: weißes Kreuz auf rotem Feld. Das Parlament der Eidgenossenschaft tagt. Sitzungsbeginn: 14 Uhr 30. Angesagt ist die große Debatte betreffend »nachrichtenlose jüdische Konten« und Nazi-Gold in helvetischen Bankenkellern.

Kaum betrete ich die Wandelhalle, bemerke ich ungewohnte Nervosität. Kolleginnen und Kollegen stehen in Gruppen herum, tuscheln. Journalisten sprechen gereizt in ihr Handtelefon. Einige protestieren mit lauter Stimme. Andere schütteln bloß ungläubig den Kopf. Aufregung überall. Thomas Reimer, ARD-Korrespondent in der Schweiz, murmelt fassungslos: »Das darf doch nicht wahr sein!«

Herr Bigler, Bundesweibel in grüner Uniform mit goldener Kette, kommt auf mich zu. Wir mögen uns. Bigler ist verlegen: »Es tut mir leid, Sie können heute nicht reden. Es gibt keine Debatte.«

Ich traue meinen Ohren nicht: Über das Wochenende hat der Präsident, unterstützt vom Ratsbüro, beschlossen, eine allgemeine Parlamentsdebatte zu unterbinden. Reden dürfen allein Außenminister Flavio Cotti und je ein vorsortierter Sprecher einer jeden parlamentarischen Gruppe. Gewählte Volksvertreterinnen und Volksvertreter müssen schweigen. Ich stürme zur Präsidententribüne hinauf, protestiere heftig.

Jean-François Leuba, Jurist aus Lausanne und Parlamentspräsident, versteht meine Empörung nicht. Tiefes Erstaunen steht in seinem runden Gesicht. Mit vorwurfsvoller Stimme antwortet er mir: »Vous ne voudriez quand-même pas, que nous nous donnions en spectacle devant tous ces étrangers?« (»Sie wollen doch nicht, daß wir uns hier bloßstellen, vor all diesen Ausländern?«)

Tatsächlich. Da sitzen sie, die Feinde: internationale Journalisten.

Das Bundeshaus, ein Prachtbau aus der Zeit der Jahrhundertwende, beherbergt einen riesigen, holzgetäfelten Plenarsaal, der wie ein Amphitheater konstruiert ist: unten die Parlamentarier, Stimmenzähler, Dolmetscher, Sekretärinnen, die Weibel und die Regierung. Hoch darüber, rings herum abgesondert durch schützende Balustraden, die Tribünen für das Publikum, die Presse und die Diplomaten.

Auf den beiden Pressetribünen drängen sich die amerikanischen, englischen, französischen, deutschen Journalisten. Gleich gegenüber dem Fauteuil des Präsidenten, hoch oben auf der Zuschauertribüne, haben ausländische Fernsehgesellschaften Batterien von Kameras, Mikrophonen und Lichtständern aufgebaut.

Oben rechts im Saal, auf der Diplomatentribüne, sitzen, umgeben von ihren Mitarbeitern, der israelische Botschafter Gabriel

Padon und Madeleine Kunin, Botschafterin der Vereinigten Staaten. Gebürtig aus einer jüdischen Familie aus Zürich war Kunin nach dem Krieg in die USA ausgewandert.

Jean-François Leuba gleicht einem der Kurienkardinäle, wie Tiepolo sie malte. Sein Leib ist rund, seine Bewegungen flink und gleichzeitig gemessen. Fröhliche, lebhafte Augen blicken aus seinem runzeligen Gesicht. Er strahlt Gelassenheit aus. Und Würde. Er glaubt an die Reinheit der Reinen. Zweifel sind ihm fremd. Leuba stammt aus dem »Pays de Vaud«, dem Kanton Waadt, der seit Mitte des 16. Jahrhunderts bis zum Einmarsch der napoleonischen Truppen 1798 bernisches Untertanengebiet gewesen war. Gehorsam liegt ihm im Blut.

Das eidgenössische Parlament kennt kein Unvereinbarkeitsgesetz. Zahlreiche meiner Kolleginnen und Kollegen verdienen jährlich Hunderttausende von Franken als Verwaltungsräte der Großbanken und der von diesen abhängigen Konzerne.

Sie strahlen stille Zuversicht aus. Kritisiert wird heute nicht – und sonst nicht oft.

Recht hat er, der große Vorsitzende Leuba mit seiner Zensur. Die Journalisten sind selber schuld, wenn es heute keine Debatte geben darf. Ihre Artikel in den vergangenen Wochen waren alles andere als erfreulich.

Im Hamburger Spiegel stand zu lesen (Nr. 38, 1996): »Hitlers willige Hehler – Im Tausch gegen geraubtes Gold finanzierten die Schweizerische Nationalbank und die Bank für Internationalen Zahlungsverkehr die Angriffskriege der Nazis.«

»Räuberhöhle Schweiz« betitelte die Frankfurter Allgemeine Zeitung am 26. 9. 1996 eine Analyse der helvetischen Mithilfe zu den nationalsozialistischen Kriegsverbrechen. Und eine Woche zuvor die gleiche FAZ, ironisch diesmal: »Wenn die Wirklichkeit jeden Schmöker übertrifft ...« Die Zeit schrieb am 13. 9. 1996 in gewohnt distinguierter Art vom »langen Schatten des Holocaust«, der die Schweiz endlich eingeholt hätte.

Dieselbe Ausgabe von Die Zeit berichtete auch genüßlich von

Hitlers eigenem Konto bei der Schweizerischen Bankgesellschaft, Filiale Bern, wohin seit 1926 bis zum Kriegsende die Tantiemen von »Mein Kampf« flossen, treuhänderisch verwaltet vom SS-Obersturmbannführer Max Amann.

Schlimmer noch gebärdeten sich die Angelsachsen. Von der »Helvetischen Neutralitätslüge« schrieb die New York Times, und im Londoner Evening Standard vom 13. 9. 1996 stand zu lesen: »Swiss neutrality: just an excuse to get rich.« Im Unterhaus war ein Labour-Abgeordneter aufgestanden und hatte die Eidgenossenschaft als »Paria Europas« beschimpft. Die Financial Times (13. 9. 1996) höhnte: bisherige Rechtfertigungsversuche der Schweizer Regierung seien bloß eine fieberhafte, aber vergebliche Übung in »damage limitation« (Schadensbegrenzung).

Selbst die einheimische Presse zeigte sich ungewohnt kritisch: Im Hebdo, der wichtigsten Wochenzeitung der französischsprachigen Schweiz, stand zu lesen: »Ohne die Hilfe der Schweiz wäre Deutschland bereits im Oktober 1944 besiegt gewesen... Die Schweiz hat Nazi-Deutschland tatkräftig unterstützt: indem sie den Nazis die Nord-Süd-Verbindungen durch den Gotthard offenhielt, ihnen große Mengen hochwertigen Präzisionsmaterials, optische Instrumente etc. lieferte und die gestohlenen Vermögenswerte der Nazis weiß wusch, insbesondere durch den Umtausch des geraubten Goldes in nützliche Devisen.«

Auch aus Zürich, der Finanzmetropole des Landes, kamen böse Stimmen. Die Weltwoche (Nr. 40, 1996): »Weshalb die Banken im Umgang mit der Vergangenheit versagen: Lemminge vor dem Abgrund.« In derselben Nummer der Weltwoche eine zweite Analyse zum Raubgold und den »nachrichtenlosen Vermögen«, unter dem Titel: »Wie unvergleichlich war die Raffgier der Gnomen?«

Über Vorvergangenes referierte Cash (Nr. 39 und Nr. 40, 1996), die größte Wirtschaftszeitung der Eidgenossenschaft: »Die Gier kannte keine Grenzen. Noch im März 1945 holte sich die Nationalbank Raubgold aus Deutschland. Mit Hilfe von Bestechung.« ... Und weiter: »Der Bundesrat [die Regierung] hat gelogen ... Holocaust-Gelder: Parlament getäuscht, vor den Banken gekuscht.« Ein anderer Cash-Titel: »Helvetias Kriegsgewinnler: Ohne die Golddrehscheibe Schweiz wäre der Krieg in Europa viel früher zu Ende gewesen.«

Die mit Abstand größte Schweizer Zeitung ist der Sonntags-Blick. Sie gehört dem Medienkonzern Ringier. Ringier-Generaldirektor und Starkolumnist des Hauses, Frank A. Meyer, schreibt in gewohnt prägnanter Sprache am 22. September 1996: »Die Schweiz hat die vor den Nazis flüchtenden Juden an der Grenze abgewiesen und so in den Tod geschickt. Das Gold, das die Nazis den toten Juden aus den Zähnen brachen, hat die Schweiz willig akzeptiert und gewaschen.«

Wer nährt diese internationale Sturzflut von Enthüllungen? Fanatische Schweizfeinde? Greise Exkommunisten mit einem unbändigen Haß auf die Schweizer Banken? Junge, wirre Linksextremisten, verbissen in ihren Kampf gegen das Kapital?

Nein, fast einzige – aber seit Sommerbeginn 1996 stets sprudelnde – Quelle dieser Dokumentenflut ist die amerikanische Regierung. Die Forscher (»investigators«) der Bankenkommission des amerikanischen Senats und des Jüdischen Weltkongresses gruben und graben in Washingtons Kriegsarchiven jede Menge belastender Dokumente aus. Sie schleusten und schleusen sie mit schöner Regelmäßigkeit in die Weltpresse.

Die Vorgeschichte: New York beherbergt nicht nur die größte jüdische Gemeinde der Welt, hier wohnen auch viele kritische Intellektuelle jeglicher Provenienz. Seit langem schon riefen sie nach einer vollständigen Aufklärung der Nazi-Verbrechen – insbesondere der Wirtschaftsverbrechen. Allen voran zwei New Yorker Parlamentarier nahmen sich der Sache an: der republikanische Senator (und Präsident der Bankenkommission) Alfonse D'Amato und die demokratische Abgeordnete des 14. Distrikts (Upper East Side), Carolyn Maloney. Nichts ist wirksamer im amerikanischen politischen System als ein »bi-partisan-plea«, eine von den beiden großen Parteien unterstützte Forderung.

Am 3. Januar 1996 stimmten Repräsentantenhaus und Senat

einstimmig einer Resolution zu, die die Offenlegung der gesamten Kriegsvergangenheit verlangt. Ich zitiere Auszüge:

»Während des 104. Kongresses feierten die Amerikaner den 50. Jahrestag des Endes des Zweiten Weltkrieges und das Ende des Holocaust, eine der schlimmsten Tragödien der menschlichen Geschichte.

Es ist wichtig, daß wir alles, soweit möglich, aus dieser schrecklichen Epoche in Erfahrung bringen, um zu verhindern, daß sich eine derartige Katastrophe je wiederholt.

Der kalte Krieg ist zu Ende.

Zahlreiche Nationen, inklusive jene der einstigen Sowjetunion, öffnen ihre Archive betreffend die Nazi-Kriegsverbrechen, wie auch Verbrechen, die durch Behörden ihrer eigenen Staaten begangen worden sind.

[...]

1996 begehen wir den 30. Jahrestag der Annahme des Freedom of Information Act.

Behörden der amerikanischen Regierung besitzen Informationen über Personen, welche Nazi-Kriegsverbrechen befohlen, angestiftet oder sonstwie unterstützt haben.

Einige dieser Behörden haben bisher routinemäßig den Freedom of Information Act verletzt und es abgelehnt, Informationen über Personen, die Nazi-Kriegsverbrechen begangen haben, herauszugeben.

[...]

Es ist legitim, bestimmte Materialien aus Regierungsdossiers nicht zu veröffentlichen, wenn ihre Veröffentlichung auf seriöse und nachweisbare Art die derzeitigen oder zukünftigen Interessen der Landesverteidigung, der Geheimdiensttätigkeit oder der Außenbeziehungen der Vereinigten Staaten gefährden könnten.

Die Veröffentlichung der meisten Informationen betreffend Nazi-Kriegsverbrechen gefährdet nicht die nationalen Interessen der Vereinigten Staaten.

[...]

Es ist deshalb der Wille des Kongresses [›The sense of Congress‹], daß sämtliche Behörden, welche Informationen besitzen über Personen, die verdächtig sind, Nazi-Kriegsverbrechen begangen zu haben, diese der Öffentlichkeit zugänglich machen.«

Unter republikanisch-demokratischem Druck unterschrieb Präsident Clinton den War Crimes Disclosure Act. Dieses Gesetz öffnete nicht nur die letzten Geheimarchive des Zweiten Weltkrieges, es schuf auch einen effizienten Forschungsapparat, bewilligte Stellen und ein Budget. Kurz: Das Gesetz sorgte dafür, daß bisher unveröffentlichte Dokumente über die Nazi-Verbrecher und ihre (willentlichen oder unwillentlichen) Komplizen nicht nur zur wissenschaftlichen Erforschung freigegeben, sondern von der Öffentlichkeit auch tatsächlich zur Kenntnis genommen werden konnten.

Für Clintons Unterschrift unter den War Crimes Disclosure Act liefert Peter Bichsel eine ebenso wichtige wie plausible Erklärung: »Präsident Clinton ist wohl der erste Präsident der Vereinigten Staaten, der kein Konto in Zürich hat.«[1]

Was die Erkundung der helvetischen Goldwäscherei und der Handels- und Kapitalhilfe an Hitler-Deutschland anbelangt, sind vor allem zwei amerikanische Geheimdienstinstanzen von Wichtigkeit: Henry J. Morgenthau, Finanzminister und persönlicher Freund von Präsident Roosevelt, war der eigentliche Motor der weltweiten Wirtschaftsblockade gegen Hitler. Zusammen mit Churchill (und dem Londoner Ministry of Economic Warfare) organisierte Morgenthau den Wirtschaftskrieg. Er schuf den Economic War Board und den internen Geheimdienst des Finanzministeriums. 1943 organisierte er das Safe Haven Program: den Geheimdienstkrieg gegen deutsche Tarngesellschaften, international tätige deutsche Geschäftsleute und ausländische, vor allem schweizerische Geschäftsanwälte, Treuhänder, Bankiers, welche den Nazis zur Hand gingen.

Die zweite Quelle amerikanischer Geheimdienstdokumente,

welche heute Auskunft geben über die Methoden und Wege, mit welchen die Schweiz Hitlers Angriffskriege finanzierte, kommt aus dem sogenannten »Dulles-Network«.

Der schwerreiche, politisch erfahrene Wallstreet-Anwalt Allen Welsh Dulles wurde 1942 vom Chef des Auslandsspionagedienstes OSS (Office of Strategic Services), William J. Donovan, mit der Eröffnung einer Filiale in der Schweiz betraut.

Nach einer abenteuerlichen Reise über die Bahamas, die Azoren, Lissabon, Madrid, Perpignan und Marseille entstieg Dulles im Morgengrauen des 8. November 1942 dem französischen Bummelzug im Bahnhof von Annemasse. Es war der Tag der alliierten Landung in Nordafrika. Hitler reagierte mit der militärischen Besetzung Südfrankreichs. Dulles war der letzte Amerikaner, der (abgesehen von den abgeschossenen und flüchtigen Bomberpiloten) auf dem Landweg die Schweiz erreichte.[2]

In der Bahnhofsbaracke der französischen Polizei- und Zollbehörden stand bereits die Gestapo. Ein Zöllner, der der Résistance angehörte, half Dulles über die Grenze nach Genf.

In der Berner Altstadt, nahe dem Münster, hoch über der Aare, in der Herrengasse Nummer 23, richtete Dulles seine OSS-Basis ein. Offiziell figurierte er als »special assistant« des amerikanischen Gesandten in der Schweiz.

Dulles war ein Spion der atypischen Sorte: Er suchte nicht die Anonymität, sondern die Popularität. Seine direkten Beziehungen zu William Donovan und Präsident Roosevelt waren bald stadtbekannt.

In der Bar des Hotel Bellevue, im Restaurant Du Théâtre, in seinem Büro an der Dufourstraße empfing Dulles jeden und jede. Als international bekannter Wallstreet-Anwalt unterhielt er beste Beziehungen zu den Generaldirektoren der schweizerischen Großbanken, zu den international tätigen Geschäftsleuten, die Rohstoffe für Hitler einkauften, und zu den Zürcher, Basler und Berner Geschäftsanwälten, die weltweit als Strohmänner für die Nazis arbeiteten. Zahlreiche helvetische Bankbeamte, die mit den Geschäftspraktiken ihrer Direktoren nicht einverstanden waren, deponierten regelmäßig ihre Insider-Berichte in der Herrengasse.

Das *geheime* OSS-Netzwerk dagegen wurde von Dulles erstem Assistenten Gerry Mayer geführt. Dank eines raffinierten Code-Systems, das weder von der Abwehr noch der Gestapo je geknackt wurde, telefonierte Dulles beinahe jede Nacht mit der OSS-Zentrale in Washington.

Zwei außerordentliche Frauen spielten im geheimen Netzwerk eine wichtige Rolle. Beide waren (nacheinander) Geliebte von Dulles. Mary Bancroft, eine junge Intellektuelle aus Massachusetts, die abwechslungsweise in Zürich und Ascona lebte, empfing die Kuriere der französischen Widerstandsorganisationen. Mary Bancroft war Doktorandin beim Zürcher Psychologen Carl Gustav Jung.

Wally Toscanini, Gräfin Castelbarco – Tochter des Dirigenten und Antifaschisten Arturo Toscanini – überwachte die Zahlungen, die Kommunikationsnetze und die Lieferungen in Richtung der norditalienischen Partisanen. Beide Frauen besaßen Charme, Klugheit und einen verwegenen Mut.

Dank den beiden Netzwerken – dem öffentlichen, mondänen Kontaktsystem und der geheimen Spionageorganisation – erwarb Dulles in Rekordzeit genaueste Kunde von fast allen Finanz-, Handels- und Waffentransaktionen der Schweiz mit dem Dritten Reich.

Unter den vielen hundert Menschen, die Dulles Zuträgerdienste leisteten, ist einer von besonderer Bedeutung: der deutsche Vizekonsul und Abwehragent in Zürich, Hans Bernd Gisevius. Von Admiral Canaris mit dem Aufbau der Abwehrbasis in der Schweiz betraut, besaß Gisevius intimste Kenntnis über fast jeden helvetischen Bankier, Anwalt, Waffenhändler, Maschinenindustriellen, Exporteur, Treuhänder etc., der im Dienste der Nazis stand.

Gisevius war ein baumlanger Preuße, elitär und konservativ, ein Reaktionär und ein Snob. Er war ein effizienter Spion. Und er haßte, verachtete Hitler und dessen Kumpane als kulturlose, rohe Gesellen, die Deutschland ins Verderben trieben.

Eines Nachts erschien er in der Herrengasse, unangemeldet, aber betraut mit einem Auftrag des deutschen Abwehrchefs Canaris. Gisevius wollte mit Dulles einen Sonderfrieden zwischen den

Alliierten und dem nationalen deutschen Widerstand aushandeln. Roosevelt lehnte ab. Trotzdem blieb Gisevius bis zum Kriegsende für Dulles eine Informationsquelle von unschätzbarem Wert.

Als Dulles sich von Mary Bancroft ab- und der Gräfin Castelbarco zuwandte, wurde die amerikanische Spionin die intime Freundin des Preußen... und arbeitete weiterhin für Dulles. Sie starb dreiundneunzigjährig am 19. Januar 1997 in New York.

Dank Clintons War Crimes Disclosure Act und der Kongreß-Resolution werden in den nächsten Monaten auch die geheimsten Dokumente aus dem Finanzministerium und den OSS-Archiven an die Öffentlichkeit gelangen.

Kehren wir zurück zum großen Vorsitzenden Leuba. Er übte an jenem 30. September 1996 Zensur nicht nur, weil die Publikumstribünen im Bundeshaus mit »feindlichen Ausländern« garniert waren, sondern noch aus einem anderen, tieferen Grund: Vergangenheitsverdrängung hat Tradition in der Eidgenossenschaft. Freie Rede, schüchterne Kritik gar, war und ist verpönt, besonders wenn helvetische Beihilfe zu nazistischen Kriegsverbrechen zur Sprache zu kommen droht. Einige Beispiele aus der Vergangenheit:

Vom amerikanischen Geheimdienst wurde im April 1946 eine Liste mit 34 Namen von Zürcher Rechtsanwälten veröffentlicht, die angeblich von Nazis geraubte Vermögenswerte und Konten von Holocaust-Opfern verwalten und sich später angeeignet hatten. Der Zürcher Kantonsrat (das Parlament des Kantons Zürich) setzte eine Untersuchungskommission ein. Diese tagte geheim. Den Vorsitz führte der freisinnige (freidemokratische) Wirtschaftsanwalt Hans Pestalozzi. Er stand selbst auf der amerikanischen Liste.

Im Juni 1949 verlangte der sozialdemokratische Kantonsrat Walther Böckli eine öffentliche Debatte über den Untersuchungsbericht und die Machenschaften der »landesverräterischen, frontistischen und nationalsozialistischen Rechtsanwälte«. Die Zürcher Regierung hielt dagegen und übte stramme Zensur: Die Parlamentsdebatte wurde verboten, kein offenes Wort drang in die ausländische (und Zürcher) Öffentlichkeit.

Auf Geheiß des Obergerichts des Kantons Zürich untersuchte die

Aufsichtskommission für Rechtsanwälte neun Fälle (von den 34) »auf Zutrauenswürdigkeit und Ehrenhaftigkeit«. Drei Rechtsanwälten wurde das Patent entzogen. Auch dieses Verfahren blieb geheim.

Ein weiteres Beispiel für den helvetischen Umgang mit der ungemütlichen Vergangenheit: Anfang der achtziger Jahre erschienen in der Weltpresse erste Artikel zum schweizerischen Bankenbanditismus während des Zweiten Weltkriegs. Die Nationalbankdirektion mußte antworten. Ihr Archivar, Robert Urs Vogler, verfaßte einen Bericht unter dem unverdächtigen Titel: »Der Goldverkehr der Schweizerischen Nationalbank mit der Deutschen Reichsbank 1939–1945«.

Der Bericht war äußerst vorsichtig abgefaßt. Die Einleitung liest sich wie folgt: »Zwischen 1939 und 1945 erwarb die Nationalbank von der Deutschen Reichsbank Gold in Milliardenhöhe. Ins Kreuzfeuer der Kritik – vor allem der Alliierten – gerieten diese Transaktionen weniger wegen ihres Umfangs, sondern deshalb, weil bereits während des Krieges der Verdacht bestand, daß das deutsche Gold teilweise aus den von Deutschland besetzten Gebieten stammte und von der Reichsbank unter grobem Verstoß gegen das Völkerrecht requiriert worden war.«[3]

Robert Urs Vogler ist ein angesehener Wissenschaftler. Sein Bericht war im Prinzip öffentlich. Jedoch: Jede öffentliche Debatte – sei es in der Presse, sei es im Parlament – wurde erstickt. Die Nationalbankdirektion zensierte den Bericht. Vogler demissionierte von seinem Posten als Archivar.

Ein letztes Beispiel für den obrigkeitlich verordneten Gedächtnisschwund: Ein Pionier der kritischen Geschichtsschreibung der Schweiz für die Epoche 1933–1945 heißt Hans Ulrich Jost. Er ist Professor für neuere Geschichte an der philosophisch-historischen Fakultät der Universität Lausanne. 1983 veröffentlichte er in einem Sammelband einen Beitrag unter dem unverdächtigen Titel »Menace et repliement 1914–1945« (Bedrohung und Rückzug 1914–1945).[4]

In diesem fast hundert Seiten starken Beitrag bargen ganze zwei Seiten politischen Sprengstoff. Diese wurden geschrieben, nachdem ein im Bundesarchiv arbeitender Freund von Jost zufällig auf überraschende Dokumente gestoßen war – und Jost alarmiert hatte. Es handelte sich um die folgenden Informationen (nach dem französischen Text zitiert):

»Die Schweiz war jetzt [1940] de facto in den Reichsdeutschen Wirtschaftsraum integriert... Für die Jahre 1941–1942 schätzt man, daß 60 Prozent der schweizerischen Waffenindustrie, 50 Prozent der optischen Industrie und 40 Prozent der Maschinenindustrie für das Reich arbeiteten...

Die schweizerischen Industrieexporte ins Reich wurden nicht vollständig durch deutsche Lieferungen abgegolten: die Eidgenossenschaft stellte Berlin Kredite zur Verfügung, sogenannte Kompensationskredite... Am Ende des Krieges beliefen sich diese Kredite auf 1,119 Milliarden Schweizer Franken...

Die Schweiz spielte für das Reich eine wichtige Rolle auf dem Goldmarkt. Deutschland brauchte Devisen, um strategische Rohstoffe aufzukaufen, sogar von seinen Alliierten wie Rumänien. Die meisten Staaten, unter ihnen auch die neutralen wie Schweden und Portugal, weigerten sich, das deutsche Gold anzunehmen. Blieb also bloß noch die Schweiz, um mit dem Reich Gold- und Devisengeschäfte zu tätigen.

1943 wurden Goldbestände im Wert von 529 Millionen Schweizer Franken gegen freie Devisen umgetauscht. All das fand statt unter der Kontrolle der Nationalbank und mit der ausdrücklichen Bewilligung des Bundesrates...«

Jost schreibt weiter:

»Ein guter Teil des deutschen Goldes war Raubgold. Insbesondere Gold, das den Opfern der Konzentrationslager abgenommen wurde. Die schweizerischen Behörden wußten um das Problem des gestohlenen Goldes... Sie verschanzten sich hinter dem lächerlichen [wörtlich: dérisoire] Argument der schweizerischen Neutralität. Sie glaubten sich gezwungen, dieses Gold annehmen zu müssen, ohne Kritik vorzubringen. Diese Art von Leistungen waren sicher ein Trumpf, der die Existenz der Schweiz gewährleistete... Lassen wir die Frage offen, ob die Aufrechterhaltung der Unabhängigkeit – die sowieso schon stark reduziert war – sich rechtfertigen läßt durch Handlungen, die moralisch dermaßen zweifelhaft sind.«

Ein Gewitter von Beleidigungen, polizeilichen Ermittlungen, bürokratischen Schikanen, persönlichen Angriffen ging über Jost nieder. Der amtierende eidgenössische Finanzminister Georges-André Chevallaz, selbst ein angesehener Historiker, Die Neue Zürcher Zeitung, kurz alles, was in der Schweiz Rang, Namen und Einfluß hatte, schrie Zeter und Mordio. Jost wurde als Ketzer, als Mensch ohne Scham, als Un-Schweizer gebrandmarkt.

Hans Ulrich Jost sitzt der Schrecken noch heute in den Knochen. Den Redakteuren der Hamburger Wochenzeitung Die Zeit, die ihn im Oktober 1996 zu jener fast dreizehn Jahre zurückliegenden Ächtung befragen, gibt er zu Protokoll: Obschon Professor und dazu noch Oberstleutnant der Luftwaffe mit 2600 Flugstunden, hätte ihn die Bundespolizei überwacht, sein Telefon abgehört und ihn als Staatsfeind verdächtigt.[5]

Und nun, im September 1996, die abgewürgte Parlamentsdebatte zur helvetischen Komplizenschaft mit Hitler. Abgewürgt mit der präsidialen Begründung, vor Ausländern könne man die nationale Vergangenheit nicht diskutieren.

II. Die Abwehrgemeinschaft

Warum die Unfähigkeit zu trauern? Wieso die konsequente, stetige Verdrängung jeglicher Scham? Warum die ständige Verweigerung jeder Selbstkritik in einem so faszinierenden Land, wo vier große Kulturen seit Jahrhunderten zusammenleben, wo Sprache geehrt und wo Moral, Toleranz und Treue zur Wahrheit hochgehalten werden?

Sind die Eidgenossen Fremdenhasser, Ausländerfeinde, Xenophoben? Rassisten gar? Natürlich nicht. Zwar gibt es in der Schweiz wie überall einige Verrückte, die Hakenkreuze auf Friedhofsmauern malen und Brandsätze in Asylantenheime werfen. Diese wenigen sind ein Problem für die Psychiatrie und die Polizei, nicht für die Politik.

Eine alemannische und drei lateinische Kulturen leben seit Jahrhunderten schlecht und recht auf den 42 000 Quadratkilometern Schweizer Boden zusammen. Als mehr oder weniger freundliche Nachbarn. Warum dann die schweizerische Furcht vor dem Ausland? Der immer wieder durch Volksentscheid bekräftigte Wille zur Isolation? 1986: Volk und Stände verwerfen den UNO-Beitritt der Schweiz. 1992: Die Schweizer stimmen über den Beitritt, beileibe nicht zur Europäischen Union, sondern bloß zum Europäischen Wirtschaftsraum ab. Resultat: nein. Die Schweizer wollen keinerlei institutionelle Beziehungen zu dieser von deutschen Christdemokraten beherrschten Supermacht Europa.

In seinen »Mémoires d'un Européen« stellt Denis de Rougemont fest: »Die Schweiz ist kein Staat – sie ist eine Abwehrgemeinschaft.«[6] Das stimmt. Historisch entstand die Eidgenossenschaft durch den langsamen, graduellen, organischen Zusammenschluß von Landschaften, Tälern, reichsfreien Städten, ehemaligen Untertanengebieten und aufständischen Kommunen. Ende des 12. Jahrhunderts begann der eidgenössische Baum zu wachsen. Sechshundert Jahre später, in der Mitte des 19. Jahrhunderts, hatte der Baum seine maximale Höhe erreicht.

In jeder historischen Epoche marschierten die Schweizer gegen den Umzug. Sie machten stets das genaue Gegenteil dessen, was ihre Nachbarvölker unternahmen. Ende des 11. Jahrhunderts entstanden die großen Feudalmonarchien Europas; sie erlebten ihre Blütezeit im 14. und 15. Jahrhundert. Die Eidgenossen dagegen jagten ihre einheimischen oder ausländischen Feudalherren davon und schufen – zuerst im Gotthardmassiv, dann in den Tälern gegen Norden, Osten und Westen – genossenschaftliche Selbstverwaltungsbetriebe. Genauer: Bauernstaaten. Später kam die Verbrüderung mit den aufständischen Kommunen der reichsfreien Städte, mit den Landschaften im Mittelland. Die interne Organisation dieser Sozialformationen war oft grundverschieden: Die direkte Demokratie der Landsgemeinde regierte die Bauernstaaten der Urschweiz. Zünfte oder Patriziat beherrschten die Städte. Während sechs Jahrhunderten war der einzige Zweck der Eidgenossenschaft der wechselseitige Beistand gegen außen, die wechselseitige militärische Hilfe gegen die Angriffe durch die übermächtigen Feudalmonarchien von jenseits des Jura und jenseits des Rheins, gemeinsame Verteidigung lokaler Freiheitsrechte.

Schweizer Ungleichzeitigkeit auch im 19. Jahrhundert. In ganz Europa festigten sich die souveränen, zentralgelenkten Nationalstaaten. Wiederum taten die Eidgenossen genau das Gegenteil: Sie schufen einen Bundesstaat, der vor allem ein Bund und kaum ein Staat ist. Die Verfassung von 1848 – sie gilt noch heute – beläßt entscheidende Souveränitätsrechte bei den Kantonen: Steuerhoheit, Schulwesen, Gerichtsbarkeit und Polizeihoheit etc. Der Bund übt nur jene Kompetenzen aus, welche die Kantone ihm per Verfassung ausdrücklich übertragen. Jeder Kanton hat seine eigene gewählte Regierung, sein Parlament. Ich kenne Kollegen, die sich weigern, für den Nationalrat (das eidgenössische Parlament) zu kandidieren. Sie wollen Kantonsrat (auch Großrat genannt) bleiben, weil nach ihrer Ansicht wirkliche Politik nur in den Kantonen gemacht wird.

Die schweizerische Bundesverfassung beginnt mit den Worten: »Im Namen Gottes des Allmächtigen, die Eidgenossenschaft, im Willen die Allianz zwischen den Eidgenossen zu festigen, die Einheit, die Kraft und die Ehre der schweizerischen Nation zu erhalten und zu befördern, hat folgende Verfassung angenommen...«

Nation als Allianz zwischen weitgehend autonomen Völkern, von denen jedes seine Sprache, seine Kultur, seine Religion, seine Geschichte besitzt. Eine Eidgenossenschaft eben, deren Einheit nur durch Druck von außen kommt. Eine Genossenschaft zur gemeinsamen Selbstverteidigung.

Ein europäischer Mythos suggeriert, daß die Eidgenossenschaft von ihrer Multikulturalität lebt.

Diese Multikulturalität ist aber eine Fiktion! Es gibt sie nicht. Die großen Hochkulturen des Romantsch, des Französischen, des Alemannischen, des Italienischen koexistieren zwar auf kleinstem Raum nebeneinander. Aber Lichtjahre trennen einen Winzer an den Ufern des Genfer Sees von einem Urner Schafhirten, einen Luganeser Geschäftsanwalt von einem Mönch in Sankt Gallen.

Ein Jäger aus dem Bernina-Gebiet ist von einem Basler Chemiearbeiter oder Zürcher Bankangestellten so verschieden wie ein Eskimo von einem Pygmäen.

Der Vielvölkerstaat Schweiz ist eine Illusion. Aus einem doppelten Grund: weil die Völker nicht zusammen, sondern in gegenseitiger Ignoranz (und Toleranz) nebeneinander leben und weil die Schweiz kein Nationalstaat im üblichen Sinne ist. Sie ist eine Abwehrgemeinschaft. Wir brauchen die Ausländer. Sie allein bewahren die Eidgenossenschaft vor dem Auseinanderbrechen. Genauer: Ausländer müssen dämonisiert werden. Wenn sie keine Gefahr mehr darstellen, wer erzeugte dann den Druck von außen, den wir brauchen, um unsere Allianz im Innern zu festigen?

Die Angst vor dem Ausland, vor fremder Kritik entsprechen historischer Logik, immanenter Notwendigkeit.

III. Hybris

Die Schweiz ist dem Zweiten Weltkrieg entgangen dank energischer, schlauer, organisierter Komplizenschaft mit dem Dritten Reich. Von 1940 bis 1945 war die Schweizer Wirtschaft weitgehend in den großdeutschen Wirtschaftsraum integriert. Die Zürcher, Basler und Berner Gnomen waren die Hehler und die Kreditherren Hitlers. Was sind eigentlich Gnomen? Das Grimmsche Wörterbuch gibt eine wunderbar treffende Definition: »zwerghafte Elementargeister der Erde; in der Erde und den Metallen als in ihrem Lebenselement wohnend; Hüter der unterirdischen Schätze«. Vor allem letzteres.

Als 1943 die fürchterlichen alliierten Flächenbombardements auf deutsche Städte, Industrie- und Bergwerkszentren begannen, war die Schweiz die einzige verschonte Industriezone Hitlers, in der ohne Gefahr für das Dritte Reich Waffen, Munition, Präzisionsapparate, optische Instrumente und viele andere kriegswichtige Güter produziert wurden. Der Waffenkonzern Bührle-Oerlikon lieferte seine letzten Schnellfeuerkanonen an die Wehrmacht im April 1945.

Warum die Komplizenschaft? Die gängige Antwort und offiziöse heißt: weil die Eidgenossen keine andere Wahl hatten. Seit 1940 waren sie von den Faschisten eingeschlossen. Hitlers Druck auf die Schweiz war übermächtig.

Die Zürcher Gnomen als Opfer nazistischer Erpressung? Die Archive sprechen eine andere Sprache. Die Bankoberen – ob sie nun ein öffentlich-rechtliches (bei der Nationalbank) oder privates (bei den Großbanken) Salär bezogen – waren in ihrer erdrückenden Mehrheit willige Komplizen. Eifrige Helfer.

Hybris war im Spiel. Ungebremste, bewußtseinsverwüstende Raffgier. Die (berechtigte) Hoffnung auch, in dieser außerordentlichen Situation außerordentliche Gewinne zu scheffeln. Für viele Wirtschaftshistoriker resultiert die heute weltumspannende, eindrucksvolle Finanzkraft der Schweizer Großbanken aus deren Kriegsgewinnlertum.

Während Europa in Schutt und Asche versank, vermehrten sich die Gold- und Devisenreserven der Schweizerischen Nationalbank auf erfreuliche Weise.

In der Geschichte der Schweiz gab es immer wieder Stimmen, die die Eidgenossen vor Überheblichkeit warnten. Ende des 15. Jahrhunderts lebte in einer Höhle auf dem Flüeli bei Ranft, hoch über dem Vierwaldstätter See, ein weiser Mann, der heilige Nikolaus von der Flüh. Die in europäische (insbesondere lombardische) Großmachtabenteuer verstrickten Eidgenossen warnte er vor der grassierenden Hybris. Er mahnte zu Bescheidenheit und Einsicht. Kümmert euch um eure eigenen Dinge, träumt nicht von Weltmacht, übt Gerechtigkeit und Frieden. Zu Hause. Sein dringender Rat: ... »den Zun nit zuo wit mache« (den Zaun nicht zu weit stecken).

Die Eidgenossen hörten den Propheten nicht. Sie stürzten sich ins Weltmachtabenteuer, verbündeten sich mit dem französischen König, dem deutschen Kaiser, dem Papst und träumten von der Einverleibung der Lombardei. Die Katastrophe ereilte sie 1515, achtundzwanzig Jahre nach dem Tod des Nikolaus von der Flüh: in der Schlacht von Marignano wurde der helvetische Großmachttraum im Blut ertränkt.

1939 erfaßte die helvetische Finanzoligarchie dieselbe Hybris, welche die eidgenössischen Herrschaftsträger am Ende des 15. Jahrhunderts in die Katastrophe gestürzt hatte. Unerhörte Gewinne lockten. Die Banken vermochten den Angeboten der Nazis nicht zu widerstehen.

Friedrich Dürrenmatt schreibt: »Nichts kommt die Menschen teurer zu stehen als eine billige Freiheit.«[7] Von Hitler haben die Schweizer eine billige Freiheit geschenkt bekommen. Sie bezahlen sie heute, ein halbes Jahrhundert später, bitter.

Denn die Hybris, welche die helvetische Bankenwelt 1939 ergriffen hatte, hat sie nicht mehr losgelassen. Die Zürcher, Basler, Berner und Luganeser Bankenkeller sind zu einer Art Abwassersystem geworden. Die schmutzigsten Geldströme aus der ganzen Welt ergießen sich in diese Kanäle. Schweizer Großbanken sind weltmächtig. Und immer und schlimmer noch scheffeln sie aus Beutegold, Fluchtkapital und Hehlergeschäften astronomische Profite. Nur heißen die Klienten heute nicht mehr Hitler, Himmler, Göring, Ribbentrop, sondern Mobutu, Ceauşescu, Hasan II., Saddam Hussein, Abu Nidal, Duvalier, Noriega, Traore, Suharto, Eyadema, Campaore, Marcos oder Radovan Karadžić. Dank dieser Gelder aus diesen und anderen trüben Quellen ist die Schweiz heute das zweitreichste Land der Welt – obschon bar jeglicher einheimischer Rohstoffe. Reichtum mißt die Weltbank am Pro-Kopf-Einkommen. Auf ihrer Weltrangliste steht die Schweiz unmittelbar nach den Vereinigten Arabischen Emiraten.

Schon in den frühen fünfziger Jahren empörte sich Friedrich Dürrenmatt darüber, daß »die Schweiz im Krieg schuldlos davon gekommen sein wollte«. Ihn erzürnte die Diskrepanz zwischen dem komprimierten Kleinstaat und der (von ihm fabrizierten) Legende einer »ins Heldische entrückten Geschichte«.[8] Dürrenmatt vergleicht die Schweiz mit einem Mädchen, das im Bordell arbeitet und dabei doch Jungfrau bleiben will. Im Weltkrieg hurte die Schweiz mit den Nazis. Jetzt will sie uns glauben machen, sie sei Jungfrau geblieben. Das ist schwierig.

Dürrenmatt war ein Pfarrerssohn und stammte aus Konolfingen, im Emmenthal. Er wußte, wo die helvetische Lebenslüge wurzelt, wer ihre geistigen Väter waren: Jean Calvin und Ulrich Zwingli. Der picardische Theologe Calvin, der 1536 in Genf die erste theokratische Republik Europas schuf, verfaßte die »Institutions chrétiennes« (Christliche Institutionen). »Alles ist Gnade.« Prädestination bestimmt das Leben der Völker und der Menschen. Finanzieller Reichtum ist ein Zeichen göttlichen Wohlgefallens. Schuldig werden kann man nicht vor den Menschen, nur vor Gott. Dann nämlich, wenn man seiner Vorsehung entgegentritt, die Prädestination verweigert.

Die Eidgenossen sind ein freundliches, friedliebendes Volk. Eine Leidenschaft beherrscht sie besonders: nicht schuldig zu werden.

Was will dieser britische Außenminister Rifkind eigentlich? Was will der amerikanische Präsident Clinton? Was all diese deutschen Journalisten, britischen Unterhaus-Abgeordneten, dieser Jüdische Weltkongreß? Warum sollten wir denn schuldig sein? Nur weil wir im Krieg davongekommen sind? Weil der Hitler eben – göttlicher Prädestination sei's gedankt – ein Österreicher war, der in Deutschland und nicht in der Schweiz wütete?

In der Bühnenbearbeitung von Dürrenmatts »Die Panne« beginnt das Stück mit dem Finale. Traps ist tot, und die liebestolle Hure Justine und der Richter Wucht sitzen auf dem Sarg. Schließlich entsteigt Traps dem Sarg, und die Komödie beginnt von vorn. Traps wird sowohl freigesprochen als auch verurteilt, vom selben Gericht. Es gibt keine festen Punkte mehr. Richter Wucht doziert: »In einer Welt der *schuldigen Schuldlosen* und der *schuldlosen Schuldigen* hat das Schicksal die Bühne verlassen, und an seine Stelle ist der Zufall getreten.« Die Prädestination eben.

Klüger, genauer als Dürrenmatt hat keiner das Unterbewußtsein der Mächtigen in der Schweiz, ihre Hybris, ihre abgrundtiefe Heuchelei beschrieben.

IV. Holt die Schuld uns ein?

An prophetischen Warnungen gegenüber Schweizer Verstockt-
heiten hat es nicht gefehlt. Wiederum war es Friedrich Dürrenmatt, welcher der Eidgenossenschaft ins Stammbuch schrieb: »Je
mehr die Zeit fortschreitet, desto dichter spinnt sie ihr Netz, worin
sie uns verstrickt.«[9] Und jetzt, heute, im Jahr des Unheils 1997, ist
die Bescherung da. Das Ausland hat die Pandora-Büchse geöffnet.
In meinem Heimatkanton Bern braucht man das Wort Ausländer
nie ohne ein bestimmtes Adjektiv: »di cheibe Usländer« (zu
deutsch: die verdammten Fremden).

Nun liegt es offen zutage: Wir sind verstrickt. Arrogantes Ach-
selzucken hilft nichts mehr. Leugnen schon gar nicht. Weil die
»cheiben« Amerikaner ja Geheimdienstberichte des Allen Dulles
– der während eines großen Teils des Krieges in Bern gesessen und
spioniert hatte – besitzen. Und auch dieser Jüdische Weltkongreß,
unterstützt vom englischen Außenminister Rifkind und der Bankenkommission des US-Senats, veröffentlicht seit Sommer 1996
fast wöchentlich neue Dokumente über die Direktüberstellung an
der Schweizer Grenze von jüdischen Flüchtlingen an die SS-Mörder, von gestohlenen Gemälden und Tonnen von Schmuckstücken,
welche helvetische Kunstgalerien in Luzern, Basel und Ascona im
Auftrag Heydrichs, Görings und Himmlers verschachert haben.

Holt die Schuld uns ein? Noch ist nichts verloren. Die Untersuchungen beginnen ja erst.

Die Finanzhaie bunkern sich jedenfalls bereits ein. Auch wenn
sie am Abgrund stehen, bleiben Bankiers gefährlich. Der Sprecher
der Schweizerischen Bankiervereinigung, Heinrich Schneider,
gibt sich gelassen. Im Handelsblatt (13./14. 9. 1996) redet er von
den »sogenannten Enthüllungen« des Foreign Office. Die Dokumente aus Washington und London nähmen sich aus »wie Ablen-
kungsmanöver«. Dunkel schwadroniert Schneider vom Rache-
feldzug amerikanischer Großbanken gegen den Finanzplatz
Schweiz ...

Der Präsident der Schweizerischen Bankgesellschaft, der mächtigsten Privatbank des Landes, heißt Robert Studer. Ihn konfron-

tierten ausländische Journalisten mit amerikanischen Geheimdokumenten, welche die Präsenz von Millionen sogenannten »nachrichtenlosen« Vermögenswerten aus jüdischem Besitz in helvetischen Bankverliesen attestieren. Robert Studers verächtliche Antwort: »Peanuts«, darüber zu sprechen lohne sich nicht.

Die Bankenbosse haben Grund zur Zuversicht. Schweizer Großbanken arbeiten hoch professionell. Die Profite aus dem Nazi-Raubgold liegen ja nicht einfach im Keller. Anstalten in Liechtenstein sind entstanden, »Briefkastenfirmen« auf den Caiman-Inseln, Tarngesellschaften in Luxemburg. Die Millionen wurden investiert und reinvestiert, gewaschen und wieder gewaschen. Auch die verschollenen Holocaust-Gelder sind längst zu Immobilien unter neuen Namen, zu Aktienpaketen geworden. Verkauft, reinvestiert und wieder verkauft. Je nach Börsenlage.

Wer wäre da imstande, nach über fünfzig Jahren den verschlungenen Wegen dieser verschollenen Riesenvermögen nachzuspüren? Viele von ihnen sind längst in die sogenannten stillen Reserven der helvetischen Groß- und Privatbanken, der Versicherungskonzerne, der Treuhand- und Finanzgesellschaften, in die Privatvermögen der Geschäftsanwälte eingegangen. Heinrich Schneider jedenfalls wünscht den Spähern des Jüdischen Weltkongresses viel Vergnügen.

Zu Beginn des Jahres 1997 sind sechs verschiedene Untersuchungen im Gang:

1. Aufgrund eines Abkommens (eines »Memorandum of Understanding«) vom 2. Mai 1996 zwischen der Schweizerischen Bankiervereinigung und dem Jüdischen Weltkongreß wurde eine paritätisch zusammengestellte und vom ehemaligen amerikanischen Notenbankchef Paul J. Volcker präsidierte Kommission von »eminent persons« gegründet. Sie soll mit Hilfe von internationalen Treuhandgesellschaften die in Schweizer Banken lagernden sogenannten »herrenlosen« jüdischen Vermögen (Wertpapiere, Devisenkonten, Immobilienanteile, Edelme-

talle, Kunstschätze, Schmuckstücke etc.) ans Tageslicht bringen. Der Jüdische Weltkongreß handelt in offizieller Funktion: 1992 hat ihn der Staat Israel mit der weltweiten Suche nach sämtlichen verschollenen Vermögen jüdischer Nazi-Opfer betraut. Der Präsident des Jüdischen Weltkongresses, Edgar Bronfman, vermutet, daß »herrenlose« Vermögenswerte in Höhe von rund zehn Milliarden Dollar in Schweizer Bankenkellern schlummern.

2. Der Bundesbeschluß (s. Anhang S. 310 f.) sieht die Schaffung einer Historikerkommission vor. Ihr ist aufgetragen, den Verbleib des deutschen Raubgoldes und der in Schweizer Bankenkellern verschollenen Gelder der Holocaust-Opfer zu erforschen. Ein Budget von fünf Millionen Franken finanziert ihre Arbeit. Für die Zeit von 1933–1945 und für die beiden Kategorien von Vermögenswerten gilt das Bankgeheimnis als aufgehoben. Die Wirkungszeit dieser Historikerkommission soll sich auf fünf Jahre erstrecken.

Schweizerische Eigenart prägt diesen Bundesbeschluß: Die Regierung wählt die Historiker aus. Ihnen werden die Archive geöffnet. Die Auserwählten dürfen im Prinzip forschen. Jedoch: Welche Dokumente publiziert werden, entscheidet von Fall zu Fall die Obrigkeit.

Zu Recht entbrannte in der Historikergilde eine heftige Debatte: Professor Jörg Fisch (Die Neue Zürcher Zeitung, 8. 11. 1996) verlangte nach Forschungs- und Publikationsfreiheit. Er wirft dem Parlament und der Regierung vor, eine »problematische Vorstellung von der Wahrheit zu haben«. Fisch: Richtig wäre, die Akten überhaupt zu öffnen und die Kontrolle über die Ergebnisse nicht dem Staat, sondern der Öffentlichkeit zu übertragen. Die Regierung blieb hart: Sie allein entscheidet, wer forschen darf und welche Namen und Dokumente dem unmündigen Volk mitgeteilt werden.

3. Am 4. Oktober 1996 verkündete Nicholas Burns, Sprecher des amerikanischen Außenministeriums, seine Behörde werde »unverzüglich« eine eigene Historikerkommission einsetzen. Auf Geheiß von Präsident Clinton müsse diese erst einmal die

Archive des State Departement für die Jahre 1933–1945 nach Informationen, betreffend die Geschäftsbeziehungen zwischen den Schweizer Banken und dem Dritten Reich, durchforsten und dann generell dem Verbleib der von Holocaust-Opfern und andern von den Nazis ermordeten Menschen in der Schweiz deponierten und jetzt verschollenen Vermögenswerten nachspüren.

4. 18. Oktober 1996: In Washington sind Archivdokumente ans Licht gekommen, die beweisen, daß die Schweiz 1949 mit dem kommunistischen Polen einen Geheimvertrag abgeschlossen hat. Ihm gemäß überweist die Schweiz den polnischen Kommunisten die auf Schweizer Bankkonten liegenden Vermögen der von den Nazis ermordeten polnischen Juden ... und Polen schickt dieses Geld in die Schweiz zurück, um die vom neuen kommunistischen Regime in Warschau, Krakau etc. enteigneten Schweizer Banken und Unternehmer zu entschädigen.

Franz Egle, ein aufrechter Luzerner und Pressesprecher des Außenministeriums in Bern, publiziert anderntags einen geharnischten Protest. Wie gewohnt. Die Vorwürfe aus Washington seien haltlos. Ein neuer unerträglicher Angriff auf die Schweiz, aus der Küche der Bankenkommission des amerikanischen Senats und des Jüdischen Weltkongresses. 24 Stunden vergehen, und die internationalen Nachrichtenagenturen erhalten aus amerikanischer Quelle den geheimen Briefwechsel zwischen dem schweizerischen Delegationsleiter, Botschafter Max Troendle, und seinem polnischen Kollegen. Der aufrechte Luzerner hatte wieder einmal zu früh dementiert.

23. Oktober 1996: Außenminister Flavio Cotti setzt einen besonderen Untersuchungsausschuß ein. Seine Aufgabe: die Prüfung sämtlicher Staatsverträge zwischen der Schweiz und den osteuropäischen, kommunistischen Staaten, welche die Verwendung der Schweizer Konten von ermordeten Juden zur Entschädigung des expropriierten schweizerischen Privateigentums in Osteuropa betreffen.

Dementieren ist vielleicht nicht das richtige Wort. Der Berner Mechanismus ist komplizierter, subtiler: Man will – mit aller

Überzeugung, ehrlich, wirklich – die Wahrheit eingestehen. Kann das aber nicht tun unter ausländischem Druck. Man würde ja vor diesen Ausländern das Gesicht verlieren. Also streitet man die Tatsachen erst einmal ab und verschiebt das Eingeständnis der Wahrheit auf später.

Der Präsident des Jüdischen Weltkongresses, Edgar Bronfman, stellt fest: »Die Schweizer kämpfen jeden Zentimeter des Weges gegen uns.«[10]

5. Gizella Weisshaus ist eine sechsundsechzigjährige New Yorkerin jüdischen Glaubens, aus Rumänien gebürtig. Selbst Überlebende des nazistischen Völkermords, hat sie in Auschwitz ihre Eltern und ihre sechs Geschwister verloren. Frau Weisshaus reichte am 3. Oktober 1996 bei einem New Yorker Gericht Klage gegen die Schweizer Banken ein. Ihr Anwalt Edward Fagan nimmt mit einer sogenannten »Class Action« die drei Schweizer Großbanken – SBG, SKA und SBV – ins Visier. Er verlangt 20 Milliarden Dollar Schadenersatz für deren Komplizenschaft mit dem Dritten Reich. Eine Class Action steht allen Betroffenen offen. Und Fagan mobilisiert derzeit die Gläubiger der Großbanken. Eine zweite »Class Action« gegen Schweizer Großbanken ist eingereicht. Von Michaël Hausfeld. Mehrere hundert Gläubiger nehmen daran teil. Hausfeld ist nicht irgendein Anwalt: Er ist ein Starjurist auf dem Gebiet der »Class Action«. 1996 hat er Texaco 200 Millionen Dollar Schadenersatz abgetrotzt; zuvor viele Millionen von General Motors, American Home Products und Abott Laboratories.

Im Verlauf der kommenden Jahre wird mit großer Wahrscheinlichkeit eine ganze Lawine solcher Schadenersatzforderungen auf die Schweizer Gnomen niedergehen. In jedem Fall werden die zuständigen Gerichte – wo immer sie sich befinden – genaue Untersuchungen anordnen. Der argentinische Präsident Carlos Menem zum Beispiel hat bereits im Oktober 1996 angekündigt, sämtliche argentinischen Archive und Bankbuchhaltungen stünden solchen Untersuchungen offen. Welche Delikte bei all diesen bevorstehenden Prozessen zutage kommen werden, ist nicht abzusehen.

6. Bereits im Herbst 1996 drohte der Präsident der Bankenkommission des amerikanischen Senats mit der erzwungenen Neuaufnahme der bilateralen Verhandlungen zwischen der Schweiz und den Alliierten, die im Mai 1946 zum sogenannten Washingtoner Abkommen geführt hatten. Die Regierungen von Washington, London und Paris zwangen damals die Schweiz, deutsche Guthaben als »Kriegsreparation« zu überweisen. Und für das Beutegold Entschädigung zu leisten.

Der US-Senator D'Amato behauptet, die Schweizer hätten 1946 gelogen. Die überwiesene Summe hätte in keiner Weise den tatsächlich vorhandenen Guthaben entsprochen. Gemäß allgemeinem Völkerrecht sei daher das Washingtoner Abkommen hinfällig.

Die Regierung in Bern lehnt jede Neuverhandlung entrüstet ab. Jedoch: Alfonse D'Amato ist kein hergelaufener Winkelpolitiker. Er präsidiert die Bankenkommission des Senats. Er ist ein einflußreiches Mitglied der Finanzkommission. Im politischen System der Vereinigten Staaten besitzen Kommissionsvorsitzende eine beachtliche Macht.

Vierzig Prozent aller im Ausland angelegter Privatvermögen verwalten die Schweizer Banken. Ein guter Teil davon stammt aus amerikanischen Pensionskassen. Milliarden von Dollar aus den Reserven amerikanischer Pensionskassen werden alljährlich – dank der hohen Kompetenz schweizerischer Vermögensverwalter – in Genf, Zürich, Bern und Basel investiert. Die Senatskommission könnte diese Geschäfte jederzeit durch Gesetz verbieten.

Im Verlauf des Jahrs 1997 wird sich erweisen, ob die Eidgenossenschaft die politische und publizistische Überzeugungskraft und die ökonomische Macht besitzt, um dem amerikanischen Ansinnen (und eventuellen Retorsionsmaßnahmen) zu widerstehen. Die offizielle Haltung der Schweiz ist zweideutig. Einerseits besteht ein starker Wille zur Wahrheit. Bundesrat Flavio Cotti und seine sechs Regierungskollegen hoffen, die vom Parlament bestellte Historikerkommission werde in den nächsten fünf Jahren Licht in die helvetischen Bankverliese bringen.

Unter Thomas Borer, einem neununddreißigjährigen amerika-erfahrenen Spitzendiplomaten, arbeitet eine neunzehnköpfige sogenannte »task force ›Vermögen von Nazi-Opfern‹«, welche die ausländischen Angriffe abwehren und ungerechtfertigte Kritik weltweit bekämpfen soll. Ironie der Geschichte: Die »task force« residiert an der Bundesgasse 18 in Bern, dort, wo zuvor der Dienst für konsularischen Schutz arbeitete, dessen Hauptaufgabe die Rückführung von Leichen im Ausland ver-storbener Schweizer ist.

Andererseits aber bezahlt die Berner Regierung aus Steuer-geldern sündhaft teure amerikanische Public-Relations-Firmen und Geschäftsanwälte. Diese sollen versuchen, die amerikani-sche Öffentlichkeit, die Presse und den Kongreß umzustimmen und auch die Mitglieder der »task force« auf ihre Einvernahme durch den Kongreß vorzubereiten.

Der Bundesrat versucht dem ausländischen Druck, insbeson-dere jenem des Jüdischen Weltkongresses, noch auf andere, diskretere Weise zu begegnen. Er kauft Militärmaterial in Is-rael. Ein Beispiel: Im Dezember 1996 unterzeichnete das Eid-genössische Militärdepartement einen Vertrag in Höhe von 153 Millionen Schweizer Franken mit der israelischen Gesell-schaft Elta Electronics, einer Filiale der Israel Aircraft Industries für die Lieferung der neuesten, von Israel entwickelten und gegen feindliche Radiokommunikationen gerichteten Abhörge-räte.[11]

Nacht und Nebel liegen über den Geheimkonten an der Zürcher Bahnhofstraße.

Keiner – außer den Gnomen selbst – weiß, welche Skelette in den Bankkellern vergraben sind, welche Gespenster durch die Korridore der Zwingburgen der Schweizerischen Kreditanstalt, des Schweizerischen Bankvereins, der Schweizerischen Bankge-sellschaft geistern.

Im Frühjahr 1997 besitzt niemand die genaue Kunde von den Tatsachen, welche die internationalen Untersuchungskommissio-nen, die nationale Historikerkommission, die Spürhunde des ame-

rikanischen Senats, zutage fördern werden, was bei den individuellen Gerichtsprozessen und den hinter den Kulissen ausgetrage-
nen politischen Konflikten in den nächsten Jahren ans Licht der
Öffentlichkeit gelangen wird. Das Licht wird noch in die letzten
Winkel leuchten. Was es genau erhellen wird, ist heute noch
unbekannt.

V. Der Betrug

Heute noch lebt in der Schweiz die sogenannte Weltkriegsgeneration. Mein Vater gehörte ihr an und meine Mutter. Hunderttausende von Männern standen jahrelang bewaffnet an der Grenze,
bereit ihr Leben zu geben im Kampf gegen die Nazi-Barbarei.
Hunderttausende von Frauen unterstützten sie mit ihrer täglichen,
mühsamen Arbeit im Haus, auf den Feldern, in Hilfsdiensten.

Sie alle glaubten felsenfest, Hitler hätte die Schweiz nur deshalb
nicht angegriffen, weil er Angst vor ihrer mächtigen, opferberei-
ten Armee gehabt hätte. Die erklärte Absicht von General Henri
Guisan, die Alpentunnel in die Luft zu sprengen, hätte den deutschen Generalstab zum Umdenken gezwungen. Viele Menschen
der Weltkriegsgeneration hegen diesen Irrglauben noch heute.

Ich erinnere mich an die dumpfe, bedrohliche Zeit zwischen
1939 und 1945. Meinen Vater bekam ich in jenen Jahren kaum zu
Gesicht. Es war Krieg. Als Artillerieoffizier war er, wie viele
andere Schweizer seines Alters, an der Grenze stationiert. Ich
erinnere mich an einen Sonntag im Juni 1940. Wie jedesmal, wenn
mein Vater auf Urlaub kam, erwarteten meine Mutter, meine
Schwester und ich ihn am Bahnhof: Er stieg immer aus dem letzten
Wagen aus, wobei die prächtigen roten Epauletten und die Gold-
knöpfe seiner Offiziersuniform in der Sonne funkelten. Meistens
liefen wir ihm schon entgegen, bevor er auf den Bahnsteig ge-
sprungen war. An diesem Tag aber wurde unser Elan von einem
unsichtbaren Schatten gebremst. Schwerfälligen Schrittes kam
mein Vater auf uns zu. Einige Meter vor uns blieb er – ohne seine
Arme auszubreiten – stehen, betrachtete uns nacheinander und

sagte dann: »Paris ist gefallen.« Ich sah Tränen in seinen Augen. Hätte er uns das Erlöschen der Sonne verkündet, seine Stimme wäre nicht ernster gewesen.

Als Schüler der ersten Grundschulklasse wußte ich natürlich nicht, wo Paris lag, noch, welche Bedeutung die Stadt in der Geschichte der menschlichen Freiheit hatte. Ich begriff jedoch, daß sich eine Katastrophe ungeahnten Ausmaßes ereignet haben mußte.

Seltsamerweise gab mir diese Katastrophe meinen Vater zurück: Künftig sollte ich ihn viel häufiger zu Gesicht bekommen. Die Schweiz war nun fast vollends eingekreist. Am 25. Juli 1940 beschlossen der Oberbefehlshaber der Armee, der sanftmütige und melancholische General Guisan, und der Bundesrat, die Truppen von den Grenzen abzuziehen, um ein uneinnehmbares »Réduit« in den Alpen aufzubauen.

Das war eine ziemlich unmenschliche Entscheidung: Sie lief darauf hinaus, zwei Drittel des Staatsgebietes und fast die gesamte Bevölkerung schutzlos den SS-Horden preiszugeben, während man die Schneefelder, Gletscher und Felsen der Alpen bis zum letzten Blutstropfen verteidigen wollte.

Da Thun, meine Heimatstadt, am Fuß der Alpen, also am Eingang des Réduit lag, kam mein Vater oft nach Hause. Aufgrund eines glücklichen Zufalls war er zum Kommandanten der Festung Beatenberg ernannt worden, einer im Granitgebirge über dem Ostufer des Sees versteckten Artilleriebasis, die dem Feind den nördlichen Zugang zum Réduit verwehren sollte.

Mein Vater – ein Mann von kräftiger Statur, mit sanften, ausdrucksvollen Augen, der über große geistige Fähigkeiten verfügte – fühlte sich in der Gesellschaft, in die er hineingeboren war, nicht sonderlich wohl. Er liebte seine Familie, seine Bücher und sein Arbeitszimmer im ersten Stock unseres Hauses. Er verließ das Haus praktisch nur, um auf den Schloßberg zu gehen, wo die Räume des von ihm präsidierten Amtsgerichts lagen, oder um eine seiner langen, einsamen Hochgebirgstouren zu unternehmen. Mein Vater glaubte an die Schweizerische Eidgenossenschaft, ihre Armee und die Verfassung.

Von den Mächtigen im Land wurde mein Vater (wie seine ganze Generation) fürchterlich betrogen.

Ich erinnere mich an einen prächtigen Tag im Spätherbst 1996. Ich war beim Schweizer Botschafter in einem großen Nachbarland zum Mittagessen eingeladen. Im Park leuchteten die Bäume wie Feuergarben in der warmen Sonne. Schwere Frachtkähne glitten über den nahen Strom.

Der Botschafter, ein gescheiter, unabhängiger, aber besorgter Mann, hatte den Vormittag mit seinem Stab verbracht: Neue Attacken gegen die Schweiz waren soeben in der Presse seines Gastlandes erschienen. Wir diskutierten über mögliche Reaktionen.

Plötzlich sagte der Botschafter: »Siehst du, wir Schweizer sind eben Wirte...« Mein Erstaunen bemerkend, fuhr er fort: »Ja, ja der Schweizer – ich meine ja immer den Deutschschweizer – ist ein Wirt. Ein sehr guter Beizer... Er führt das Hospiz ausgezeichnet, öffnet jedem die Tür, serviert jedem, der bezahlen kann. Der Service ist hervorragend... Und wenn sich dann nach getanem Mahl die Gäste zurücklehnen und bei Cognac und Kaffee über Gott und die Welt philosophieren, schleicht sich der Beizer behutsam davon ins Hinterzimmer. Dort zählt er bescheiden und still seine Fränkli.«

Alles stimmt in diesem Bild: der ausgezeichnete Service, die ökumenische Gastfreundschaft – jeder wird eingelassen, sofern er bezahlen kann –, die Bescheidenheit, die Diskretion und das Desinteresse an jeder philosophischen, ideologischen oder auch nur theoretischen Diskussion. Auch das genaue Fränkli-Zählen, die Liebe zur Buchhaltung stimmen. Alles stimmt – nur eines nicht: Viele dieser Wirte sind höchst ungemütliche Zeitgenossen. Sie sind richtige Wegelagerer.

Kehren wir zurück zum Beispiel der schon erwähnten polnischen Konten: dem bilateralen Kompensationsvertrag zwischen Bern und Warschau von 1949. Die polnischen Kommunisten hatten soeben schweizerische Unternehmen, Konten, Guthaben, Landwirtschaftsbetriebe und andere helvetische Vermögenswerte in Höhe von rund 53 Millionen Schweizer Franken verstaatlicht. Polen, an guten Finanzbeziehungen (Aufbaukredite etc.) mit dem Bankenplatz Zürich interessiert, war bereit, die enteigneten schweizerischen Unternehmen und Privatpersonen zu entschädigen. Aber das kriegsverwüstete Polen hatte keine Devisen.

Dem offiziellen Staatsvertrag wurde deshalb ein Geheimprotokoll beigefügt: Die schweizerische Regierung erbot sich bei den Schweizer Banken, die Liquidierung der sogenannten »nachrichtenlosen« Konten polnischer, vor allem jüdischer Staatsbürger, zu erwirken. Bern versprach, diese Guthaben – sie bestanden aus konvertiblen Devisen – an Polen zu überweisen.

Gemäß Geheimprotokoll sollten diese Schweizer Franken, Goldbarren, Wertpapiere und andere Vermögenswerte, die da auf jüdischen (und anderen polnischen) Konten lagerten, an die Zentralbank von Warschau geschickt werden. Das Protokoll verfügt, die Guthaben seien den Nachkommen der Kontoinhaber zu überstellen.

Polen seinerseits verpflichtet sich im selben Protokoll (eigentlich ein Austausch von geheimen Briefen zwischen den zwei Delegationen), die enteigneten Schweizer in Devisen zu entschädigen.

Konkret wurden diese Entschädigungssummen von den Polen einbezahlt auf ein Konto, genannt Konto »N«, welches die Schweizerische Nationalbank am Hauptsitz der polnischen Nationalbank in Warschau zu diesem Zweck eröffnet hatte.

Wo liegt der Haken? Hier: Die Schweiz liquidierte die jüdischen »nachrichtenlosen« Konten in der Schweiz, schickte die Gelder nach Warschau – vergaß aber eine Namenliste der Kontoinhaber beizulegen. Die Auszahlung der rückgeführten Summen an die Nachkommen der Opfer der nazistischen Massenmorde war also gar nicht möglich. Daß hingegen die Schweiz eine akribisch genaue Liste aller vom Warschauer Regime enteigneten und demnach zu entschädigenden Schweizer beilegte, versteht sich von selbst. Alles lief wie am Schnürchen. Streng geheim. Total effizient.

Auf Geheiß der eidgenössischen Regierung liquidierten die Schweizer Privatbanken völlig widerrechtlich die polnischen (jü-

dischen) Konten... und die kommunistischen Oberen in Warschau schickten das Geld (plus Warenlieferungen) umgehend zurück, zwecks Entschädigung der enteigneten Eidgenossen.[12]

Was mußte sich Botschafter Max Troendle, 1949 helvetischer
Delegationschef, beim Unterschreiben dieses Geheimprotokolls
gedacht haben? Wirt Troendle hat sich wohl gesagt: Die polnischen Juden sind längst tot. Auch ihre Kinder. Da wird sicher
keiner mehr in Zürich auftauchen und die Auszahlung seines
Kontos verlangen. Im übrigen ist ja mein Protokoll geheim.

Wirt Troendle hatte seine Rechnung ohne den Jüdischen Weltkongreß und ohne den amerikanischen Geheimdienst gemacht.

VI. Aufklärung

Die prägnanteste Definition der Aufklärung stammt von Imma-
nuel Kant: »Aufklärung ist der Ausgang des Menschen aus seiner
selbstverschuldeten Unmündigkeit.«

Mein Buch ist kein Untersuchungsbericht. Wo Regierungen von
Großmächten während fünfzig Jahren versagt haben, kann ein
einzelner nichts ausrichten. Das Buch ist auch keine Pauschalver-
urteilung des helvetischen Bankenbanditismus. Ich sage es noch
einmal: Wir sind ein bitterarmes Land. Ohne jeglichen Rohstoff.
Und wir sind 1997 – gemessen am Pro-Kopf-Einkommen – das
zweitreichste Land der Welt. Unser Rohstoff ist das Geld, das
fremde Geld, woher es auch immer kommt. Als Schweizer Bürger
profitiere auch ich vom hohen Lebensstandard, von den Brosa-
men, die vom Tisch der Mächtigen fallen. Undankbar will ich nicht
sein.

Ich bekenne mich zum Volk der schuldigen Schuldlosen und der
schuldlos Schuldigen. Ich gehöre dazu. Mit dem Nazi-Raubgold
und den Holocaust-Geldern ist jedoch eine Stufe der Verkommen-
heit erreicht, die ich nicht mehr ertrage.

Jede Kollektivschuldthese ist mir zutiefst zuwider. Kollektiv-
schuld gibt es nicht. Weder in Deutschland noch in Österreich,

noch in der Schweiz. Nicht alle Gnomen waren Hehler der Henker. Nicht alle Schweizer Industrielle Partner der SS. Nicht alle helvetischen Grenzwächter Komplizen der Gestapo. Für das aber, was die Eidgenossenschaft in den Jahren 1939–1945 getan oder – im Fall der Aufnahme jüdischer Flüchtlinge – unterlassen hat, gibt es Schuldige. Ich will sie beim Namen nennen.

Es soll mir keiner kommen und behaupten, nachträgliche Kritik sei leichtfertig. Die Nachgeborenen könnten vorgegangene Epochen gar nicht verstehen und daher auch nicht beurteilen. Dieser Ziegler war ja noch ein kleines Kind, als in Europa der Weltkrieg tobte. Was weiß der schon von der Existenzangst der helvetischen Minister, welche einen von faschistischen Armeen umzingelten Kleinstaat zu regieren hatten? Weiß der Ziegler, daß wir allesamt verhungert wären, hätten uns die Herren in Berlin nicht freundlicherweise erlaubt, unser Korn aus Argentinien über den Hafen von Genua einzuführen? Hat dieser eifernde Soziologe überhaupt eine Ahnung von der damaligen, geradezu traumatischen Übermacht der Wehrmacht? Dem Zynismus ihres Oberkommandos, das es doch nur auf die Alpentunnel abgesehen hatte? Ein Wahnsinniger, ein Räuber, ein Schlächter beherrschte Europa – und da hätten wir mutig und anständig bleiben sollen?

Friedrich Hegel hat einmal geschrieben: »Die Zeit ist das Sein des Subjektes selber.« Menschliche Existenz findet nie außerhalb einer konkreten Epoche statt. Die erlebte Zeit ist das Wesen des Subjektes. Wer von einem Verbrecher bedroht wird, mit ihm seine Epoche teilt, darf nicht selbst zum Verbrecher werden.

Anders als meine soziologischen Arbeiten erhebt dieses Buch keinen Anspruch auf Objektivität. Hier reden meine Subjektivität, meine leidenschaftliche Liebe zu diesem Land, mein Zorn, meine Faszination für die Irrwege seiner Mächtigen, meine Hoffnung auf eine bessere Schweiz, welche unsere Kinder schaffen werden.

Ich möchte niemanden verletzen. Auch die Angehörigen der in diesem Buch kritisch erwähnten Akteure nicht. Mein Buch ist im Sartreschen Sinne ein »essai d'intervention«, eine Waffe, ein »Interventionsbuch«.

Das Beutegold des Adolf Hitler und seiner Schergen, das zum großen Teil immer noch in der Schweiz liegt, ist nicht wesensverschieden vom Blutgeld, das auf den Privatkonten des zairischen Tyrannen Joseph Désiré Mobutu bei Schweizer Großbanken lagert. Millionen von Frauen, Kindern und Männern sind durch Hitlers Räuber in den Tod getrieben worden. Hunderttausende von Kindern sterben alljährlich in Zaire und anderswo in Afrika, Asien und Lateinamerika an Seuchen und Unterernährung, nur weil Mobutu und die anderen Diktatoren mit Hilfe von Schweizer Finanzhaien ihre Länder ausplündern.

Ich erinnere mich an einige Gedichtzeilen des englischen Poeten Wystan Hugh Auden:

> »Stumm ist die Zeit, ihr Schweigen birgt die Kunde
> [...]
> Die Winde weh'n heran aus dunklem Grund
> Der Blätter Welken ist nicht ohne Plan
> [...]
> Stumm ist die Zeit, ihr Schweigen birgt die Kunde.«

Ich möchte nicht, daß meine Enkel in fünfzig Jahren das gleiche Grauen empfinden, wenn sie entdecken, daß der imposante Reichtum ihrer Heimat genährt wird vom Kapital der Drogenbarone und vom Blutgeld der Diktatoren und Räuber aus der Dritten Welt.

Mein Buch soll eine Waffe sein gegen den Zynismus der Gnomen, die konstitutive Schuldlosigkeit der Eidgenossen, ihre Unfähigkeit zu trauern. Es soll Bewußtsein schaffen, Hilfe leisten zum Aufstand der Gewissen: Aufklären.

ZWEITER TEIL

Hitlers Hehler

Was ist das hier?
Gold? Gelbes, glitzerndes, kostbares Gold?
[...]
Komm, du verdammter Dreck,
Gemeine Hure aller Welt, die Zwietracht
Sät unter den Völkern! Ich lehre dich *das* tun,
Was deine Art ist.

William Shakespeare, Timon von Athen

I. Der bankrotte Führer

Der Zweite Weltkrieg hat 52 Millionen Tote gekostet, Millionen von Kindern, Frauen und Männern verstümmelt, hat Millionen aus ihren Häusern vertrieben, ganze Landstriche in Wüsten verwandelt, Städte in Europa und Asien dem Erdboden gleichgemacht. Trotzdem war er nicht ein die ganze Welt verwüstender Krieg. So fürchterlich die von Hitler angezettelte Menschenschlächterei war, den gesamten Planeten hat sie nie erfaßt; fast ganz Afrika südlich der Sahara[1], ganz Südasien, weite Landmassen Zentralasiens, der australische Kontinent, Neuseeland und Archipele im Pazifik, Nord- und Südamerika sind vom Bombenhagel und den Artilleriegranaten verschont geblieben.

Während der ganzen fürchterlichen sechs Jahre, vom Einfall der faschistischen Armeen in Polen bis zum atomaren Massenmord an der Bevölkerung von Hiroshima und Nagasaki fanden auf unserem Planeten Handel, Warenaustausch, Kapitalflüsse, Zahlungen, Verkäufe, Grenzen und Kontinente überspannende Versicherungs-, Transport- und Dienstleistungsgeschäfte statt.

Die zentrale Rolle der Schweizerischen Eidgenossenschaft in diesem zum Schlachthaus gewordenen Kontinentaleuropa kann keiner verstehen, der sich nicht gleichzeitig die weltumspannenden Abläufe von Handel, Güterverkehr und den dazugehörigen Devisen- und Tauschgeschäften vor Augen hält.

Der Zweite Weltkrieg war zuerst und vor allem ein militärischer Angriffs- und Eroberungskrieg Hitlers gegen West- und Osteuropa, gegen den Balkan, die Sowjetunion, gegen Länder Skandinaviens und die Britischen Inseln.

In China, Thailand, Indochina und Burma, im ganzen Pazifik, bis nahe an die Westgrenze des nordamerikanischen Kontinents führte Hitlers Komplize Japan ebensolche Angriffskriege. Das faschistische Italien griff Länder der östlichen Adriaküste an. Gegen alle diese Feld- und Raubzüge der faschistischen Achsenmächte setzten sich die angegriffenen Völker zur Wehr.

Während dieser Kriegsjahre tobte noch ein anderer Krieg. Verglichen mit den militärischen Geschehnissen, mit den Deportationen, industriellen Massenmorden, der Einäscherung der Städte und den Panzerschlachten war er kaum sichtbar. Das war der Handelskrieg. Er war hochkomplex, ist wenig dokumentiert und war – im Gegensatz zur militärischen Auseinandersetzung – wirklich weltumspannend. Namhafte Historiker glauben sogar, der Wirtschaftskrieg sei für den Ausgang des Völkerringens entscheidender gewesen als die Schlacht von Stalingrad oder die Invasionen in Nordafrika, Sizilien, Südfrankreich und der Normandie. Entscheidender als der Luftkrieg über England.[2]

Eine zweite Tatsache ist von Bedeutung, um die für das Reich kriegswichtige Rolle der Schweiz zu verstehen: Nie, auch nicht in den Sternstunden seiner militärischen Siege, vermochte Hitler die deutsche Unabhängigkeit vom Weltmarkt zu erzwingen. Welche rohstoffreichen Gebiete Europas, des Vorderen Orients, des Balkans er auch immer eroberte, stets war seine Rüstungsindustrie auf Käufe von jenseits des deutschen Machtbereichs angewiesen. Der Wirtschaftshistoriker Willi A. Boelcke gibt eindrucksvolle Beispiele.[3] Die folgenden Angaben stammen aus seinem Buch: Im Jahr 1943 mußte Hitlers Rüstungsindustrie hundert Prozent ihres Manganbedarfs im Ausland decken. Mangan ist ein außerordentlich resistentes Metall von weißgrauer Farbe, das bei 1240 Grad Celsius schmilzt. Vermischt mit Stahl erzeugt es eine Resistenzkraft von höchster Dichte. Kanonenrohre und Gewehrläufe werden aus dieser Legierung fabriziert. Das Mangan wurde vor allem aus Spanien importiert.

75,9 Prozent des Tungsteen, auch Wolfram genannt, wurde ebenfalls importiert. Tungsteen – ein schwedischer Name – bezeichnet ein graufarbiges Metall, etwas weniger hart als Stahl. Es fusioniert bei 3842 Grad Celsius. Stahl-Tungsteen-Legierungen werden in der Aeronautik verwendet. China ist der weltgrößte Tungsteen-Produzent. 1943 jedoch war das Land indirekt im Krieg mit Deutschland: Seit 1937 kämpfte China gegen die japanische Invasionsarmee. Hitler mußte sein Tungsteen daher aus Portugal beschaffen. Allein im Jahr 1943 importierte seine Rüstungsindustrie davon mehr als 4000 Tonnen.

Inoxydabler Stahl wird mit Chrom legiert. Für Kugellager ist Chrom unabdingbar. Granathülsen werden mit Chrom verstärkt. Die Rüstungsindustrie importierte 1943 99,8 Prozent ihres Bedarfs. Aber auch hier: Die Hauptproduktionsländer waren ihr verschlossen. Südafrika stand im britischen Herrschaftsbereich, die Sowjetunion war Feindin des Reiches. Blieb die Türkei.

Was für die kriegswichtigen Spezialmetalle galt, galt auch für das gewöhnliche Eisenerz. Selbst daran hatte die deutsche Rüstungsindustrie ein strukturelles Defizit. Während des ganzen Krieges machten deutsche Agenten Jagd auf Eisenerz. 40 Prozent davon kamen aus Schweden. Diamanten für die Werkzeugmaschinen kamen aus Südamerika. Öl in großen Mengen kaufte das Reich in Rumänien. Aluminium in Afrika und Asien.

Die Auslandsabhängigkeit der deutschen Rüstungsindustrie, was kriegsentscheidende, strategische Rohstoffe angeht, war erdrückend.

Wer auf dem Weltmarkt kaufte, mußte zu Weltmarktbedingungen bezahlen. Nicht in selbstfabrizierter Reichsmark, sondern in Devisen und vor allem in Gold.

Um Krieg zu führen, brauchte Hitler einen Bankier. Und zwar einen unverdächtigen. Einen verläßlichen. Einen neutralen. Hitler hatte keine Devisen mehr und nur wenig Gold, als er über Polen herfiel. Später kam der Gangsterboß dann zu Geld. Denn Überfälle auf die Beneluxstaaten, Norwegen und andere friedliebende Länder mit blühenden Wirtschaften brachten ihm ansehnliche

Beute. Sie mußte von einem unverdächtigen Komplizen gewaschen werden. Der Komplize mußte das Diebesgut unter neuer Identität auf den Weltmarkt bringen.

Das gleiche galt für die Goldzähne, die SS-Schergen zu Tausenden aus ermordeten Opfern herausbrachen, für gestohlene Eheringe, Schmuckstücke der Häftlinge und für die von den sogenannten »Devisenschutzkommandos« überall in Europa geraubten privaten Vermögen.

Der Finanzplatz Schweiz übernahm all diese hehren Aufgaben. Die Finanzhaie aus Zürich, Basel und Bern waren die Hehler und Weißwäscher des gestohlenen belgischen, polnischen, tschechoslowakischen, holländischen, luxemburgischen, litauischen, albanischen, norwegischen, italienischen etc. Zentralbankgoldes. Sie finanzierten Hitlers Eroberungskriege. Als einziger internationaler, neutraler Finanzplatz der Welt nahm die Schweiz während der ganzen Kriegsjahre Hitlers Raubgold entgegen, als Zahlung für Industrielieferungen oder als Gold, das gehehlert, gewaschen und gegen Devisen ausgetauscht oder unter neuer, »schweizerischer« Identität an andere Finanzplätze verschachert wurde. Ohne den Finanzplatz Schweiz, ohne die willigen Hehler von Bern, die eifrigen Gnomen, hätte Hitler seine Eroberungs- und Raubzüge nicht führen können. Schweizer Bankiers haben ihm dafür die Devisen geliefert. Sie haben seine Angriffskriege finanziert.

Eine weitere Tatsache, die es zu bedenken gibt: Hitler war praktisch bankrott, als er seinen Angriffskrieg gegen Polen begann. Es war ein konkursreifes Reich, das seine Armeen gegen Osten schickte. Eine finanziell fast völlig ruinierte Diktatur, welche die demokratische Weltöffentlichkeit mit ihrer ungeheuerlichen Militärmacht bluffte. Deutschland lag wirtschaftlich am Boden, als es nach der Weltmacht griff.

Am 7. Januar 1939, acht Monate vor dem Einfall in Polen, überreichte Reichsbankpräsident Schacht dem Führer ein erstaunliches Memorandum. Ich zitiere Auszüge:[4]

»Der Präsident des Reichsbank-Direktoriums

Berlin SW 111, den 7. Januar 1939
Vertrauliche Reichsbanksache

An den
Führer und Reichskanzler,
Berlin

Die Reichsbank hat seit langem auf die für die Währung
entstehenden Gefahren einer Überspannung der öffentlichen
Ausgaben und des kurzfristigen Kredites hingewiesen. Am
Ende des Jahres 1938 ist die Währungs- und Finanzlage an
einem Gefahrenpunkt angelangt, der es uns zur Pflicht macht,
Entschließungen zu erbitten [...]
Die gesamte deutsche Währungslage stellt sich demnach zur
Zeit folgendermaßen dar.
1. Nach außen: Gold- oder Devisenreserven sind bei der
Reichsbank nicht mehr vorhanden. Der Passivsaldo der Einfuhr über die Ausfuhr nimmt stark zu. Die Ausfuhr erreicht
nicht mehr den Wert der von uns benötigten Einfuhr. Die
Reserven, die aus der Angliederung Österreichs und aus dem
Aufruf ausländischer Wertpapiere und inländischer Goldmünzen gebildet waren, sind aufgezehrt. Die Devisenbe-
scheinigungen, die für die Einfuhr von den Überwachungs-
stellen ausgestellt werden, sind heute zum überwiegenden
Teil überhaupt nicht mehr durch sichere Deviseneinnahmen
gedeckt und laufen deshalb Gefahr, daß sie eines Tages man-
gels Devisen nicht mehr bezahlt werden können. Damit
würde dann auch der letzte Auslandskredit für unsere
Wareneinfuhr erledigt sein.
2. Nach innen: Die Aktiven der Reichsbank bestehen nahezu
nur aus Staatstiteln (in der Hauptsache Mefo-Wechsel). Die
Notenbank ist damit völlig blockiert und wird bei einer Wie-
derinanspruchnahme durch die Wirtschaft nicht imstande
sein, die erforderlichen Kredite zu geben. Außerhalb der
Reichsbank befinden sich rund 6 Milliarden Mefo-Wechsel,

die jederzeit bei der Reichsbank zur Diskontierung in barem Gelde präsentiert werden können und damit eine dauernde Bedrohung der Währung darstellen.«

Und weiter:

»Am 1. Januar 1933 betrug der Notenumlauf 3560 Millionen Reichsmark. Er stieg bis zum 1. März 1938 auf 5278 Millionen Reichsmark. Diese Steigerung von rund 1,7 Milliarden RM in mehr als 5 Jahren braucht keine Veranlassung zu währungspolitischem Mißtrauen zu geben, weil sich die Produktion der deutschen Wirtschaft im gleichen Zeitraum nahezu verdoppelte und nicht nur eine Steigerung der Investitionsgüterproduktion, sondern auch eine solche der Konsumgüter enthielt. In der Zeit vom 1. März bis 31. Dezember 1938 aber stieg der Notenumlauf auf 8223 Millionen RM, d. h. ohne Anrechnung des für Österreich und das Sudetenland Benötigten, um weitere 2 Milliarden RM. Er ist also in den letzten 10 Monaten stärker gestiegen als in den ganzen vorausgegangenen 5 Jahren.

[...]

»Eine Deckung des ausgegebenen Geldes durch Grund und Boden, Wertpapiere usw. kann den Geldwert nicht erhalten, wie am deutlichsten in der Geschichte die Assignaten-Wirtschaft der Französischen Revolution gezeigt hat.«

Schacht nimmt kein Blatt vor den Mund. Er fährt fort:

»War während der beiden großen außenpolitischen Aktionen in der Ostmark und im Sudetenland eine Steigerung der öffentlichen Ausgaben zwangsläufig, so macht die Tatsache, daß nach Beendigung der außenpolitischen Aktionen eine Beschränkung der Ausgabenpolitik nicht zu erkennen ist, vielmehr alles darauf hindeutet, daß eine weitere Ausgabensteigerung geplant ist, es nunmehr zur gebieterischen Pflicht, auf die Folgen für die Währung hinzuweisen.

Es ist nicht unseres Amtes nachzuweisen, wieweit eine hemmungslose Ausgabenpolitik mit den Erträgnissen und Ersparnissen der deutschen Wirtschaft oder mit den sozialen Erfordernissen der Bevölkerung vereinbar ist. Unsere Verantwortung aber erfordert es, darauf hinzuweisen, daß eine weitere Beanspruchung der Reichsbank, sei es direkt, sei es durch anderweitige Beschlagnahme des Geldmarktes, nicht zu verantworten ist.

Das unterzeichnete Reichsbankdirektorium ist sich bewußt, daß es in seiner Mitarbeit für die großen gesteckten Ziele freudig alles eingesetzt hat, daß aber nunmehr Einhalt geboten ist. Eine Vermehrung der Gütererzeugung ist nicht durch eine Vermehrung von Geldzetteln möglich.«

Kurz, die Reichsbank ist am Ende. Hyperinflation droht, Assignatenwirtschaft. Noch einmal Schacht:

»Der Führer und Reichskanzler selbst hat die Inflation öffentlich immer und immer wieder als dumm und nutzlos abgelehnt. Wir bitten deshalb um folgende Maßnahmen:

1. Das Reich wie auch alle anderen öffentlichen Stellen dürfen keine Ausgaben und keine Garantien und Verpflichtungen mehr übernehmen, die nicht ohne Störung des langfristigen Kapitalmarktes im Anleiheweg aufgebracht werden können.

2. Zur wirksamen Durchführung dieser Maßnahmen muß der Reichsfinanzminister wieder die volle Finanzkontrolle über alle öffentlichen Ausgaben erhalten.

3. Die Preis- und Lohnkontrolle muß wirksam gestaltet werden. Die eingerissenen Mißstände müssen wieder beseitigt werden.

4. Die Inanspruchnahme des Geld- und Kapitalmarktes muß der Entscheidung der Reichsbank allein unterstellt werden.

Reichsbankdirektorium

Dr. Hjalmar Schacht		Dreyse
Vocke	Ehrhardt	Puhl
Hülse	Kretzschmann	Blessing

Die Hiobsbotschaft Schachts erscheint um so überraschender, als im Jahr zuvor ein für den Bankier überaus günstiges Ereignis eingetreten war: Österreich wurde von den Nazis annektiert, als unabhängiger Staat liquidiert und als Wirtschaftsraum, Land und Volk dem Reich integriert. Die Österreichische Nationalbank wurde von der Reichsbank übernommen. Gratis und franko. Ein Traum für jeden Bankier. Die Reserven der einverleibten Bank beliefen sich auf rund eine Milliarde Goldmark. Aber auch diese Goldspritze half der Reichsbank nicht auf die Beine.

Schachts Fazit könnte klarer nicht sein: Gold- oder Devisenreserven sind keine mehr vorhanden. Das Reich steht »am Rande des Zusammenbruchs«. Das Defizit beläuft sich auf mehrere Milliarden. Schuld daran ist eine Politik der uferlosen Ausgaben. Die Finanzlage ist absolut »alarmierend«.

Die militärische Aufrüstung der dreißiger Jahre hatte zwar die Arbeitslosigkeit gemindert, die Industrie in Gang gebracht und die Wehrmacht zur ersten Militärmacht des Kontinents erhoben. Die Staatsfinanzen jedoch hatte sie zerstört.

Der Wirtschaftshistoriker Willi A. Boelcke errechnete: Zwischen 1933 und August 1939 hatten die Reichsdeutschen Streitkräfte 51,9 Prozent aller Staatsausgaben verschlungen.[5]

Wie reagierte Adolf Hitler auf das Schacht-Memorandum? Er tobte. Seine Wut war grenzenlos. Kritik an seiner »Wirtschaftspolitik« vertrug er nicht. Daß das Reich konkursreif und seine Kriegsmaschine von Ruin bedroht waren, konnte er nicht fassen. Arturo Ui (B. Brecht) stampfte mit den Füßen.

Sehr treffend schrieb Paul Valéry: »Tatsachen haben keinen Platz in der Welt, in der die Mythen leben.« Hitlers vom arischen Rassenwahn und germanischen Herrenmenschenmythos vernebeltes Gehirn konnte die von Schacht vorgebrachten finanztechnischen Tatsachen gar nicht wahrnehmen.

Hitler jagte Hjalmar Schacht sofort aus der Reichsbank. Fünf der sieben Direktoren mußten ebenfalls gehen. Im Amt blieben Puhl und Kretschmann. Als neuen Reichsbankpräsidenten und Wirtschaftsminister berief der Führer den Nazi-Bonzen Walther Funk. Emil Puhl wurde sein Vize.

Funk war ein labiler Säufer, ein Alkoholiker. In Finanz- und Wirtschaftsfragen war er ein Analphabet. Seine prospektiven Analysen waren so falsch, daß sie selbst Krösus in den Konkurs getrieben hätten. Aber Funk war oberster Wirtschaftslenker in einem devisenlosen, weltmarktabhängigen Reich. Das konnte nicht gutgehen. Um so mehr als Funk in Ehrfurcht vor Hitler erstarrte, wenn immer er ihn zu Gesicht bekam.

Von Funk zeichnet Boelcke folgendes Bild:

>»Nach Kriegsausbruch erwies sich der noch ängstlicher wirkende Funk immer weniger seinem zunehmend vom Vierjahresplan und von der Parteikanzlei abhängigen Amt als Reichswirtschaftsminister gewachsen. [...]
> Sofern in Berlin und wenn nicht durch seine alkoholischen Exzesse in seiner Arbeitsfähigkeit stark eingeschränkt, pflegte er am Vormittag in seinem aufwendigen Dienstzimmer Unter den Linden als Reichswirtschaftsminister zu residieren.
> Um die Mittagszeit verließ er das Ministerium und übte im nahen Reichsbankgebäude das ihm weit mehr zusagende Amt des Reichsbankpräsidenten aus. Begab sich Funk zum Vortrag zu Hitler – beobachtete Staatssekretär Landfried mehrfach –, dann hatte er, beeindruckt von den von Hitler entwickelten Ideen, trotz mehrstündigem Empfang seine Fragen gar nicht zur Sprache gebracht. Auch später im Führerhauptquartier zeigte sich der hitlergläubige Funk mehr als begeisterter Zuhörer seines Führers.
> Im Oktober 1941 hatte Hitler seine ›Finanztheorie‹ dem Wirtschaftsminister dargelegt: ›Er ist begeistert und sagt, damit wird Deutschland in zehn Jahren die Kriegslast beseitigt haben ohne Erschütterung unserer inneren Kaufkraft.‹«

Funk hatte von Staatsfinanzen, Wirtschaftspolitik und Währungsfragen keine Ahnung. Boelcke berichtet weiter:

»Die Erörterung fachlicher Fragen im Ministerium überließ der Minister gern seinen Vertretern bzw. den zuständigen Hauptabteilungsleitern und Referenten entsprechend den ausgegebenen Richtlinien des Vierjahresplans. In seinem Ministerbüro umgab sich Funk mit treuergebenem Anhang. Sein einstiger Fahrer und Freund, Horst Walter, fungierte von 1938 bis 1943 als Leiter des Ministerbüros und wurde als Ministerialrat vergütet. Unentbehrlicher Reisebegleiter war seit 1938 sein Adjutant, Dr. August Schwedler. Da der mißtrauische Funk nie Autogramme zu geben pflegte, verteilte statt dessen auf Reisen sein Adjutant an Autogrammbittsteller mitgeführte Fünfmarkscheine, die Funks Unterschrift als Reichsbankpräsident trugen.«[6]

In Bern oder Zürich trat der stets mißtrauische Funk kaum je in Erscheinung. Mit den cleveren Gnomen wollte er sich nicht messen. Der Mann, der mit den Bankoberen von Zürich und Bern, den Hehlern von der Bahnhofstraße und den Rohstoffspekulanten vom Paradeplatz dinierte und diskutierte, hieß Emil Puhl.

In der Beletage der Reichsbank war Nazi Puhl der heimliche Feind von Nazi Funk. Puhl fuhr nicht zum Teetrinken nach Berchtesgaden. Er wurde auch nie nachts in die Reichskanzlei beordert. Handküsse für Fräulein Braun? Puhl träumte davon. Aber nur Funk wurde zum Tee beim Führer geladen. Nur er durfte Hitlers Schäferhund streicheln und in Lederhosen unter SS-Schutz mit dem Führer auf dem Obersalzberg die Aussicht genießen. Puhl gehörte nicht zur Entourage des Gangsterbosses. Arturo Ui kannte er nur vom Radio und den Massenveranstaltungen.

Puhl war ein strebsamer, nüchterner Mann. Fotos zeigen ihn auch leicht spöttisch. Er muß seinen Chef verabscheut haben. Jedenfalls hat er ihn beneidet. Denn wer mit dem Führer Tee trank und über die bevorstehenden tausend Jahre germanischer Weltherrschaft fabulierte, der gehörte in eine Welt, die dem Streber Puhl seit jeher verschlossen war.

Allerdings hatte Puhl im Herzen Berlins, im alten Reichsbankpalast, das Sagen. Er war der heimliche Herrscher der Reichsbank.

Seine Beziehungen zu Himmler, Heydrich und dem Wirtschaftsverwaltungshauptamt der SS waren exzellent. Es war Puhl, der
den SS-Henkern die Einrichtung eines Depotkontos bei der
Reichsbank für das »Totengold« aus Auschwitz, Majdanek, Buchenwald vorschlug.

Dieser Emil Puhl war der verständige Freund, der gerissene
Geschäftspartner der Goldbarone von Bern. Er kannte und
schätzte ihre Kompetenz. Er kannte die durch die Jahrhunderte
gewachsene Mentalität der Gnomen. Ihre abgrundtiefe Heuchelei
vor allem. Puhl wußte, daß von ihnen alles zu haben war – auch
der zynischste Service –, wenn ihnen nur ein guter Vorwand, ein
»moralisches« Argument dafür geliefert wurde.

Puhl spielte als Virtuose auf dem helvetischen Neutralitätsmy-
thos. Er log den Bankbonzen von Zürich jene Legenden vor, die
sie brauchten, um ihr Geschäft vor sich selbst zu legitimieren und
ihr Gewissen zu beruhigen.

Puhl erleichterte den Gnomen ihre schwere Aufgabe. Insbesondere Alfred Hirs, Generaldirektor der Schweizerischen Nationalbank, vermerkte immer mit großem Vergnügen die Besuche von
Puhl in der Schweiz. Im Nationalbankarchiv sind mehrere Akten-
notizen von Hirs verzeichnet. Sie geben Puhls Bemerkungen zur
Weltlage, zu den deutschen Kriegszielen, zum neuen Europa wieder. Stille Bewunderung spricht aus Hirs' Notizen.

Über den spezifischen Charakter von Bankiers hat sich schon
Voltaire seine Gedanken gemacht. Er, der die letzten dreiundzwanzig Jahre seines ungestümen Lebens in Genf und seiner
unmittelbaren Nachbarschaft verbrachte, beobachtete die calvinistischen Bankiers wie ein Insektenforscher seltene Schmetter-
linge. Über die Schweizer Privatbankiers schrieb er: »Wenn Sie
einen Bankier aus dem Fenster springen sehen, dann springen Sie
hinterher... Es gibt sicher Geld zu verdienen.«

Voltaire ist vierundachtzigjährig während einer Reise in Paris
gestorben. Er hat sich nie aus irgendeinem Fenster gestürzt. Reich
ist er dank seiner Genfer Bankierfreunde (und dem betrügerischen
Handel mit preußischen Staatspapieren, Sklavenhandel etc.)
trotzdem geworden.

Im »Kaukasischen Kreidekreis« schreibt Bertolt Brecht:

> »Ach, zum Tragen, spät und frühe
> Ist zu schwer ein Herz aus Stein
> Denn es macht zu große Mühe
> Mächtig tun und böse sein.«

Puhl half den Gnomen, ihr schweres Los zu ertragen: Er war bereits als ganz junger Mann 1913 in die Reichsbank eingetreten. Er war der opportunistische, tüchtige Funktionärstyp, den Hannah Arendt beschreibt.[7] Stufe um Stufe hatte er – in harter Arbeit, stiller Unterwerfung und strengem Gehorsam – die Karriereleiter erklommen. Gerade rechtzeitig war er in die NSDAP eingetreten. Puhl war auch schlau.

Im Nürnberger Prozeß sitzt Walther Funk auf der Anklagebank. Er steht auf der Liste der Hauptkriegsverbrecher. Aus unerfindlichen Gründen jedoch fehlt neben ihm Emil Puhl. Dieser ist geladener Zeuge. Und Puhl belastet Funk, daß die Balken krachen.

Der Reichsbankpräsident (und Wirtschaftsminister) sei ganz allein an allem schuld: am SS-Depot von Totengold bei der Reichsbank, an den Raubgoldschiebereien mit den Schweizern, an den Rohstoffbetrügereien – an allem. Vizepräsident Puhl habe von all dem nichts gewußt – oder wenn er etwas geahnt habe, sei er guten Glaubens gewesen . . .

Die Aussage seines einstigen Vizepräsidenten am 15. Mai 1946 hatte für Funk gravierende Folgen. Er wurde zu lebenslänglichem Zuchthaus verurteilt.

Immerhin gibt es so etwas wie immanente Gerechtigkeit: Zu einem späteren Zeitpunkt – im sogenannten »Totengoldprozeß« – kam Puhl dann doch noch vor die Richter. Er erhielt eine fünfjährige Haftstrafe.

Hermann Göring, der Reichsmarschall, wurde 1939 zum eigentlichen Herrn über die deutsche Kriegswirtschaft. Am 30. August 1939 erging ein Führererlaß. Der Reichsverteidigungsrat, der bis dahin dem Oberkommando der Wehrmacht unterstanden hatte, wurde in einen Ministerrat umgewandelt. Sechs Mitglieder gehörten ihm an: Bormann, Keitel, Lammers, Frick, Funk. Den Vorsitz führte Göring.

Nach dem Polenfeldzug drängte die Wehrmacht energisch darauf, die Wirtschaft auf Kriegswirtschaft umzustellen. Aber Funk zögerte. Er wollte keine Denkschrift an den Führer schreiben. Das Schicksal Schachts wollte er nicht erleiden. Hitlers Zorn wollte er nicht auf sich ziehen. Um so mehr als in weiten Parteikreisen die Furcht bestand, die ohnehin mäßige Kriegsbegeisterung der Bevölkerung könnte durch eine zu massive Umstellung – und die damit verbundenen Opfer – weiter abflauen.

Göring nahm sich mit großem diplomatischen und argumentativen Geschick des Problems an. Er unterstützte bei Hitler die Forderungen der Wehrmacht und beschwichtigte gleichzeitig die Partei. Mit Erfolg: am 29. November ergingen die Führerbefehle, welche die Umstellung der Wirtschaft auf Kriegsproduktion anordneten. Göring erließ daraufhin genaue Richtlinien, welche alle wirtschaftlichen Mittel (Arbeitskräfte, Geld, Installationen etc.), welche nicht der Produktion lebenswichtiger Güter und Dienstleistungen dienten, für die Rüstungsindustrie freistellten. Göring dekretierte: »Der mit dieser Maßnahme verbundene Rückgang nicht lebenswichtiger Erzeugung ist in Kauf zu nehmen.«[8]

Daß Göring für die von ihm geleitete Umstellung der Wirtschaft in eine Kriegswirtschaft die Hilfe der Schweizer brauchte, ist erwiesen. Die guten geschäftlichen Beziehungen, welche Göring ab 1939 mit den Bankiers in Zürich und Bern anbahnte, sollten ihm später persönlich zustatten kommen. Ende 1944 und Anfang 1945 verschob er sein beachtliches Privatvermögen auf Schweizer Privat- und Kantonalbanken.

Vordergründig figurierten Emil Puhl und Walther Funk als Hitlers Verbindungsleute zu den Hehlern in der Schweiz. Die Strategie zur Zusammenarbeit jedoch wurde auf einer anderen, höheren Ebene entworfen: Die Kompensationskredite, welche die Schweiz in Milliardenhöhe dem Reich zugestand, die Waffenlieferungen und Lieferungen von optischen Instrumenten, Präzisionsmaschinen, Lastwagen, Traktoren etc., die Devisengeschäfte und Raubgoldkäufe wurden zwischen Reichsmarschall Hermann Göring und dem Schweizer Minister Hans Frölicher in Berlin besprochen.

Minister Frölicher (Botschafter gab es damals nicht) leitete während des ganzen Krieges die Schweizer Legation in Berlin. Er war ein Bewunderer und Freund der Nazis. Seine Haltung wurde in Bern nicht geteilt, aber er wurde gebraucht. Frölicher – wie übrigens auch sein engster Mitarbeiter, Franz Kappeler – unterhielt zu den wichtigsten Nazi-Bonzen persönliche, manchmal sogar freundschaftliche Beziehungen. Besonders wertvoll war die Beziehung Frölichers zu Hermann Göring.

Wir werden Hermann Göring im Verlauf dieses Buches noch mehrmals begegnen. Er war der zweite Mann im Reich. Ein Morphiumsüchtiger und Hitlers treuer Adlat. Er verehrte den Führer über alle Maßen: »Vom ersten Moment, da ich ihn sah, war ich ihm verfallen mit Haut und Haar.« Und: »Ich habe kein Gewissen, mein Gewissen heißt Adolf Hitler.«[9]

Die helvetischen Gnomen hatten den richtigen Geschäftsfreund gewählt.

Daß die helvetischen Hehler wesentlich zur Verlängerung des Zweiten Weltkriegs und damit zum Tod von Hunderttausenden von Soldaten und Zivilpersonen beigetragen haben, scheint mir heute erwiesen. Ein mir vorliegendes, aus deutschen Archiven stammendes Dokument bestätigt diese Vermutung. Es handelt sich um ein Memorandum vom 3. Juni 1943, erstellt von Ministerialdirektor Karl Clodius. Sein Titel: »Aufzeichnung über den Stand der Wirtschaftsverhandlungen mit der Schweiz«. Gerichtet ist das Memorandum an den Staatssekretär »mit der Bitte um Weitergabe mit Fernschreiber an den Herrn Reichsaußenminister«.[10]

Um die Tragweite des Memorandums zu verstehen, ist ein kurzer historischer Exkurs unerläßlich. 1943 ist das Jahr der Wende. Hitlers Siegeszug im Osten ist gebrochen, die Schlacht um Stalingrad verloren. Die sowjetische Offensive, die seit Januar

1943 rasche Fortschritte macht, drängt überall die deutschen Invasoren zurück. In Nordafrika ist Hitlers Krieg bereits verloren.

Die alliierten Mächte üben Druck auf die Berner Regierung aus. Kein deutsches Gold dürfe mehr angenommen werden. Die Exporte von Industrie-, Präzisions- und Rüstungsgütern ins Reich müßten drastisch gesenkt werden.

In Bern herrscht große Unsicherheit. Soll man den Alliierten nachgeben und die deutschen Geschäftsfreunde verärgern? Oder soll man die angedrohten Gegenmaßnahmen der Alliierten in Kauf nehmen und der Bitte um noch größere Lieferungen stattgeben?

Wie sich die Berner Regierung entscheidet, wird im vierten Teil unseres Buches (»Der Wirtschaftskrieg«) beschrieben.

Hier nur dies: Am 25. Mai 1943 zitiert der Staatssekretär im Berliner Außenministerium den Schweizer Gesandten Frölicher zu sich und kritisiert scharf das Zögern der Schweizer. Die schweizerische Haltung sei »nicht befriedigend«.

In Bern verhandelt derweil eine deutsche Delegation. Das Memorandum Clodius umfaßt in der mir vorliegenden Fassung sechs Archivblätter. Sein Zweck ist es, zu Händen des Außenministers, eine globale Analyse des Standes der Verhandlungen, aber auch der Bedeutung der helvetischen Goldgeschäfte und Industrielieferungen zu erstellen.

Bei der Ausarbeitung seines Memorandums konsultiert Ministerialdirektor Clodius die am Schweizgeschäft besonders interessierten Behörden in Berlin, namentlich die Reichsbank, das Rüstungsministerium, die Wehrmacht und das Reichsverkehrsministerium.

Der Bescheid der Reichsbank konnte klarer nicht ausfallen. Ich zitiere Clodius:

»Der Vertreter des Reichsbankdirektoriums hat erklärt, daß er auch unabhängig von der Stellungnahme des Munitionsministeriums einem Abbruch der Verhandlungen... nicht zustimmen könne, weil die Schweiz die einzige Möglichkeit für die Beschaffung von freien Devisen bietet.«

Um ganz sicher zu gehen, konsultiert Clodius noch persönlich Reichswirtschaftsminister und Reichsbankpräsident Walther Funk. Zitat:

>»Reichsminister Funk, den ich auch noch persönlich über seine Stellungnahme gefragt habe, hat die Erklärung des Vertreters des Reichsbankdirektoriums in vollem Umfange bestätigt und hinzugefügt, er könne nicht einmal für zwei Monate auf die Möglichkeit verzichten, in der Schweiz Devisentransaktionen (vor allem Umwandlung von Gold in freie Devisen) durchzuführen.«

Auch das Oberkommando der Wehrmacht und die Verantwortlichen der Rüstungsindustrie sagen klar, wie sehr sie die Schweizer für die Weiterführung ihres Krieges brauchen.

Clodius schreibt:

>»Ich habe die angesichts dieser Sachlage einzunehmende Haltung zunächst nochmals im Handelspolitischen Ausschuß mit dem Oberkommando der Wehrmacht und den beteiligten Ministerien erörtert. Dabei hat das Munitionsministerium die Erklärung abgegeben, daß die Verhandlungen [...] nicht abgebrochen werden können [...], weil auch die beschränkten Schweizer Lieferungen gerade in den nächsten Monaten nicht zu entbehren sind. Das Oberkommando der Wehrmacht und sämtliche übrigen Ministerien haben sich unter Hinweis auf die Stellungnahme des Munitionsministeriums im gleichen Sinne ausgesprochen.«

Clodius gibt sodann eine ziemlich pessimistische Beschreibung des Zustandes der deutschen Rüstungsindustrie, der die alliierten Bombardements offenbar stark zugesetzt haben. Die Rüstungsproduktion sei einer »immer stärkeren Anspannung« unterworfen. Insbesondere das Rüstungsministerium kann auf keinen Fall auf die helvetischen Waffenlieferungen verzichten.

Clodius:

>Zur Begründung seines Standpunktes hat das Rüstungsministerium im Einzelnen noch angeführt, daß es sich [bei den an die Schweiz vergebenen Rüstungsaufträgen] um besonders wichtige technische Speziallieferungen handle, deren Ausfall gerade in den nächsten Monaten u. a. das deutsche Panzerprogramm und das Fernsteuerprogramm erheblich beeinflussen würde.<

Auch die wirtschaftliche Situation des italienischen Bundesgenossen kommt im Clodius-Memorandum zur Sprache. Eine starke deutsche Armee steht im Sommer 1943 in Italien. Clodius:

>Ein weiterer wesentlicher Gesichtspunkt ist die Gefährdung der [monatlichen] Kohlentransporte nach Italien. Nach den Berechnungen des Reichsverkehrsministeriums könnte von den rund 470 000 t Kohle, die zur Zeit über die Schweiz nach Italien befördert werden, nur etwa die Hälfte auf andere Strecken umgeleitet werden. Ein Ausfall von über 200 000 t Kohle ist aber für Italien gerade im gegenwärtigen Augenblick nicht tragbar. Außerdem würden die anderen Strecken schon bei der Umlegung der Hälfte der bisher über die Schweiz gehenden Transporte derartig belastet werden, daß bei der geringsten Störung auf diesen Transportwegen weitere erhebliche Ausfälle eintreten würden.<

Schließlich kommt der Ministerialdirektor noch auf die persönliche Position von Adolf Hitler zu sprechen:

>In einem früheren Stadium der Verhandlungen hat der Führer befohlen, daß die Verhandlungen mit der Schweiz so geführt werden sollen, daß nach Möglichkeit eine gütliche Einigung herbeigeführt wird. Bei der vorstehend geschilderten Sachlage halte ich es nicht für vertretbar, dem Führer zu raten, von diesem Standpunkt abzugehen.<

Die Lektüre des Memorandums von Ministerialdirektor Clodius läßt keinen Zweifel an der Tatsache, daß im kritischen Kriegsjahr 1943 die schweizerischen Hehlerdienste, die Schweizer Waffen- und Industrielieferungen an das Dritte Reich für die Fortführung des Krieges durch Hitler von entscheidender Bedeutung waren.

II. Widerstand

Nicht ideologische Übereinstimmung mit der NSDAP, nicht persönliche Sympathie für den Führer, sondern unbändige Raffgier und Profitsucht motivierten Hitlers Hehler. Außer den Schweizern wollte niemand sein Beutegold kaufen, waschen, verschachern. Die Gleichung war einfach: ohne Hehlerei des Beutegoldes keine Devisen für das Reich, ohne international taugliche Devisen keine strategischen Rohstoffkäufe auf dem Weltmarkt, und ohne strategische Rohstoffe keine Wehrmacht. Hitler war den helvetischen Hehlern ausgeliefert. Ab 1940 war er ein gebundener Klient. Mächtig zwar, aber abhängig. Der Traum jedes Bankiers. Astronomische Profite lockten.

Die Nationalbankoberen, die Bundesräte, die hohen Offiziere, die Waffenfabrikanten, Privatbankiers, Geschäftsanwälte, Großindustrielle und Krämer, die dem Reich zur Hand gingen, waren, von ganz wenigen Ausnahmen abgesehen, keine Nazis. Weder in der Herrschaftsklasse noch im Volk vermochten die lokalen Nazi-Organisationen je wirklich Fuß zu fassen.

»Fronten« blühten in der Schweiz, gleich nach Hitlers legalem Staatsstreich von 1933. »Frontisten« hießen die helvetischen Nazis. Die Gründungsversammlung der »Nationalen Front« fand im April 1933 im Saal der Zunft »Kaufleute« in Zürich statt. Die uniformierten Kampftruppen führten die Saalaufsicht und schrien »Harus!«. Oberst Emil Sonderegger, der 1918 geholfen hatte, den Generalstreik niederzuschlagen, hielt eine konfuse Rede über »Ordnung im Staat«. Der Zürcher Jurist Robert Tobler, Gauleiter der Front, verdammte Linke, Demokraten, Gewerkschafter, Juden, Freimaurer, Pazifisten und Liberale und verkündete die Heraufkunft einer »Neuen Schweiz«. Mehrere hundert Offiziere der Schweizer Armee standen dem Gauführer nahe. Darunter der mächtige Oberst Wille, Sohn des General Wille aus dem Ersten Weltkrieg. Die Kommandozentrale der Frontisten war das deutsche Sanatorium in Davos. Mit der NSDAP waren sie eng verbunden. Sie träumten von einem Gau Schweiz, defilierten in Zürichs Straßen und hoben die Hand zum Hitlergruß.

In Genf pöbelte der Lokalfaschist Géo Oltramare, aus einer traditionellen, großbürgerlichen Familie stammend, gegen Bern, die Demokratie und den Bundesstaat. (Er wurde Radiosprecher in Vichy. Später verurteilte ihn die Schweizer Justiz.)

Trotz sporadischer, lokaler Wahlerfolge, vor allem in den frühen dreißiger Jahren, gelang den Frontisten nie der Durchbruch in der Schweiz. Warum der geringe Erfolg der einheimischen Nazis?

Eine Antwort findet sich in der Kulturgeschichte der Eidgenossenschaft. Wer von Berlin abhängt, Berlins Handlanger ist und reichsdeutsche Propaganda verbreitet, stößt auf die Immunschwelle der Schweizer. Gegenüber dem übermächtigen Nachbarn im Norden sind die geistigen, psychologischen Beziehungen seit Jahrhunderten gespannt.

Sie auf engstem Raum darzustellen, ist kaum möglich. Deutsch ist meine Muttersprache und die Sprache meiner Väter. Das Deutschland Goethes, Schillers, Brechts hat mich genährt. Mein Vater, ein Jurist, hat in Dresden studiert. Mein Großvater väterlicherseits, Landarzt in Steffisburg, studierte in Leipzig. Als kleines Kind bin ich sonntags von Thun nach Aeschi gepilgert, wo Ricarda Huch sich zurückgezogen hatte. Kurz: Dem geistigen Deutschland von Thomas Mann, Ricarda Huch und Bertolt Brecht fühle ich mich zugetan. Wie Millionen anderer Deutschschweizer auch.

Dem Deutschland der unbändigen ökonomischen, politischen, einst militärischen Macht, der ständigen Bedrohung jedoch standen und stehen die helvetischen Alemannen mißtrauisch, ja feindselig gegenüber. Was für die Alemannen gilt, stimmt auch für die Tessiner, die Rhätoromanen und die Romands.

Das Wappen der Republik Genf zeigt einen Bischofsschlüssel auf gelbem Grund und einen schwarzen Adler. Genf war freie Reichsstadt unter einem Prinzbischof. Gegen den Kaiser sowohl als gegen den Bischof rief Jean Calvin 1536 die unabhängige theokratische Republik aus.

Während der Jahre der Finsternis 1939–1945 hörte ich als Kind unzählige Sprichwörter und Legenden, die alle diese ambivalente, neurotisch komplizierte Beziehung zu Deutschland ausdrückten.

Ein gängiges Sprichwort, voller Selbstironie, hieß damals: »Wir Schweizer sind neutral – uns ist egal, von wem ›di Schwobe uf de Grind überchöme‹« (uns ist egal, von wem die Deutschen geschlagen werden).

Eine Anekdote der heroischen Variante, die aber historisch belegt ist: Kaiser Wilhelm II. kommt auf Manöverbesuch in die Schweiz. Vor versammeltem Bundesrat, auf einem Hügel in der Ostschweiz, gibt der preußische Wilhelm seine Meinung kund: »Eure Armee ist eindrucksvoll, aber meine ist doppelt so zahlreich.« Worauf ein Bundesrat antwortet: »Kein Problem, Majestät. In dem Fall befehlen wir unsern Soldaten eben zweimal zu schießen.«

Siebzehn Landesverräter wurden zwischen 1939 und 1945 von Exekutionskommandos der Schweizer Armee hingerichtet: Die Hingerichteten waren Nazis oder auch arme Schlucker, wie der Landesverräter Ernst S., ein Hilfsarbeiter aus der Ostschweiz. Er hatte als Soldat dem reichsdeutschen Konsul in Sankt Gallen ein paar Granaten angeboten ... die Emil Bührle längst den deutschen Experten vorgeführt und verkauft hatte.[11] Landesverrat ist ein schlimmes Delikt. Immerhin fällt auf: Die Zahl der helvetischen Landesverräter war gering.

»Nazillons« (kleine, lausige Nazis) nannten die Genfer Konservativen die Faschisten von Géo Oltramare. Die Tessiner haßten Mussolini und seine lokalen Propagandisten. Für die erdrückende Mehrheit der Deutschschweizer blieben die Frontisten stets polternde Biergartenschläger, üble, verstockte Handlanger der Berliner Parteizentrale.

Das beinahe gesamte Schweizervolk empfand für Dr. Robert Tobler, den selbsternannten Gauleiter der Frontisten, nur Ekel. Nie und nirgends, in keinem Landesteil, gelang den einheimischen Nazis je die Verwurzelung im Volk oder in der Herrschaftsklasse.

Es wäre gewiß naiv zu behaupten, die helvetische Herrschaftsklasse hätte sich ausschließlich aus lupenreinen Demokraten zusammengesetzt. Wie alle Demokratien Westeuropas kennt auch die Eidgenossenschaft den Rechtsextremismus, die reaktionäre, antidemokratische Sozialformation. Die weitaus bedeutendste rechtsextreme Bewegung war die »Ligue vaudoise«, die »Waadtländer Liga«, lange geführt von Marcel Régamey. Sie verehrte die »Action Française«, die monarchistisch-antirepublikanische Bewegung in Frankreich und deren Propheten, Charles Maurras. Die »Ligue vaudoise« haßte das parlamentarische System und das Prinzip der Volkssouveränität.

Marcel Régamey war ein hagerer Intellektueller, eine merkwürdige Mischung aus rigorosem Doktrinär und elegantem, verspieltem Dandy. Seine Publikationen (»La Nation«, »Les Cahiers de la Renaissance vaudoise«, »Écriture«) waren ihrer sprachlichen Brillanz wegen lesenswert.

Wirklich gefährlich wurden Régamey und seine »Liguards« im Jahr 1940. Hitlers Regimenter marschierten unter dem Arc de Triomphe in Paris. Der greise Pétain organisierte die Unterwerfung Frankreichs. Régamey plante den Staatsstreich. Rechtsextreme Offiziere der Schweizer Armee – die ja bewaffnet an der Grenze stand – sollten ihm dabei helfen.

Régameys Projekt: Der Bundesrat wird gestürzt, die Verfassung aufgehoben, das Parlament und die Volkssouveränität abgeschafft. Alle Macht übernimmt ein Triumvirat: Landammann (Präsident) wird der reaktionäre Bundesrat Philippe Etter; Oberstkorpskommandant von Sprecher übernimmt das Außenministerium; Militärminister wird der Spionagechef der Armee, Oberstbrigadier Roger Masson.

Der Plan scheiterte.[12]

Régamey war ein gefährlicher Faschist und ein Antisemit der übelsten, weil kultiviertesten Sorte. In einem Leitartikel in »La Nation« schrieb er einmal: »Die Einbürgerung der Juden war nie mehr als eine juristische Fiktion, denn der Jude bleibt immer das Symbol des unassimilierbaren Fremden unter uns... Ein bürgerlicher Jude von Donafyre [ein Waadtländer Dorf] kann mit Waadtländer Akzent reden, bei den Dragonern oder der Artillerie dienen, er bleibt unter dieser Maske immer ein hundertprozentiger Jude. Beim geringsten Zwischenfall werdet ihr sehen: Seine waadtländische Gutmütigkeit wird sogleich orientalischer Nervosität und sein lieblicher waadtländischer Akzent einem gutturalen, charakteristischen Jargon Platz machen.«

Noch einmal Régamey, der Held eines Teils der damaligen Westschweizer Intellektuellen: »Ich ziehe jederzeit den israelitischen Pferdehändler dem israelitischen Philosophen vor. Gegenüber dem israelitischen Pferdehändler ist unser Mißtrauen instinktiv. Gegenüber dem weisen Rabbiner erscheint es als Vorurteil... Aber ob es sich nun um den Physiker Einstein, den Literaturkritiker Benda oder den Philosophen Bergson handelt, immer wird der Jude für die subversiven Ideen Partei ergreifen.«

Régameys absurde Haßtiraden halfen zu einem nicht geringen Teil die mörderische, antijüdische Flüchtlingspolitik des Bundesrates in den Jahren 1938–1944 zu legitimieren.

Im hohen Offizierskorps grassierte der Militarismus. Viele Offiziere empfanden Bewunderung für die Blitzsiege der Wehrmacht (und der SS), den Mut der Landser und die angeblich so geniale Militärstrategie des Führers. Für viele hohe Schweizer Offiziere war der deutsche Offizier der Inbegriff von Gehorsam, militärischer Brillanz, Mut und Effizienz. Die Schweizer Armee ordnete mehrere Sanitätsmissionen an die Ostfront ab, die der tapferen Wehrmacht – sie kämpfte ja gegen den Bolschewismus – beistehen sollten.

Begeisterter Kommandant dieser Missionen war Oberstdivisionär Eugen Bircher. Der Zürcher Arzt Rudolf Bucher, Gründer des Blutspendedienstes der Armee, war Mitglied der ersten Mission.

In Smolensk sah er die Erschießung von zweihundertsechzig Geiseln durch die SS, er sah auch jüdische Frauen ihr eigenes Grab schaufeln. In Warschau kreuzte er die Deportationszüge. Die Schweizer Offiziere nahmen auch regelmäßig an Kameradschaftsabenden mit den Henkern teil. Nach getaner Mordarbeit tranken die Ungeheuer in der schwarzen Uniform mit den Eidgenossen gern ein Bier.

Bucher ertrug die Greuel nicht. Er kehrte in die Schweiz zurück und redete. In Vorträgen versuchte er seine Offizierskollegen aufzurütteln. Das Armeekommando und der Militärminister Bundesrat Karl Kobelt drohten ihm daraufhin mit dem Artikel 16 der Militärordnung. Dieser sieht Degradierung und Ausschluß aus der Armee vor.[13]

Ich fasse zusammen: Der Oberbefehlshaber der Armee, General Henri Guisan, verehrte Mussolini.[14] Viele hohe Offiziere bewunderten die militärischen Heldentaten der Wehrmacht (und auch der SS). Zahlreiche Bankiers, Industrielle, Politiker unterstützten diskret rechtsextreme Bewegungen. Aber nazistisch war die helvetische Herrschaftsklasse im Zweiten Weltkrieg nicht.

Handelten die Hehler unter unwiderstehlichem Druck? Drohte Adolf Hitler die Schweiz zu erobern, zu verwüsten? Das entscheidende Jahr war 1940. Das nazistische Verbrechersyndikat in Berlin wußte, daß es seinen Hehlern ausgeliefert war. Der Gangsterboß wollte unbedingt seine Verhandlungsposition stärken.

Räuber Adolf war im Sommer 1940 über Belgien, Holland, Frankreich hergefallen.

16. Juni: Die Panzerkolonnen des General Guderian sind im Begriff, die französische Ostarmee, welche sich hinter der Maginotlinie, in Lothringen, auf den Vogesen, im Elsaß verschanzt hatte, zu umzingeln. Panzer mit dem Hakenkreuz fuhren in Besançon und Dôle ein. Da erreicht ein militärisch völlig widersinniger Befehl die 29. motorisierte Division: »Schweizer Grenze muß imperativ am 16. Juni erreicht werden. Rückmeldung Radio.« Drei leichte Panzerfahrzeuge, kommandiert vom jungen Leutnant

Dietrich, drehen ab. Richtung Pontarlier, der kleinen französischen Grenzstadt der Franche-Comté, welche dem waadtländischen Grenzort Vallorbe direkt gegenüberliegt. Dietrich fährt mit Höchstgeschwindigkeit. Eine große Hakenkreuzfahne weht auf dem ersten Panzer. Zeit, um lokale Landkarten aufzutreiben, besteht nicht. Sie werden in einem Kiosk requiriert. Auch die Zisternenwagen sind noch nicht da. Getankt wird an zivilen Tankstellen.

Achtzig Kilometer weit geht die verrückte Fahrt. Mitten durch kämpfende französische, polnische und marokkanische Kolonnen hindurch. Die schweren Maschinengewehre der drei Patrouillenfahrzeuge schießen sich ihren Weg durch die Dörfer frei, feuern in verdutzte französische Einheiten, die am Wegrand lagern. Die deutsche Patrouille wird beschossen, überlebt – und rast weiter. Am frühen Morgen des 17. Juni stößt Dietrich auf einen Grenzzaun in einer Jurasenke: Auf einem Häuschen weht die rote Fahne mit dem weißen Kreuz. Um 8 Uhr 20 funkt Dietrich: »Schweizer Grenze erreicht.«[15] Am Mittag des 17. Juni installierte die Division ihren Kommandoposten in Pontarlier.

Warum dieser unglaublich gefährliche Vorstoß mitten durch das Kampfgebiet? Adolf Hitler wollte unbedingt die Schweiz einschließen. Es sollte ihm nicht gelingen. Trotz der Kamikazeaktion des jungen Dietrich.

Am 16. Juni bereits hatte in Frankreich die Regierung Reynaud demissioniert. Am nächsten Tag trafen aus Bordeaux via Madrid die Anfragen Pétains bezüglich des Waffenstillstands im Führerhauptquartier in Brûly-de-Pesche, in Südbelgien, ein.

Am selben Abend flog Hitler nach Frankfurt. Von dort fuhr er per Eisenbahn nach München. Am 18. Juni diskutierte er dort die französischen Waffenstillstandsbedingungen mit Mussolini.

Mussolini war schuld an der mißglückten Abriegelung der Schweiz. In den französischen Ost- und Südalpen leisteten die französischen Chasseurs alpins erbitterten Widerstand. Die italienischen Bersaglieri machten kaum Fortschritte. Sie erreichten das östliche Rhôneufer nicht. Hitlers Plan war gescheitert. Zwar besetzten Guderians Panzer die gesamte Jurakette von Basel bis zum Pays de Gex, bis Pougny, dem Grenzdorf, das Chancy gegenüberliegt, wo die Rhône aus der Schweiz fließt. Aber ganz Hochsavoyen, das Faucigny, die Dauphinée blieben unbesetzt. Kein italienischer Soldat war da zu sehen.

Adolf Hitler verfolgte sein Ziel weiter. Er wußte: Wer unter optimalen Bedingungen mit seinem Bankier Geschäfte machen will, muß dessen Kassenschrank möglichst im Griff haben.

Obschon der mit Mussolini ausgeheckte Umzingelungsplan gescheitert war, versuchte Hitler trotzdem die Abriegelung seines Klientellandes zu erzwingen. Die 12. Armee des General Wilhelm List erhielt Befehl, gegen Grenoble und Chambéry vorzustoßen. Wenn man die westlichen Verbindungen der Eidgenossenschaft schon nicht in Hochsavoyen und Savoyen kappen konnte, so sollten die Transitwege wenigstens weiter südlich, wenn möglich bereits in der Dauphinée blockiert werden.

Zu spät: auch General List scheiterte. Der französische Widerstand blieb hart. Ein Beispiel: die Festung Bellegarde, zwischen Genf und Culoz, hoch über der Rhône gelegen, kapitulierte erst eine Woche nach dem Inkrafttreten des deutsch-französischen Waffenstillstandes. (Die deutsch-französische Waffenstillstandskonvention wurde am 22. Juni um 18 Uhr 50 in Rethondes, die italienisch-französische wenig später in Rom unterzeichnet.)

Hitler tobte. Die Armee List mußte auf die Waffenstillstandslinie zurückweichen. Die vollständige Umzingelung der Schweiz schien nicht möglich. Erst Ende 1942, nachdem die Alliierten in Nordafrika gelandet und die Wehrmacht in Südfrankreich vorgerückt waren, gelang die Abriegelung. Während fast zwei Jahren jedoch blieben die schweizerischen Bahn- und Straßenverbindungen mit der freien Welt erhalten. Insbesondere die Bahnlinie Genf/Eaux–Vives–Annemasse–La Roche-sur-Foron–Annecy funktionierte ohne jegliche deutsche Überwachung. Zeitweise gingen Züge auch über die Linie Genf/Cornavin–Bellegarde–Culoz nach Süden und Westen.

Die schweizerischen Eisenbahnwaggons und die Lastwagenzüge erreichten Sète, den südfranzösischen Freihafen, über den die Schweiz ihre Importe tätigte, unkontrolliert. Der Personen- und Warenverkehr funktionierte zwischen Genf und Port-Bou an der spanischen Grenze. Die Waggons fuhren weiter nach Barcelona und Lissabon. Selbst die Fremdenpolizei profitierte von der Freistraße: Jede Woche einmal schickte sie einen plombierten Wagen mit deutschen oder österreichischen jüdischen Emigranten Richtung Lissabon. Kurz: keine Abriegelung der Schweiz.

Im Führerhauptquartier herrschte zorniger Unmut über »das Loch« in Hochsavoyen. Über die weiteren Pläne Hitlers gegenüber der Schweiz existiert Unklarheit. Begleitet von seinem Lieblingsbildhauer Arno Breker besuchte Hitler im Morgengrauen des 23. Juni das besetzte Paris. Am 24. Juni erreichte ein Sonderbefehl die Armeegruppe C: Sie solle sich für eine »Spezialmission Schweiz« bereithalten. Erpresser Adolf hatte die Abriegelung der Schweiz nicht geschafft. Wollte er sie jetzt überfallen?

Nach dem Krieg wurde in deutschen Archiven eine Reihe von Dokumenten gefunden. Der Titel des Dossiers: »Operation Tannenbaum«. All diese Dokumente bezogen sich auf eine mögliche Eroberung der Schweiz. Eroberung ist nicht das richtige Wort.

Im deutschen Generalstab war Hauptmann Otto Wilhelm von Menges für die Ausarbeitung der militärischen, die Schweiz betreffenden Pläne verantwortlich.

Von Menges fiel am 2. Februar 1943 vor Stalingrad. Seine Familie machte nach dem Krieg dem Historiker Klaus Urner die Papiere des Verstorbenen zugänglich.

Von Menges arbeitete drei verschiedene Operationspläne aus. In jedem von ihnen kommen folgende Sätze vor: »Ich glaube nicht, daß sich die Schweiz mit der Waffe in der Hand verteidigen wird...

In der gegenwärtigen politischen Situation ist es möglich, daß die Schweiz, auf friedlichem Weg, unser Ultimatum annimmt und daß nach der militärischen Überschreitung der Grenze rasch zu einer friedlichen Invasion übergegangen werden kann.«[16]

Namhafte Historiker streiten sich über die »richtige« Analyse der Dokumente. Die Militärhistoriker Hans-Rudolf Kurz und Alfred Ernst zum Beispiel halten die zahlreichen Lageskizzen, Karteneinträge etc. der »Operation Tannenbaum« für bloße Generalstabsspiele, für allgemeine Strategiestudien, wie sie jeder Generalstab für alle möglichen Fälle vorsorglich erarbeitet. Jakob Tanner, Jürg Fink, Markus Heiniger und andere halten ebenfalls Hitlers Willen zur Invasion für unwahrscheinlich. Die Schweiz funktionierte als Kassenschrank des Reiches. Zur vollen Zufriedenheit Hitlers.

Warum sollte er da ein solch nützliches Land erobern, besetzen und im Falle eines hypothetischen Widerstandes sogar verwüsten? Die Schweiz war ja gerade als souveräner, international anerkannter, »neutraler« Staat nützlich. Die Invasion? Ein durchaus kontraproduktives Unternehmen. Um so mehr, als Bundespräsident Marcel Pilet-Golaz, im Namen des Gesamtbundesrates, bereits am 25. Juni öffentlich die Anpassung der Schweiz an das »Neue Europa« verkündet hatte.

Henry Picker veröffentlichte Notizen von den Tischgesprächen im Führerhauptquartier. Er gibt eine Aussage Hitlers vom Sommer 1940 wieder. Seinen Tischkumpanen erklärte der Tyrann – so Picker –, die Schweiz dürfe auf keinen Fall angegriffen werden, sie sei als Devisendrehscheibe, als diplomatische Schutzmacht, als internationaler Umschlagplatz für Spionageinformationen und als Lieferantin von Präzisionsmaterial, Waffen und kriegswichtigen Rohstoffen aller Art »viel wertvoller denn als Satellit«.

Klaus Urner, Direktor des Archivs für Zeitgeschichte an der ETH Zürich, widerspricht diesen Interpretationen vehement. Seine Argumentation: Die Dokumente der »Operation Tannenbaum« sind keine Generalstabsspiele, sondern konkrete Angriffspläne, die Hitler im letzten Moment nicht in Marschbefehle umsetzte. Hitlers Wille zum Einmarsch bestand duchaus. Die zitierte Gesprächsnotiz Pickers sei falsch datiert. Picker selbst habe seinen Irrtum später zugegeben.

Klaus Urner verkennt keineswegs die lebenswichtigen Dienste, welche die Schweiz während der ganzen Zeit des transkontinentalen Wirtschaftskrieges dem Reich geleistet hat. Aber Massenmörder Hitler war ein geistig und seelisch schwer gestörter Mann, ein pathologischer Verbrecher. Er konnte durchaus die für ihn lebenswichtigen Funktionen des Berner Goldwaschbunkers, der intakten Alpentransitwege, der helvetischen Präzisionsmaschinen und Waffenlieferungen erkennen... und gleichwohl aus Haß auf den demokratischen Kleinstaat, aus dunklem Allmachtsinstinkt und großdeutschem Rassenwahn die Einverleibung der Schweiz befehlen.

Meine Meinung? Ich bin weder Militär- noch Wirtschaftshistoriker. Das vorliegende Buch ist (vor allem) eine Mentalitätsanalyse der helvetischen Herrschaftsklasse in den Jahren 1933–1945. Den heute so heftigen Historikerstreit kann ich nicht entscheiden. Tatsache ist: Hitlers Angriff auf die Schweiz ist nicht erfolgt. Der Räuber benutzte, schonte seine Hehler bis zum Schluß.

Der Titel dieses Kapitels heißt *Widerstand*. Gemeint ist nicht in erster Linie der Widerstand gegen die Frontisten. Dieser war gewissermaßen selbstverständlich. Gegen die Nazis war die überwältigende Mehrheit der Schweizer Bürger, welcher sozialen Klasse sie auch immer angehörten, weitgehend immun. Aus genau jenen Gründen, die ich vorhin erwähnt habe.

Widerstand bezeichnet hier einen anderen Sachverhalt: die offene Auflehnung eines Teils des Volkes gegen die Kollaborationspolitik der Regierung, der Bankiers und der Wirtschaftsführer ab 1940.

Ab diesem Jahr gleicht das Berner Regime in mancher Hinsicht jenem von Vichy: enge, organische Finanz- und Wirtschaftskooperation mit dem Reich; Diskrimination der Juden im Innern und an der Grenze; ein demokratisch-öffentlicher Diskurs verdeckt die autoritäre Praxis der Regierung.

Während der Kriegsjahre regierte der Bundesrat weitgehend durch Vollmachten. Rundfunk und Presse waren einer effizienten politischen Zensur unterworfen. Die kollektiven Freiheitsrechte wurden beschränkt. Das Volk wußte so gut wie nichts vom Berner Goldbunker, von der Komplizenschaft der Mächtigen mit Adolf Hitler.

Am 22. Juni signierte Frankreich die Waffenstillstandskonvention mit Deutschland. General Henri Guisan schickte die Armee nach Hause. Von 450 000 Offizieren und Soldaten blieben nur 150 000 mobilisiert. Am 25. Juni trat Bundespräsident Marcel Pilet-Golaz vor die Mikrophone der drei nationalen Radiostationen Beromünster, Sottens und Monte Ceneri. Im Namen der Gesamtregierung verkündete er, die Schweiz wolle sich dem neuen Europa angleichen. Das Volk solle seinem Bundesrat wie einem »Führer« vertrauen. Kurz: Die Zeiten hätten sich geändert, und die Kollaboration mit dem Reich sei der Weg der Zukunft.

Für Hunderttausende von Bewohnern der Eidgenossenschaft bedeutete Pilet-Golaz' Rede einen Verrat am Volkswillen zu Unabhängigkeit und Souveränität. Auch heute noch ist die Lektüre der Rede unerträglich.

Am 7. September 1940 wurde in Zürich die Aktion Nationaler Widerstand gegründet. Drei Männer ganz verschiedener Provenienz unterzeichneten den Gründungsaufruf. Es waren dies Hans Oprecht, Gewerkschaftssekretär und Verleger, gewählter Nationalrat aus Zürich und Präsident der Sozialdemokratischen Partei der Schweiz; August Lindt, Journalist und Diplomat, später UNO-Hochkommissar für Flüchtlinge; Hans Hausammann, ein Schweizer Offizier.

Der Aufruf lautet:

>»Der neue Bund der Schweizer kämpft
>für Freiheit, Ehre und Unabhängigkeit der Schweizerischen Eidgenossenschaft,
>für die Freiheit der Person und des Gewissens,
>für die Freiheit der Gemeinschaft auf föderativer Grundlage,
>für Volksherrschaft,
>für persönliche Verantwortung,
>für Sicherung von Arbeit und Brot eines jeden Eidgenossen,
>gegen jeden Defaitisten, stehe er, wo er wolle.
>Ich bin entschlossen und bereit, ich gelobe, unter Opferung von allem und jedem,
>für diese Ziele mich einzusetzen.[17]

In unserem Buch kommt die »Andere Schweiz«, die Schweiz des Widerstandes, des unbeugsamen Willens zur Freiheit, der radikalen Kritik viel zu kurz. Überall wurde der antinazistische Widerstand organisiert. Für den Fall einer bundesrätlichen Kapitulation vor der einmarschierenden Wehrmacht bereiteten verschwörerische Offiziere den Untergrundkampf vor. Mutige Journalisten trotzten der hitlerfreundlichen, offiziellen Pressezensur. Der liberale Basler Albert Oeri, Chefredakteur der Basler Nachrichten, und der sozialistische Chefredakteur von Die Nation (nicht zu verwechseln mit Régameys Hetzblatt), Peter Hirsch alias Peter Surava, schrieben – trotz Drohungen, Sabotage und offizieller Verleumdung – den ganzen Krieg über die Wahrheit. Unter Surava erreichte Die Nation die erstaunliche Auflage von 120 000 verkauften Exemplaren. Surava wurde unter einem lächerlichen Vorwand verurteilt, eingesperrt, von seinem Posten verjagt. Seine Freunde aber kämpften weiter.[18] Die Basler wählten den unbeugsamen Oeri regelmäßig immer wieder in den Nationalrat.

Sozialdemokraten, Kommunisten, Gewerkschafter, Christen, Frauen und Männer aller sozialen Klassen, aller Kulturkreise und Sprachen, leisteten Widerstand – wo und wie immer sie konnten – gegen die Kollaborationspolitik des Bundesrates.

Vielleicht etwas zu schematisch setzen wir hier die Aktion Nationaler Widerstand der Kollaborationspolitik des Bundesrates entgegen. Diese Methode ist fehlerhaft. Die helvetische Realität der Kriegsjahre (und der Gegenwart) ist unendlich viel komplizierter.

André Malraux schreibt: »La réalité est toujours impure« (die Wirklichkeit ist immer unrein). Die helvetische Realität der Kriegsjahre (und der Gegenwart) zeigt ein widersprüchliches Bild.

Der Gründungsaufruf der Aktion Nationaler Widerstand fordert den Kampf für »Freiheit, Ehre und Unabhängigkeit der Eidgenossenschaft«, »Volksherrschaft«, »Persönliche Verantwortung«, »Sicherung von Arbeit und Brot eines jeden Eidgenossen«.

Es wäre unstatthaft zu behaupten, der labile Bundesrat, die Geschäftsanwälte, die Bankiers, die Industriellen, die Nationalbankoberen hätten diese Forderungen im Prinzip verurteilt.

Selbst Hitlerfreund und Waffenlieferant Emil Bührle, National-
bankdirektor Alfred Hirs und die andern geschätzten Tischgäste
des deutschen Gesandten Otto Köcher in Bern sprachen sich für
eine Aufrechterhaltung der Ehre und Unabhängigkeit der Schweiz
aus.

Warum also die Fraktur? Die Spaltung der Schweiz in zwei
Lager? Warum die Verfolgung des Peter Surava? Die steten Ver-
unglimpfungen, welchen ein Hans Oprecht, ein Albert Oeri ausgesetzt waren? Warum riskierten einfache Bank- und Industrieange-
stellte, die gegen die privilegierten Geschäftsbeziehungen ihrer
Unternehmen mit dem Dritten Reich protestierten, sofortige Kün-
digung und zuweilen noch ein Strafverfahren wegen Wirtschaftsspionage? Warum mußten sie nachts und insgeheim mit Allen
Dulles in der Herrengasse in Bern Kontakt aufnehmen?

Die Schweizer Herrschaftsklasse besitzt ein kohärentes System
der Selbstinterpretation. Dieses wird am besten mit dem Wort
»Fideismus« umschrieben. Der Begriff stammt aus der »Summa
Theologiae« des Thomas von Aquin. Er versteht unter Fideismus
die Zustimmung zu Ideen, die als richtig anerkannt, aber für nicht
realisierbar gehalten werden.

Die schweizerische Unabhängigkeit, die absolute Neutralität
gegenüber allen Kriegsparteien, die Verweigerung der Hilfelei-
stung an das braune Reich, die Kritik am Tyrannen? Sie sind an
sich richtig, moralisch gerechtfertigt, wünschbar und gut. Realisierbar aber sind sie nicht oder allenfalls nur bruchstückhaft.
Übergeordnete Sachzwänge verhindern ihre Verwirklichung.

Im Zweiten Weltkrieg produzierte der helvetische Fideismus
merkwürdige individuelle Verhaltensweisen. Ein Beispiel: der
hoch angesehene, fachlich äußerst qualifizierte und einflußreiche
Professor der Rechte, Max Huber. Subjektiv war Huber unmiß-
verständlich ein Demokrat, ein Antifaschist, ein Mann der Solidarität und der Menschenliebe. Er amtierte als Präsident des Internationalen Komitees vom Roten Kreuz... und zugleich als Verwaltungsrat der Waffenschmiede Bührle-Oerlikon. Huber präsidierte
außerdem dem Aluminiumkonzern Alusuisse, dessen Werk in

Singen mehrere hundert ukrainische, von der SS verkaufte Sklavenarbeiter beschäftigte.[19] Unter Hubers Leitung verurteilte das IKRK zwar nie öffentlich den nazistischen Völkermord. (Er war nicht allein: Auch Papst Pius XII. schwieg beharrlich.) Immerhin erleichterte das IKRK vielen Kriegsgefangenen das Überleben. Für die trauernden Hinterbliebenen führte es einen internationalen Suchdienst. Sachzwänge. Es gibt sie.

Die Fraktur von 1940 war tief und für die Einheit des Landes gefährlich. Warum? Zunächst muß man sich die wirtschaftliche, soziale, psychologische Situation der Bevölkerung dieses kleinen Landes vergegenwärtigen. Hitlers wahnwitzige Radioreden hörten auch die Schweizerinnen und Schweizer. In der Wochenschau sahen sie den Aufmarsch der braunen Horden in deutschen Städten anläßlich der NSDAP-Parteitage und Heldenfeiern. Diese Spektakel, diese Brandreden weckten in der Bevölkerung der Schweiz die tiefverwurzelte, archaische Furcht des Kleinen vor dem Großen. Das Berner Regime hatte so leichtes Spiel, diese Angst zu schüren, sie umzusetzen in Gehorsam und Unterwerfung (unter das bundesrätliche Diktat).

Die Eidgenossenschaft ernennt einen Oberbefehlshaber der Armee nur in Kriegszeiten. Wird Generalmobilmachung, sogenannter Aktivdienst, verfügt, wählt die Vereinigte Bundesversammlung (National- und Ständerat) einen General. Am 30. August 1939 wählte sie im ersten Wahlgang und mit großer Mehrheit einen fünfundsechzigjährigen liebenswürdigen, grundehrlichen Waadtländer namens Henri Guisan. Guisan war von Beruf Landwirt. Er bewirtschaftete den Hof »Bellevue« in Chesalles-sur-Oron. Daneben war er Offizier und stieg die Hierarchieleiter der Milizarmee hoch. 1932 befehligte er ein Armeekorps.[20]

Die offizielle Propaganda erhob ihn zum allwissenden Helden, zur moralischen Instanz, zur nationalen Integrationsfigur.

Hinzu kam ein zweites: Ein großer Teil der Bevölkerung war bäuerlicher Abstammung, erst kürzlich erfaßt vom Industrialisierungsprozeß des Landes. Die sozialen Konflikte waren zahlreich und heftig, 1932 erschossen Soldaten der Schweizer Armee 13 Arbeiter und verletzten 65 weitere anläßlich einer friedlichen Demonstration in Genf. Noch in den späten dreißiger Jahren waren die Arbeitskämpfe heftig, der Widerstand gegen die patronale Ausbeutung stark. Der Zweite Weltkrieg und die mit ihm verbundene Bedrohung der Schweiz lieferten der Herrschaftsklasse die ideale Gelegenheit für die Wiederherstellung der sozialen und ideologischen Kontrolle über die Arbeiter und Angestellten. Die Generalmobilmachung traf vor allem die Arbeiter-, Bauern- und Angestelltenfamilien hart. Unter der Rationierung der Lebensmittel litten naturgemäß vor allem die untersten Schichten der Bevölkerung.

Die herrschende Klasse betrieb einen Klassenkampf von oben. Jedes Aufbegehren gegen schlechte Arbeitsbedingungen, geringen Lohn und wirtschaftliche Ausbeutung wurde zum Angriff auf die nationale Sicherheit erklärt. Viele Arbeiter blieben während des gesamten Krieges mobilisiert.

Das Offizierkorps war rein bürgerlich. Der Aktivdienst bot die Möglichkeit, die alten, ungerechten, sozialen Hierarchien zu festigen. Das Vollmachtenregime und die Pressezensur dienten dazu, die soziale Diskussion zu ersticken, von der Herrschaftsmeinung abweichende Aussagen zu unterdrücken und unbotmäßige Bewegungen zu kontrollieren.

In der Schweiz ist die Toleranzschwelle in mancher Hinsicht sehr niedrig. Die Herrschaftsklasse tolerierte 1940 keine qualitative Opposition. Sie tut es auch heute nicht. Aber auch dieses gilt: Die schweizerische Demokratie gründet sich auf die ausdrückliche Achtung abweichender Meinungen. Ein schwer verständliches Paradox: Die Anerkennung eines uneingeschränkten Pluralismus und die Existenz eines auf Übereinstimmung und Einigkeit basierenden Regimes scheinen sich gegenseitig auszuschließen. Aber gerade dieser Pluralismus ist nicht uneingeschränkt, er ist normiert. Nur diejenigen Meinungen, Ideen, Äußerungen und Handlungen, welche die Grundstrukturen des Systems, das heißt die Vorherrschaft der Oligarchie und ihre tägliche Praxis des Fideismus nicht in Frage stellen, werden als »demokratische« Meinungen, Ideen, Äußerungen und Handlungen anerkannt. Jede andere Äußerung, wie immer sie auch begründet sein mag, gilt als »undemokratisch«. Natürlich stößt das System im Innern seines normierten Bereichs auf heftige Opposition, und diese Opposition wird in dem Maße angegriffen und unterdrückt, wie sie die ungerechten und oligarchischen Grundlagen des Systems bekämpft und bedroht.

Die Erhebung von Geheimnis und Undurchsichtigkeit zur moralischen Tugend, die Gleichsetzung von Konsensus mit nationaler Einheit, die normierte Meinungsfreiheit bilden die drei ideologischen Stützen der »schweizerischen Demokratie«. Mit anderen Worten: Die herrschende Bourgeoisie, deren harter Kern – die Finanzoligarchie – über die Waffen der symbolischen Gewalt verfügt, hat in der Schweiz ein System der Einmütigkeit und der Pseudogleichheit errichtet.

Ich habe den Begriff »symbolische Gewalt« verwendet. Pierre Bourdieu gibt dafür eine überzeugende Definition: »Alle Macht symbolischer Gewalt, das heißt, alle Macht, der es gelingt, den Menschen Symbole aufzuzwingen und sie als legitim auszugeben, indem sie die Machtbeziehungen, welche die Grundlage ihrer Macht bilden, verschleiert, fügt ihre eigene Macht diesen Machtbeziehungen hinzu.«[21]

Dieser Begriff bezeichnet somit Instrumente, die auf symbolischer Ebene auf dasselbe Ziel hinwirken wie andere auf materieller Ebene, nämlich auf Beherrschung. Diese symbolischen Waffen haben, wie die materiellen, ihre Geschichte, ihre Institutionen, ihre Wächter. Zu ihren wachsamsten Hütern gehörten 1940–1945 die von der Zensur kontrollierten Massenmedien.

Die Pressezensur verdiente eigentlich ein Kapitel für sich. Ihr Einfluß war verheerend. Nicht nur, weil sie die kritischen Stimmen in der sonst so vielfältigen, lebendigen Schweizer Presse erstickte und damit dem Volk wesentliche Informationen vorenthielt. Sondern auch, weil sie eine heute kaum mehr verständliche, teilweise enthusiastische Berichterstattung über das Dritte Reich förderte.

Ein Beispiel: Am 18. Februar 1943 hielt Goebbels im Berliner

Sportpalast seine berüchtigte Rede über den »Totalen Krieg«. Am 21. Februar schrieb Goebbels in sein Tagebuch: »Die neutrale Presse bringt geradezu phantastische Artikel über mich persönlich und über die Art meiner Propaganda. Man liest beispielsweise in Berner, Baseler und Züricher Zeitungen Kommentare, wie sie mit einer solchen warmen Sympathie selbst in der deutschen Presse nicht geschrieben werden könnten. Alles in allem genommen kann man feststellen, daß die Rede hundertprozentig ihren Zweck erreicht hat. Ich kann über diesen propagandistischen Erfolg außerordentlich glücklich sein. Wenn der Kampf gegen den Bolschewismus einen geistigen Boden haben mußte, so hat er ihn hier bekommen.«[22]

Noch ein letztes Wort zum Fideismus: Er unterscheidet scharf zwischen »positiver« und »negativer« Kritik.

Positive Kritik ist erlaubt, willkommen sogar. Sie ist systemimmanent. Um als Demokratie zu funktionieren, braucht das Regime Opposition, Kritik, Widerspruch. Aber eben: Widerspruch innerhalb des normierten Realitätsfeldes. Wer das System selbst in Frage stellt, wird pathologisiert.

Eine subtile Dialektik beherrscht das Feld. Das »normierte« Verhalten steht nicht einfach dem »abweichenden« gegenüber. Die »positive« und die »negative« Kritik stehen in einer komplexen, gegensätzlichen und stets umkehrbaren Beziehung zueinander. Der Systemgegner ist zunächst ein Störenfried, einer, der die Zelebrierung des Kultes stört; der Ungläubige zerreißt plötzlich den Vorhang und bringt eine Wirklichkeit an den Tag, die verborgen bleiben sollte. Der Gegner ist der Wiedertäufer, gleicht dem Mann im 16. Jahrhundert, der auf dem Platz von Münster den Mächtigen ins Gesicht schreit, sie seien Sünder und die Welt gehe unter.

Er wird so lange geduldet, als er zu bestimmten Stunden an dem für ihn vorgesehenen Platz erscheint, und unter der Bedingung, daß auch er rituelle Ausdrücke verwendet, die von denen, die ihm zuhören, vorgesehen sind. Doch sobald er sich anschickt, gegen die Institutionen vorzugehen, sobald er versucht, sich selbst Zugang zu den Entscheidungsinstanzen zu verschaffen, indem er ein unvorhergesehenes und der gesellschaftlichen Kontrolle sich entziehendes Projekt vorlegt, wird er ganz einfach gefährlich und wird verbrannt. Wie Thomas Müntzer.[23]

Beispiele dafür gibt es genug: Peter Surava wurde von seinem Chefredaktorsposten verjagt, verurteilt, eingekerkert; Carl Lutz, der in Budapest 1944 Zehntausende von jüdischen Männern, Kindern und Frauen gerettet hatte, wurde von seinen Vorgesetzten im Außenministerium noch drei Jahre nach Kriegsende aufs schärfste gerügt; Polizeikommandant Grüninger erlebte die Degradierung, die strafrechtliche Verurteilung und die gesellschaftliche Ächtung, weil er längs des Rheins im Kanton Sankt Gallen verfolgten jüdischen Flüchtlingen aus Österreich den Eintritt in die Schweiz ermöglicht hatte.

Paradoxerweise jedoch wissen die Mächtigen in der Tiefe ihres Herzens, daß sie Sünder sind. So stark, so erprobt, so wirksam die Mechanismen der Beseitigung und Verdrängung negativer Tatsachen auch sein mögen, die sie in ihrem Bewußtsein im Verlauf einer uneingestandenen Praxis entwickelt haben, so gibt es doch gewisse Bankiers, Waffenhändler und deren politische Helfer, die ganz genau wissen, daß ihr Tun der von ihnen selbst proklamierten und geglaubten Moral widerspricht. Der Wiedertäufer wird auf fideistische Weise wahrgenommen.

Für die Herrschaftsklasse bedeutet die qualitative Opposition gegen den eidgenössischen Konsensus nicht nur die Bedrohung ihrer politischen Ziele, sondern ihrer Existenz überhaupt. Auf diese Opposition konzentrieren sich daher alle negativen Fixierungen der offiziellen Gesellschaft. Der Ausschluß des Kritikers ist brutal und unwiderruflich. Aber auf der Ebene des Unbewußten gehen seltsame Veränderungen vor: Der verdammte Protestierer wird zum Träger einer Botschaft, und diese Botschaft sät den Zweifel. Wie, wenn der Protestierer im Grunde, *in abstracto* und jenseits des Realisierbaren, des im Augenblick Möglichen, doch am Ende recht hätte? In diesem Zweifel wurzelt die fideistische Wahrnehmung der Realität.

III. Die Goldwaschmaschine

Der helvetische Bankenkapitalismus und die damit verbundene Mentalität stützen sich auf eine lange Tradition. »Die Schweizer, neutral in den großen Revolutionen der sie umgebenden Staaten, haben sich am Elend der anderen bereichert und eine Bank gegründet auf dem Unglück der Nationen«, schrieb François René de Chateaubriand schon im 18. Jahrhundert.

Zwei Vorbemerkungen zu diesem Kapitel:

1. Ich befasse mich darin ausschließlich mit dem Raubgoldbunker von Bern. Ich verzichte auf die Analyse der Politik, welche die Schweizerischen Nationalbankoberen im Verwaltungsrat der Bank für Internationalen Zahlungsausgleich in Basel betrieben haben. Auch da ging es um Raubgold und um von Deutschland dringend benötigte Devisen. Mit dem Segen der Schweizer Regierung beförderten die Banken auch da Hitlers ureigenste Interessen.[24]

2. Im vorliegenden Kapitel werden die Goldtransaktionen der Großbanken, der Treuhänder, Vermögensverwalter, Finanzgesellschaften etc. nicht behandelt. Wie hoch die privaten schweizerischen Goldtransaktionen mit den Nazis waren und welche Profite daraus erwuchsen, werden die Recherchen der Historikerkommission im Verlauf der kommenden fünf Jahre erweisen.

Wichtige Indizien sind schon heute bekannt, dank insbesondere der Forschungen von Marc Perrenoud.

Eng verbunden mit den Goldtransaktionen zwischen helvetischen Privatbanken (Treuhändern etc.) und dem Reich ist die allgemeine Kreditpolitik des Finanzplatzes Schweiz gegenüber dem Nazi-Regime.[25]

Das Berner Bundeshaus ist ein prächtiger, repräsentativer Sandsteinbau. Symbolträchtige, mythische Figuren – die Mutter Helvetia bewehrt mit Schild und Lanze, nachdenkliche, überdimensionierte Legislatoren, bekleidet mit einer gußeisernen Toga, faltenreich über die nackte Schulter geworfen – schmücken die Fassade.

In der Eingangshalle stehen die drei Urschweizer, welche angeblich am 1. August 1291 auf der Rütli-Wiese den ersten Bundespakt beschworen haben. Übermächtige Gestalten aus Stein, mit totem Blick und ausgestreckten Armen. »Die drei Vergewaltiger« nennt sie eine junge respektlose Kollegin aus dem Nationalrat. Wundersame farbige Glasfenster und Wappen aller Art zieren das Gebäude.

Das Bundeshaus steht vor einer der schönsten Landschaftskulissen der Welt: den Berner und Walliser Alpen.

Die Hauptfassade mit dem eisernen schwarzen Eingangstor, den hohen Fensterfluren, hinter denen bei Einbruch der Dämmerung die kristallenen Kronleuchter schimmern, ist nach Norden gerichtet. Zum Bundesplatz hin.

Rings um den Bundesplatz stehen die Banken. An der Ostseite der Berner Sitz der Schweizerischen Nationalbank. An der Nordseite die steinerne Zwingburg der Schweizerischen Kreditanstalt und die Bernische Spar- und Leihkasse. Im Westen die ebenfalls mit mythischen Helden bestückte Fassade der Bernischen Kantonalbank. Ein paar Dutzend Meter entfernt, auf dem Bärenplatz, glitzern die Fensterfronten und Marmorhallen der Schweizerischen Bankgesellschaft, wo Adolf Hitler sein Privatkonto hatte.

Jeden Dienstag ist Markttag auf dem Bundesplatz. Die Landwirte, Gärtner, Gemüsebauern aus dem bernischen Mittelland bieten ihre Blumen, Gemüse, Früchte, Milch- und Fleischprodukte feil. Tief unter dem Asphalt ruhen die Goldschätze der Nationalbank.

Die Schweizerische Nationalbank ist eine ziemlich komplizierte Konstruktion. Gegründet wurde sie zusammen mit dem modernen Bundesstaat, Mitte des vergangenen Jahrhunderts. Ihre Hauptaktionäre sind daher – neben Privatpersonen – die Kantone. Die Eidgenossenschaft besitzt keine Aktien, verfügt aber über das Emissionsmonopol (das sie der Nationalbank überträgt) und ernennt 24 der 40 Mitglieder des Bankrats; die drei Generaldirektoren – wovon einer als Präsident, ein anderer als Vizepräsident amtiert – wählt der Bundesrat auf Vorschlag des Bankrats.

Der Präsident der Nationalbank sitzt in Bern, ein Teil der Generaldirektion in Zürich. Gemäß Gesetz müssen vierzig Prozent der im Umlauf befindlichen Geldmenge durch realexistierende Goldbarren gedeckt sein.

Verglichen mit den privaten Großbankimperien ist die Nationalbank ein bescheidener Betrieb: 1996 beschäftigte sie etwas mehr als 500 Angestellte. Jedoch: Ihre Stellung im Goldgeschäft ist dominierend. Während der Kriegsjahre versuchte sie ein Monopol im Goldhandel zu erreichen. Die Privatbanken wehrten sich erbittert. Schließlich wurde ein Gentlemen's Agreement geschlossen: Die Privatbanken akzeptierten einen Goldhöchstpreis für alle ihre Transaktionen.

Am 10. Mai 1940 begann Hitler seinen Raubzug im Westen. Von diesem Tag an schützten Einheiten der Schweizer Armee die Einrichtungen der Nationalbank.

Wie funktionierte die helvetische Goldwaschmaschine? Keines der Länder, in denen Hitler und seine Emissäre die strategisch wichtigen Rohstoffe einkauften, wollte die Reichsmark als Zahlungsmittel akzeptieren. Bezahlt werden mußte in Gold oder in weltmarkttauglichen Devisen, am besten in Schweizer Franken. (Dies galt auch für die Schweiz. Auch sie wollte für ihre Exporte – Waffen, optische Geräte, Industriegüter aller Art – nicht in Reichsmark, sondern in Gold oder Devisen bezahlt werden.)

Bei Kriegsbeginn verfügte die Deutsche Reichsbank über ein Depot bei der Schweizerischen Nationalbank. Dieses war juristisch der Bank für Internationalen Zahlungsverkehr (BIZ) in Basel zugeordnet. Dieses Konto war leer.

Die ersten deutschen Goldlieferungen auf dieses Konto erfolgten am 14. Januar 1940. Hitler war inzwischen in Polen eingefallen. Seine Raubzüge im Osten warfen die ersten Dividenden ab. Im Mai desselben Jahres richtete die Deutsche Reichsbank ein Depot auf ihren Namen direkt bei der Schweizerischen Nationalbank ein.

Wie gelangte das deutsche Beutegold in den Bunker von Bern? Die Barren kamen per Eisenbahn oder häufiger noch über die

Straße. Kolonnen von Lastwagen passierten in Basel die Schweizer Grenze. Begleitet und geschützt wurde die Fracht von bewaffneten deutschen Beamten. Beim Bunkereingang in Bern wurden die Kisten von den Lastwagen auf niedrige Karren, welche helvetische Beamte vor sich herschoben, umgeladen. Dann verschwand das Gold unter der Erde. Werner Rings hat als erster die Methoden der Registratur, der Aufbewahrung deutschen Goldes in Bern detailliert beschrieben.[26]

Am Eingang wachten schweizerische Milizsoldaten. Im Untergrund wurde gezählt, klassifiziert, registriert. Die Barren wurden auf Regalen aufgeschichtet. Ein Zeuge berichtete mir – fünfzig Jahre danach – mit glänzenden Augen und ergriffen von ihrem »wunderbaren Schimmern«.

Eine Zwischenbemerkung: Beutegold ist der richtige Ausdruck. Goldreserven hatte die Reichsbank 1939 so gut wie keine mehr. Im nächsten Kapitel werden wir sehen, wie Hitler immer wieder versuchte, sein Raubgold als deutsches (legales) Vorkriegsgold anzubieten. In der »Preußischen Münz« ließ die Reichsbankdirektion geraubte Barren umschmelzen und mit den Nummern deutscher Vorkriegsserien versehen. Die »Eichzeichen« – auch »Stempel« genannt – waren falsch.

Was geschah mit dem Beutegold?

Ein Teil wurde Besitz der Nationalbank. Diese tauschte das »deutsche« Gold gegen Schweizer Franken um. Die Schweizer Franken dienten den Nazi-Emissären für ihre Weltmarktgeschäfte. Der Schweizer Franken war während der ganzen Kriegszeit die einzige Währung, die auf der ganzen Welt handelbar war. »Deutsches« Gold nahmen die Nationalbankoberen auch entgegen, als Bezahlung für die schweizerischen Exporte nach Deutschland. Daß immer zuwenig Gold da war, zeigt schon die Tatsache, daß die schweizerischen Waffen- und Industrieexporte ins Reich weitgehend auf Kredit erfolgten.

Die Schweizer gewährten Hitler Hunderte von Millionen (in Schweizer Franken) sogenannter Kompensationskredite. 1945 standen die Nazis bei den Schweizern immer noch mit über einer Milliarde in der Kreide.

Bei einem anderen Teil des Beutegoldes fungierte die National-bank als Umschlagsplatz. Genauer: als Goldwäscher. Ausländi-sche Kunden des Reiches wollten das »deutsche« Gold nicht an-nehmen. Betrachten wir ein Beispiel: Portugal. Unter englischem Druck verweigerte Diktator Salazar die Annahme von Reichs-bankgold. Aber sein Land blieb ein äußerst wichtiger Kriegsliefe-rant des Reiches. Das Wolfram für die deutsche Rüstungsindustrie kam aus Portugal und seinen überseeischen Kolonien. Die Lastwa-genkolonnen der Reichsbank brachten die »deutschen« Barren in den Berner Bunker. Die deutschen Einkäufer erhielten Schweizer Franken. Die Portugiesen lieferten das Wolfram nach Berlin und kauften mit den Schweizer Franken in Bern das deponierte Gold.[27]

1940 berechneten die helvetischen Goldwäscher ihren Nazi-Kunden folgende Tarife: Bei der Inempfangnahme des Goldes – konkret: beim Ausladen der Barren aus den deutschen Lastwagen und ihrem Aufladen auf die Handkarren – erhob die Schweiz eine Gebühr von 0,03 Wertpromille. Für die Umlegung ins Depot kassierte sie 0,015 Promille und für den Versand 0,9 Promille.

Die Züge aus Berlin trafen in regelmäßigen Abständen, jedoch mit variabler Fracht, in Bern ein. Goldbarren, Säcke voller Mün-zen etc. kamen in größter Menge im Jahr 1943. Es war das Jahr, in dem der Krieg sich wendete. Ein Jahr des Unglücks für Hitler: In Stalingrad wurde seine 6. Armee vernichtet. Vor dem ägyptischen Wüstendorf El Alamein hatte Rommel mit seinem Afrikakorps eine vernichtende Niederlage erlitten. Auf den Weltmeeren – insbesondere im Nord- und Südatlantik – siegten die alliierten Flotten. Kurz: Hitler versuchte verstärkt, sich für den Endkampf zu rüsten. Die Waffenproduktion lief auf Hochtouren. Entspre-chend groß war der Bedarf nach strategischen Rohstoffen aus dem nicht besetzten Ausland ... und somit von Schweizer Franken, handelbarem Gold, Devisen.

Im Jahr 1943 verschwindet im Berner Bunker mehr deutsches Beutegold als in jeder anderen Periode: Barren und Münzen im Wert von fast 529 Millionen Schweizer Franken.

Wieviel Nazi-Beutegold lief durch die Berner Goldwaschmaschine? Die Forschungen der Historikerkommission und wahrscheinlich auch der Volcker-Kommission werden – so ist zu hoffen – während der nächsten fünf Jahre Klarheit schaffen.

13. Dezember 1996: Hoffnung schimmert durch den Nationalbanknebel. Die Generaldirektion wurde neu bestellt, neuer Präsident ist Hans Meyer. Er zeigt Mut (gemessen am eidgenössischen Maßstab): »Unsere Vorgänger haben Fehler gemacht.«

Auf derselben Pressekonferenz bestätigt Meyer, die Bank habe vom Reich Gold im Wert von 1,7 Milliarden Schweizer Franken entgegengenommen. Die Zahl war längst bekannt.

Die Nationalbankdirektion riskiert nichts: Vor 1990 war das Waschen krimineller Gelder für Schweizer Banken nicht strafbar. Und selbst wenn es das Delikt bereits vor fünfzig Jahren gegeben hätte, wäre es längst verjährt.

Meyers Verhalten entspricht helvetischem Atavismus: Gnomen geben immer gerade nur das zu, was sich nicht leugnen läßt, das heißt, was die »cheiben« Ausländer bereits stichfest beweisen können.

Fassen wir zusammen: Zwischen 1939 und 1945 sind Goldbarren und Münzen in einem Gesamtwert von über 1,7 Milliarden Schweizer Franken in den Berner Goldbunker gelangt. Das entspricht rund einem Drittel der ganzen Goldweltproduktion dieser fünf Jahre. Dazu kommt eine unbekannte Menge Raubgold, das von der SS und privat operierenden Agenten direkt an Treuhänder, Privatbanken etc. verkauft oder auf Konten deponiert wurde.

Eines muß man den helvetischen Hehlern lassen: Sie sind ihren Kunden treu. Der letzte reichsdeutsche Lastwagenzug erreichte den helvetischen Raubgoldbunker am Morgen des 6. April 1945 – drei Wochen vor Hitlers Selbstmord.

Wie teuer war Gold in den Kriegsjahren? Was waren die Durchschnittswerte? Eine Erhebung der amerikanischen Federal Reserve Bank gibt folgende Zahlen an: 1 Unze Gold, das heißt 28,35 Gramm, wurde für durchschnittlich 35 Dollar gehandelt. 1946 entsprach ein Dollar 4,20 Franken.

Das Raubgold wurde meist in sogenannten Dreiecksgeschäften gewaschen: Deutsches Beutegold wurde in die Schweiz geliefert und gegen Schweizer Franken abgegolten. Mit diesen Franken bezahlte Hitler seine Importe strategisch wichtiger Rohstoffe und zahlreicher anderer Güter in der Türkei, in Portugal, Schweden, Spanien etc. Mit den erhaltenen Schweizer Franken erwarben die Zentralbanken der Exportländer in der Schweiz dasselbe Gold, mit dem die Reichsbank die Schweizer Franken gekauft hatte. Für die Exportländer war somit ein gefährliches Problem gelöst: Sie konnten behaupten, sie hätten im normalen internationalen Zahlungsverkehr von der Schweiz Gold gekauft. Sie begegneten damit effizient den Vorwürfen und dem Druck der Alliierten. Goldgeschäfte gab es auch mit Portugal, der Türkei und Schweden. Die effektiven, stets hilfreichen Komplizen jedoch waren die Eidgenossen.

Am 11. Januar 1997 publizierte der Jüdische Weltkongreß in New York einen Geheimbericht eines in Bern stationierten OSS-Agenten. Er beschreibt die Lastwagenzüge – jeder Wagen gekennzeichnet mit einer großen Schweizer Fahne –, welche das gewaschene Raubgold aus dem Nationalbankkeller unter dem Bundesplatz quer durch Frankreich und Spanien nach Lissabon transportierten. Für die Jahre 1944 und 1945 (bis März) zählte der Agent 280 Lastwagen. Die Lastwagen gehörten Schweizer Privatfirmen.

Hier ein Beispiel für ein typisches Dreiecksgeschäft: Francisco Franco Bahamonte, Diktator von Spanien, bezeichnete sich selbst gern als persönlichen Freund Hitlers. Er machte freundschaftliche Besuche in Berlin und versicherte die Nazis seiner ideologischen Verbundenheit. Für die Ostfront entsandte er sogar eine kampfbereite spanische Division. Jedoch: Franco weigerte sich standhaft, »deutsches« Gold zu waschen.

Die Reichsbank lieferte das Beutegold an die Schweizerische Nationalbank und erhielt dafür Schweizer Franken. Mit dem Geld kaufte sie in Madrid Wolfram. Die spanische Zentralbank tauschte alsdann in Bern die Schweizer Franken gegen Gold aus. Das Gold trug nun das schweizerische Hoheitszeichen oder war wenigstens von einem schweizerischen Zertifikat begleitet. Franco war vor alliierten Gegenmaßnahmen geschützt.

Ana Fernandez publiziert im Januar 1997 in der Madrider Zeitung El Pais eine Recherche über die Goldgeschäfte Francos: Madrid übernahm von der Schweiz gewaschenes deutsches Beutegold in Höhe von 187 Millionen Schweizer Franken (Wert 1945).[28]

Waren die Bankiers von Madrid (Lissabon, Stockholm, Ankara etc.) »moralischer« als die Gnomen von Bern?

Natürlich nicht.

Hatten sie Angst vor den alliierten Gegenmaßnahmen und eventuellen Rückforderungen der Geschädigten nach Kriegsende?

Selbstverständlich.

Aber diese Gegenmaßnahmen und Rückforderungsansprüche bedrohten auch die Schweiz... und diese wusch das Beutegold unbekümmert weiter.

Wie ist der Widerspruch zu erklären?

Durch den Glauben an die Prädestination. Durch die unglaubliche Solidität des ideologischen Überbaus des helvetischen Kollektivbewußtseins. Durch Arroganz.

Helvetische Bankiers sind meist äußerst vorsichtige Menschen. Wie konnten sie unbesehen und in Milliardenhöhe Hitlers Raubgold übernehmen?

»Dreiecksgeschäft« ist ein analytischer Ausdruck. Die helvetischen Nationalbankoberen ließen und lassen ihn nicht gelten. Ihre Verteidigungslinie war und ist klar: Die Nationalbank ist dem Goldstandard verpflichtet. Die Regeln des Goldstandards bestimmen, daß eine Zentralbank angebotenes Gold entgegennehmen muß. Ein weiteres Argument: Sicher hatte die Reichsbank undeklarierte Goldreserven. Ein drittes Argument: Hitlers Außenpolitik hatte der Reichsbank völlig legal neues Gold beschert; nach der Überführung der österreichischen Goldreserven 1938 erfolgten weitere legale Transfers nach Berlin. Weiteres Beispiel: Tschechoslowakei. Am 15. März 1939 marschierte die Wehrmacht in Prag ein. Die tschechischen Gebiete wurden zum Protektorat »Böhmen und Mähren« erklärt, die Slowakei zum unabhängigen Staat. Vierundzwanzig Stunden nach dem Einmarsch wurden die Goldreserven der Prager Zentralbank in die Reichsbank überführt. Völlig legal, weil es sich bei der Überführung um einen Beschluß der Protektoratsregierung handelte.

Merkwürdigerweise hatten die Banken nie eine offizielle Bestätigung der Deutschen verlangt, beim transferierten Gold handle es sich um legales und keineswegs um gestohlenes Gold. Der Bundesrat und die Nationalbankoberen begnügten sich mit den Versicherungen von Emil Puhl. Der englische Wirtschaftshistoriker Harold James, seit 1986 Professor an der Universität Princeton (USA), gibt dafür folgende Erklärung: »Sollte man nach dem Krieg je mit der Forderung konfrontiert werden, das Gold zurückzugeben, dann müßte man beweisen, daß man in gutem Glauben handelte. Legte man dann aber eine schriftliche Erklärung vor, wäre das natürlich als Beweis angesehen worden, daß man keinen guten Glauben hatte, sondern großen Zweifel.«[29]

Die Goldwaschmaschine von Bern funktionierte hochprofessionell. Woher das Gold kam, wußten die Goldwäscher. Trotzdem gelang ihnen fast immer die Maske der »neutralen Bankiers« aufrechtzuerhalten. In kritischen Situationen reagierten die Goldwäscher rasch.

Ich gebe ein Beispiel: Die Protokolle der Sitzung des Nationalbankdirektoriums vom 18. Juni 1942 berichten von einer Intervention des Generaldirektors Paul Rossy. Brisante Fracht war eingetroffen: Die Reichsbank hatte Barren geschickt, die deutlich den Ursprungsstempel – sei es der Vereinigten Staaten, sei es der Republik Frankreich – zeigten. Es handelte sich um Goldbarren, welche die Deutschen in Holland gestohlen hatten. Die königlich-holländische Zentralbank hatte diese Barren völlig legal vor Kriegsbeginn in Washington und Paris gekauft und sie zu ihren Goldreserven gelegt.

Rossy ist unruhig: Das Nazi-Beutegold aus Holland soll gemäß Funks Anweisung von den Schweizern an Portugal weitergegeben werden. Ein klassisches Dreiecksgeschäft. Mit dem in Bern gewaschenen Gold wird das Reich in Lissabon eine neue Lieferung dringend benötigten Wolframs kaufen.

Aber eben: Teile des holländischen Raubgoldes sind durch amerikanische und französische Stempel gekennzeichnet. In Lissabon wimmelt es geradezu von alliierten Agenten. Das Risiko besteht, daß die Alliierten dem Berner Deal auf die Spur kommen und das Raubgold als ihr Eigentum reklamieren. Rossy schaudert ob der wahrscheinlichen Konsequenz: Die Schweizerische Nationalbank hätte somit für Millionen von Schweizer Franken den Freunden in Berlin Beutegold abgekauft ... das sich dann in kürzester Frist als »non-negociable«, als wertlos erweisen könnte. Ein Risiko, das Goldwäscher Rossy seiner Bank nicht zumuten mochte.

Rossy schlägt seinen Kollegen vor, das holländische Beutegold, soweit es die amerikanisch und französisch geeichten Barren betrifft, sofort in Bern umschmelzen und mit schweizerischem Stempel versehen zu lassen. Die Generaldirektion der Nationalbank stimmt zu, beschließt jedoch, zuerst einmal die alliierten Reaktionen abzuwarten.

Sowohl die amerikanischen wie die gaullistischen Geheimdienste hatten höchstwahrscheinlich Kenntnis vom Nazi-Goldraub in Holland. Die holländische Widerstandsbewegung war stark und 1942 bereits wohlorganisiert; ihre Agenten waren präsent sowohl in der königlich-holländischen Zentralbank wie im Hafen von Rotterdam und in diversen Privatbanken.

Aber weder der amerikanische noch der französische Gesandte in Bern regten sich. Die helvetischen Goldwäscher waren erleichtert. Sie schickten das gewaschene Gold nach Lissabon. Adolf Hitler konnte ungestört neue strategische Rohstoffe für seine Wehrmacht einkaufen.[30]

Montag, den 20. Januar 1997, neun Uhr morgens: Im holzgetäfelten Saal Nummer III im Erdgeschoß des Berner Bundeshauses tagt die Außenpolitische Kommission des Nationalrates. Grauer Winternebel zieht an den hohen Fensterfronten vorbei. Im Saal ist die Atmosphäre gespannt. Einvernommen werden der Präsident des

Direktoriums der Nationalbank Hans Meyer und der millionen-
schwere Basler Privatbankier Georg Krayer, Präsident der
Schweizerischen Bankiervereinigung. Es geht um das Beutegold.

Hans Meyer trägt einen grauen Anzug; auf seiner kahlen Stirn
glänzen Schweißtropfen; seine Stimme ist tonlos, seine Sprache
militärisch knapp. Der perfekte Bankroboter. Neben ihm sitzt der
quicklebendige Krayer, dessen schwarze, melancholische Augen
in der Tischrunde nach Sympathie und Verständnis suchen.

Meyer gibt zu: Die Nationalbank kennt und kannte die Identität
jedes Goldbarrens, der durch ihre Keller geht oder ging. Jeder
Barren in Bern besitzt seine Identitätskarte (wie in jeder anderen
Zentralbank der Welt). Die Legierung eines Barrens ermöglicht
die Definition seiner Herkunft.

Meyer und Krayer sind anständige Menschen. Stille Verzweiflung tönt aus ihren monotonen Vorträgen. Trotzdem hält die
Maske ihrer Hypokrisie. Nazi-Raubgold in Schweizer Banken? So
etwas hat es nie gegeben.

IV. Die unheimlichen Eidgenossen

Wer herrschte über den Raubgoldbunker in Bern? Es waren drei
Männer: Ernst Weber, Alfred Hirs und Paul Rossy. Zusammen
bildeten sie während der Kriegsjahre die Generaldirektion der
Schweizerischen Nationalbank.[31] Präsident war Ernst Weber.

Obschon die Nationalbank eine private Aktiengesellschaft ist,
bestellt der Bundesrat (die Regierung) auf Vorschlag des Bankrates und des Vorstehers des Eidgenössischen Finanzdeparte-
ments die Generaldirektoren. Sie werden nach Parteienproporz,
nach Religionszugehörigkeit und geographischer Herkunft ernannt. Die Nationalbankdirektion bestand naturgemäß aus
stramm bürgerlichen – sei es aus freisinnig-protestantischen, sei es
aus katholisch-konservativen – Männern. Daß eine Frau Direk-
tionsgeschäfte führen könnte, kam damals im Bundeshaus nie-
mandem in den Sinn. Auch heute noch sind Frauen aus der Natio-
nalbank-Generaldirektion verbannt.

Der Generaldirektion war und ist ein Bankrat übergeordnet, auch er zusammengesetzt nach dem in der Eidgenossenschaft so beliebten Partei-, Religions- und Regionalproporz. Der Bankrat wurde präsidiert von einem Konservativen: Professor Gottlieb Bachmann von der Universität Zürich.

Bachmann schien beim Geschäft mit den Nazis nicht wohl zu sein. Ernst Weber aber blieb auf der harten Linie. Er antwortet Bachmann, was er auch Yves Bréart de Boisanger, dem Gouverneur der Banque de France, erklärt hatte:

»Die Schweiz besitzt eine Goldwährung. Die Schweizerische Nationalbank nimmt Gold von allen Ländern und gibt Gold an alle Länder. Es wäre kaum möglich, die Entgegennahme von Gold einem einzelnen Land gegenüber abzulehnen. Das würde der Neutralität der Schweiz widersprechen.«

Und weiter. »Die Nationalbank kann dem Gold, das ihr von der Deutschen Reichsbank verkauft wird, nicht ansehen, woher es kommt.«

Die Schweiz war Hitlers Kassenschrank. Zwei Finanzminister übten zwischen 1939 und 1945 nacheinander die Oberaufsicht über die Nationalbank aus. Die beiden waren nach Herkommen, Charakter und politischer Zugehörigkeit grundverschieden. Jedoch: Beide segneten blind, taub und stumm die helvetischen Hehlergeschäfte ab. Bundesrat Ernst Wetter, 1938 in die Regierung gewählt, war ein typischer Zürcher Wirtschaftsfreisinniger: Für ihn waren die Profitinteressen der Großbanken stets identisch mit dem Gemeinwohl des Schweizer Volkes. Er hatte seine Karriere als Generalsekretär des Volkswirtschaftsdepartements begonnen, dann als Direktor der Handelsabteilung fortgesetzt. Später amtierte er als Sekretär des Handels- und Industrievereins, der Dachorganisation der Arbeitgeber. Im Bundesrat blieb er seinen alten Patrons treu. Nie entfernte er sich einen Millimeter von dem von Der Neuen Zürcher Zeitung vorgezeichneten Weg.

Ernst Nobs, gewählt am 15. Dezember 1943, war der erste Sozialdemokrat in der eidgenössischen Regierung. Ein Alibisozialist. Ehemals Lehrer, Redakteur des Zürcher »Volksrechts«, dann Zürcher Stadtpräsident, hatte er seine ideologische Herkunft längst vergessen. Er verwaltete Hitlers Kassenschrank so effizient wie der Bahnhofsstraßenlakai Wetter.[32]

Daß der Bankrat und der Bankratsausschuß sich gegen die Komplizenschaft seiner Generaldirektion mit den Nazis nicht wehrte, ist fast selbstverständlich. Bankrat und Bankratsausschuß gehören zu jenen Gremien müder Würdenträger, die in der Eidgenossenschaft häufig sind. Sie dienen vor allem dazu, bereits anderswo getroffene Entscheidungen abzusegnen.

Was bei der Lektüre der Protokolle aber auch heute noch erschreckt und beunruhigt, ist die Passivität, um nicht zu sagen die stumme Ratifikation der Nationalbankmachenschaften durch den Bundesrat.

Die Herren Rossy, Hirs und Weber schalteten, wie es ihnen gefiel. Ihre Raffgier war uferlos. Ihre Hybris ohne Grenzen. Ihre Verblendung abgrundtief.

Woher kamen, wer waren diese drei unheimlichen Eidgenossen?

Paul Rossy war sicher der Wendigste, der Gescheiteste und der Kultivierteste unter ihnen. Er war Jurist, Doktor honoris causa der Universität Lausanne. Er stammte aus dem Städtchen Cossonay, aus dem Waadtland. Als Sohn eines Notablen wurde er 1894 geboren. In der Nationalbank figurierte er als Vizepräsident und Generaldirektor, Vorsteher des Departements Nr. II, der sogenannten Hauptkasse. Ihm unterstand die Verwaltung des Raubgoldes. Sein Schutzherr in Bern war der waadtländische Radikale Marcel Pilet-Golaz.

1940 war Pilet-Golaz Bundespräsident und Außenminister. Nach dem deutschen Einmarsch in Paris hielt er seine unglückliche Rede und propagierte die Unterwerfung unter das »Neue Europa«.

Pilet-Golaz wurde 1944 zur Demission gezwungen. Der wendige Rossy überlebte unbeschadet. Er nahm seinen Abschied erst 1955. Er war ein begabter Zyniker.

Nach Kriegsende war Abrechnung. Auch in Bern. Die Hehler sprangen sich gegenseitig an die Kehle. Jeder wollte seine Karriere retten. Rossy gelang dies meisterhaft. Im Nationalbankarchiv liegt ein Brief in französischer Sprache, datiert vom 19. Juni 1946, unterschrieben von Nationalbank-Generaldirektor Paul Rossy. Rossy schreibt an den Direktor der Eidgenössischen Finanzverwaltung Reinhardt: »Ich kann mit Herrn Hirs nicht mehr zusammenarbeiten. Wegen seiner Haltung in Washington, aber vor allem deswegen, weil er in den Jahren 1943 und 1944 von der Reichsbank das gestohlene belgische Gold gekauft hat, in voller Kenntnis des Ursprungs und der Natur dieses Goldes... Ich bin der Ansicht, daß der Bundesrat ein solches Verhalten nicht dulden darf. Er kann nicht zulassen, daß Herr Hirs Mitglied der Generaldirektion bleibt... Sollte der Bundesrat Herrn Hirs über das Jahr hinaus auf seinem Posten belassen, sähe ich mich selbst gezwungen, die Bank zu verlassen. Ich kann unter keinen Umständen das Risiko eingehen, mich durch die Machenschaften [im Originaltext: »les agissements«] des Chefs unseres aktivsten Departements kompromittieren zu lassen.«[33]

Präsident Ernst Weber war ein introvertierter, persönlich eher unglücklicher, traditionsverhafteter, starrköpfiger Mann. Ein kleiner grauer Schnauzbart über strengen Lippen, eine weite, hohe Stirn, starre Augen mit unsicherem Blick, schütteres graues Haar auf dem runden Schädel.

Weber kam aus der Branche. Er hatte sich in der Notenbank hochgedient. Er war der strebsame Funktionär ohne Kultur. Nicht einmal englisch sprach er. Daß er trotzdem Nationalbankpräsident wurde, zeugt für seine Zielstrebigkeit, Geduld und exzellenten politischen Beziehungen. Er war Jahrgang 1881.

Seine beiden Obsessionen hießen: Neutralität und Währungsstabilität. Er fühlte sich von Gott berufen und trotzte den Alliierten. Er sah sich als großer Währungshüter. Während der ganzen Kriegsjahre empfand er die Inflation als einzige Bedrohung für die Schweiz.

Weber war auch vorsichtig: Zwei Drittel der Goldreserven der Nationalbank hatte er vor Kriegsbeginn ins westliche Ausland geschickt. Ein Drittel in die USA, ein Drittel nach England. Die Reichsdeutschen mochte er nicht. Er traute den Kollegen von der Reichsbank nicht über den Weg. Aber lukrative Geschäfte machte er trotzdem mit ihnen. Ernst Weber hatte kein Unrechtsbewußt-sein. Er war der reine Apparatschik.

Alfred Hirs war aus anderem Holz. Geschmeidig, verschlagen ...
Seit 1942 war er für die Devisengeschäfte zuständig. Hirs war kein Politprotegé und auch kein Notenbankkarrierist. Er kam aus einer Privatbank. Er sah sich gern als kompetenten, stets objektiven, apolitischen Techniker.

Der Zürcher wurde 1889 geboren. Seine Welt war der Devisen-markt, die Börse, das schnelle Geschäft. Politik war ihm fremd. Die Berner Machtmechanik beherrschte er nicht. Das Bundeshaus und seine Magistraten gehörten für ihn zu einem anderen Stern. Die Politrestaurants Bären und Bellevue-Bar, wo nach Mitter-nacht die wichtigen Deals gemacht wurden, besuchte er kaum. Da verkehrte Rossy, und deshalb siegte Rossy über Hirs.

Der Devisenspezialist hatte kleine Fischaugen hinter der Horn-brille, eine starke Nase, kurzes braunes Haar, einen sinnlichen Mund. Strategisch dachte er nie. Weder für sich noch für die Nationalbank. Er war der Mann fürs Rasche, Zweideutige. Der ideale Partner für Puhl. Im Verkehr mit seinen Untergebenen war Hirs kalt, arrogant. Der perfekte emotionslose Bankier, wie er ihn sich selber vorstellte.

Um Alfred Hirs zu charakterisieren, muß ich hier ein Ereignis vorwegnehmen, auf das wir im fünften Teil unseres Buches detail-liert zurückkommen werden: die Schweizer-Alliierten Repara-tionsverhandlungen in Washington 1946.

Der schlaue Zyniker Rossy – unterstützt vom trübseligen Büro-kraten Weber – ordnete Hirs 1946 zu den schwierigen Verhand-lungen mit den alliierten Siegern nach Washington ab. Alfred tat sein Bestes: Er log und mauschelte und sabotierte das Reparations-abkommen so gut er konnte.

In seinem Standardwerk über »Die schweizerisch-amerikani-schen Finanzbeziehungen im Zweiten Weltkrieg« beschreibt Marco Durrer die beiden ersten Auftritte von Hirs in Washington folgendermaßen:

»In der ersten Sitzung des Gold-Unterausschusses am 26. März 1946 kam Hirs zu Wort. Der SNB-Generaldirektor begann mit der Bemerkung, er sei nur als ›technical member‹ der schweizerischen Delegation nach Washington gekommen ... Es stehe ihm nicht zu, die Politik der SNB zu verteidigen. Wiederholt betonte er in seinen Ausführungen zur Entwicklung des schweizerisch-deutschen Goldverkehrs, die Schweiz habe nie mit Beutegold zu tun gehabt. Deshalb werde er auf diese Frage nicht eingehen. Dennoch erwähnte Hirs, nach den Informationen der SNB befänden sich zwei Drittel des belgischen Goldes in den USA und ein Drittel in Frankreich. Wie die Schweiz hätten vermutlich auch andere Staaten den größten Teil ihrer Goldreserven vor der deutschen Westoffensive nach Übersee verschifft.

In der zweiten Sitzung am 29. März ging Hirs näher auf die währungspolitischen Grundsätze der Schweiz ein. Die SNB habe es aus neutralitätspolitischen Überlegungen nicht verantworten können, deutsches Gold abzulehnen ... Im übrigen hätten ab 1943 verschiedene Reichsbankvertreter versichert, bei dem nach der Schweiz gesandten Gold handle es sich um Vorkriegsbestände der Reichsbank.«[34]

Alfred Hirs war ein bekennender Christ und eifriger Kirchgänger. War er Antisemit? Vieles deutet darauf hin. Aus Washington schrieb er lange Briefe an seine zu Hause verbliebenen Kollegen. Erschreckend naive, zuweilen böse Briefe. Am 18. März 1946 schrieb er nach Zürich: »Die amerikanische Delegation macht einen sehr sympathischen Eindruck ... obschon meist mit jüdischem Einschlag.«

Am 27. desselben Monats beklagt sich Hirs über die bohrenden Fragen eines amerikanischen Delegationsmitgliedes. Er weiß auch zu berichten, warum der Amerikaner so unangenehm fragt. Er sei eben »ein österreichischer Jude vom Tresor«. Von unglaublicher Dummheit zeugt der Abschnitt, den Hirs in seinen Geldmarktbericht vom September 1944 einfügt. Hirs versucht, die Geldmarkt- und Devisenpolitik der französischen provisorischen Regierung zu erklären. Pierre Mendès-France ist Finanzminister der provisorischen Regierung de Gaulle in Paris. Hirs erklärte die französische Politik unter anderem damit, daß Mendès-France eben »ein reicher Jude« sei.

Der latente Antisemitismus des Alfred Hirs ist typisch für eine ganze Kategorie konservativer Christen, Katholiken wie Protestanten, in der Schweiz. In den Katakomben ihres Unterbewußtseins schlummern die Schlangen des Rassismus. Als Kinder beteten sie in der Karfreitagsliturgie die unsinnigsten, diffamierendsten Sprüche über die Juden herunter. Das Kreuz als Zeichen jüdischer Schuld. Der Jude als Sündenbock. Als Mörder Christi. Dabei war Jesus von Nazareth ein Jude und ganz sicher kein Christ.

Hitler dagegen pflegte keinen christlichen, sondern einen rein arischen Antisemitismus. Sein Antisemitismus war Ausdruck eines arischen Herrenmenschenwahns, der jeden Glauben an Gott bekämpfte. Sein Gott war die arische Rasse. Deshalb bekämpfte er auch die christlichen Kirchen.

Trotzdem hat der latente christliche Antisemitismus vieler Schweizer Christen deren Immunschwelle gegenüber dem arischen Rassenwahn gesenkt.

Hirs ist ein gutes Beispiel für diesen Vorgang: Sein christlicher Glaube war sicher ehrlich und tief. Es steht mir nicht zu, daran zu zweifeln. Die Kirche, unter deren Einfluß er aufgewachsen war, vermittelte ihm das rassistische Gift. Im Kontakt mit Emil Puhl, dem Gesandten Otto Köcher und vielen Nazi-Größen erfaßte ihn kein Schaudern, wenn das Gespräch auf die Judenverfolgung kam. Hirs war ja bloß ein Techniker. Und ein bekennender Christ. Von Auschwitz, Maidanek, Treblinka hatte er genaue Kunde. Er machte trotzdem mit unverändert gutem Gewissen seine Geschäfte mit den Abgesandten der Massenmörder. Christlicher Antisemitismus hatte ihn seiner Immunität gegenüber nazistischem Rassenwahn beraubt.

Am 18. September 1944 konferierten der Reichsbank-Vizepräsident und sein Stab mit der Nationalbankdirektion. Puhl gab zu

Protokoll, was die Gnomen gern hören wollten: die Versicherung nämlich, daß die Reichsbank nie und niemals mit gestohlenem Gold zu tun gehabt hatte. Wenn Gold- (und Devisen-)Reserven ausländischer Notenbanken in Berlin aufgetaucht seien, so nur deshalb, weil sie von der betreffenden Zentralbank auf legalem Weg nach Berlin transferiert worden seien. Freiwillige Remission also. Dieses aus besetzten Gebieten stammende Gold sei daselbst von der Reichsbank jeweils genau gewogen, bezahlt und somit regulär gekauft worden.

Was das von der SS eingebrachte Gold – das sogenannte Totengold – betreffe, müsse man die Verantwortlichen des SS-Wirtschaftsverwaltungsamtes befragen: Die Reichsbank sei nur Depotstelle. Die Schweiz habe zu keinem Zeitpunkt von der Reichsbank illegales Gold erhalten.

Impliziert war immer die Behauptung, alles Gold, das die Reichsbank in die Schweiz überwies, stamme aus den Vorkriegsbeständen des Deutschen Reiches oder aus freiwillig abgegebenen Goldbeständen. Eine Behauptung, die zu glauben an Unvernunft grenzte.

In den helvetischen Archiven liegt noch ein anderes interessantes Dokument: Es wurde verfaßt am 5. April 1944 im Rechtsbureau der Nationalbank. Die Bankjuristen unterziehen die Goldoperationen zwischen der Schweiz und Hitler-Deutschland einer generellen rechtlichen Bewertung.[36]

Bei jedem zukünftigen Kauf müsse ab sofort von der Reichsbank verlangt werden, daß sie das rechtmäßige deutsche Eigentum am Edelmetall bestätige. Nur Gold, das mit deutschem Stempel und begleitet von deutschen Papieren angeboten wird, dürfe in Zukunft angenommen werden. Goldbarren mit dem Hoheitszeichen besetzter Staaten dürfe die Nationalbank von jetzt an nicht anrühren. Die Generaldirektion hielt sich nicht an die Empfehlung.

Dieselbe juristische Expertise enthielt auch eine politische Lageanalyse. Die helvetischen Bankjuristen beschreiben darin durchaus realistisch die großdeutschen Besatzungsmethoden, insbesondere die Deportationen unterworfener Völker und noch genauer die Verfolgung der Juden.

Die eidgenössische Regierung und ihre drei Lakaien – Weber, Rossy und Hirs – klammerten sich verzweifelt an die Lügengebilde des Emil Puhl.

Sie bewirteten ihn fürstlich, wann immer er in die Schweiz gereist kam. Hier zwei Briefe Puhls an seinen Chef, Walther Funk, in Berlin, aus dem Unglücksjahr 1945. Am 30. März schreibt Parteigenosse Puhl:

> »Ich kann wohl sagen, daß die Schweizer mir jede Art von Aufmerksamkeiten erweisen. Gestern gaben sie beispielsweise ein Bankett zu meinen Ehren, was natürlich sofort zur Kenntnis unserer Feinde gelangte. Es ist bemerkenswert, daß die Schweizer Bankiers und Industriellen mich immer wieder aufsuchen, obwohl ich ständig vom Geheimdienst des Feindes beobachtet werde.«

Puhls Brief vom 6. April 1945 weist in die Zukunft. Offenbar glaubten die helvetischen Gnomen noch kurz vor Torschluß, das Tausendjährige Reich werde doch noch irgendwie überleben. Sie hofften auch künftig auf gute Geschäfte.

Immer diese bewunderungswürdige helvetische Tugend: Man ist seinen Kunden treu bis ins Grab. Puhl selbst traute seinen eigenen Ohren kaum.

Sein Brief an Funk vom 6. April:

> »Viele Leute werden es kaum für möglich halten, daß es mir unter den gegenwärtigen militärischen und politischen Verhältnissen gelungen ist, mit einer Schweizer Institution [Schweizer Nationalbank] eine schriftliche Vereinbarung zu treffen... Weber wies darauf hin, daß ein unter den heutigen Verhältnissen getroffenes Abkommen zwischen der Nationalbank und der Reichsbank eine weittragende, über die unmittelbare Gegenwart hinausgehende Bedeutung habe...

Solche Beziehungen werden – gleich, wie sich die Situation entwickelt – zwischen unseren Ländern stets bestehen bleiben...«[37]

Aber auf diesen Emil Puhl war leider kein Verlaß. Gleich nach Hitlers Götterdämmerung erfuhr der Erznazi eine wundersame Wandlung. Er stellte sich voll in den Dienst der Sieger.

Die deutschen Raubzüge auf die Goldreserven der Zentralbanken der besetzten Länder und auf die privaten Goldvermögen der unterworfenen Völker sowie die bei der Reichsbank von der SS eingerichteten Depots und Konten mit dem Gold aus den Konzentrationslagern kamen im Nürnberger Kriegsverbrecherprozeß zur Sprache. Insbesondere in jenen Verhandlungen, wo es um die Machenschaften des ehemaligen Reichsbankpräsidenten und Reichswirtschaftsminister Walther Funk ging.

Als Zeuge geladen, berichtete Puhl über die Goldgeschäfte der Reichsbank[38]: Jawohl, die SS habe am Hauptsitz der Reichsbank in Berlin Gold und andere wertvolle Metalle in Form von Zahnkronen, Schmuckstücken, Eheringen, Brillen und so weiter deponiert. Jawohl, Goldreserven seien überall geklaut worden – in Norwegen, in Belgien, in Polen, in Litauen etc. Die Reichsbank habe die Barren umschmelzen lassen und sie mit Vorkriegsstempeln versehen. Das Beutegold habe den Weltmarkt meist über die Schweizer Banken erreicht.

Die Fragen der Staatsanwaltschaft und des Präsidenten waren präzise: Konnten die Schweizer wissen, daß es sich um Beutegold handelte? Jawohl, die Schweizer hätten sehr genau gewußt, woher das Gold stamme.

Das Gericht wollte wissen, wen Puhl informiert habe.

»Den Präsidenten der Schweizerischen Nationalbank Ernst Weber«, sagte Puhl.

Die drei unheimlichen und so wesensverschiedenen Eidgenossen, welche im Namen des Finanzplatzes Schweiz und unter Oberaufsicht des Bundesrates den helvetischen Raubgold-Bunker verwalteten und für Hitler die weltweite Goldwaschanlage in Betrieb hielten, hegten keine besondere Sympathie für die Ideologie der NSDAP.

Zwar begaben sie sich gern und häufig an den reich gedeckten Tisch des deutschen Gesandten Köcher in Bern. Auch im Verwaltungsrat der Bank für Internationalen Zahlungsverkehr unterstützten sie gewissenhaft die reichsdeutschen Interessen. Aber doch nur, weil die Reichsbank ihr guter Kunde in der Schweiz war.

Reichswirtschaftsminister und Reichsbankpräsident Walther Funk schrieb schwarz auf weiß, ohne die Goldwaschmaschine von Bern könnte das Reich »nicht länger als zwei Monate überleben«.[39] Das Dokument ist authentisch. Der Tatbestand stimmt. Aber Nazis waren die drei Säulenheiligen und Hitlergehilfen trotzdem nicht. Es waren durchschnittliche Schweizer, an die Macht gespült dank helvetischem Proporz, Vetternwirtschaft und magistraler Verantwortungslosigkeit. Rossy war ein Spieler und ein Zyniker, Hirs der kalte, emotionslose Techniker, Weber der graue Apparatschik und Bürogehilfe.

Moralische Skrupel hatte keiner von ihnen.

In »Elemente und Ursprünge totaler Herrschaft« behauptet Hannah Arendt, jedes Volk, was immer auch seine politische Kultur und seine demokratischen Traditionen seien, berge in seinem Schoß genügend labile Menschen, um einem totalitären System die nötigen Kader zu liefern.

Dies gilt sicher auch für die Schweiz. Zwar waren die »Frontisten«, die deklarierten Nazis der Schweiz, nie zahlreich. Sie waren vor allem arrogant, dumm und krawallsüchtig. Während der ganzen Kriegsjahre sprachen die helvetischen Militärgerichte 33 Todesurteile wegen Landesverrats aus. 17 wurden vollstreckt. Meist waren die Verurteilten verstockte, konfuse Menschen.

Aber die willigen Funktionärstypen, die potentiellen Schreibtischtäter, die gehorsamen Opportunisten, die Hannah Arendt beschreibt, waren zahlreich in der Schweiz.

Selbst im Bundesrat, der siebenköpfigen Regierung, die Exekutive und kollektiver Staatschef zugleich ist, saßen einige beunruhigende Gestalten: Philippe Etter, erzkonservativer Katholik, Innenminister und begeisterter Anhänger des Ständestaates österreichischer Prägung; Ernst Wetter, der im Faschismus ein Bollwerk gegen den Bolschewismus sah; Justiz- und Polizeiminister Eduard von Steiger, ein Berner Patrizier der reaktionären Art, der nie viel von der Plebejer-Demokratie, dafür um so mehr vom korporatistischen Obrigkeitsstaat hielt; Marcel Pilet-Golaz, der Vichy-Freund. Ein schwerer Verlust für die Regierung, an dem sie den ganzen Krieg über zu leiden hatte, war die Demission des populären, klugen, patriotisch gesinnten Bauernpolitikers und Verteidigungsministers Rudolf Minger im Jahr 1940.

Kurz: Wäre Adolf Hitler in die Schweiz eingefallen und hätte den von den Frontisten erträumten helvetischen Gau proklamiert, er hätte williges, qualifiziertes Personal vorgefunden.

»Man kann eine Zeit nicht an einer anderen messen«, schreibt Martin Heidegger entschuldigend an seine ehemalige Geliebte Hannah Arendt.[40] Das stimmt bis zu einem gewissen Grad.

Ein Faktum, das im Jahr 1997 bedeutungslos erscheint, vernebelte in den dreißiger und frühen vierziger Jahren den Horizont vieler Westeuropäer: die effektive oder imaginäre Bedrohung durch den Bolschewismus.

Die freisinnige Partei von Zürich, die Staatspartei der Eidgenossenschaft, welche die Verfassung von 1848 geschaffen hat und deren demokratische Überzeugung über jeden Zweifel erhaben ist, ging 1933 mit der helvetischen Nazi-Partei (den Frontisten) eine Listenverbindung bei den Zürcher Gemeinderatswahlen ein. Die Wahlen fanden gleich nach Hitlers Machtergreifung statt. Das Hausorgan der Partei, Die Neue Zürcher Zeitung, applaudierte. Es galt, Zürich vor dem Bolschewismus zu bewahren.

Hirs, Rossy und Weber – die Goldwäscher von Bern – hielten Hitler für das kleinere Übel. Den Nazis beistehen hieß, die Schweiz vor dem Bolschewismus retten. Zu den Bolschewisten gehörten natürlich auch die Sozialdemokraten.

Es lohnt sich, aus dieser Perspektive einen Blick auf die Herrschaftsstruktur der Schweiz zu werfen. Sie ist so solid, unverän-

derlich und erdrückend wie das Gotthardmassiv. Seit fast zweihundert Jahren ist die Schichtung dieselbe. Dieselben oligarchischen Gruppen, dieselben Finanznetze, dieselben Familien, dieselben Mentalitäten. Reaktionär oder konservativ sind Worte, die
sich in der Schweiz differenzierend schon gar nicht mehr anwen-
den lassen.

In Frankreich, Deutschland, England, Spanien, Italien – überall
auf dem Kontinent, sind die Herrschaftsgebäude zusammenge-
stürzt, anders wieder aufgebaut worden, dann wieder eingestürzt.
Immer wieder sind neue Klassenstrukturen, soziale Formationen
entstanden, sind neue Herrschaftseliten wie aus dem Nichts aufgetaucht, haben den Staat übernommen, sind gestürzt worden.
Durch Krieg, Aufruhr von unten. Wirtschaftskrise, Hyperinflation, fremde Besetzung... Nichts dergleichen in der Schweiz.

Der letzte fremde Soldat auf Schweizer Boden war ein Soldat
Napoleons. Er hat Genf am 31. Dezember 1814 verlassen.

Seit 1814 hat die Schweiz keinen gewaltsamen Umsturz der
Herrschaftspyramide, keine Modifikation der sozialen Schichten,
kein noch so leises Beben im Klassengebäude erlebt. Dieselbe
Herrschaftsklasse übt die politische, wirtschaftliche, ideologische
und militärische Macht seit nun bald zweihundert Jahren aus. Die
objektive Bewußtseinsbegrenzung dieser Klasse ist erstaunlich.
Und sie wirkt auch heute unverändert fort.

Die einheimische Zeitung, welche seit 1996 am gründlichsten,
kontinuierlichsten die helvetische Kriegsvergangenheit aufzuar-
beiten versucht, ist Die Neue Zürcher Zeitung, Sprachrohr eben
dieses permanent herrschenden Bürgertums. Die Zeitung ist eine
der intelligentesten, technisch am besten gemachten, bestinfor-
mierten Zeitungen Europas. Sie genießt zu Recht Weltprestige.

Aber die Kriegsvergangenheit zu verstehen, vermag sie trotzdem nicht.

Ich gebe ein Beispiel: Am 22. Oktober 1996 erscheint eine
redaktionelle Stellungnahme von hoher sprachlicher Eleganz und
großem Sachwissen. Ihr Titel: »Schatten des Zweiten Weltkrieges
– Sprach- und Hilflosigkeit«. Zwar geht es in der subjektiven
Absicht der Redakteure um die Kritik an der offensichtlichen

Sprach- und Hilflosigkeit der Eidgenössischen Regierung angesichts der Angriffe aus dem Ausland. Tatsächlich offenbart die NZZ aber auch ihre eigene Hilflosigkeit, ihr eigenes Unverständnis am Geschehenen.

Sie schreibt:

»Der Reflex, ständig aus der Defensive zu reagieren, ist in einem Fremdenverkehrsland wie der Schweiz beim Verkehr zwischen Gastgeber und Gast, vielleicht, eine Tugend. In der Außenpolitik erntet man damit wenig Verständnis, weder nach außen noch nach innen... In der Frage der nachrichtenlosen Vermögen und der – vielleicht etwas allzu vorauseilend – mit dem Schlagwort ›Raubgold‹ pauschalierten Transaktionen zwischen der Deutschen Reichsbank und der Schweizerischen Nationalbank im Zweiten Weltkrieg lieferte das Eidgenössische Departement für Auswärtige Angelegenheiten am vergangenen Freitag ein weiteres Beispiel kommunikativer Inkompetenz.«[41]

Ich traue meinen Augen kaum: Im Oktober 1996 und trotz genauer Kenntnis der Sachlage schreibt die NZZ Raubgold noch immer in Anführungszeichen.

Objektive, konstitutive Unfähigkeit zur Wahrnehmung der Realität...

Friedrich Dürrenmatt muß das Drama des helvetischen Bürgertums vorausgeahnt haben. Vor dreiundvierzig Jahren verfaßte er die Komödie »Herkules und der Stall des Augias«. Mit der Aufgabe konfrontiert, den zum Himmel wachsenden Mist aus dem Haus des Augias (lies: der Eidgenossen) auszumisten, ruft der Held erschrocken aus: »Ich habe die schrecklichsten Ungeheuer erlegt, die Giganten besiegt, die Riesen Geryones und Antaios, das Himmelsgewölbe habe ich getragen, das Riesengewicht der Sterne. Und nun soll ich das Land eines Mannes ausmisten, der nur bis drei zählen kann und nicht einmal König ist, sondern nur Präsident? Niemals!«[42]

V. Vorsätzliches Unwissen

Wieviel Nazi-Beutegold von den Eidgenossen gehortet, gehehlert, gewaschen wurde, ist heute noch unbekannt. Es gibt allenfalls Schätzungen. Fast alles, was mit der Berner Goldwaschmaschine und den Goldgeschäften der Privatbanken, Treuhänder, Geschäftsanwälte, Vermögensverwalter und Finanzgesellschaften zu tun hat, liegt in tiefem, dichtem Nebel.

Jede zeitgenössische Publikation, die sich darauf bezieht, löst daher im Bundeshaus, bei den Nationalbankoberen und am Zürcher Paradeplatz sogleich heftigste Nervosität aus.

Ein Beispiel: Die am 10. September 1996 veröffentlichte Anklageschrift des Foreign Office, bescheiden betitelt: »Nazi-Gold: Information from British Archives«[43], unterzeichnet vom britischen Außenminister Malcolm Rifkind.

Streng juristisch gesehen ist die Schrift – die als Rifkind-Report um die Welt ging und in Bern die Gespenster längst vergangen geglaubter Zeiten weckte – nichts anderes als eine schlichte ministeriale Antwort auf die Frage eines Deputierten.

Im Unterhaus hatte der Abgeordnete Greville Janner – im Nebenberuf Chef des Educational Holocaust Trust und Vizepräsident des Jüdischen Weltkongresses – seine Regierung um Auskunft über die Höhe und den Verbleib des größtenteils in der Schweiz verschollenen Nazi-Goldschatzes gefragt.

Der Rifkind-Bericht ist heute ein für Schweizer Bankiers höchst gefährliches Dokument. Er ist aber eigentlich ein ziemlich banales Papier. Da wurde keine große Forschungsarbeit geleistet. Es war ein Schuß aus der Hüfte. So wie das eben im parlamentarischen Betrieb üblich ist. Ein Labour-Abgeordneter mit vielen internationalen Beziehungen und wahrscheinlich mit einigem soliden Vorauswissen hatte der konservativen Regierung des John Major eine Frage hinterlegt. Im Unterhaus. Wie das sein Recht ist.

Allgemeine Parlamentswahlen stehen 1997 in England bevor. Für Major ist die Ausgangslage schlecht. Die meisten Meinungsumfragen sagen der von Tony Blair gründlich erneuerten Labour-Partei einen überwältigenden Sieg voraus. Janner ist als Vizepräsident des Jüdischen Weltkongresses und hochangesehene Persönlichkeit nicht irgendein Hinterbänkler. Er wird über die Parteigrenzen hinaus respektiert. Anders als in Amerika, stimmen in Großbritannien viele Jüdinnen und Juden konservativ. In der bevorstehenden, harten Wahl kann John Major auf diese Wählerschaft nicht verzichten.

Janner mußte daher mit Samthandschuhen angefaßt werden. Anstatt wie sonst üblich, mündlich in den Commons oder dann schriftlich kurz und bündig zu antworten, ließ die Major-Regierung die einschlägigen Akten prüfen. Resultat: ein 24-Seiten-Bericht. Aber ein gründlicher historischer Forschungsbericht ist der Rifkind-Report deshalb noch immer nicht.

Rifkinds Leute haben ihren Schätzungen eine bis dahin wenig beachtete Bemerkung des Generaldirektors der Schweizerischen Nationalbank und Puhl-Freundes, Alfred Hirs, zugrunde gelegt. Hirs saß 1946 den alliierten Siegern in Washington gegenüber. Die Vereinigten Staaten hatten über tausend Schweizer Unternehmen als »Kriegsgewinnler« auf ihre schwarze Liste gesetzt und die Überseeguthaben blockiert. Die Schweiz sollte die deutschen Guthaben herausgeben. Kriegsreparation für die Alliierten.

In Washington wurde die Schweizer Delegation 1946 nach dem Verbleib des Goldes, welches die Nazis der belgischen Nationalbank gestohlen hatten, befragt. Hirs schwindelte, was das Zeug hielt. Plötzlich wurde er mit einer Aussage Puhls konfrontiert. Am Rande des Nervenzusammenbruchs schrie Hirs die Sieger an: »Wollt ihr meine Bank ruinieren? Ich soll euch die 500 Millionen Goldfranken herausgeben? Niemals!«

500 Millionen Franken[44] von 1946 werden von Malcolm Rifkind – korrekt – auf heute rund sieben Milliarden Dollar geschätzt.

Kurze Zwischenfrage: Warum eigentlich die Aufregung, heute, nach dem eher bescheidenen Rifkind-Bericht? Warum dieses Donnergrollen in der Weltpresse? Dieses Erdbeben am Zürcher Paradeplatz? Diese Panik in Bern? Geforscht haben die Diplomaten vom Foreign Office ja nicht. Sie mußten ihrem Minister für die Unterhausdebatte nur rasch eine Antwort aufsetzen.

Warum also der tropische Wirbelsturm?

Angelsächsische Journalisten sind Spürhunde. Das hat dort Tradition. Kaum war der Rifkind-Bericht auf dem Schreibtisch, haben Reporter vom Evening Standard, von der Times, vom Guardian, der Financial Times, vom Independent, von Newsweek, Time und New York Times in den Archiven der Washingtoner Reparationskonferenz von 1946 gewühlt. Und siehe da: Die Schweizer Delegation hatte hoch und heilig geschworen, sie hätte so gut wie kein – oder doch nur ganz wenig – Nazi-Raubgold gehandelt. Unter extremem Druck hatten die wackeren Eidgenossen am letzten Tag knappe 250 Millionen Franken hervorgeklaubt. Nazi-Raubgold? Wo denken Sie hin? Nein, die Summe ist – Wortlaut des Protokolls – »ein freiwilliger Beitrag zum Wiederaufbau Europas«.[45]

Und nun sagt dieser Hirs – allein zum gestohlenen belgischen Gold befragt – er hätte 500 Millionen Goldfranken im Keller. Schlußfolgerung der Spürhunde: Die Schweizer haben in Washington kräftig gelogen.

Der Rifkind-Report fällt in die schlimmste Zeit für die Finanzhaie in Zürich, Basel und Bern.

Etwa sieben Millionen Juden gehören zu jenem Teil des jüdischen Volkes, die Elie Wiesel die »Juden des Schweigens«[46] nennt. Es sind die jüdischen Gemeinden im Herrschaftsbereich der ehemaligen Sowjetunion.

Vor dem Zusammenbruch des Sowjetreiches bedeutete jeder Kontakt zu einer Schweizer Bank ein lebensgefährliches Unterfangen. Der jüdische Sohn, die jüdische Tochter eines Holocaust-Opfers, die nach Zürich telefonierten, dort einen Anwalt beauftragten oder gar selbst in den Westen reisten, machten sich bei der Stasi, der Securitate, dem KGB verdächtig.

Das ist seit 1991 alles anders geworden. Freizügigkeit, Reisefreiheit herrschen. Und seit 1991 erscheinen wöchentlich Dutzende von Nachkommen von in Auschwitz, Buchenwald, Treblinka, Babi-Yar ermordeten Vätern, Müttern, Brüdern und Großeltern an der Zürcher Bahnhofstraße. Sie haben genaue oder vage Kunde von den dort vor fünfzig oder mehr Jahren von ihren Verwandten in Sicherheit gebrachten Vermögen.

Mit juristischen Spitzfindigkeiten werden sie an den schweizerischen Bankschaltern kalt abgewiesen.

Kommt ein Sohn, eine Tochter, eine Schwester, ein Vetter eines Nazi-Opfers, das bei einer Schweizer Bank (Versicherung, Treuhandgesellschaft etc.) ein Depotkonto errichtet hatte, an den Schalter und verlangt das Geld seiner Familie zurück, fragt der Schalterbeamte zunächst: »Wo haben Sie den Totenschein des angeblichen Kontoinhabers?«

Daß die Verantwortlichen der Einsatzkommandos, die Gestapo-Schergen der Folterkeller von Wien, Berlin und Amsterdam, die Verwalter von Auschwitz, Majdanek, Treblinka und Mauthausen, die SS-Mörder in den Ghettos für ihre Opfer keine Totenscheine ausgestellt haben, will dem helvetischen Schalterbeamten anscheinend nicht in den Kopf.

Hin und wieder gelingt es dem Nachkommen eines Holocaust-Opfers eine juristisch gültige Verschollenheitserklärung zu beschaffen. Der Schalterbeamte jedoch ist immer noch nicht zufrieden. Er sagt: »Jetzt beweisen Sie mir bitte, daß Sie der Alleinerbe Ihrer Familie sind.«

Da in den Vernichtungslagern und von den Einsatzkommandos meist ganze Familien – Frauen, Männer, kleine Kinder – vergast, erschossen, erschlagen worden sind, befindet sich der überlebende Gläubiger in einer ausweglosen Situation: Er muß versuchen, für alle seine ermordeten Familienmitglieder je einen individuellen, nach Schweizer Recht gültigen Totenschein aufzutreiben. Das ist natürlich unmöglich. Und das Geld bleibt weiterhin bei der Schweizer Bank. Wo es – Gott sei Dank – Jahr für Jahr schöne Zinsen abwirft. Wie während der letzten fünfzig Jahre. Diese Zinsen kassiert die Bank.

Der Jüdische Weltkongreß nahm sich ab 1992 – im Auftrag der israelischen Regierung – der Abgewiesenen an und machte die düstere Vergangenheit, das Beutegold, die Heuchelei und die Lügen der Zürcher Gnomen plötzlich zu einem Weltthema.

Zwei hochoffizielle, äußerst kompetente Untersuchungskommissionen beginnen 1997 mit ihrer Arbeit. Ihnen stehen internationale Treuhandgesellschaften, Buchprüfer, hochkarätige Finanzspezialisten zur Seite.

Kein Geringerer als Paul J. Volcker, der frühere Präsident der amerikanischen Federal Reserve Bank, steht einer dieser Kommissionen vor: jener, die paritätisch aus Vertretern der helvetischen Bankiervereinigung und dem Jüdischen Weltkongreß zusammengesetzt ist. Volcker kam im Oktober 1996 persönlich nach Zürich, um mit internationalen Accounting-(Buchprüfer-)Firmen, die ihm assistieren sollen, zu verhandeln. Kurz: Volcker hat die Jagd nach den in der Schweiz verbunkerten oder von der Schweiz weiter verschacherten Beutegütern und sogenannten nachrichtenlosen Konten von Nazi-Opfern zu seiner eigenen, persönlichen Angelegenheit gemacht.

In New York, Tel Aviv und auf der ganzen Welt arbeiten die Experten und »Investigators« der Bankenkommission des US-Senats.

Elan Steinberg, Exekutivdirektor des Jüdischen Weltkongresses in New York hat zusammen mit dem Holocaust-Museum in Washington eine junge, enthusiastische Forschergruppe zusammengestellt. Diese hat in den Kriegsarchiven von Washington, Paris, Moskau und London bereits Tausende von Dokumenten ausfindig gemacht.

Ich schreibe dieses Kapitel im November 1996. Zahlen zu nennen wäre zu diesem Zeitpunkt verwegen. Wöchentlich – und während mehrerer Jahre – werden mit großer Wahrscheinlichkeit immer neue beunruhigende Dokumente, neue Zahlen, neue Hehlersummen, neue verschollen geglaubte Raubschätze auftauchen.

Ich lasse die quantitative Argumentation deshalb beiseite. Mein Buch soll soziologische Zusammenhänge, menschliches Verhalten, Komplizenschaften und Sachzwänge, aber auch einsamen moralischen Widerstand aus einer fünfzig Jahre zurückliegenden, düsteren Zeit analysieren.

Die Schweizerische Eidgenossenschaft ist ein hochentwickeltes Industrieland. Politisch ist sie eine uralte Demokratie. Ideologisch eine von abendländisch-christlicher Moral geprägte Gesellschaft.

Die Schweizerische Eidgenossenschaft führt Archive. Sie ehrt ihr eigenes Kollektivgedächtnis. Sie bewahrt, was von ihrem Handeln dokumentarisch belegt ist. Wunderbarerweise ist sie allen europäischen Kriegen entkommen. Seit zweihundert Jahren. Ihre Archive sind daher intakt.

Die Schweizerische Eidgenossenschaft ist keine stalinistische Diktatur, die Archive periodisch und je nach politischer Wetterlage säubert, Fotos zerschneidet, unbequeme Akteure ausblendet und Dokumente mit dem Zensorenstift unleserlich macht. Im Bundesarchiv im Berner Kirchenfeld (in den Archiven der Nationalbank, der Privatbanken, der Versicherungsgesellschaften etc.) arbeiten meist kompetente, gut ausgebildete Archivare.

Während des Zweiten Weltkriegs war in der Schweiz die freie Konvertibilität im Finanzsektor aufgehoben. Das Land stand unter Devisenbewirtschaftung. Die Regierung hatte eine sogenannte Verrechnungsstelle eingerichtet, in deren Hauptsitz zeitweise mehr als achtzig hochqualifizierte Männer und Frauen arbeiteten. Jede Kapitalbewegung in jede Himmelsrichtung wurde hier vermerkt. Die Archive der Eidgenössischen Verrechnungsstelle sind – obwohl die Behörde selbst nicht mehr existiert – durchaus intakt.

All diese – zwar nicht computerisierten (was die Kriegsjahre angeht), aber wohlgeordneten – helvetischen Archive sind schwer zugänglich. Da darf nicht forschen, wer will. Die Regierung beschließt (oder bei privaten Banken die Direktion etc.), wer was sehen, lesen oder gar ablichten darf.

So ist heute zum Beispiel das Archiv der eidgenössischen Verrechnungsstelle noch weitgehend ein unerforschtes Terrain. Für Historiker so fremd und so mysteriös wie Feuerland. Dabei liegen da wahrscheinlich Diamanten und Perlen, die jeden Wissenschaftler fiebrig machen könnten.

Ein Gewirr von Schutzfristenregelungen besteht für die einzelnen Dokumentationskategorien. Ein Dschungel. Und wer sich da hinein wagt, tut gut daran, sich der Gunst der Oberen zu versichern.

Das Schweizerische Bundesarchiv steht auf dem Hügel am Südufer der Aare. Gleich gegenüber, auf dem Norufer, thront das Bundeshaus. Beide Paläste sind aus weißgrauem Sandstein gebaut, jenem Sandstein, der in den nahen Steinbrüchen von Ostermundigen seit Jahrhunderten gebrochen wird. Bauepoche und Baustil sind die gleichen: Beide sind patriotische Prachtbauten, nicht ohne stillen Charme. Statuen, Helden, Krieger, stämmige Frauen zieren beide.

Die Äquivalenz der Bauten zeigt, daß der junge Bundesstaat im 19. Jahrhundert durchaus sein Gedächtnis, seine Geschichte verehrte. Der Archivbau sollte ebenso prächtig sein wie der Regierungssitz. Ein Zeichen der Hochachtung. Ein Ort nationaler Identität.[47]

Es gibt einen kleinen Unterschied: Unter dem Bundeshaus befindet sich der Atombunker der Regierung. Unter dem Bundesarchiv senken sich vier stählerne Betontrichter in den Boden, angefüllt mit Papier.

Der Archivpalast steht an der Archivstraße, umgeben von Bäumen. Das Quartier heißt Kirchenfeld. In mittelalterlicher Zeit wurden hier die Toten begraben.

Das Zentralarchiv des zweitreichsten Landes der Welt arbeitet mit Pappschachteln. 35 Kilometer Pappschachteln sind da aufgereiht. Jedes Jahr kommen 1500 Meter neue Schachteln dazu. In den Schachteln liegen die Papiere. Tonnenweise. Eine Mine an Daten, die auszubeuten menschliches Vermögen übersteigt. Außer man übersetzt die Millionen Dokumente auf Computer, was in der Regel, wegen unzureichender Budgets, nicht geschieht.

Allein die Reparationsabkommen mit Polen, Ungarn füllen mehr als 6500 Kisten. Um sie auch nur einigermaßen zu klassifizieren, bräuchte das Archiv vierzig zusätzliche Stellen.

Das Bundesarchiv ist unterdotiert: 39 Mitarbeiter, 4,5 Millionen Franken Betriebsbudget pro Jahr.

Der Direktor ist ein Historiker von hoher Kompetenz und gutem Willen: Dr. Christoph Graf. Er weiß um die versteckten

Zusammenhänge. Graf:»Während der vierziger Jahre war die Welt auf die Schweiz nicht gut zu sprechen. Unser Ruf war miserabel. Dann kam der Kalte Krieg. Und die Ressentiments gegen die Schweiz zerstreuten sich... Aber es war vorauszusehen, daß sie eines Tages wiederkehren würden. Das erleben wir jetzt heute. Und plötzlich fühlen wir uns ohnmächtig.«[48]

Auch die Schweizerische Nationalbank hat ihre Archive. Diese sind – anders als das Bundesarchiv – in einem desolaten Zustand. Gefragt, warum denn die Nationalbank ihre Archive nicht organisiere, sie den Historikern nicht wirklich zugänglich mache, gab der Verantwortliche eine fast unglaubliche Antwort:»C'est vrai que nous ne mettons guère de moyens dans l'exploitation de nos archives... C'est que nous avons toujours voulu apparaître comme une institution peu dépensière.« (Sie haben recht. Wir investieren wenig in unsere Archive. Wir wenden für ihre Auswertung nicht viele Mittel auf... Denn wir wollen doch nicht als eine verschwenderische Institution erscheinen.)

Willkür regiert die Fristen. Ein Beispiel: Eine der mysteriösesten Leichen, die in den Kellern der helvetischen Bankenoligarchie lagert, ist das »Dossier Interhandel«.

1948 standen vor dem alliierten Kriegsverbrechertribunal in Nürnberg dreiundzwanzig Verantwortliche der IG-Farben (der Prozeß war ein Nebenverfahren zu den Kriegsverbrecherprozessen). Die Anklage lautete auf »Versklavung und Tötung«. Die IG-Farben hatte für die SS-Vernichtungslager das Zyklon-B hergestellt und in ihren Betrieben Zehntausende von deportierten Sklavenarbeitern brutal ausgebeutet.

IG-Farben war der größte Chemiekonzern Deutschlands und einer der bedeutendsten der Welt. 1929 gründete die IG-Farben in Basel die Gesellschaft für Chemische Unternehmen AG, genannt IG-Chemie. Um späteren Gegenmaßnahmen der Alliierten zu entgehen, änderte die IG-Chemie mehrmals ihre juristische Struktur und ihren Namen. 1940 hieß sie: Internationale Industrie- und Handelsbeteiligungen AG, kurz Interhandel.

Bei den Washingtoner Reparationsverhandlungen vom Mai

1946 behauptete die Schweizer Delegation, die Interhandel sei eine rein schweizerische Gesellschaft und hätte nichts mit der Nazi-Gasfabrik zu tun. Widerwillig und zweifelnd akzeptierten die Alliierten diese Version. 1966 fusionierte die Interhandel mit der Schweizerischen Bankgesellschaft: Letztere wurde über Nacht zur mächtigsten Bank des Landes.

Historiker vermuten, die Schweizer hätten in Washington kräftig gelogen, und Interhandel habe bis zuletzt zum Nazi-Feindvermögen gehört. Ein fünfhundertseitiger Revisionsbericht der Firma Albert Rees von 1945/46 bestätigte das.

Im Bundesarchiv in Bern ist das »Dossier Interhandel«, dank einem besonderen Bundesratsbeschluß, auf unbestimmte Zeit gesperrt.[49]

Übt die Schweizer Regierung in ihren Archiven Zensur? Mißachtet sie die Freiheit der Forschung und der wissenschaftlichen Problemstellung? Geht es im Berner Bundeshaus zu wie im Vatikan?

Keineswegs. Die Methode ist subtiler. Die Regierung hält sich ein paar Hofhistoriker und eine Handvoll von Hofjuristen. Sie sind wohldotiert und werden in bundesrätlichen Reden stets gelobt. Amalekitischen Hohepriestern gleich, wissen sie viel und wissen auch, was die gewöhnlichen Menschen um sie herum, unter ihnen und neben ihnen, wissen dürfen. Besser: zu wissen imstande sind. Jedem kann man ja nicht alles sagen... man weiß ja nie, ob der Adressat imstande ist, das Gehörte richtig zu verstehen. Interpretation, diskrete Vorzensur, reservatio mentalis tun deshalb Not. Der Wissende ist schließlich verantwortlich für das Ganze. Vorsicht ist geboten.

Hofhistoriker Edgar Bonjour war jahrzehntelang Ordinarius für neuere Geschichte an der Universität Basel. Bonjour ist ein Monument. Er hat eine monumentale »Geschichte der schweizerischen Neutralität« geschrieben. In sechs Bänden. Im Auftrag des Bundesrates. Das abschließende, definitive Werk zur Neutralität. Das über alle ideologischen Niederungen herausragende wissenschaftliche Referenzwerk.

Edgar Bonjour verbrachte Jahrzehnte seines Lebens in den

helvetischen Archiven. Irgendeine Spur vom Nazi-Raubgold hat er nicht entdeckt. Auch nicht von den vier Jahre nach Kriegsende autoritär liquidierten sogenannten »nachrichtenlosen« Konten, welche den Juden osteuropäischer Länder gehörten. Von der wertvollen, effizienten Allianz der Schweiz mit Nazi-Deutschland während der ganzen Zeit des alliierten Wirtschaftskrieges hat er nichts gemerkt. Auch nicht vom Fluchtkapital der SS, den gestohlenen Kunstschätzen Görings, den Raubvermögen von Ribbentrops und von Papens, die ab 1944 in der Schweiz gehortet (oder verschachert) worden sind.

Als Hofjurist der Berner Oberen funktionierte bis zu seinem Tod 1948 Dietrich Schindler, Professor an der Universität Zürich und international anerkannter Spezialist für Völkerrecht. Der stramm freisinnige, erfreulich kooperative Schindler lieferte juristische Argumente aller Art, in Rekordzeit und für jede Wetterlage, wann immer der republikanische Monarch in Bern ihn rief. Daß seine wissenschaftliche Argumentation stets die offiziellen Regierungsentscheide – von Vergangenheit und Gegenwart – legitimierte, klärte und absegnete, ist natürlich ein reiner und glücklicher Zufall.

Der Ausdruck »Hofjurist« ist übrigens keine polemische Erfindung von mir. Er hat quasi offiziellen Charakter. Robert Urs Vogler verwendet ihn.[50]

Ein Gutachten von Hofjurist Schindler vom 22. Juli 1944 erwies sich als besonders verhängnisvoll. Als die Alliierten – insbesondere nach der Überführung des holländischen Beutegoldes – in Bern protestierten, regte sich leises Unbehagen selbst beim stets schwerhörigen Bundesrat. Die Regierung wandte sich an die Generaldirektion der Nationalbank. Ob denn diese einträglichen Goldgeschäfte mit Berlin auch wirklich legal seien, fragten die sieben Männer aus dem Bundeshaus. »Natürlich« tönte es unter Berufung auf Schindlers Gutachten zurück. Der Antwortbrief von Weber und Hirs könnte expliziter nicht sein: »Die Requisition von Gold ist ein Recht, das einer Besatzungsmacht nach den Bestimmungen des Völkerrechts zusteht.«

Schindlers Gutachten stützte sich auf die Haager Landkriegsordnung von 1907. Die Landkriegsordnung von 1907 bezieht sich auf das Staatseigentum besetzter Länder. Außer der Deutschen Reichsbank – ab 1939 – waren und sind jedoch sämtliche Zentralbanken Europas Institute des Privatrechts (meist Aktiengesellschaften). Auf sie fand das Requisitionsrecht der Haager Landeskriegsordnung keine Anwendung. Was dachte sich Dietrich Schindler, als er sein Gutachten abgab?

Kehren wir zurück zur Frage, die uns hier vordringlich interessiert: Warum diese kollektive Amnesie? Warum entdecken die meisten Schweizer erst heute mit Schrecken ihre schreckliche Vergangenheit ... und die in einem Land, dessen Archive, betreut von kompetenten Archivaren, überquellen von historischen Dokumenten?

Roger de Weck kennt die Antwort: »Vorsätzliches Unwissen.«[51]

DRITTER TEIL

Die Mörder

Wer könnte jetzt noch antworten
auf die entsetzliche Hartnäckigkeit
des Verbrechens, wenn nicht die
Hartnäckigkeit des Zeugnisses?

Albert Camus

1. Raubzug nach Dakar

Es ist erwiesen, daß Hitler, seine Wehrmacht, seine SS und seine Gestapo, sobald sie in irgendeinem Land eingefallen waren, zur systematischen und gründlichen Plünderung dieses Landes schritten. Immer und zuerst machten sie Jagd auf die Gold- und Devisenreserven der Zentralbank des besetzten Staates.

Wir wollen hier ein erstes Beispiel detailliert analysieren: den Raub der Metall- und Devisenbestände der königlichen Zentralbank von Brüssel.

Eine Vorbemerkung: Werner Rings, heute sechsundachtzigjähriger Rentner im Tessin, hat in diesem Zusammenhang eine große, nützliche Arbeit geleistet. Er hat aus bereits vorhandenen Sekundärquellen eine wichtige Darstellung der Raubgold-Problematik verfaßt. Dazu hat er selbst noch andere Quellen erforscht. Sein zuerst deutsch vor zwölf Jahren erschienenes Werk »Raubgold aus Deutschland« verdient Hochachtung.[1]

Rings, geboren 1910 in Offenbach, ist ein interessanter Mann: Als überzeugter Antifaschist floh er aus Deutschland und verpflichtete sich für die französische Fremdenlegion. Später wurde er Schweizer Bürger und leistete als Journalist einen wichtigen Beitrag zur versuchten Bewältigung der helvetischen Kriegsvergangenheit.

Was das belgische Beutegold anbelangt, interpretiert er die beiden Standarduntersuchungen von Arnoult und Kauch anders als ich. Er billigt den Bankoberen in Bern und Zürich sowie der damaligen Eidgenössischen Regierung zu, in gutem Glauben gehandelt zu haben.

Ich nicht. Die bereits zitierte Arbeit von Michel Fior schließt heute – was das belgische und das holländische Beutegold anbelangt – jeden Zweifel aus.

Während der Diebstahl der Gold- und Devisenreserven vieler anderer Zentralbanken noch im dunkeln liegt, ist der »Hold-up« des belgischen Goldes heute ziemlich genau dokumentiert. Wesentlich ist vor allem die Studie des Historikers P. Kauch, die ich dank meiner Kollegen von der Universität Lüttich einsehen konnte.

Der »Drôle de guerre« an der Westfront nahm 1940 ein plötzliches Ende, als Hitler, anstatt die Maginotlinie zu durchbrechen, seine Panzer durch die Ardennenwälder schickte und Belgien überrannte. Bald fiel auch Sedan und dann ganz Nordfrankreich.

Während achtzehn Tagen leisteten die belgischen Offiziere und Soldaten – unterstützt von französischen Truppen – mutigen, blutigen Widerstand.

Die militärische Lage war verworren: Der belgische Generalstab, darauf versessen, seine Neutralität glaubhaft zu machen, hatte zu Beginn des Kriegsausbruchs einen Teil seiner Truppen nicht nur entlang der Grenze zu Deutschland (und Holland), sondern auch im Südosten an der Grenze zu Nordfrankreich stationiert.

Hinzu kam die relativ schnelle Desintegration der belgischen Armee: Während die meisten Regimenter nach weniger als dreiwöchigem Kampf bereits die Waffen streckten, kämpften in verschiedenen Festungen – die meisten stammen aus früheren Jahrhunderten, wie zum Beispiel die Festungen um Namur und Lüttich – verbissen weiter. Dieser Widerstand überdauerte die Kapitulation des Königreichs.

Das belgische Gold – über 221 Tonnen mit einem Wert von rund einer Milliarde Schweizer Franken – befand sich zum Zeitpunkt der belgischen Kapitulation in der Obhut der Banque de France. Belgien hatte dort ein Depotkonto eingerichtet.

Die politische Lage in Belgien nach der Kapitulation war widersprüchlich und kompliziert. Der amtierende Staatschef, König Leopold III., und sein Hof, waren Gefangene der Wehrmacht. Sie wurden im Schloß Läken gefangengehalten. Keine normale Gefangenschaft übrigens: Hitler zeigte Respekt für Leopold III. Er wurde als Staatschef behandelt. Hitler persönlich schickte ihm eine »Ehrenwache«, die ihn vor Unbill schützen (und überwachen) sollte.

Die belgische Regierung war nach London geflohen. Im Land selbst hatten die Besatzer einheimische Verbündete. Aus der Vorkriegszeit stammte die rechtsextreme Bewegung des »Christ-Roi«. Ihr Chef Léon Degrelle wandelte sich rasch zum linientreuen Faschisten und leistete mit seinen »Rexisten« der Wehrmacht und der SS wichtige Helfersdienste. Eine SS-Division, rekrutiert aus Rexisten und anderen Kollaborateuren – genannt »Division SS-Wallonie« –, stand später unter deutschem Oberkommando an der russischen Front. Gauleiter Degrelle überlebte den Krieg und starb später friedlich im goldenen Exil in Franco-Spanien.

Belgien war und ist ein multiethnischer und multikultureller Staat. Der flämische Teil des Landes und die Wallonie wurden von Hitler ungleich behandelt. Deutsche Rassentheoretiker sahen in den Flamen Vettern der Germanen, während sie die Wallonen zu den verhaßten lateinischen Europäern zählten.

Jedoch: Der zivile Untergrund war überall aktiv. Und die Widerständler häufig todesmutig. Während der ganzen, langen Zeit der nazistischen Besatzung. Zu Beginn des Wintersemesters 1996/97 hielt ich im Auditorium maximum der alten Prinz-Bischöflichen Universität von Lüttich eine Gastvorlesung. Die Wände der Eingangshalle der Universität sind bedeckt mit hohen Marmortafeln, mit den Namen von Hunderten von Studenten, Dozenten, Verwaltungsbeamten jeden Geschlechts und jeder Herkunft. Sie waren in deutschen Konzentrationslagern ermordet, in Gestapo-Kellern umgebracht worden oder waren im Untergrundkampf gegen die Wehrmacht und die SS gefallen.

Es ist hier nicht der Ort, über die politischen Sympathien Leopold III., seine schlechten Beziehungen zur Exilregierung und seine Schwäche gegenüber Hitler zu räsonieren. Die Belgier selbst haben darüber entschieden: Leopold mußte 1951 demissionieren.

Tatsache ist, daß sich Leopold um das belgische Staatsgold Sorgen machte. Im Umweg über den deutschen Verbindungsoffizier an seinem Hof bat er Hitler um eine persönliche Unterredung. Sein Anliegen: Der Führer solle das in Frankreich liegende belgische Gold nach Brüssel überführen lassen. Leopold glaubte, die Kisten befänden sich in Bordeaux, wohin die letzte Regierung der III. Republik, die Regierung Reynaud, nach dem deutschen Frontdurchbruch im Norden, geflohen war.

Im vorerst nur zur Hälfte besetzten – die Loire bildete die Grenze – Frankreich regierte inzwischen von Hitlers Gnaden ein ständestaatlicher »Chef d'Etat«: der frühere Botschafter bei Franco und Marschall des Ersten Weltkriegs: Philippe Pétain.

Die III. Französische Republik war tot. Auf dem französischen Festland und in den Kolonien war ein »Etat national« mit ständestaatlicher, rassistischer Ideologie entstanden. Seit dem 18. Juni 1940 aber gab es im Londoner Exil noch ein anderes Frankreich, das Pétains Legitimität verwarf: Das »Freie Frankreich« von Charles de Gaulle.

Der deutsch-französische Waffenstillstandsvertrag datiert vom 22. Juni 1940. Er anerkennt die Legitimität des Staatschefs Philippe Pétain und seiner in der Bäderstadt Vichy südlich der Loire eingerichteten Regierung.

Zwischen dem Deutschen Reich und Vichy-Frankreich bestanden, formaljuristisch gesehen, normale zwischenstaatliche Beziehungen.

Die Deutschen verhielten sich legalistisch. Sie schickten nicht etwa die Gestapo in die Banque de France, sondern unterbreiteten auf diplomatischem Weg der Vichy-Regierung einen Fragebogen: Welche Goldschätze beherbergt die Banque de France? Wo ist insbesondere das belgische Gold?

Vichy gab bereitwillig Auskunft. Der Gouverneursrat der Banque de France detaillierte die bestehenden Golddepotkonten: das schon erwähnte belgische Gold, dazu 57 Tonnen Gold der Nationalbank von Polen und außerdem Gold der Zentralbank von

Norwegen, Litauen, der Tschechoslowakei, Luxemburg und Lettland.

Die Banque de France stellte fest: Das Sicherheitsbedürfnis sei die Motivation für die Eröffnung all dieser Depotkonten gewesen. Das Gold sei daher aus Sicherheitsgründen nach Afrika, südlich der Sahara, überführt worden.

Was war geschehen?

Als die Niederlage Frankreichs sichtbar wurde, nahm der Gouverneursrat der Banque de France, mehrheitlich zusammengesetzt aus patriotisch gesinnten Männern, mit den Engländern Kontakt auf. Das französische und das fremde Gold sollten in die Vereinigten Staaten evakuiert werden.

Irgend etwas ging schief. Die britische Flotte, überbeschäftigt mit der Evakuation der englischen Truppen aus Dünkirchen und der Organisation der See- und Küstenverteidigung der britischen Inseln, schickte nicht die vereinbarten Schiffe. Jedenfalls nicht zur rechten Zeit.

Die Goldkisten waren bereits in der Bretagne. In letzter Minute wurden sie auf französische Kriegsschiffe verladen. Das belgische Gold kam auf den Kreuzer »Victor Schölcher«. Die Schiffe lagen in den Häfen von Lorient und Brest. Am 18. Juni liefen sie aus. Richtung Dakar.

Das schwarzafrikanische Kolonialreich Frankreichs kannte damals zwei große Föderationen: die Westafrikanische und die Äquatorialafrikanische Föderation. Madagaskar, Djibuti und die Inseln im Indischen Ozean wurden gesondert verwaltet. Der Generalgouverneur der Westafrikanischen Föderation saß in Dakar, jener der Äquatorialafrikanischen in Brazzaville. Einen leistungsfähigen Seehafen, Eisenbahnen und sichere Infrastrukturen zur Lagerung gab es bloß in Dakar. Dazu beherbergte Dakar, genauer die Kasernen von Ouakam, die weitaus stärkste Kolonialgarnison der Vichy-Armee. Die Bewachung war gesichert.

Der Kreuzer »Victor Schölcher« lief am 28. Juni 1940 im Hafen von Dakar ein.

Hitler war kein Attila und kein Dschingis-Khan. Oder genauer: Selbst wenn seine Persönlichkeitsstruktur jener der genannten

»Fléaux de Dieu«, der »Geißeln Gottes« geglichen hat, operierte Hitler eben nicht in den unwirtlichen Steppen der Mongolei oder Syriens. Sondern im »neuen«, hochkomplexen Europa.

Er mußte Pétain schonen, wollte er sich im Westen den Rücken frei halten. Die deutsche Diplomatie wurde aktiv.

Was waren ihre Argumente? Daß Leopold III. das Gold nach Brüssel zurückbringen wollte, war kein gutes Argument. Der König war selbst in Vichy diskreditiert. Und natürlich: Die belgische Exilregierung in London war dagegen.

Die juristische Lage war für die Deutschen ungünstig. Die Zentralbankverantwortlichen in Brüssel und Paris kannten das internationale Recht und verweigerten jede freiwillige Rückführung. Die Haager Landkriegsordnung von 1907 unterscheidet klar zwischen öffentlich-rechtlichem und privatem Eigentum. Eine Besatzungsmacht kann das öffentlich-rechtliche Eigentum als Kriegsreparation beschlagnahmen. Nicht das private.

Ich wiederhole: Praktisch alle Zentralbanken Europas – die belgische, die französische, die polnische, tschechische, lettische, litauische etc. – waren und sind private Aktiengesellschaften. Sie üben zwar Hoheitsrechte aus: die Emission der nationalen Währung, Festsetzung des Diskontsatzes etc. In ihrer rechtlichen Struktur sind sie privatrechtliche Subjekte. Die Schweizerische Nationalbank zum Beispiel gehört auch heute den Aktionären: den Kantonen und diversen Privatpersonen und Firmen. Selbst die Deutsche Reichsbank war bis 1937 ein privatrechtliches Subjekt. In diesem Jahr verwandelte Hitler die Bank in ein Staatsinstitut, unterstellt dem Weisungsrecht der Regierung. Eine neue, noch drastischere Reform erfolgte 1939: Von nun an unterstand die Reichsbank direkt dem Führer und der Reichskanzlei.

Die Haager Konvention verbot der deutschen Besatzungsmacht, einen Überfall auf die Golddepots von Dakar zu organisieren. Bréart de Boisanger, amtierender Gouverneur der Banque de France, und der belgische Gouverneur Janssen waren kluge Juristen und leisteten durchaus sinnvollen Widerstand.

Aber die schlauen deutschen Diplomaten fanden bald ein anderes Argument: Die Banque de France habe aus Sicherheitsgründen das eigene (zum Teil) und das (ganze) ihr anvertraute Gold nach Schwarzafrika verfrachtet? Chaos drohe in der Westafrikanischen Föderation. Sicherheit herrsche bloß im »Neuen Europa«. Deshalb müßten die Goldkisten samt und sonders nach Europa zurückgeschafft werden. So unrecht hatten die Deutschen nicht.

Bereits im Herbst 1940 bereitete General Charles de Gaulle sein Kommandounternehmen gegen Dakar vor.

Die unwirtliche Halbinsel, genannt Cap Vert, auf der Dakar liegt, ragt am westlichsten Ende Afrikas in den Südatlantik. Sie besitzt unzählige Buchten und Strände. Bei N'Gor, Ouakam, entlang der Corniche, überall, laufen vor Sonnenaufgang die Lebu-Fischer auf ihren traditionellen Einbäumen aus und kehren mittags zurück. Die Strömungen rings um die Halbinsel sind gefährlich. Die meteorologischen Verhältnisse ändern sich ständig und meist auf unerwartete Art.

Drei englische Kriegsschiffe näherten sich der Küste im Morgengrauen des 23. September 1940. Es war das Ende der Regenzeit. Nebel verhängte die roten Klippen und Hügel.

De Gaulle wollte Blutvergießen vermeiden und richtete einen Appell zur friedlichen Übergabe an die Garnison. Ein Bataillon der Fremdenlegion unter dem Kommando von gaullistischen Offizieren versuchte an Land zu gehen. Umsonst. Die Kanonen der Küstenfestungen, unter dem Befehl der Vichy-Offiziere, beschossen die Flottille. An die Eroberung Dakars war nicht mehr zu denken. Nach drei Tagen zogen die Schiffe ab.

Eine wichtige Zwischenbemerkung: General de Gaulle war natürlich kein Goldräuber. Seine Expedition nach Dakar hatte einen ganz anderen Grund: Er wollte die Behörden und Truppen der Französisch-Westafrikanischen Föderation für die Sache des Freien Frankreich gewinnen.[3]

Jedoch: Der Chef der Wirtschaftssektion der Waffenstillstandskommission (deren Sitz in Wiesbaden war), Johannes Hemmen, gebrauchte De Gaulles Expedition nach Dakar gegenüber dem Vichy-Regime als Argument für die angeblich »chaotischen Zustände«, welche in den schwarzafrikanischen Kolonien Frankreichs herrschten.

Die politische und militärische Situation im subsaharischen Kolonialimperium war Mitte 1940 tatsächlich verworren.

An der Ostgrenze der Westafrikanischen Föderation, in Fort Lamy, der staubigen Hauptstadt der Kolonie Tschad, war am 26. August 1940 Félix Eboué aufgestanden. Eboué war französischer Kolonialgouverneur. Aber er war schwarz. Er stammte aus den Antillen. Seine Entscheidung für de Gaulle und das Freie Frankreich war von größter politischer und symbolischer Bedeutung: die Kolonialtruppen Vichys waren zu neunzig Prozent Schwarze (oder Araber). Daß der einzige Schwarze, der je eine so hohe Stellung in der französischen Verwaltung erreicht hatte, sich gegen Pétain und für de Gaulle entschied, begeisterte Hunderttausende von Afrikanern.

Von London aus versprach de Gaulle interne Autonomie und ein auf Gleichheit beruhendes, neugeordnetes französisches Commonwealth. Im Tschad erhob sich die französische Garnison. In Bamako, Libreville, Ouagadougou, Abidjan, Cotonou und Lomé verweigerten schwarze Kolonialsoldaten den Vichy-Offizieren den Gehorsam. De Gaulle ernannte Eboué zum Generalgouverneur der Äquatorialafrikanischen Föderation. Bald erhoben sich die – verglichen mit dem Tschad – weitaus reicheren Kolonien von Kongo-Brazzaville und Kamerun. Im Sudan und in Kenia standen britische Truppen. Sie griffen die italienischen Besatzungsarmeen in Erithrea und Äthiopien an und besiegten sie. Auf dem afrikanischen Kontinent war Vichys Kolonialreich ins Wanken geraten. Im Bäderkurort Vichy erlebte Philippe Pétain schlaflose Nächte.

Die Panik des Greises nutzten die deutschen Diplomaten. Die französisch-deutsche Waffenstillstandskommission und insbesondere der Leiter der deutschen Delegation, Johannes Hemmen, verstärkten ihren Druck auf den Greis. Nach anfänglichem Zögern hatte sich Pétain zu einer Politik der totalen Kollaboration mit den Nazis bekehrt. Er war jetzt von Hitlers Endsieg überzeugt. Durchaus gutgläubig, versuchte er für das geschlagene Frankreich im Tausendjährigen Reich einen Ehrenplatz auszuhandeln.

Der Marschall befahl die Rückführung des Goldes nach Europa.

Wie hungrig mußten die Räuber in Berlin gewesen sein! Ich habe im Archiv des Ministry for Economic Warfare in London die Organisation und die Etappen des Goldtransportes verfolgt... und bin beeindruckt. Die Nazis waren Mörder, Räuber und Diebe – begabte Organisatoren waren sie allemal.

Der deutsche Plan für den transkontinentalen Goldtransport nach Berlin liest sich, als wäre er dem Szenario eines zweitklassigen Hollywoodstreifens entnommen: Man stellte aus deutschen Agenten bewaffnete Elitekommandos zusammen. Diese waren militärisch organisiert, sollten jedoch »unauffällige« zivile Kleidung tragen. Wie weiße Geheimagenten aus Berlin in der afrikanischen Menschenmasse unerkannt und unauffällig sich bewegen sollten, verrieten die Organisatoren nicht.

Flugzeuge der deutschen Luftwaffe, auch sie als Zivilflugzeuge getarnt, sollten das Gold nach Marseille fliegen. Mit Zwischenlandung auf den Vichy-Flugplätzen in Nordafrika. Frankreich mußte den Treibstoff liefern und die Bewachung der Fracht auf den Flughäfen sicherstellen.

Der an sich naheliegende und anscheinend viel praktischere Transport durch Kriegsschiffe fiel aus: Die Deutschen fürchteten die englischen U-Boote im Südatlantik.

Von Marseille sollte dann das Gold per Eisenbahn nach Berlin überführt werden. Der Plan sah eine Fracht von zwei bis drei Tonnen je Flugzeug vor. Der ganze Transport sollte nicht länger als zwei Monate dauern.

Es kam jedoch alles ganz anders. Kurz vor Weihnachten 1940 waren erst 49 Tonnen Gold ausgeflogen. Die hatten zwar die Sahara unbeschadet überquert, lagen nun aber im Lagerschuppen des algerischen Provinzflugplatzes von Oran, in Westalgerien. Bewacht wurden sie von den Marineinfanteristen der nahen französischen Flottenbasis von Mers El Kebir. In Oran blieben die Goldbarren vorerst blockiert. Wegen der Luftkämpfe, die über dem westlichen Mittelmeer tobten. Kurz darauf wurde wegen der alliierten Jagdflugzeuge auch die Überquerung der Sahara durch schwerfällige Transportflugzeuge unmöglich.

Die deutschen Räuber änderten ihre Pläne: Die Goldkisten wurden auf die Westafrikanische Eisenbahn (Dakar–Koulikoro) verladen. Erste Station: Bamako, damals noch eine kleine Kolonialgarnison, an einer Furt des Nigerflusses, im Herzen des Bambara-Reichs gelegen.

Weiter ging die Reise flußabwärts, immer noch per Bahn, nach Koulikoro, der damaligen Hauptstadt der französischen Kolonie des Sudans (der »Soudan français«, nicht zu verwechseln mit dem anglo-ägyptischen Dominium Sudan-Khartum, heute Mali genannt). Koulikoro war vorläufige Endstation.

Timbuktu, die historische Karawanenstadt der Tuareg, wo sich die Saharavölker mit den Songhai, den Bambara, den Peuhl mischen, liegt fast 700 Kilometer entfernt. Einzige einigermaßen sichere Transportroute: der Nigerfluß. Zwischen Koulikoro, Ségou, Mopti, Jenine und Timbuktu aber ist der Fluß – der zuerst von Westen nach Osten, dann von Norden nach Süden fließt – nur während fünf Monaten pro Jahr schiffbar. In Timbuktu wurde die Fracht auf kleinere Schiffe umgeladen.

Weiter ging die Reise flußabwärts – ins Songhai-Reich, nach Tossay und Gao. Dort begann die beschwerliche Fahrt auf Lastwagen nach Norden, durch die Gebirge und Sanddünen der Sahara. 1700 Kilometer lang ist die Piste von Gao bis Colomb-Béchar. Häufige Sandstürme blockierten bald die Transporte. Die Lastwagen blieben stecken. Man setzte Eselkarawanen und Kamele ein. Deutsche Geheimagenten, als Beduinen getarnt, trieben die Kamele voran. Ich kenne die Gegend: Es ist eines der wohl gottverlassensten, menschenfeindlichsten Wegstücke der Welt.

Colomb-Béchar war die Hauptstadt der von Vichy kontrollierten algerischen »Confins sahariens«. Sie war die südliche Endstation der westalgerischen Eisenbahn. 1600 Kilometer trennen sie von der Mittelmeerküste. Per Bahn wurden die Kisten nach Algier verfrachtet.

Ende Dezember 1941 hatte weniger als ein Drittel des ganzen

Schatzes die Sahara durchquert. Der letzte Transport erreichte Berlin (über Algier und Marseille) am 26. Mai 1942.

Die deutsche Operation hatte schließlich anstatt der vorgesehenen zwei, volle achtzehn Monate gedauert. Bewundernswert ist sie trotzdem, wenn man bedenkt, welche Willenskraft, Improvisationsgabe und welches Organisationstalent zu ihrem glücklichen Abschluß notwendig waren. Es blieb die schwierige Frage der juristisch korrekten Überführung der königlich-belgischen Goldreserven in deutschen Besitz.

Im Juli 1942 verlegt der sowjetische Generalstab zwei Reservearmeen nach Stalingrad. Im September 1942 verläuft die Front zwischen den westlichen Vororten der Stadt. Am 27. desselben Monats beginnt der Kampf in den Industriequartieren, insbesondere im Innern der Industriekonglomerate »Roter Oktober« und »Barrikade«.[4]

Die Zeit drängte. Die Entscheidungsschlacht stand bevor. Die Rüstungsindustrie lief auf höchsten Touren. Hitler mußte immer größere Mengen strategischer Rohstoffe – durch Vermittlung der helvetischen Geschäftsfreunde – auf dem Weltmarkt aufkaufen. Die Goldwaschmaschine in Bern verlangte nach immer neuem Beutegold.

Mitte September 1942 ordnet Reichsmarschall Hermann Göring, Verantwortlicher für den Vierjahresplan der deutschen Rüstung, die Sequestrierung des belgischen Goldes an. Gemäß den belgischen Archiven übergab die Reichsbank der belgischen Nationalbank am 2. Oktober 1942 eine Quittung für 198 Tonnen Gold. Die Offerte der Reichsbank: Deutschland zahlt den Belgiern 2784 Reichsmark pro Kilo und kreditiert die Belgische Nationalbank ab sofort mit 500 Millionen Reichsmark. Die Bedingung des Reichsbankpräsidenten und Wirtschaftsministers Walther Funk: Die kreditierten Reichsmark dürfen nur zum Kauf deutscher Güter in Deutschland verwendet werden. Belgien lehnte ab. Starrköpfig. Nationalbankgouverneur Janssen berief sich nach wie vor auf das internationale Recht.

Die Reichsbank machte noch zwei weitere Offerten: eine im Juli

1943 an die Adresse der Belgier und eine im September 1943 an die Banque de France, die ja immer noch die Depotbank für das belgische Gold war. Beide Offerten wurden abgelehnt. Yves Bréart de Boisanger, Gouverneur der Banque de France, argumentierte wie Janssen.

Anfang Oktober 1943 verloren die Deutschen die Geduld: Sie hinterlegten beim Gericht Berlin-Mitte Reichsschatzanweisungen, welche dem ungefähren Geldwert des sequestrierten belgischen Goldes entsprachen. Das Gold selbst wurde von der »Preußischen Münz« eingeschmolzen, neu geeicht und vordatiert.

Die Reichsbank wollte zwei Dinge erreichen: Der Raub sollte eine legale Maske erhalten; den ausländischen Kunden sollte suggeriert werden, daß es sich bei den umgeschmolzenen Barren nicht um Beutegold aus der Kriegszeit, sondern um Bestände aus den legalen Vorkriegsreserven der Reichsbank handelte.

Das umgeschmolzene Raubgold wurde unverzüglich in die Schweiz übergeführt. Ganz wie gewohnt. Und ganz wie gewohnt kam Hitlers Kriegsmaschine zu neuen, dringend benötigten weltmarkttauglichen Devisen.

Insbesondere die Protokolle der Washingtoner Konferenz 1946 dokumentieren die Raubzüge verschiedenster Art, welchen die Goldreserven der Zentralbanken der anderen besetzten Gebiete – Norwegen, Tschechoslowakei, Albanien, Litauen, Lettland, Luxemburg, Italien, Griechenland, Polen und andere – teilweise oder ganz zum Opfer fielen. Es ist hier nicht der Ort all diese Raubzüge, diplomatischen Erpressungsmanöver, Überschreibungen durch Betrug und Methoden aller Art, welche die Nazis benutzten, um in den Besitz dieser Gold- und Devisenbestände zu kommen, im Detail zu beschreiben.

Was das Zentralbankgold angeht erwähne ich nur noch ein Beispiel: Holland. Wie vielen anderen europäischen Zentralbanken, gelang es auch der holländischen, wesentliche Teile ihres Goldschatzes noch vor dem deutschen Einmarsch in Sicherheit zu bringen. Ein Teil der holländischen Reserven lagerte bereits 1939 in London.

Am 10. Mai 1940 überfiel die Wehrmacht das neutrale König-reich Holland. In der Nacht zum 11. Mai verließ die Königsfamilie auf einem britischen Kriegsschiff das Land. Mit dem Schiff reisten auch mehrere hundert Kisten, in denen ein weiterer Teil des Zentralbankgoldes lag.

Jedoch: Ungefähr 100 Tonnen Gold im Wert von knapp 500 Mil-lionen Schweizer Franken blieben in der Zentralbankfiliale von Rotterdam zurück. Der völlig überraschende, blitzartig getätigte Überfall der Wehrmacht machte den präventiven Transport nach England unmöglich. Trotzdem wurde der Versuch gewagt: Ein kleines Hafenboot wurde im Pier von Rotterdam mit einem Teil dieses Goldes beladen. Auf offener See sollte die Umladung auf ein Hochseeschiff stattfinden. Die Evakuierung mißlang. Das Boot traf auf eine Seemine und sank. Unter Aufsicht der deutschen Flotte wurden zwei Monate später einige Kisten geborgen.

In Holland gab es keinen Leopold III. Ganz Holland widerstand der Besatzungsmacht. Hitler ordnete grausame Unterwerfung an. An die Spitze der Zentralbank wurde von den Nazis Rost van Tonningen bestellt. Tonningen war ein überzeugter Faschist und Handlanger der Besatzer.

Aber selbst in Holland wahrten die Nazis juristische Formen. Dem Raubgold sollte der Zugang zum Weltmarkt offengehalten werden. Konkreter: Den Schweizer Bankiers mußte ein juristisch halbwegs plausibler Vorwand für die »legale« Übernahme der holländischen Goldreserven durch die Reichsbank geliefert wer-den.

Gemäß dem Urteil eines Hamburger Seegerichts vom März 1941 verwandelte sich das im gesunkenen holländischen Schiff gestohlene Gold in eine »Seeprise«. Wer zu Kriegszeiten auf feindlichen Schiffen Beute macht, kann diese gemäß Völkerrecht als »Prise« behalten.

Blieb das Gold, das an Land, in der Rotterdamer Filiale, gestoh-len war. Ebenfalls im März 1941 und mit Zustimmung von Zen-tralbankchef Rost van Tonningen wurden diese Barren von der Wehrmacht als »freiwillige« Anzahlung auf die Besatzungskosten konfisziert.

Das holländische Beutegold wurde in die Schweiz verfrachtet. Es trug das königlich holländische Eichzeichen. Offenbar glaubte die Schweizerische Nationalbank an die Mär von der Seeprise und der freiwilligen Zahlung von Besatzungskosten.

Der überwiegend größte Teil des Nazi-Raubgoldes sind gestohlene – seien es in Berlin umgeschmolzene, seien es direkt ins Ausland, meist in die Schweiz verschacherte – Goldbarren aus den Beständen der Zentralbanken besetzter Länder: Eine andere Kategorie von Raubgold jedoch ist ebenfalls zu berücksichtigen: die von verschiedenen Instanzen der Besatzungsmacht bei Privatpersonen, Privatbanken, Unternehmen, Versicherungen etc. eingetriebenen Vermögenswerte – Devisen, Edelmetalle etc. – und das Gold aus den Konzentrationslagern.

Bereits 1940 operierte das Dritte Reich in den besetzten Ländern mit Einsatzgruppen, die helfen sollten, das permanente Devisendefizit zu bekämpfen. Diese Einsatzgruppen trugen den eigentlich widersinnigen Namen »Devisenschutzkommandos«.

Ihre Aufgabe? Im ganzen besetzten Europa die privaten Vermögen – vor allem Gold, Schmuckstücke und Devisen – zu plündern. Die Devisenschutzkommandos brachen in Sparkassen ein, plünderten Privatbanken, brachen private Banktresore auf, leerten Bijouterien und Privathäuser. Immer gaben sie den Opfern Quittungsscheine in die Hand, bezahlten häufig sogar mit Reichsmark oder der jeweiligen einheimischen Währung. Die formale Legalität wurde fast immer gewahrt.

Die Beutezüge der Devisenschutzkommandos waren meist einträglich. Nehmen wir das Beispiel Holland[6]: Gleich nach dem Einmarsch der Wehrmacht im Mai 1940 machten sich die beamteten Plünderer über die holländischen Städte und Dörfer her. 39 Tonnen Gold wurden zusammengestohlen. Viel davon stammte von jüdischen Familien und Unternehmen. Auch sie bekamen Quittungen. 140 000 Juden arbeiteten und lebten in Holland. Viele der Familien waren seit Jahrhunderten in diesem Land ansässig. Wenig später deportierten die Nazis 100 000 von ihnen in die Vernichtungslager und ermordeten sie.

Auch das holländische Privatgold fand mehrheitlich seinen Weg in Schweizer Bankenkeller und verwandelte sich – dank helvetischer Geschäftstüchtigkeit – in wertvolle Devisen für Hitlers Kriegsmaschine.

II. Das Gold aus den Vernichtungslagern

Die Schreckensherrschaft der SS erstreckte sich auf alle von der Wehrmacht eroberten Gebiete. Zusätzlich zu den sechs Millionen ermordeten Juden sind in ganz Europa viele Millionen von russischen, südslawischen, polnischen, sogenannten »minderwertigen« Frauen, Kindern und Männern, Hunderttausende von Zigeunern, von Kriegsgefangenen, von Zwangsarbeitern, von Geiseln aller Art und Zehntausende von Widerstandskämpfern – auch deutschen – zu Tode gekommen. Vierzehn Millionen Menschen hat der SS-Staat in Konzentrationslagern, Sklavenbetrieben, Ghettos und bei Massenerschießungen ermordet.

Elie Wiesel schreibt: »Durch seinen unvergleichlichen Schrecken, durch die Zahl der Opfer, durch sein Mysterium und sein Schweigen übertrifft der Holocaust alles, was das menschliche Wesen unternehmen oder verstehen könnte.«

Und weiter: »Ihr könnt vorgeben zu wissen, wie die Opfer gelebt haben und wie sie vernichtet worden sind. Aber tatsächlich wißt ihr nichts. Auschwitz kann weder visualisiert noch erklärt werden... Auschwitz liegt jenseits der Geschichte«.[7]

Elie Wiesel hat recht: Auschwitz gehört ins Reich des Unsäglichen. Die analytische Vernunft der Nachgeborenen versagt ob soviel Grauens.

Trotzdem will ich einige Angaben machen: Für das Gold, Silber und andere wertvolle Metalle aus den Konzentrationslagern war das Wirtschaftsverwaltungshauptamt der SS zuständig. Die SS-Bürokraten übergaben Gold allmonatlich der Reichsbank. Diese verbuchte den Gegenwert. Das Gold ging in ihre Bestände über und fand mit höchster Wahrscheinlichkeit meist seinen üblichen Weg in helvetische Banktresore (und von da auf den Weltmarkt).

Wie war der Ablauf? Die SS-Schutzstaffeln raubten in den Konzentrationslagern, von Häftlingen in ihrem Gewahrsam, in Arbeits- und Sklavenlagern und von jüdischen Kultusgemeinden nicht nur allen privaten Schmuck, Gold, Silber, Uhren und alles, was sonst noch verkäuflich war, sondern sie stahlen auch systematisch alle Armleuchter, silbernen Ständer, kurz: sämtliche Kultgegenstände. Von den Kunstschätzen – Skulpturen, Manuskripten, Bildern – gar nicht zu reden.

Englische Forscher haben den offiziellen Ablauf der Beuteverwertung untersucht. Die Beute der Wehrmacht ging direkt an die Reichskasse. Jene der SS nahm einen anderen Weg: Das Wirtschaftsverwaltungshauptamt unterhielt bei der Reichsbank ein Sammelkonto für alles Beutegut. Sein Tarnname: »Melmer«. Der Erlös aus der Verwertung (Barren aus eingeschmolzenen Zahnkronen, Eheringen etc.) ging auf ein Konto unter dem Tarnnamen »Max Heiliger«, das ebenfalls bei der Reichsbank lag.[8]

Die SS war eine gut organisierte Räuberbande: Halbedelsteine, Brillengestelle und Schmuckstücke mit wenig Goldgehalt wurden auf dem Schwarzmarkt der jeweiligen besetzten Länder von SS-Agenten umgesetzt. Erwiesen ist auch, daß solche Agenten Geschäftsreisen in die Schweiz unternommen haben.

Gideon Hausner beschreibt das schreckliche Vorgehen der SS-Schergen, die in Majdanek, Auschwitz, Buchenwald, Treblinka und in praktisch allen Lagern den Häftlingen die Goldzähne ausbrechen ließen. Systematisch beraubt wurden die Häftlinge auch in den Zuchthäusern, Gefängnissen und anderen Arrestlokalen, die unter SS-Aufsicht standen.

Gideon Hausner berichtet vom Betrieb im Lager Majdanek:[9]

»Gelegentlich trat einer der SS-Leute auf ein soeben eingetroffenes Kontingent zu, deutete mit dem Finger auf mehrere gesund aussehende Ankömmlinge und befahl ihnen, herauszutreten. Zuweilen siebten die Deutschen ein Kontingent nach Tischlern, Schustern, Schneidern und Schlossern und anderen Handwerkern durch. Sie wurden dann im Lager beschäftigt, hatten das Lager sauberzuhalten, die Habseligkeiten der Opfer auszusortieren, die Leichen zum Krematorium zu schaffen oder dort, wo es keine Verbrennungsöfen gab, sie zu begraben. Einige von ihnen waren ›Friseure‹, die den Frauen das Haar abzuschneiden hatten; andere waren ›Zahnärzte‹, die den Leichen die Goldzähne aus dem Mund brechen mußten. Sie waren die ›Dienstmannschaften‹ der Lager, arme Teufel, deren Leben eine einzige lange Hölle war. Hin und wieder wurden sie auch an den Beinen mit Ketten gefesselt, wenn sie außerhalb arbeiten mußten, wie die Leute vom ›Waldkommando‹. Die meisten von ihnen versuchten nach den Schrecken, die sie bei der Ankunft gesehen hatten, schon in der ersten Nacht, Selbstmord zu verüben.«

Der Lagerhäftling Abraham Lindwasser wurde als »Zahnzieher« eingesetzt. Hausner läßt ihn zu Wort kommen:

»Ich konnte das nicht aushalten und versuchte, Selbstmord zu verüben. Ich baumelte bereits von meinem Gürtel, als ein bärtiger Jude – dessen Name mir nicht bekannt ist – mich abschnitt und begann, mir Mores zu predigen. Es sei wohl eine verpönte Arbeit, sagte er, und normalerweise dürfe man eine solche Arbeit auch nicht tun – jedoch müsse man sich beherrschen und Anstrengungen machen, daß wenigstens jemand am Leben bleibe, um später zu erzählen, was hier geschehen war. Und da ich hier leichte Arbeit hätte, könnte ich hier überleben und dadurch anderen helfen.«

Andere, ganz wenige »Zahnzieher« überlebten ebenfalls. Hausner berichtet:

»Zuweilen kam es vor, daß ein Häftling an der Leiche eines Menschen zu arbeiten hatte, den er wiedererkannte: ›Ich war 'Zahnarzt' in Treblinka, bis ich eines Tages die Leiche meiner Schwester wiedererkannte... Ich konnte sie einfach nicht anrühren; ich konnte einfach nicht weitermachen; ich bat den Kapo, einen Juden, mich zum Zähnesäubern zu versetzen, was er auch tat... Wir schickten jede Woche aus Treblinka zwei Koffer mit acht bis zehn Kilogramm Gold hinaus.‹«

Michael Podchlevnik – auch er zitiert von Gideon Hausner – hatte eine ähnliche »Begegnung« in Chelm:

»Ich war in der Gruppe, die die Beerdigten zu besorgen hatte. Nach einigen Tagen erkannte ich unter den Leichen meine Frau und meine zwei Kinder. Ich legte mich neben ihnen nieder und bat, man möge mich erschießen. Ein SS-Mann schlug mich zweimal und knuffte mich weiter und sagte: ›Du bist noch stark, du kannst noch arbeiten‹... In dieser Nacht versuchte ich, mich zu erhängen, aber meine Freunde holten mich herunter... Drei Tage später sprang ich von dem Lastwagen, auf dem wir von der Arbeit zurückgefahren wurden, und entfloh.«

In den Vernichtungs- und Konzentrationslagern waren die »Dienstmannschaften« (»Zahnzieher«, »Friseure« etc.) besonderen Qualen ausgesetzt. Die SS bediente sich ihrer, verfolgte sie jedoch mit besonderem Haß.

Noch einmal Gideon Hausner:

»Diese Leute, von denen es in jedem Lager mehrere Hundert gab, wurden vom SS-Personal in seiner Freizeit zum Gegenstand von allerlei ›Belustigungen‹ gemacht. Man befahl ihnen, sich in die unten zugebundenen Hosen Mäuse zu tun und strammzustehen, ohne sich zu rühren, während die Mäuse auf ihnen herumkrabbelten. Die geringste Bewegung löste einen Peitschenhieb aus. Die SS-Leute stellten den Gefangenen Flaschen auf die Köpfe und schossen danach. Sie befahlen ihnen, auf einer Planke unter dem Dach der Baracke, in einer Höhe von sieben Metern, entlangzugehen, und jeder, der herunterfiel, war ein ›feindlicher Fallschirmspringer‹ und bekam fünfundzwanzig Peitschenhiebe, oder man hetzte einen bissigen Hund auf ihn.

[...]

Die SS hielt sich Hunde, die besonders darauf abgerichtet waren, Menschen anzugreifen. Ein beliebter Name für diese wilden Tiere in den Lagern war ›Barry‹. Auf den Befehl ›Jude!‹ oder ›Barry, Hund greif an, Mensch!‹ stürzte das riesige kalbsgroße Tier auf sein Opfer und riß es buchstäblich in Stücke. ›Wenn der Hund einen überfiel, war der Mensch hilflos und konnte nichts tun. Der Hund warf einen um, und man mußte sich ihm ergeben‹, sagte ein Überlebender.«

Die Dienstmannschaften mußten die vergasten Menschen zu den Krematorien schleppen. Auf dem Weg dahin mußten sie die Haare der Toten abschneiden und ihren Mund nach Gold untersuchen. Die Häftlinge, welche solche Arbeit verrichten mußten, waren die Erbarmungswürdigsten unter den Erbarmungswürdigen. Sie brachen die Goldzähne ihrer Leidensgenossen heraus. Sie waren die ersten Lieferanten des SS-Wirtschaftsverwaltungshauptamtes. Wenige nur überlebten. Die meisten von ihnen wurden von der SS nach drei bis vier Monaten Arbeit vergast oder gehängt.

Die amerikanisch-englisch-französische Kommission, welche nach Kriegsende für die Verteilung der 337 von den Amerikanern nach Kriegsende in Thüringen gefundenen Goldtonnen zuständig war, erhielt makabre Post. Die griechische Regierung schrieb: »Zusätzlich zu unseren vorgängigen Forderungen müssen wir auf das Zahngold der 62 500 vergasten griechischen Juden zurückkommen. Die Annahme, dieses Gold, das den Zähnen der griechischen Juden entrissen worden ist, belaufe sich auf rund 100 000 türkische Pfund, scheint nicht übertrieben. Dieses Zahngold wurde in Barren von rechteckiger Form gegossen. Die Arbeit machten zwei deportierte französische Goldschmiede, in einem Hangar, der gleich neben dem Krematorium lag.«

1947 meldete sich auch die polnische Regierung: »Ausgehend von der Annahme, die 3,2 Millionen getöteter Juden stellten 800 000 Familien von je 4 Personen dar und jede Familie hätte 100 Gramm Feingold in irgendeiner Form besessen, kommen wir zur Überzeugung, daß die Deutschen mindestens 80 Tonnen polnisches Gold gestohlen und regulär in der Reichsbank deponiert haben.«

Die polnische Regierung legte ein Beweisstück bei: ein Dokument des SS-Wirtschaftsverwaltungshauptamtes von 1942: »50 Kilogramm Gold, die aus Zahnkronen und Prothesen stammen, welche bei verstorbenen polnischen Gefangenen gefunden worden sind, werden in der Reichsbank deponiert.«[10]

Die Eheringe, Zahngoldkronen, Armbänder, Golduhren, Ohrbehänge und Schmuckstücke jeglicher Art, welche die Henker ihren Opfern raubten und dem SS-Wirtschaftsverwaltungshauptamt übergaben, wurden wie gesagt bei der Reichsbank deponiert, von dieser zu Barren geschmolzen und mit dem reichsdeutschen Hoheitsstempel versehen.

Auch diese Barren wurden in großer Zahl in die Schweiz verfrachtet, von der Schweizerischen Nationalbank quittiert, von Schweizer Privatbanken gelagert und auf dem Weltmarkt gegen Devisen verkauft. Manchmal kaufte die Nationalbank die Barren. Manchmal wirkte sie als Treuhänder. Immer aber gingen die Devisen zurück nach Berlin. Zum Nutzen der deutschen Kriegsindustrie, der deutschen Geheimdienste (die für ihre Auslandsoperationen einen großen Fremdwährungsbedarf hatten), der deutschen Luftwaffe, der Flotte und der Wehrmacht.

Zur Entlastung der Nationalbankdirektoren Rossy, Weber und Hirs und vieler privater Nazi-Komplizen in den Anwaltskanzleien, Großbanken, Treuhand- und Finanzgesellschaften sei gesagt, daß niemand die eingeschmolzenen Barren als Raubgold aus Konzentrationslagern identifizieren konnte. Wie jedoch die SS Gold erpreßte, welche physischen Methoden sie anwandte und wie ihre Todesbürokratie funktionierte, war ab 1941 in Zürich und Bern bekannt.

Totengold kam nicht nur aus den Konzentrationslagern, sondern auch aus den Ghettos und von den Exekutionsstätten auf freiem Feld. Im Sommer 1941 rückte Hitlers Wehrmacht in Rußland vor. Hinter der Front wüteten – wie schon zuvor in Polen – SS-Einheiten und Polizeibataillone. Sie trieben systematisch die jüdische

Bevölkerung der besetzten Städte und Dörfer zusammen. Durch Massenerschießungen wurden Hunderttausende von Frauen, Kindern und Männern zu Tode gebracht. Andere wurden massenweise in Ghettos zusammengepfercht. Die Opfer wurden ausgeplündert.

Die SS-Einheiten, die Polizeibataillone, die ukrainischen, lettischen, litauischen Hilfstruppen erschossen, erschlugen, ertränkten oder begruben bei lebendigem Leib in Polen und Rußland über 1,3 Millionen jüdische Frauen, Kinder und Männer. Die sogenannten Einsatzkommandos folgten der vorrückenden Wehrmacht auf dem Fuß. In Städten, Dörfern und Weilern ermordeten sie systematisch die jüdische Bevölkerung.

Im Juni 1941 fiel die Wehrmacht in der Sowjetunion ein. Die Einsatzkommandos ermordeten in den ersten sechs Monaten des Rußlandfeldzuges über 500 000 jüdische Menschen.

Den englischen Abhörspezialisten gelang die Entzifferung der wechselnden SS-Codesysteme. Die Funksprüche, welche die Kommandanten der Einsatzkommandos an ihr Hauptquartier in Deutschland schickten, wurden entschlüsselt. Was sie abhörten, war fürchterlich. In seiner Radiorede vom 24. August 1941 präsentierte Premierminister Churchill der britischen Öffentlichkeit einige Beispiele.

Winston Churchill: »Eine gigantische Schlacht findet gegenwärtig statt. Sieben Millionen Soldaten sind daran beteiligt. Die Schlacht tobt auf einer Front von 3500 Kilometern, eine tödliche Konfrontation, die vom arktischen Ozean bis zum Schwarzen Meer reicht ... Hitler begeht die schrecklichsten Verbrechen ... ganze Distrikte werden ausgelöscht. Zehntausende, wörtlich: Zehntausende, von Exekutionen werden vorgenommen, kaltblütig, von der Militärpolizei der Nazis ... Wir sind mit einem namenlosen Verbrechen konfrontiert.«

Fünfzig Jahre lang blieben die in Bletchley-Park 1941 abgehörten Funksprüche der Leiter der Einsatzkommandos geheim. 1996 wurde ein erstes Band mit diesen Dokumenten veröffentlicht. Ich nenne einige Beispiele[11]:

Der Kommandant des Polizeibataillons 309 meldet sich am

27. Juni 1941 aus Bialystok. 2000 Juden habe er liquidiert. An einem einzigen Tag. Davon 700 Menschen in einer Synagoge, die mit Benzin und Handgranaten eingeäschert worden sei.

Am 18. Juli 1941 funkt SS-Führer Erich von dem Bach-Zelewski an Heinrich Himmler: »Bei der gestrigen Säuberungsaktion in Slonim durch das Polizeiregiment Mitte wurden 1153 jüdische Plünderer erschossen.« Im August funkte er: »Bis heute mittag sind weitere 3600 exekutiert worden. Damit ist die Zahl 30 000 in meinem Gebiet überschritten.«

Meist schließen diese Funksprüche: »Eigene Verluste: keine.«

Die abgehörten Einsatzbefehle aus Berlin verraten Besorgnis um das psychische Gleichgewicht der Mörder. Sie übermitteln den freundschaftlichen Rat: »Die Eindrücke des Tages sind durch Abhalten von Kameradschaftsabenden zu verwischen.«

Die Polizeibataillone ermordeten Hunderttausende von wehrlosen Kindern, Frauen und Männern... und stahlen zuvor ihre Habe. Was davon verwertbar war, wurde in die SS-Verkaufsnetze geschleust. Waren Gold, Edelmetall, Schmuckstücke, Kunstgegenstände, Devisen darunter, gelangten diese Werte häufig dank SS-Agenten nach Zürich, Bern und Basel auf den Markt.

Für die Verwertung und Beschlagnahmung der jüdischen (und anderer) Vermögen in Osteuropa und Rußland schuf Reichsmarschall Göring eine besondere Behörde: die Haupttreuhandstelle Ost. Diese sollte die beschlagnahmten Vermögenswerte – insbesondere Schmuckstücke, Münzen, Devisen, Gold – der Kriegswirtschaft zuführen.

Ein Beispiel: Lodz, genannt Litzmannstadt, war die zweitgrößte Stadt Polens. Sie lag in jenem Teil Polens, welchen die Nazis unter dem Namen Warthegau dem Reich einverleibten. 233 000 jüdische Menschen wohnten in Lodz. 7000 überlebten. 226 000 wurden ermordet.

Anfang Februar 1940 wurden die Juden in ein Ghetto getrieben und eingeschlossen. Die offizielle Begründung hieß in Lodz wie überall sonst: »Rassenhygiene«. Tatsächlich aber ging es bei der Ghettoummauerung – in Polen wie in Litauen, Rußland, Lettland etc. – um etwas ganz anderes: Es sollten optimale Bedingungen für die Plünderung geschaffen werden. Im Ghetto richteten die Besatzer eine Zweigstelle der Treuhand Ost ein. Ein Zeuge, Bendet Hershkovits, berichtet aus Lodz: »In der Kocielna Straße saß eine Sektion der deutschen Kripo. Deren deutsche Mitarbeiter zwangen Juden, ihre Juwelen und andere Wertsachen herauszugeben. Sie prügelten und folterten sie, was mitunter auch zum Tode führte.«[12]

Zweigstellen der Treuhand Ost gab es in fast allen Ghettos.

Göring erließ strikte Richtlinien über Einzug, Quittierung und buchhalterische Registratur der beschlagnahmten Vermögenswerte.

Das Gold der Treuhandstelle Ost wurde wie anderes Raubgold auch nach Berlin gebracht, in der Reichsbank deponiert, umgeschmolzen und mehrheitlich in die Schweiz verfrachtet. Wieviel, ist nicht auszumachen.

Tatsache ist auch, daß von den SS- und Polizeiexekutoren bei den Massenerschießungen und von den Gestapo- und SS-Henkern, die die Ghettos beherrschten, viel individuelles Gold (Schmuckstücke, Münzen etc.) gestohlen und nie der Treuhand Ost abgeliefert wurde.

Die SS unterhielt einige Verkaufsnetze, deren Agenten direkt die geplünderten Wertsachen im neutralen Ausland gegen Devisen verkauften. Die Devisen wurden auf individuellen Privatkonten angelegt. Auch in gemieteten Banksafes von ausländischen, meist schweizerischen Privatbanken wurden solche geplünderten Wertsachen deponiert.

1992 veröffentlichte der amerikanische Historiker Christopher R. Browning einen Bericht über die Mordeinsätze des deutschen Reservebataillons 101 gegen die jüdische Bevölkerung in Polen.[13]

Im Morgengrauen des 13. Juli 1942 umzingelten die deutschen Reservepolizisten – ältere Männer, Familienväter meist, ungeeignet für den Fronteinsatz – das polnische Dorf Josefow. Sie nahmen 1800 jüdische Kinder, Frauen und Männer gefangen. 300 junge Männer wurden als »Arbeitsjuden« ausgesondert. Die anderen

1500 Menschen wurden einer nach dem anderen mit einem Genickschuß in einem nahen Wald ermordet.

Das Bataillon zählte 500 Männer (210 Veteranen hat Browning befragt). Die relativ kleine Einheit richtete unter den Juden Polens fürchterliches Unglück an. Während 16 Monaten waren die Mörder unterwegs: Sie fingen 45 000 jüdische Kinder, Frauen und Männer ein, stießen sie in Viehwagen und verschickten sie ins SS-Vernichtungslager Treblinka. Dort wurden alle diese Menschen vergast. 38 000 weitere Juden töteten dieselben deutschen Polizeibeamten – sie stammten meist aus der Region Hamburg – im Verlauf des Krieges.

Browning gibt auch eine genaue Liste der Mordoperationen der deutschen Polizeibataillone in Süd- und Zentralrußland.

Die jüdischen Frauen, Männer und Kinder wurden per Lastwagen an den Rand der Massengräber gebracht. Sie mußten sich entkleiden, ihre sämtlichen Habseligkeiten am Rand der Grube deponieren. Andere Juden, die provisorisch verschont blieben, mußten die Habseligkeiten sortieren und die Wertsachen aussondern. Diese Wertsachen wurden vom Kommandanten der Einsatzgruppe in Beschlag genommen. War er »ehrlich«, gab er sie der nächstgelegenen Treuhandstelle Ost ab. Überwog individuelle Profitsucht, übergab er sie einem Zwischenhändler, verkaufte sie an andere SS-Offiziere oder Polizisten oder versuchte sie unter der arischen Zivilbevölkerung abzusetzen.

Ein anderes Beispiel: SS-Hauptsturmführer Eduard Roschmann kommandierte von 1941 bis 1944 das Konzentrationslager (ursprünglich das Ghetto) von Riga. Lettische SS-Männer waren seine Henkersknechte. Riga war das Durchgangslager für die meisten deutschen und österreichischen jüdischen Familien. Bei der Ankunft jedes Transports praktizierte Roschmann eine erbarmungslose Selektion. Wer nicht zur Sklavenarbeit in die umliegenden Wälder, Felder oder Industriebetriebe kam, wurde sofort erschossen oder in bereitgestellten Autobussen vergast. Die zum Tod bestimmten Menschen wurden reihenweise am Rand der Massengräber aufgestellt. Die lettischen SS-Männer ermordeten sie mit Maschinengewehren. Schicht um Schicht toter oder auch nur verwundeter Opfer fielen in die Grube. Zuvor mußten auch sie alle ihre Habseligkeiten abgeben. Goldkronen wurden den Toten oder Sterbenden von Kapos aus dem Mund gebrochen. Über 80 000 Menschen – meist deutscher oder österreichischer Abstammung – wurden in Riga ermordet.

Roschmann betrieb die Verwertung all dieser Wertsachen auf eigene Rechnung. Er häufte ein ansehnliches Privatvermögen an, das ihm nach 1945 die Flucht durch das von den Alliierten besetzte Europa nach Südamerika erlaubte.

Wie sich die einzelnen Kommandanten der Einsatzgruppen, die einzelnen SS-Kommandanten der Konzentrationslager oder die Gestapo-Beamten in den Ghettos genau verhielten, läßt sich dokumentarisch nicht nachweisen. Wer befehlsgemäß die Wertsachen seiner Opfer der jeweiligen Filiale der Treuhandstelle Ost ablieferte oder wer sie zu eigenem Profit verwertete, läßt sich nicht mehr eruieren.

Erwiesen ist die Existenz von SS-Verkaufsnetzen. SS-Agenten oder für die SS arbeitende Zwischenhändler brachten Vermögenswerte der Opfer auf den helvetischen Markt, verkauften sie und legten für die Auftraggeber bei Treuhändern, Privatbanken, Geschäftsanwälten in Zürich, Basel und Bern individuelle Konten an.

Eine dritte Kategorie von Totengold ist zu erwähnen: Ein amerikanisches Geheimdienstdokument, datiert vom 28. Mai 1945 und publiziert vom Jüdischen Weltkongreß im November 1996, belegt die Infiltration schweizerischer Privatbanken durch Gestapo-Agenten. Diese Infiltrationen begannen bereits kurz nach Hitlers Machtergreifung. Das gewonnene Wissen benutzte die Gestapo, um jüdische (oder andere) Inhaber von Schweizer Konten zu erpressen.

Das amerikanische Geheimdokument berichtet in Sonderheit vom Fall des österreichischen Juden Henry Lowinger. Dieser war Besitzer einer großen Wäscherei in Wien und Inhaber eines Schweizer Privatbankkontos. Er wurde von der Gestapo verhört. Es gelang ihm, sein Leben und dasjenige seiner Familie gegen die

Überschreibung seines Schweizer Vermögens an die Gestapo einzutauschen.

Angesichts der bekannt grausamen, von der Gestapo angewandten Verhörmethoden muß mit großer Wahrscheinlichkeit angenommen werden, daß viele Spitzelberichte aus Schweizer Banken zu Folter, gar Tod der im deutschen Machtbereich verhafteten Kontoinhaber geführt haben.

Im Oktober 1996 verschickte die Pressesprecherin der Schweizerischen Bankgesellschaft Gertrud Erismann an die 29 000 Mitarbeiter der ausländischen Niederlassungen der Bank ein Memorandum. Es sollte – Zitat – »den notwendigen Hintergrund für Diskussionen mit Kunden, anderen Angestellten, Freunden und Verwandten« liefern. Die Financial Times, London, verschaffte sich ein Exemplar. In der Zürcher Sonntagszeitung vom 17. November 1996 bestätigte Frau Erismann die Existenz des Papiers.

Zentrale Aussage des Memorandums: Mit Raubgold hat die Schweizerische Bankgesellschaft nichts zu tun. Eventuell und allenfalls mit »nachrichtenlosen« jüdischen Konten. »Deutsches Gold ging nur an die Schweizerische Nationalbank.«

Das Erismann-Memorandum verbreitet eine Unwahrheit: Ghettogold und Gold von den Exekutionsstätten gelangte in Millionenhöhe in die Keller und auf die Konten von schweizerischen Privatbanken.

Niemand kann heute ohne Schaudern das Werk des Schweizer Historikers Jacques Picard, »Die Schweiz und die Juden. 1933–1945«, lesen. Picard widmet fast ganze hundert Seiten den »Boten des Holocaust«.[14]

Einer dieser Boten heißt Gerhart M. Riegner. Der über Fünfundachtzigjährige lebt in Genf. 1933 flüchtete er aus Deutschland. Zuerst nach Frankreich, dann in die Schweiz. Beim Jüdischen Weltkongreß war er zuerst als Rechtsberater tätig. Dann wurde er Direktor des Genfer Büros der Organisation. Von 1959 bis zu seiner Pensionierung 1983 wirkte er als Generalsekretär des Jüdischen Weltkongresses.

Dank seiner engen Beziehungen zu zahlreichen Delegierten beim Völkerbund, war Riegner bereits Ende der dreißiger Jahre genau über die Zustände in den von der SS geführten Konzentrationslagern unterrichtet. Zu Beginn der vierziger Jahre erhielt er präzise, detaillierte, fast tägliche Kunde von den Massenmorden in den Vernichtungslagern.

Riegner war und ist ein akribisch genauer Mann. Ein Jurist. Er gab sein Wissen beinahe täglich an die alliierten Diplomaten in Genf und Bern... und an die eidgenössische Regierung weiter.

Riegner ist einer der warmherzigsten, mutigsten Menschen, die ich kenne. Bis heute, bis in sein hohes Alter, ist er der passionierte Rechtsgelehrte geblieben. Ein deutscher Jurist alter Schule, wie er typischer nicht sein könnte. Er verehrt immer noch Hans Kelsen, den Autor der »reinen Rechtslehre«, dessen Schüler und Freund er am Genfer Institut für Internationale Studien gewesen war.

Zu meinem Erstaunen versichert mir Riegner, er hätte jeden Kontakt zu dem in Bern residierenden Allen Dulles vermieden. Er wollte Kontakt mit Spionen – auch wenn diese persönliche Freunde des amerikanischen Präsidenten Roosevelt waren – vermeiden. Seine Arbeit war jene des Boten, des Wächters, des mutigen, klugen Menschen, der öffentlichen Alarm schlägt, dokumentiert, die Opfer verteidigt und die Ungeheuer anklagt.

Der helvetische Bankenbanditismus hat auch heute nichts dazugelernt. Ich schreibe diese Zeilen im November 1996: Im Maniéma (Osten des kongolesischen Subkontinents) sind zwei Millionen Menschen auf der Flucht. Der Krieg zwischen Zaire und Ruanda, Zaire und Burundi verwüstet Goma, Bukavu, Uvira und die ganze Ruzzizzi-Ebene. Der Diktator von Zaire, Joseph Désiré Mobutu, sitzt mit seinem Hof derweil im Grand Hôtel Beau Rivage in Lausanne. Er sitzt da seit August 1996.

Bern gibt ihm – dem gehätschelten Kunden der Schweizer Großbanken – ein »humanitäres« Visum.

Mobutu ist einer der reichsten Männer der Welt. Seit November 1965 plündert er seinen einst unendlich reichen Staat aus. Vier Milliarden Dollar lagern auf seinen privaten Nummernkonten, gemäß Bericht (Blumenthal-Report) des Internationalen Währungsfonds, geschützt vom helvetischen Bankgeheimnis, unter der Züricher Bahnhofstraße.

Im Schweizer Fernsehen wird in den Abendnachrichten der Bankensprecher befragt. Seine Antwort: »Über die Politik von Marschall Mobutu kann ich mich nicht äußern. Ob er Geld bei uns hat, auch nicht. Dies verbietet mir das Bankgeheimnis.«

Neutralität, Heuchelei, Profit... Im Maniéma sterben im November 1996 täglich Hunderte von Kindern, Frauen, Männern an der Cholera, an Unterernährung, an Kriegsverletzungen.

Die Schweizer Gnomen – insbesondere jene von der Hausbank des Marschalls, der Schweizerischen Kreditanstalt – wollen es nicht wissen. Sie sehen keinen Zusammenhang zwischen Mobutus Raubzügen und den Toten in Zaire. Sie hüten ja bloß das Gold ihres Klienten. Um die Opfer können sie sich nicht auch noch kümmern.

VIERTER TEIL

Der Wirtschaftskrieg

Die Welt ist arm, der Mensch ist schlecht.
Wer wollt auf Erden nicht ein Paradies?
Doch die Verhältnisse, gestatten sic's?
Nein, sie gestatten's eben nicht.

Bertolt Brecht, Die Dreigroschenoper

I. Die helvetischen Industrielieferungen an den Tyrannen

Am 9. August 1940, kaum anderthalb Monate nach der nazistischen Eroberung Frankreichs, schloß die Eidgenossenschaft mit Adolf Hitler ihren wichtigsten Handelsvertrag. Der Historiker Hans Ulrich Jost stellt fest: Mit diesem Vertrag wird die »De-facto-Integration« der Schweiz in den deutschen Wirtschaftsraum realisiert.[1]

Die Handels- und Kreditbeziehungen zwischen der Schweiz und dem Reich sind belegt. 1950 publizierte das Eidgenössische Volkswirtschaftsdepartment einen mehr als tausendseitigen Band über »Die Schweizerische Kriegswirtschaft 1939 bis 1948«.

Vor August 1940 lieferte die Schweiz demgemäß deutlich mehr Industrieprodukte (inklusive Waffen, Zündkapseln, optische Geräte etc.) an die Alliierten, insbesondere an England, als ans Reich. Die immanente Logik der helvetischen Wirtschaftspolitik hat Jakob Tanner in seiner umfassenden Studie dargestellt.[2]

Einer der großen Mythen (Tanner widerlegt ihn), verbreitet von der offiziellen bundesrätlichen Rhetorik während mehr als fünfzig Jahren, heißt: Die radikale Reorientierung der schweizerischen Exportströme vom Sommer 1940 gehorchte einem unwiderstehlichen Sachzwang. Frankreich war besiegt, die Schweiz umzingelt, Exporte an die Alliierten waren faktisch unmöglich. Das stimmt nicht. Deutscher Druck bestand. Aber die helvetischen Krämer wurden auch autonom tätig.

Was war geschehen? Am 22. Juni unterschrieb Pétain den Waffenstillstand mit Hitler (und kurz darauf mit Mussolini). Drei Tage darauf hielt Bundespräsident Marcel Pilet-Golaz seine berüchtigte Rede: Anpassung an das Reich hieß von nun an die Parole.

Die offizielle Historiographie versucht bis heute, die Präsidentenrede als eine unglückliche, individuelle, isolierte Initiative des vichyfreundlichen Pilet-Golaz darzustellen. Jean-Claude Favez stellt richtig: »... die Rede, von der man nicht deutlich genug sagen kann, daß es sich um eine Rede der Gesamtregierung handelt.«[3]

Welcher Gesinnungswandel hatte sich im Berner Bundeshaus (und in den Direktionsetagen der Banken, der Industriekonzerne) ereignet? Hitlers siegreiche Westoffensive überzeugte die helvetische Herrschaftsklasse von der militärischen, politischen, ideologischen Allmacht der braunen Ganoven. An Adolfs Endsieg war nicht mehr zu zweifeln. Europa stand unter neuer, einheitlicher Herrschaft. Und diese Herrschaft würde von Dauer sein. Die Krämer wählten die Allianz mit dem Sieger.

Die Schweiz war keineswegs umzingelt. Wie wir bereits gesehen haben, funktionierte eine Bahnlinie durch den unbesetzten Teil Frankreichs. Die Fremdenpolizei des Heinrich Rothmund schickte allwöchentlich einen plombierten Wagen voller Emigranten Richtung Port Bou (der französisch-spanischen Grenzstation). Vom Genfer Bahnhof Eaux-Vives über Annemasse – Annecy – Marseille – Sète – Barcelona – Lissabon verkehrten Eisenbahnzüge, die nicht deutscher Kontrolle unterstanden.

Was die Linie Genf – Cornavin – Bellegarde – Culoz anbelangte, stand sie zeitweise unter deutscher Kontrolle. Die Deutschen verlangten eine strikte Überwachung der helvetischen Westexporte. Der alliierten Wirtschaftsblockade versuchten sie eine Konterblockade entgegenzusetzen. Insbesondere die Schweiz sollte keine kriegstauglichen Waren mehr (Präzisionsinstrumente, Zünder etc.) an die Alliierten verkaufen. Berlin verlangte die Einführung eines Zertifikatsystems: Nur mit deutschem Stempel durfte ausgeführt werden und nur über Basel. Die Schweiz akzeptierte. Mehr noch: Der willige Bundesrat kam seinen nazistischen

Geschäftsfreunden in einer Weise entgegen, die selbst in Berlin Erstaunen auslöste. Die Organisation des Zertifikatsystems brauchte Zeit. »Kein Problem«, sagte Bern. Und unterwarf sich den deutschen Zollbestimmungen, noch bevor die Zertifikate gedruckt und die betreffenden Behörden installiert waren.

Ein anderes Beispiel für die exquisite Geschäftsfreundlichkeit der Eidgenossen: David Kelly war der britische Gesandte in Bern. Der deutsche Geheimdienst entdeckte, daß Kelly in der Schweiz hochpräzise Zündvorrichtungen einkaufte, sie zerlegen ließ und die Teilchen per Paket oder sogar in Briefen nach London verschickte. Schweizer Spezialisten reisten periodisch nach England (und in die USA), um bei der Zusammensetzung der Zündvorrichtungen behilflich zu sein.

Der Geheimdienst alarmierte Hermann Göring. Zuerst wurde in Berlin erwogen, Kelly zu ermorden. Dann aber fand man eine effizientere Lösung: Göring wurde bei seinen Geschäftsfreunden in Bern vorstellig. Der Bundesrat verbot sofort den Export per Post und organisierte scharfe Kontrollen in den Postämtern. Den schweizerischen Spezialisten wurde die Ausreise untersagt.

Die Schweizer Regierung war willfähriger als jene von Vichy. Klaus Urner gibt folgendes Beispiel: Am 9. und 10. September 1941 fanden deutsche Agenten im Postamt von Lyon elf Briefe, die aus der Schweiz kamen. Zwischen je zwei kartonierten Blättern transportierten diese Briefe zerlegte Miniaturkomponenten: 1044 Steinchen und 1008 Schräubchen mit einer Durchschnittsgröße von 0,5 Millimeter. Berlin wurde in Vichy vorstellig und verlangte sofortige scharfe, allgemeine Postkontrolle . . . nach dem Modell der Schweiz. Vichy lehnte ab.[4]

Besonders wertvoll für Adolf Hitler erwiesen sich die helvetischen Waffenschmiede. Die Schweiz ist Weltmeister in Feinmechanik. Die Zielapparate helvetischer Kanonen, die Präzision der helvetischen Mörser und Maschinengewehre, die Fliegerabwehrgeschütze mit Schnellfeuereinrichtung waren (und sind) die besten der Welt. Hilter bestellte Zehntausende davon. Die Ausbildung der Wehrmacht- und SS-Schützen fand unter helvetischer Leitung statt.

Die schweizerische Waffenindustrie hatte noch einen zweiten Vorteil: Sie fabrizierte auf neutralem Territorium. Sie wurde nicht von den Alliierten bombardiert.

Die größte private Waffenschmiede des Landes – und eine der weltgrößten überhaupt – gehörte dem Sohn württembergischer Emigranten, Emil Bührle. Seine Werkhallen standen vornehmlich in Zürich-Oerlikon. Seine Geschäfte mit dem Reich brachten erfreulichen Profit: Zwischen 1939 und 1945 stieg sein ausgewiesenes Einkommen von jährlich 6,8 auf 56 Millionen und sein versteuertes Vermögen von 8,5 auf 170 Millionen Schweizer Franken.[5]

Emil Bührle pflegte eine persönliche Freundschaft zu Albert Speer, Hitlers Reichsminister für Rüstung und Kriegsproduktion, und zu Legationsrat Freiherr von Bibra, dem vielleicht wichtigsten Verbindungsmann zwischen den Nazi-Oberen und der Schweizer Industrie. Bei Otto Carl Köcher, dem deutschen Gesandten in Bern, war er ein gern gesehener Gast.

Vom Sommer 1940 bis Frühling 1945 stand der Bührle-Waffenkonzern fast ausschließlich im Dienste Hitlers.

Bereits 1941 arbeiteten bei Bührle 3761 Beschäftigte, dreimal mehr als bei Kriegsausbruch. Eigentlich war Bührle-Oerlikon eine Werkzeugmaschinenfabrik. Nach dem Einfall Hitlers in Polen verwandelte sie sich in eine Waffenschmiede. Im Jahr 1940 bestanden 95 Prozent ihrer Produktion aus Waffen und Munition.

Der Verkaufsschlager Bührles war die 20-Millimeter-Fliegerabwehrkanone. Sie wurde von Hitler hoch gelobt, denn sie holte alliierte Flugzeuge in großer Zahl vom Himmel.

Bührle war ein klassenkämpferischer Patron. Die Gewerkschaften haßte er. Insbesondere den mutigen, sozialdemokratischen Nationalrat und Gewerkschaftsführer Hans Oprecht aus Zürich. André Marty ist der Entwicklung der Löhne im Werkzeugmaschinen- und Waffenkonzern Bührle-Oerlikon nachgegangen: Ein ungelernter Hilfsarbeiter verdiente 1940 in Oerlikon einen Grundlohn von 1,3 Franken, plus 7 Rappen Schichtzuschlag für die erste und zweite Schicht sowie 25 Rappen für die Nachtschicht. Die Gefahrenzulage – es kam immer wieder zu teils tödlichen Unfällen in der Waffenschmiede – betrug 10 Rappen pro Stunde.[6]

Postskriptum: Wegen des unvorteilhaft raschen Sieges der Alliierten konnten leider nicht alle Lagerbestände von Kanonen geliefert werden. Vieles, was die Nazis bestellt hatten, blieb in Oerlikon stehen. Auch nach dem Selbstmord seines liebsten Klienten wußte Bührle sich zu helfen: Er exportierte seine Waffen in die Dritte Welt. 1969: Krieg in Biafra. Das Volk der Ibo will seine Freiheit von den Unterdrückern aus dem nigerianischen Norden – den Haussa, alliiert mit den Yoruba – erkämpfen. General Ojukwu proklamiert westlich der Benoué den Ibo-Staat Biafra.

Die Vereinten Nationen verhängen einen Waffen- und Wirtschaftsboykott gegen Biafra. Die Schweiz schließt sich dem Waffenexportverbot an. Im Krieg sterben zwei Millionen Menschen, meist Frauen und Kinder. Biafra kapituliert: In seinen Kasernen finden UNO-Kontrolleure Dutzende von Bührle-Kanonen. Einige tragen noch das Hakenkreuz und die deutschen Seriennummern.

Es sind Bestände aus Oerlikon. Bereits zum Abtransport ins Reich bereit... aber dann nicht abgeholt. Bezahlt hatten die Nazis schon. Bührle verkaufte die gleichen Kanonen ein zweites Mal an Ojukwu. Ein erfreuliches Geschäft.

Dieter Bührle, Sohn und Erbe des Emil, wurde vom Bundesgericht wegen Verletzung des Embargos zu 20 000 Schweizer Franken Buße verurteilt.

An der Spitze der Schweizer Legation in Berlin stand von 1938 bis 1945 der Minister Hans Frölicher. Mit großer Energie betrieb er die Integration der helvetischen Industrie in den deutschen Wirtschaftsraum.

Frölichers nazistische Überzeugung war in Bern bekannt. Man billigte sie nicht, aber man ließ ihn gewähren. Er war in der Reichskanzlei ein gern gesehener Gast. Göring und Himmler waren seine persönlichen Freunde.

Thomas Hürlimann schrieb 1991 über Frölicher, seine Tätigkeit in Berlin und seine Berichte an die Berner Regierung ein dokumentarisches Theaterstück (»Der Gesandte«). Ich habe es 1994 im Théâtre de Poche in Genf zum erstenmal gesehen.

Als der Vorhang fiel, herrschte Totenstille im Saal. Tränen standen den Menschen in den Augen. Tränen der Wut und der Scham.

Engster Mitarbeiter Frölichers in Berlin war Legationsrat Franz Kappeler.

Urs Schwarz, Korrespondent der Neuen Zürcher Zeitung in Berlin vom Oktober 1940 bis zum Dezember 1941, besuchte Kappeler in der Legation, gleich nach der Verhaftung von Maurice Bavaud. Der Theologiestudent aus Neuenburg hatte versucht, Hitler zu töten. Das Attentat mißlang nur knapp. Der junge Theologe kam vor den Volksgerichtshof. Die Anklage wurde geführt vom Generalstaatsanwalt Lautz. Präsident war Roland Freisler. Irgendeinen halbwegs anständigen Verteidiger gab es nicht. Als Bavaud seine Motive erklären wollte, schrie Freisler ihn nieder. Zum Tode verurteilt, wartete der Student in Berlin-Plötzensee auf seine Hinrichtung.

Urs Schwarz war über die genau Situation Bavauds nicht informiert, als er das Büro von Franz Kappeler betrat. Schwarz erinnert sich:

»Ich war unfreiwilliger Zeuge eines Telefongesprächs bei Legationsrat Kappeler in der Schweizer Legation. Während ich mit Kappeler sprach, klingelte das Telefon. Er nahm den Hörer ab. Ich erhob mich, um mich diskret zurückzuziehen. Kappeler gab mir ein Zeichen, ich solle sitzenbleiben.

Jemand schien Kappeler zu fragen, was man tun könne für einen Schweizer, der sich in schwerer Not befand. Kappelers Antwort zeigte mir, daß es sich um einen eingekerkerten und verurteilten Schweizer handelte. Kappeler sagte (ins Telefon): ›Nein, nein, wir werden gar nichts unternehmen. Er ist selber schuld. Er hätte es ja nicht tun sollen.‹

Das (Telefon-)Gespräch ging mit den üblichen Höflichkeitsformeln zu Ende.

Ich konnte mich nicht zurückhalten und fragte Kappeler: ›Um was handelt es sich denn? Ist die Sache seriös? Handelt es sich um eine schwere Strafe?‹

Doktor Kappeler antwortete mir: ›Ja, natürlich.‹

Dann lachte er.

Mit seiner Hand machte er auf der Höhe seines Halses ein Zeichen und imitierte die Guillotine: ›Er wird geköpft werden.‹«[7]

Maurice Bavaud wurde am 18. Mai 1941 in Berlin durch das Fallbeil hingerichtet.

Er gehört in eine Reihe mit Menschen wie Pastor Bonhoeffer, den Geschwistern Scholl, Claus Graf Schenk von Stauffenberg.

Der lachende Kappler machte nach dem Krieg eine glänzende Karriere als Schweizer Botschafter in vielen Ländern, insbesondere in Südafrika, zur Zeit der Apartheid (die er gut fand). Irgendwelche Reue hat er nie gezeigt. Auch Göring-Intimus Frölicher wurde nie zur Rechenschaft gezogen. Er ist 1961 nach langem, wohlverdientem Ruhestand als Schloßherr auf seinem Besitz in Ursellen bei Bern friedlich entschlafen.

Waren die Schweizer Bankiers, die Industriellen, die kleinen, mittleren und großen Geschäftsfreunde der Nazis allesamt Kapplers und Frölichers? Natürlich nicht.

Damals wie heute heißt ihr Leitsatz: »Wir können doch nicht die Polizisten der Welt spielen.«

Damals: »Hitler ist zwar ein fürchterlicher Kerl. Aber das ist das Problem der Deutschen. Nicht das unsrige . . . Die Deutschen können ihn ja davonjagen, wenn er ihnen nicht paßt.« Daß in einem Terrorstaat, wo Gestapo und SS wüten, an Davonjagen nicht zu denken ist – außer man riskiert den Foltertod seiner Familie und seinen eigenen –, merkten die helvetischen Krämer damals offenbar nicht.

Heute tönt es: »Mobutu plündert sein Land? Zugegeben, er ist ein abscheulicher Diktator. Der viertreichste Mann der Welt. Ein guter Teil seiner Beute liegt bei uns? Na und? Sollen wir etwa in Zaire die Kontrolleure spielen?«[8]

Hitlers helvetische Lieferanten machten Geschäfte im wertfreien Raum. Der Österreicher aus Braunau war das Problem der Deutschen. Seine Judenpolitik auch. Die Lieferanten versetzten ihr Gewissen in den provisorischen Ruhestand. Ihre verkümmerten Krämerseelen gingen auf Tauchstation.

Im »Arturo Ui« von Bertolt Brecht sagt Giri plötzlich: »Haltet ein Auge auf ihn! Komm, Roma! Ich rieche Geschäfte.«

Ein Auge war zu halten auf die Männer und Frauen vom Nationalen Widerstand.

Doch die Geschäfte vom August 1940 rochen gut.

In einem Film von Francis Ford Coppola stellt der Gangsterboß genüßlich fest: »Money doesn't stink... but above a million it smells beautiful.« (Geld stinkt nicht... aber von einer Million an aufwärts verströmt es einen wundervollen Duft.)

Mich fasziniert bei schweizerischen Wirtschaftsführern, Großindustriellen und Bankiers immer wieder die Koexistenz von höchster beruflicher Kompetenz und abgrundtiefer politischer Naivität. Oder um mit Max Horkheimer zu reden: Einer großen instrumentellen Vernunft steht eine geradezu debile theoretische Vernunft gegenüber.

Ein Beispiel dafür ist Hans Sulzer, einer der vier oder fünf mächtigsten Männer der Schweiz während des Zweiten Weltkriegs. Mitbesitzer des weltweit tätigen Maschinenkonzerns Gebrüder Sulzer AG in Winterthur, amtierte Sulzer als Präsident des Verbandes Schweizerischer Maschinenindustrieller. Als Patriot stellte er seine unbändige Energie unentgeltlich der eidgenössischen Kriegswirtschaft zur Verfügung: als Leiter der Sektion Eisen und Maschinen und als Präsident der Überwachungskommission der Ein- und Ausfuhren.

1942 befand sich der sechsundsechzigjährige Sulzer auf der Höhe seiner beruflichen Erfahrung und politischen Macht. Der Bundesrat ordnete ihn als Delegationschef nach London ab. Die Schweiz war jetzt voll in den deutschen Wirtschaftsraum integriert. Sie lieferte Hitler seine kriegswichtigen Devisen, wusch sein Raubgold, gab ihm Kredite in Millionenhöhe und lieferte Waffen, Präzisionsinstrumente, Munition, Lastwagen und Ersatzteile aller Art an die Wehrmacht und die deutsche Kriegswirtschaft.

Während neun Monaten versuchte Sulzer in London die Alliierten vom »guten Glauben« der Schweizer zu überzeugen. Das Ministry of Economic Warfare überwachte jedoch genau die helvetischen Industrieexporte ins Reich. Hans Sulzer ließ sich nicht aus der Fassung bringen: Die englischen Statistiken – welche diese Industrieexporte verzeichneten – seien eine »optische Täuschung«. Natürlich seien die gegenwärtigen Lieferungen hoch. Aber eben doch nur, weil die Schweizer jetzt alte Vorbestellungen der Deutschen abtrügen...

Die Herren und Damen vom Ministry of Economic Warfare ließen sich nicht beeindrucken: Sie lockerten in keiner Weise die Blockade gegen die Schweiz. Sie setzten auch gleich noch die Maschinenfabrik Gebrüder Sulzer AG auf die schwarze Liste. Wegen Geschäften mit dem Feind kam der Winterthurer Konzern am 26. Oktober 1943 auf die englische, am 19. November auf die amerikanische Blockadeliste.

Sebastian Speich, Verfasser eines subtilen Sulzer-Porträts, schreibt: »Für Hans Sulzer brach eine Welt zusammen... ›Sein Haupt war gebeugt, und seine Augen irrten umher wie diejenigen eines hoffnungslos in Gefangenschaft geratenen Wildes‹, so drastisch schildert der Wirtschaftsdiplomat Ernst Schneeberger den Zustand des gedemütigten Riesen«[9].

Raffgier, Heuchelei, Profitgier allein erklären Sulzers psychologische Reaktion auf die alliierte Verurteilung nicht. Politische Naivität ist das Schlüsselwort: Für Sulzer war Herr Hitler ein Geschäftsfreund wie jeder andere. Es herrschte Krieg? Na und? Die Gebrüder Sulzer AG war ja gerne bereit, alle kriegführenden Parteien zu beliefern. Sofern sie pünktlich bezahlten, natürlich. Daß 1942/43 die freie Welt gegen einen Massenmörder im Überlebenskampf stand, wollte Hans Sulzer partout nicht in den Kopf.

Nachstehend gebe ich einige Beispiele von Handelsabläufen mit dem Reich wieder, welche den helvetischen Krämergeist aufs trefflichste illustrieren: Henry Guisan war Oberstleutnant der Schweizer Armee und Verwaltungsrat einer Lausanner Handelsfirma namens Extroc AG. Henry (mit y) war auch der liebe Sohn des allseits geschätzten Oberbefehlshabers der Schweizer Armee, Henri Guisan. Dank dieser Abstammung verfügte er über ausgezeichnete internationale Beziehungen.

1941 tauchte in Lausanne SS-Hauptsturmführer Hans Wilhelm Eggen auf. Der SS-Mann wollte 2000 Holzbaracken kaufen. Für dieses und andere Geschäfte verlangte die Handelsgesellschaft Extroc AG 22 Millionen Schweizer Franken, eine horrende Summe.

Die Waffen-SS bezahlte diskussionslos. Henry Guisan verdiente an dem Bankgeschäft 13 000 Schweizer Franken.

Hauptsturmführer Eggen hatte als Verwendungszweck »Truppenunterkünfte an der Ostfront« angegeben.

Willi Gautschi, Biograph von Henrys Vater, General Henri Guisan, kommentiert: »Über die Zweckbestimmungen der an die Waffen-SS gelieferten Holzbaracken konnten die beteiligten Unterhändler und Lieferanten wohl kaum im unklaren sein, denn zu diesem Zeitpunkt wußte man auch in der Schweiz Bescheid über die Existenz der Konzentrationslager.«[10]

Konzentrationslager hin oder her ... was kümmerte das Henry Guisan? Die SS bezahlte pünktlich, und das Geschäft roch gut.

Der Schweizerische Dachverband der Garagenbesitzer schloß mit dem Reich einen lukrativen Vertrag für die Reparatur von Tausenden deutscher Lastwagen. Ersatzteile gab es ja vornehmlich in der Schweiz. Ein zweiter Vertrag betraf die Gasmotoren.

Die helvetischen Garagisten bauten besonders gute Gasmotoren. Benzin fehlte im Reich nach 1942. Der Einbau von Gasmotoren war gefragt. Vor allem für Wehrmachtslastwagen.

Den Garagisten jedoch war nicht ganz wohl. In die Verträge bauten sie eine Klausel ein: Das Reich mußte sich verpflichten, die umgebauten und reparierten Lastwagen nicht an der Front, sondern nur im »Innern Deutschlands« einzusetzen.[11] Die Schweizer Garagisten als Weltmeister der Heuchelei.

Auch brandneue Traktoren wurden aus der Schweiz geliefert. Wie nützlich die waren, erzählt Hermann Freiherr von Wolff Metternich aus Köln in einem Leserbrief an die Frankfurter Allgemeine Zeitung vom 11. 10. 1996.

»Ich verbrachte Kindheit und Jugend in dem Dorf Wewelsburg unweit von Paderborn, ein Dorf, das den zweifelhaften Vorzug genoß, von Heinrich Himmler zum Zentrum der SS-Verwaltung ausersehen zu sein. Das begann mit dem Ausbau der ehemals fürstbischöflich paderbornischen Burg Wewelsburg als SS-Reichsführungsschule ab etwa 1935, umgeben von einem Kranz neuer Verwaltungsbauten der SS. Gigantische Planungen im Stile Speers waren vorgesehen, die Dorfbewohner sollten zwangsumgesiedelt werden. Um die notwendigen Arbeitssklaven zur Verfügung zu haben, hatte die SS am Ortsrand seit etwa 1936 eigens ein Konzentrationslager eingerichtet, nach dem Flurnamen eines gemeindeeigenen Waldstücks als ›Konzentrationslager Niederhagen‹ bezeichnet.

Aufgabe der Häftlinge war es vor allem, in den Steinbrüchen der Umgebung den dort anstehenden travertinähnlichen Kalkstein zu brechen und zu den Baustellen zu transportieren, eine Arbeit, die einen hohen Blutzoll unter den Häftlingen forderte. Um die Arbeiten zu beschleunigen, hatte die SS zunächst eine kleine Feldeisenbahn mit Loren eingerichtet, die meist von den Häftlingen geschoben wurden, gelegentlich von einer kleinen Dampflokomotive unterstützt. Die Lorenbahn war allerdings dilettantisch angelegt, wenig effektiv und verursachte viele Unglücke.

Das änderte sich schlagartig 1940/41. Die Bahn wurde stillgelegt und durch fabrikneue Traktoren ersetzt, die schon deshalb auffielen, weil sie technisch auf dem letzten Stand waren, mit verchromten Scheinwerfern und damals noch unüblichem vollverglastem Fahrerhaus. Der Kühler zeigte in schwungvollen Lettern den Namen ›Hürlimann‹, der Erstaunen hervorrief, denn wir kannten in unserer ländlichen Gegend lediglich die biederen Lanz- und Deutz-Traktoren. Bald sprach es sich herum: Es waren Fahrzeuge aus bester Schweizer Industrieproduktion, mit deren Hilfe die SS ihre Bauvorhaben nun intensiver vorantreiben konnte. Vielleicht haben die Konzentrationslagerhäftlinge diesen Beitrag der Schweiz zum Aufbau des SS-Staats sogar als humanitäre Erleichterung empfunden, mußten die Loren nun doch nicht mehr manuell geschoben werden.«

Die Schweiz ist ein Exportland seit hundert Jahren. Einer von drei Franken des Volkseinkommens wird im Export verdient. Deutschland war und ist der erste Handelspartner der Schweiz in Europa.

Ernst Mühlemann, Thurgauer Nationalrat, Bankdirektor und Oberstbrigadier der Schweizer Armee sagt 1996 stolz: »Allein mit Baden-Württemberg haben wir eine stärkere Handelsbilanz als mit sämtlichen Drittewelt-Ländern zusammengenommen.«

Das stimmt.

War es da nicht normal, daß die Schweizer auch in den Jahren der Finsternis mit dem deutschen Nachbarn ihre Handels- und Finanzbeziehungen weiter pflegten? Um so mehr, als sie ja auch die Geschäfte mit den Alliierten weiterführten, wenigstens bis 1940.

Nein, normal und gerechtfertigt war das nicht. Eines wollen die sturen Verteidiger der Massenexporte von 1940 bis 1945 auch heute nicht begreifen: Es macht einen Unterschied, ob Schweizer Lokomotiven, hergestellt von Sulzer Winterthur, einen Regionalzug von Stuttgart nach Konstanz befördern ... oder ob dieselben Lokomotiven von Budapest Richtung Birkenau Züge von geschlossenen Viehwagen, angefüllt mit verzweifelten Menschen, ziehen. Ob eine Schweizer Lokomotive dem baden-württembergischen Regionalverkehr oder der SS für ihre Todestransporte dient, ist nicht das gleiche.

Der Autokonzern Volkswagen war schon in Hitlers Reich eines der mächtigsten Industrieunternehmen. Viele Schweizer Mittel- und Großbetriebe lieferten ihm zu. Neben den Autos baute der Volkswagenkonzern Minen, Bestandteile der V1-Rakete, Waffen aller Art, Militärtransporter. Bei Volkswagen arbeiteten Sklaven aus den Konzentrationslagern, verkauft von der SS. Insbesondere 800 jüdische Männer und Frauen aus Budapest litten in den Volkswagenwerken unter der mörderischen Ausbeutung durch Überarbeit und Unterernährung.

Die Historiker Hans Mommsen und Manfred Grieger haben in einem umfangreichen Werk die Sklavenarbeit beschrieben.[12]

Ob ein Schweizer Unternehmen einem unabhängigen Mittelstandsbetrieb in Lörrach oder dem von Nazis geführten, dank Sklavenarbeit funktionierenden Großkonzern Volkswagen zuliefert, macht einen himmelweiten Unterschied.

Ein wenig erforschtes Kapitel helvetischer Geschäftstüchtigkeit ist die kostengünstige Übernahme von ehemals jüdischem, sogenanntem arisiertem Eigentum durch Schweizer Unternehmen.

Ich gebe einige Beispiele: Die Zigarrenfabrik Villiger aus dem Kanton Luzern ist heute ein international tätiges Großunternehmen von ausgezeichnetem Ruf. Der internationale Durchbruch gelang der Firma 1935. Die Besitzerfamilie der Zigarrenfabrik war damals vertreten durch die Brüder Max und Johann Villiger. Sie kauften in Stuttgart-Bad Cannstatt und in Saarbrücken zwei der renommiertesten deutschen Zigarrenfabriken. Diese Fabriken gehörten der Familie Strauss. Die war jüdisch und mußte flüchten. Die Familie Strauss konnte in die USA emigrieren, praktisch mittellos. Das wenige, was ihr die Gebrüder Villiger bezahlt hatten, nahmen ihnen die Nazis ab. »Reichsfluchtsteuer« hieß damals die Konfiskation des jüdischen Emigranteneigentums.

Die Villigers hatten sich bei den Nazis bestens eingeführt. In seinem Antrag, gestellt am 20. Februar 1941 im deutschen Konsulat in Basel für ein Dauervisum ins Reich, vermerkt Max Villiger in der Rubrik Abstammung stolz: »Seit vierhundert Jahren arisch-katholisch.«

Nach dem Krieg versuchte die verarmte Familie Strauss auf dem Prozeßweg Wiedergutmachung zu erlangen. Die Villigers bekämpften den Antrag mit Erfolg.

Ein Lichtblick immerhin: Kaspar Villiger, Sohn des Max, ist heute Bundesrat und Finanzminister der Eidgenossenschaft. Er stellt sich der öffentlichen Diskussion.

In der Jubiläumsschrift zum hundertsten Geburtstag des Schweizer Schuhkonzerns Bally – heute Bührle gehörend – steht:

»Heute ist es noch kaum faßlich, daß unser liebes Vaterland von diesen zwei Katastrophen [gemeint sind die zwei Weltkriege] verschont blieb. Zeigt sich unsere Generation auch dankbar genug solch gütigem Schicksal gegenüber?«

Und nach einem langen Exkurs in die hundertjährige Konzerngeschichte dann noch der Satz:

»Im Laufe der Zeit ließen sich einige weitere Schuhdetailgeschäfte angliedern, in Österreich wie in Deutschland.«

Wie feinfühlig sich die Jubiläumsschrift doch ausdrückt! Tatsächlich ergaunerte das Schweizer Unternehmen nach 1938 zehn arisierte Detailschuhgeschäfte in bester Lage. Die braunen Halunken hatten diese von jüdischen Besitzern gestohlen und an ihre Schweizer Freunde überschrieben.

Das Bally-Schuhgeschäft nahe der Theatinerkirche in München gehörte einer Halbjüdin. Sie mußte fliehen, hatte aber kein Bargeld. In letzter Minute gelang es ihr, 50 Prozent der Geschäftsanteile an die Schweizer zu verkaufen. Die Besitzerin überlebte. Auch die verbliebenen 50 Prozent wurden ihr von der SS konfisziert.

Wer heute am Kurfürstendamm in Berlin das glitzernde Bally-Schuhgeschäft betritt, sollte sich daran erinnern, daß er einen 1939 arisierten Laden besucht. Jüdisches Eigentum, das von den Nazis gestohlen wurde. Dank bester Geschäftsbeziehungen hatten die helvetischen Krämer die Beute von den Nazis erworben. Der Laden gehört ihnen heute immer noch.[13]

Die Schuhkönige Bally, Vater und Sohn, unterhielten zu zahlreichen Nazigrößen freundschaftliche Beziehungen, was die kostengünstige Übernahme des arisierten jüdischen Eigentums erleichterte. Beide Ballys waren in der Schweiz einflußreiche Persönlichkeiten. Vater Eduard spielte in der Freisinnigen Partei eine wichtige Rolle. Sein Sohn Iwan vertrat den Kanton Solothurn im Ständerat zwischen 1937 und 1943. Freundschaftliche Verbindungen ins Reich unterhielten zahlreiche andere Schweizer Großindustrielle, unter ihnen so gewichtige Figuren wie der Textilindustrielle Max Stoffel, der Ovomaltine-Fabrikant Georg Wander und andere.

Daniel Bourgeois prägte für dieses komplizierte, auf persönlicher und ideologischer Sympathie basierende Beziehungsgeflecht einen treffenden Ausdruck: »Anschluß spirituel«, »geistiger Anschluß«.[14]

Der sympathische Herr Hitler war bereits im August 1923 auf Einladung einiger Zürcher Großindustrieller und Bankiers in die Schweiz gekommen. Er logierte im Hotel Gotthard an der Bahnhofstraße. Diniert wurde im erlesenen Kreis in der Villa »Schönberg«, im Zürcher Engequartier. Gastgeber war die Familie Wille-Rieter (Schweizerische Kreditanstalt und Textilindustrie). Die Gnomen bewiesen Voraussicht: Hitler war nur ein obskurer Agitator, als er in Zürich seine ersten milden Gaben entgegennahm.

II. Die Gegenmaßnahmen der Alliierten

Hitlers Räuber brandschatzten Europa, elf europäische Zentralbanken wurden geplündert, die Devisenkommandos stahlen und erpreßten Millionen von privaten Vermögenswerten in den von der Wehrmacht unterjochten Ländern, in den Konzentrationslagern wüteten die SS-Schergen und raubten, was sie konnten, die Schweizer Gnomen verwerteten die Beute und schickten die Devisen nach Berlin. Auf Kredit lieferten Schweizer Industrielle in Millionenhöhe Werkzeugmaschinen, Waffen, optische Instrumente ans Reich..., und die Alliierten schauten zu?

Ganz so einfach war das nicht. Zwischen den westlichen Demokratien und den eidgenössischen Krämern bestand ein gespanntes Verhältnis. Die Beziehungen durchliefen verschiedene Phasen.

Im alliierten Lager war es zunächst das englische Ministry of Economic Warfare (MEW), das die Blockade koordinierte. Ab 1941 übernahm der US-Board of Economic Warfare die Führung und Koordination des alliierten Wirtschaftskrieges.

Seit Mitte der dreißiger Jahre, als Hitlers Aufrüstungspolitik evident wurde, beobachteten das Foreign Office, His Majestys Treasury und die Bank of England möglichst genau die deutschen Goldtransaktionen. Die Engländer wußten um die gefährliche Auslandsabhängigkeit des Reichs von strategischen Rohstoffen und somit um die extreme Bedeutung von Schweizer Franken und Gold für die deutsche Kriegsindustrie.

Bei Kriegsausbruch standen die Engländer bereit: Die sofortige Seeblockade sollte das Reich von seinen Märkten in Übersee abschneiden. Auf allen Weltmärkten versuchten englische Agenten (Geheimdienste, Banken, Geschäftsleute etc.), die deutschen Rohstoffkäufe zu sabotieren. Druck wurde auf die neutralen Staaten ausgeübt, um deren Waren- und Dienstleistungsverkehr mit dem Reich zu reduzieren.

Probleme gab es vor allem mit der Schweiz. England brauchte, wie alle anderen Industriemächte auch, den Finanzplatz Schweiz. London benötigte Schweizer Franken. Die englische Regierung wußte auch, daß die Schweiz für Nahrungsmittel, Industrierohstoffe etc. von Importen aus Übersee und Europa abhing. Die Engländer wurden in Bern vorstellig wegen des zu intensiven Warenverkehrs mit Deutschland, wegen der extensiven Kreditgewährung ans Reich.

Jedoch: Der Druck war sanft. England billigte den Eidgenossen guten Glauben zu. London drückte sogar Verständnis aus für die Lage der Schweizer.

Die Alliierten bauten ein Überwachungsnetz von großer Effizienz auf. Die Überwachung umspannte den Planeten. Die allermeisten deutschen Kommunikationen wurden abgehört, registriert, übersetzt. Auch die Verbindungen zwischen Bern und Berlin, Zürich und Berlin, Zürich und der Welt unterstanden der Überwachung. Die auf den Weltmeeren stationierten alliierten Schiffe, sämtliche Konsulate und Botschaften, alle Geheimdienststationen beherbergten Überwachungsspezialisten.

Geheimcodes halfen nichts. Die Alliierten vermochten sie meist zu entschlüsseln.

In Bletchley Park, zwischen Oxford und Cambridge, siebzig Kilometer nordwestlich von London gelegen, hatte Chuchill gleich zu Kriegsbeginn die bedeutendsten Mathematiker Englands und der Welt, deren er habhaft werden konnte, versammelt. Ihr Chef war der legendäre Professor und Schachmeister Alan Turing. Sein Assistent war Peter Hilton.

Die Zentrale der britischen Funkspione trug den Tarnnamen: »Abteilung für Kommunikation«. Auf der ganzen Welt arbeiteten 30 000 Lauscher für sie.[15]

Hitler war überzeugt, daß keiner die deutsche Kodiermaschine (Turing/Hamilton nannten sie »Enigma«) schlagen könnte. Sie wurde dennoch entschlüsselt. Die deutschen Wissenschaftler erfanden eine noch kompliziertere, augenscheinlich noch feindsicherere Megamaschine: Die Engländer nannten sie »The Fish«. Und besiegten sie.

Kurz: Fast nichts von dem, was die Schweizer Bankiers oder Industriellen telegrafierten oder telefonierten, blieb den alliierten Geheimdiensten unbekannt.

Wie effizient die alliierte Überwachung der helvetischen Geschäftspraktiken war, zeigt ein Beispiel: Am 11. 1. 1997 veröffentlichte der Bankenausschuß des amerikanischen Senats einen OSS-Bericht, datiert aus Bern. Der Bericht bezieht sich auf eine »hohe schweizerische Quelle«. Der Bericht bestätigt ein Abhörprotokoll der MEW-Agenten in London. Beide Dokumente betreffen dasselbe Dreiecksgeschäft zwischen dem Reich, der Schweiz und Portugal.

Die Agenten des MEW identifizierten dank Abhören und Aufschlüsseln von Telegrammen drei Konten, welche die portugiesische Zentralbank bei der Schweizerischen Nationalbank unterhielt. In einem Konto lag Gold, überwiesen von der Schweizerischen Nationalbank. Die Portugiesen lieferten für dieses Gold Escudos. Das zweite Konto zeigte eine Reihe von komplizierten Transaktionen: Die Deutschen verkauften Goldbarren an die Schweizer; diese verkauften das Gold an die Portugiesen, und die Portugiesen kreditierten ein bestehendes Reichsbankkonto in Lissabon mit den Escudos. Ein drittes Konto, das die britische Spionage offenlegte, beinhaltete Gold, das die Schweizerische Nationalbank für Portugal bereithielt, im Auftrag der Reichsbank. All diese Transaktionen fanden in den Jahren 1942 und 1943 statt. Sie alle hingen direkt mit den Wolframkäufen des Reichs in Lissabon zusammen.

1942 machte die Wehrmacht rasante Fortschritte. Was wiederum ohne die schweizerischen Hehler, ihre Rohstoffkäufe und ihre Industrieexporte nicht möglich gewesen wäre. Die Alliierten verloren nach und nach ihren Glauben an den guten Glauben der Eidgenossen.

Winston Churchill ging in die Offensive: Auf seine Bitte hin unterschrieben sechzehn Regierungen im Januar 1943 die »Inter-Allied Declaration against Acts of dispossessions committed in Territories under Enemy Occupation or Control«.

Welchen Zweck verfolgte die »Inter-Allied Declaration«?

»Die Plünderung der Territorien, die durch feindliche Mächte erobert oder unter Kontrolle gebracht worden sind, zu bekämpfen und zu beenden.«

Wie sollte sie durchgesetzt werden?

Die Alliierten nahmen sich das Recht, »alle Transfers oder Handelsgeschäfte mit Vermögenswerten, Rechten und Ansprüchen aus Gebieten, welche unter die direkte oder indirekte Kontrolle von Regierungen geraten sind, mit denen sie im Krieg stehen, für ungültig zu erklären«.

Winston Churchills Zorn richtete sich ganz besonders gegen die helvetischen Goldwaschgeschäfte. Die Alliierten beunruhigten zudem die horrenden Kredite, welche die Schweiz dem Reich zugestand; diese waren für Berlin dringend benötigte Finanzspritzen. Heute würde man sagen: Entwicklungshilfe.

Die massiven schweizerischen Waffenlieferungen, Exporte von mechanischen Geräten, von optischen Instrumenten etc. wurden teilweise durch deutsche Kohlelieferungen (und Lieferungen anderer Waren) abgegolten. Häufig aber wurde auf Kredit geliefert. Und diese Kredite waren Langzeitkredite, die dem Reich immer wieder wertvolle Atempausen verschafften.

Der Rifkind-Bericht zitiert einen Briefwechsel zwischen dem

britischen Finanzministerium, der Treasury, unterschrieben von Sir David Waley und Herrn Gibbs vom MEW, vom April 1943, der zeigt, wie frustriert die Alliierten waren. Gibbs sagt darin, die Schweizer müßten zur Einstellung der Goldkäufe gezwungen werden. Waley antwortet: »Ich bin mit Ihnen einverstanden, daß die Warnung an die Schweiz nicht hundertprozentig wirksam sein kann, weil sie meiner Meinung nach hundertprozentig unwirksam sein wird.«[17]

Geheimdienstberichte (insbesondere von Allen Dulles aus Bern) ließen vermuten, daß schweizerische Großbanken auf vielen internationalen Finanzmärkten Raubgold und andere Beutestücke umsetzten. In unglaublichen Mengen. Zugunsten ihrer Klienten in Berlin. Die Finanzplätze von Shanghai und Lissabon wurden häufig erwähnt.

Die Alliierten wurden regelmäßig bei den Oberen in Bern vorstellig. Die eidgenössische Regierung hatte stets eine doppelte Antwort parat: Die Schweiz führe die diplomatische Interessenvertretung für das Reich in mehreren Staaten.[18] Zweite Antwort: In der Schweiz herrsche ein striktes Bankgeheimnis. Die Regierung könne die Geschäfte der Großbanken, privaten Vermögensverwalter etc. nicht kontrollieren. Beide Antworten waren juristisch unanfechtbar.

1996 konfrontierten amerikanische Journalisten die Generaldirektoren der Schweizerischen Kreditanstalt und der Schweizerischen Bankgesellschaft in Zürich mit einem amerikanischen Geheimdienstbericht von 1944, der über ihre Finanzgeschäfte mit dem Reich Aufschluß gab.

Die Banker dementierten nicht. Die lakonische Auskunft des Sprechers der Schweizerischen Kreditanstalt: »Wir hatten umfassende geschäftliche Beziehungen mit Deutschland.«[19]

Zurück zu den Maßnahmen der Alliierten: Am vordringlichsten sollte eine möglichst hermetische Wirtschaftsblockade gegen Hitler errichtet werden. Und zwar weltweit. Hitler mußte von seinen Rohstoffmärkten abgeschnitten werden. Seine Rüstungsindustrie sollte so wenig strategische Rohstoffe wie möglich erhalten. Für ihre Granathülsen brauchte die Wehrmacht Mangan. Für ihre Kanonen Eisenerz. Für die optischen Zielapparate der Panzer Wolfram. Für die Panzerplatten und Gewehrläufe Chromlegierungen. Alle diese strategischen Metalle mußte Hitler in unerhörten Mengen zusammenkaufen. In Portugal, der Türkei, Schweden und anderen Staaten, die jenseits seines direkten Zugriffs lagen.

In Lateinamerika, in der Schweiz und anderswo auf dem Planeten, auch in Spanien, Portugal und in anderen Ländern hatten die cleveren Nazi-Ökonomen eine unbekannte Zahl von Tarnfirmen gegründet. Sie hatten auch legale, alteingesessene Unternehmen im Ausland übernommen und umfunktioniert.

Schon in den zwanziger Jahren hatten viele deutsche Firmen – meist aus steuerlichen Gründen – Tochterfirmen in der Schweiz gegründet. Zahlreiche dieser Filialen wurden dann zur Nazi-Zeit als Tarngesellschaften benutzt.

Die Alliierten erstellten eine schwarze Liste aller dieser Firmen. Die mit den Nazis zusammen oder für die Nazis arbeitenden Unternehmen – Banken, Versicherungen, Industrie- und Handelsbetriebe etc. – in Drittländern wurden von den Alliierten einem möglichst rigorosen Boykott unterzogen.

Nur jene Firmen kamen auf die schwarze Liste, deren Geschäftsvolumen sich in den Kriegsjahren vergrößert hatte.

Wenn hier von der schwarzen Liste geredet wird, meine ich immer die amerikanische, vom Treasury-Department, dem Finanzministerium, erstellte und täglich nachgeführte Boykottliste. Für schweizerische Unternehmen wurde sie erst am 30. Juni 1946 aufgehoben. Die Alliierten führten jedoch noch andere Listen. So zum Beispiel das Ministry of Economic Warfare in London. Dort gab es eine »Black List«, eine »Suspect List« und eine »Statutory List«. Allein auf der »Statutory List« figurierten zeitweise über 1600 schweizerische Firmen oder Personen.[20]

Wie konnten die Alliierten die Entwicklung der Geschäftsvolumen von Tausenden von Firmen – insbesondere Schweizer Firmen – messen? Die Effizienz der vom amerikanischen Finanzminister Henry Morgenthau und seinen Agenten aufgebauten Wirtschaftsspionage machte dies möglich.

April 1943: Washington verlangt, daß die Schweiz ihre Kredite ans Reich reduziert. Washington setzt eine potente Waffe ein: Gehorcht die Schweiz nicht, streichen die Alliierten sämtliche Verträge betreffend Nahrungsmittellieferungen. Stellt den Handel ein oder verhungert!

Die alliierte Waffe war das »Navicert« (das Seefahrtzeugnis). Die Landerechte in Genua und Sète nutzten nichts, wenn die Fracht in die Schweiz (Getreide aus Argentinien etc.) auf hoher See nicht von diesem »Navicert« legitimiert war: Ohne »Navicert« erfolgte die Beschlagnahmung.

1943 beherrschten die englischen und amerikanischen Flotten die Weltmeere. Die Schweizer konnten ohne Nahrungsmittelimporte aus Übersee nicht überleben. Trotzdem leistete die Regierung, insbesondere Bundesrat Walther Stampfli, erbitterten Widerstand. Er verhandelte, spielte auf Zeit – und er blieb, halbwegs, siegreich.

Walther Stampfli war Vorsteher des Eidgenössischen Volkswirtschaftsdepartements (Wirtschaftsminister) von 1940 bis 1947. Er kam aus der Schwerindustrie. Vor seinem Eintritt in die Regierung war er Generaldirektor der Von-Roll-Werke. Stampfli war ein Solothurner Radikaler (Freisinniger) von hoher Intelligenz, autoritärem Gehabe, starkem Willen und unermüdlicher Energie. Er ist einer der wenigen großen Staatsmänner der Schweiz in diesem Jahrhundert. Stampfli hat Großes für das Land geleistet.

Für ihre Ernährung war und ist die Schweiz zu zwei Dritteln vom Ausland abhängig. Stampfli gelang die Offenhaltung der Welthandelswege, welche der Schweiz den ganzen Krieg über die Einfuhr von Nahrungsmitteln ermöglichte. Trotzdem war er ein Wirt. Daß im Zweiten Weltkrieg Zivilisation gegen Faschismus stand, begriff er. Gesinnungsneutral war er nicht. Aber Konsequenzen mochte er aus diesem Verstehen nicht ziehen. Im Gegenteil. Öffentlich sagte er zornig: »Stellt euch vor, die Alliierten fordern, daß wir am Krieg gegen Deutschland teilnehmen! Deutschland hat die Schweiz nie so schlecht behandelt, wie das heute die Alliierten tun.«

19. Dezember 1943: Die Schweiz unterschreibt den Vertrag mit den Alliierten. Sie verpflichtet sich, die Waffen- und Munitionslieferungen an Hitler um 45 Prozent (gegenüber 1942) zu senken; der Export von optischen Instrumenten, Raketenbestandteilen und Präzisionsmaterial wird um 60 Prozent verringert. Kredite werden gekürzt.

Kehren wir zurück zu den alliierten Gegenmaßnahmen im Finanzsektor. Die sogenannte Golddeklaration und die Drohungen vom Januar 1943 kümmerten die Gnomen wenig. Churchills Zorn jedoch wollte sich nicht legen. Neue Noten gingen an die Neutralen ab, insbesondere nach Bern.

Die Beschlüsse vom 22. Februar 1944 und vom 18. August desselben Jahres lassen an Klarheit nicht zu wünschen übrig: Die Alliierten warnen vor der Annahme von deutschem Gold – woher immer es kommt und welchen Ursprung es hat. Goldtransaktionen mit dem Reich sind illegal. Die Alliierten werden solche Transaktionen auch in fernster Zukunft nicht anerkennen. Auch gegenüber neutralen Staaten nicht.

Die Alliierten wußten, daß die schweizerischen Waffenlieferungen und Finanzhilfen an das Reich den Krieg verlängerten. Sie redeten den Eidgenossen ins Gewissen.

Im Januar 1945 schrieb Präsident Roosevelt an den Bundespräsidenten von Steiger: »Es wäre in der Tat eine Gewissensfrage für jeden freiheitsliebenden Schweizer, mit dem Bewußtsein leben zu müssen, daß er in irgendeiner Weise die Anstrengungen anderer freiheitsliebender Länder, die Welt von einem ruchlosen Tyrannen zu befreien, behindert habe ... Ich drücke mich so entschieden aus, weil jeder Tag, um den der Krieg verlängert wird, einer Anzahl meiner Landsleute das Leben kostet.«[21]

In London bestellte Außenminister Anthony Eden den Schweizer Gesandten Walter Thurnheer zu sich. Eden: »Jeder Franken Kriegsmaterial, das die Schweiz nach Deutschland schickt, verlängert den Krieg.«[22]

Zu Beginn des Jahres 1945 verfügt Hitler auf dem Papier über zehn Millionen Soldaten, davon sind 750 000 in kampffähigen Einheiten. Er hat 290 Divisionen, das heißt ungefähr doppelt soviel wie am 10. Mai 1940.[23] Aber die Agonie des Reiches hat begonnen.

In Kurland rücken fünf Millionen Rotarmisten vor. Ihnen gegenüber stehen deutsche Armeen in der Stärke von 1,8 Millionen Mann. Die sind erschöpft, schlecht ernährt, ohne wirklichen Nachschub und demoralisiert.

Stalin läßt 7000 Panzer auffahren, darunter eine große Zahl von sogenannten Stalinpanzern mit 46 Tonnen Gewicht und 240 Kilometern Fahrtautonomie.

Hitler hat gerade noch 3500 Panzer an dieser Front, und vielen davon fehlen Benzin, Munition und Ersatzteile.

Dem Schweizerischen Bundesrat dämmert es, daß mit seiner Politik etwas nicht in Ordnung sein könnte. Was immer auch die Geschäfte seiner Nationalbankoberen sind, der Bundesrat beschließt, am 16. Februar 1945 die deutschen Guthaben in der Schweiz einzufrieren.

Zwischen dem eidgenössischen Finanzminister und der Nationalbankdirektion gehen böse Briefe hin und her.

Der Bundesrat aber ist aufgewacht. Er ordnet eine offizielle Untersuchung über die Nazi-Goldbestände und andere von den Nazis in Schweizer Bankenkeller geschaffte Vermögenswerte an.

Die Schweiz verbietet jetzt den Handel mit fremden Banknoten. Das Verbot tritt am 2. März 1945 in Kraft.

Am 8. März 1945 schließt der Bundesrat einen Vertrag mit den Alliierten. Dieser Vertrag ist bekannt unter dem Namen »Currie-Agreement«, nach dem Chefunterhändler der Alliierten, Laughlin Currie. Vertragspartner sind die USA, Frankreich, England und die Schweiz.

Die Berner Regierung verspricht, Schritte zu unternehmen, um die deutschen Guthaben (Identität der Gläubiger, Ursprung etc.) zu identifizieren und zu blockieren.

Unter all den deutschen Guthaben will sie sodann das »Beuteeigentum« der Nazis (»looted property«) feststellen und die Alliierten darüber informieren. Die Berner Regierung schafft somit eine legale Basis für die Rückgabe jener blockierten Vermögenswerte, die ihren rechtmäßigen Eigentümern gestohlen worden sind.

Letzte Verpflichtung aus dem »Currie-Agreement«: Die Schweiz verspricht, ab sofort von Deutschland kein Gold mehr zu kaufen. Die Ironie: Der »Currie-Vertrag« datiert vom 8. März 1945. Der letzte Raubgoldtransport aus Berlin, begleitet von Hitlers bewaffneten Agenten, traf am Morgen des 6. April in Bern ein.

Hatten die Schweizer kapituliert? Keineswegs. Die Berner Regierung erklärte sich aus freiem Willen bereit, alle reichsdeutschen Guthaben in helvetischen Bankverliesen zu blockieren. Aber herausgeben wollte sie die Beute keinesfalls. Das wäre ja – schlimmster aller Schrecken! – einer Verletzung der allerheiligsten Neutralität gleichgekommen.

Potsdam, 17. Juli bis 2. August 1945: Hitler ist tot. Das Tausendjährige Reich in Schutt und Asche. Roosevelt war verstorben. Am Konferenztisch sitzen Stalin, Truman und Churchill. Ab 28. Juli wird letzterer durch Clement Attlee ersetzt. Churchill hat unbegreiflicherweise die englischen Wahlen verloren.

Der Beschluß: Die deutschen Guthaben, welche in den westeuropäischen neutralen Banktresoren liegen, gehen an die Westalliierten (und an andere fünfzehn alliierte Staaten; ausgeschlossen sind die UdSSR und die osteuropäischen Staaten).

Der Vollständigkeit halber gebe ich hier noch das Gesetz Nr. 5 der Alliierten Kontrollkommission vom 30. Oktober 1945 wieder. Es stipuliert, daß deutsche Gläubiger nicht über ihre Guthaben im Ausland verfügen können. Die Verfügungsgewalt wird auf die Kontrollkommission übertragen.

Die große Reparationskonferenz fand während der Monate November und Dezember gleichen Jahres in Paris statt. Eine internationale Behörde wird geschaffen: die Interallied Reparation Agency (IARA) mit Sitz in Brüssel. Diese Konferenz einigt sich über die prozentuale Verteilung der totalen Reparationssumme. Bei derselben Gelegenheit werden die Vereinigten Staaten, England und Frankreich beauftragt, mit den neutralen Staaten – insbesondere der Schweiz – Verhandlungen betreffend die Überstellung der deutschen Guthaben zu eröffnen.

III. Henry Morgenthau und sein Safe Haven Program

Innerhalb der ganzen komplexen Strategie der alliierten Handels-
und Finanzretorsionen gegen Hitlers helvetische Komplizen spielt
die vom amerikanischen Finanzminister Morgenthau geleitete
»Operation Safe Haven« eine besondere Rolle.

Henry J. Morgenthau war ein willensstarker, unerhört vitaler
und begabter Mann. 1891 in New York als Sohn deutscher Ein-
wanderer geboren, widmete er sich zuerst der Landwirtschaft. Er
war der persönliche Freund von Franklin D. Roosevelt, seit 1929
Gouverneur des Staates New York. Mit Roosevelt teilte er die
Abneigung gegen den in den späten zwanziger Jahren ungehemmt
wütenden Spekulationskapitalismus. Morgenthau glaubte an die
gesellschaftsgestaltende Aufgabe der modernen Demokratie. Der
Staat als moralische Anstalt. Der Börsenkrach von 1929 bestärkte
ihn (wie auch Roosevelt) in dieser Auffassung. 8. November 1932:
Roosevelt gewinnt die Präsidentschaftswahlen. Morgenthau wird
einer seiner engsten Berater. Zusammen entwerfen sie ein Pro-
gramm zur Vitalisierung der Wirtschaft, zur Bekämpfung der
Massenarbeitslosigkeit und zur Hilfe an die schwächsten Bevölke-
rungsschichten, das unter dem Namen »New Deal« in die Geschichte eingegangen ist. 1934 wird Morgenthau Finanzminister.
Er amtiert bis zu seiner Demission im Juli 1945 und prägt während
elf Jahren die amerikanische Finanz- und Wirtschaftspolitik.

Der weltweite Wirtschaftskrieg gegen die Nazis wäre ohne
Morgenthau undenkbar gewesen. 1943 entwirft er das sogenannte
Safe Haven Program, dessen Durchsetzung er überwacht und
leitet. »Safe haven« heißt »sicherer Hafen«. Morgenthau will
verhindern, daß neutrale Staaten, insbesondere die Schweiz, zu
einem »sicheren Hafen« für das Beutegut der Nazis werden.

Die amerikanischen militärischen und zivilen Geheimdienste,
unterstützt von britischen und gaullistischen Agenten, infiltrierten
deutsche Tarngesellschaften, machten deutsche oder für deutsche
tätige Rohstoffeinkäufer unschädlich und sabotierten die internationalen Transportwege des Dritten Reichs.

Unzählige Fabriken, Hochseeschiffe, Eisenbahnzüge in Drittländern flogen in die Luft. Sogar die helvetische Waffenfabrik
Oerlikon bei Zürich, auf neutralem Territorium gelegen, wurde
»irrtümlich« bombardiert. Seymour J. Rubin, dem wir später noch
begegnen werden, gelang es sogar, Agenten in den New Yorker
Niederlassungen schweizerischer Großbanken zu plazieren.

Deutsche oder mit Deutschen kooperierende Geschäftsleute
wurden in Ankara, Lissabon, Rio de Janeiro, Djakarta, Shanghai
oder Havanna ermordet.

Dem Safe Haven Program folgte, nachdem der Krieg in Europa
sich ganz zugunsten der Alliierten gewendet hatte, das Reparationsprogramm: die effektive Konfiskation aller deutschen Vermögenswerte, wo immer sie sich befanden, zum Zweck der Vergü-
tung der alliierten Kriegsschulden. Hinter dem Safe-Haven- und
später dem Reparationsprogramm stand ein anderes Motiv, das zu
verstehen heute schwer fällt.

Deutschland ist heute die größte und wahrscheinlich lebendigste
Demokratie unseres Kontinents. 1943, 1944 und 1945 aber litten
die Westalliierten unter einem Trauma: ihrer Angst vor der unaus-
rottbaren Existenz des deutschen Militarismus.

Die bedingungslose militärische Kapitulation des Reichs? Sie
war in Reichweite. Churchill, Roosevelt und de Gaulle (von Stalin
gar nicht zu reden) zweifelten, daß diese das Problem des deutschen Militarismus endgültig lösen würde.

Die Erfahrungen der zwanziger und dreißiger Jahre saßen den
Alliierten in den Knochen. Was hatten die drakonischen Klauseln
des Versailler Vertrags, was die militärische Besetzung des Herz-
gebiets der deutschen Industrie, der Ruhr, genutzt? Nichts.

Binnen Generationenfrist war die deutsche Militärmaschine
wieder erstanden. Mächtiger, mörderischer, aggressiver als zuvor.

Henry Morgenthau, selbst jüdisch-deutscher Abstammung und
von tiefstem Mißtrauen gegenüber allem Deutschen beseelt, unterbreitete einen Plan zur vollständigen und – wie er hoffte –
definitiven Zerstörung der gesamten deutschen Industrie. Das
erste Industrieland Europas sollte durch alliiertes Diktat in ein

Agrarland verwandelt werden. Dem deutschen Militarismus sollte auf alle Zeit jede Nahrung entzogen, seine Wurzeln abgeschnitten werden.

Der neue Präsident Harry Truman verwarf den Morgenthauplan und Morgenthau demissionierte verbittert im Juli 1945.

Interessant sind die Protokolle der Konferenz von Jalta. Spannungen und Mißtrauen beherrschten die Konferenz. Am Tisch saßen ein Massenmörder, der den Tod von Millionen seiner Landsleute auf dem Gewissen hatte, und die Staatsmänner der größten westlichen Demokratien. Die Militärallianz gegen Hitlers Angriffskriege hatte sie vereint. Gesellschaftlich waren die Bündnispartner Lichtjahre voneinander entfernt.

Aber in zwei Punkten waren sich Stalin und die Westalliierten einig: Deutschland mußte nach der Kapitulation vollständig besetzt und wenn möglich zerstückelt werden. Alle – der Massenmörder aus Moskau wie auch Churchill und Roosevelt – fürchteten die Entstehung eines Vierten deutschen Reiches.

Stalin wollte sofort über die Aufteilung beschließen. Ein amerikanischer Plan existierte, das Reich in fünf oder sechs Teile aufzuspalten. Churchill unterbreitete ein Projekt, das Preußen isolieren und das Rheinland internationalisieren sollte. Er wollte auch eine Donauföderation schaffen. Stalin war mit der Zerstückelung einverstanden, wehrte sich jedoch gegen die Donauföderation.

Schließlich blieb die Diskussion stecken. Ein Komitee wurde gegründet, präsidiert von Anthony Eden, dem britischen Außenminister, das amerikanische Teilungsprogramm zu studieren.[24]

Die Angst vor der Wiederauferstehung des deutschen Militarismus – mit oder ohne einem neuen Hitler – blieb. So ganz absurd war diese Angst der Alliierten nicht.

Am Morgen des 10. August 1944 trat im Hotel »Rotes Haus« in Straßburg eine ausgesuchte Runde zusammen.

Generaldirektoren von Krupp, Röchling, Volkswagen, Rheinmetall, Messerschmitt und anderer Industriekonzerne saßen am Tisch. Auch die Herren von IG-Farben waren da; sie lieferten der SS das Zyklon-B für die Vernichtungslager. Die meisten dieser

Herren aus der Industrie waren den Männern in der schwarzen Uniform mit dem Totenkopf auf dem Revers auch persönlich verbunden. Man kannte sich, arbeitete seit Jahren zusammen. Viele Unternehmen dieser Konzerne arbeiteten mit Sklavenarbeitern aus den Konzentrationslagern, verkauft von der SS. Die Reichsbank und das Rüstungsministerium waren vertreten. Den Vorsitz führte ein SS-General.

Ziel der Konferenz? Die Verschiebung deutscher Vermögenswerte ins Ausland, damit (Zitat aus einem OSS-Bericht) »nach der Niederlage ein starkes deutsches Reich wiederauferstehen kann«.

Die Konferenz von Straßburg hat eine komplizierte Vorgeschichte, die wir hier nur andeutungsweise skizzieren können: Die Alliierten waren im Juni 1944 in der Normandie gelandet. Italien hatte im Jahr zuvor kapituliert. In den Direktionsetagen der Konzerne und im Führungskreis um Himmler setzte sich die Überzeugung durch, daß – trotz Geheimwaffen und Totalmobilisation der deutschen Kräfte – das Reich den Krieg nicht mehr gewinnen könne.

Himmlers Agenten schwärmten aus über ganz Europa. In Stockholm, Madrid, Bern, Lissabon und Ankara suchten sie über Mittelsmänner oder direkt den Kontakt zu alliierten Regierungen.

Ein Wahn beseelte Himmler: Er wollte von den Alliierten einen Sonderfrieden an der Westfront ergaunern. Im Gegenzug offerierte er die Fortsetzung des Krieges gegen die »sowjetischen Untermenschen«. Massenmörder Himmler als Verteidiger der abendländischen Zivilisation!

Himmler versuchte seinen Kopf zu retten. Er schickte seinen Vertrauensmann nach Stockholm zu Bruce Hopper, dem OSS-Chef in Schweden.

700 000 Juden lebten 1944 in Ungarn, die letzte lebende jüdische Gemeinschaft im Herrschaftsbereich der braunen Gauner. In Budapest stellten der Schweizer Konsul Carl Lutz und der schwedische Diplomat Raoul Wallenberg unter Gefährdung ihres eigenen Lebens Tausende von Schutzpässen für die jüdischen Familien aus.

Der Reichsführer SS benutzte die ungarischen Juden als Pfand. Er wollte sie gegen Geld und einen Sonderfrieden tauschen.

Für kurze Zeit hielt er die Todestransporte nach Auschwitz an. SS-Obersturmbannführer Kurt Becher war sein Emissär. Er verhandelte am 21. August 1944 an der deutsch-schweizerischen Grenze bei Sankt Margarethen mit Sally Maer Mayer, dem Bevollmächtigten der jüdischen Hilfsorganisation Joint. Ohne Erfolg. Die Todeszüge Richtung Auschwitz nahmen ihre Fahrten wieder auf.

Die SS-Bonzen hielten auch regen Kontakt zum schweizerischen Spionagechef, Oberstbrigadier Roger Masson. SS-General Schellenberg hatte sogar mit dem Oberkommandierenden der Schweizer Armee, General Henri Guisan, im Landgasthof Bären in Biglen getafelt.

Die Konferenz von Straßburg betreffend, verfügen wir nur über dürftige Quellen. Zu nennen sind vor allem die 1996 in Washington bruchstückhaft publizierten OSS-Berichte sowie Nachforschungen von Simon Wiesenthal.

Namhafte Historiker dieser Periode, die ich mündlich befragt habe – insbesondere Jean-Claude Favez, Philippe Burrin, Daniel Bourgeois –, kennen keine Verhandlungsprotokolle dieser Konferenz. Wie Philippe Burrin sicher zu Recht vermutet, versuchten SS und Industrielle in Straßburg ihre Beratungen möglichst geheimzuhalten und beschränkten sich auf eine mündliche Beschlußfassung. Ohne Protokoll.

Im Archiv für Zeitgeschichte der Eidgenössischen Technischen Hochschule Zürich liegt ein Untersuchungsbericht, verfaßt 1966, der auch Forschungen Wiesenthals verarbeitet.[25]

Eine wissenschaftliche Aufarbeitung der Konferenzbeschlüsse und -diskussionen hat offensichtlich bis heute nicht stattgefunden. Jedenfalls ist mir keine diesbezügliche wissenschaftliche Publikation bekannt.

Welche gesicherten Aussagen lassen sich zur Straßburger Konferenz machen?

Ziel der Konferenz war die Organisation des Kapitaltransfers ins Ausland. Insbesondere nach Südamerika, um die finanziellen

Voraussetzungen für die Wiederauferstehung des Reichs zu schaffen.

Ein zweites Ziel ist zu berücksichtigen: Die Alliierten ließen bereits 1944 keinen Zweifel daran, daß sie nach der bedingungslosen Kapitulation des Reichs die für die Kriegsverbrechen Verantwortlichen zur Rechenschaft ziehen würden.

Die SS war ein Staat im Staat, verantwortlich für die Sicherheit des Reichs und beauftragt mit der Zerstörung allen »wertlosen« Lebens, der Unterjochung der »minderwertigen« slawischen Völker, der endgültigen Vernichtung der Juden und Zigeuner in Europa. Die SS-Henker ermordeten rund vierzehn Millionen Frauen, Kinder und Männer; darunter sechs Millionen Juden, fünf Millionen Russen, zwei Millionen Polen, über eine halbe Million Zigeuner, Hunderttausende von chronisch Kranken, von Widerstandskämpfern, Sozialdemokraten, Kommunisten, Christen, Gewerkschaftern und Antinazisten aller Inspiration, auch in Deutschland und Österreich.

Das zweite Ziel der Straßburger Konferenz war daher sicher auch die Organisation und Finanzierung der Fluchtwege der SS- und Gestapoführer.

Mit dem Kapitalexport wurde das Reichssicherheitshauptamt VI, das unter der Leitung von SS-General Walter Schellenberg stand, betraut. Während des ganzen Krieges arbeitete Schellenberg eng mit den Verantwortlichen der Konzerne und der Hochfinanz zusammen. Ihm oblag außer der Spionage und Gegenspionage unter anderem die Organisation des Wirtschaftskrieges, der sogenannten »Konterblockade«. Ein Beispiel: SS-Sturmbannführer Bernhard Krüger, Sektionschef im Schellenberg-Amt, ließ Millionen falscher Pfundnoten drucken und vertreiben, welche die englische Währung ruinieren sollten. Krüger war effizient: Noch 1950 beschlagnahmte Scotland Yard Nazi-Falschgeld, das, von Argentinien kommend, in London zirkulierte.[26]

Die in Straßburg konferierenden Generaldirektoren der deutschen Großkonzerne und Banken (sowie der Reichsbank und des Rüstungsministeriums) organisierten den massiven Kapitalexport.

Sicher waren auch persönliche Sympathie, Freundschaft und

Loyalität für die SS im Spiel. Eine inoffizielle, aber höchst einflußreiche Vereinigung in Nazi-Deutschland war der »Freundeskreis des Reichsführers-SS Himmler«. Die Vereinigung trat seit Mitte der dreißiger Jahre regelmäßig zusammen. Zu den von ihr gefaßten Beschlüssen gehört sicher auch die Verteilung der Sklavenheere aus den Konzentrationslagern an die verschiedenen Produktionsbetriebe der Konzerne.

Die allermeisten Industrie- und Bankvertreter, die in Staßburg diskutierten, gehörten dem »Freundeskreis« an.

Die Nazi-Bürokraten waren Legalisten bis zum bitteren Ende: Von Hitler erwirkten sie einen Führerbeschluß, der das seit 1933 geltende Verbot privater deutscher Kapitalexporte ins Ausland rückgängig machte.

Die Kapitalverschiebungen sollten durch ein Drittland erfolgen: natürlich die Schweiz. Zwei Schweizer Banken im besonderen waren für die Durchführung der Operation vorgesehen: die Basler Handelsbank und die Schweizerische Kreditanstalt.

Die Konferenz im Roten Haus war ein staats- und wirtschaftspolitisch bedeutsames, offizielles Ereignis: Es ging um die Auferstehung eines mächtigen Vierten Reiches nach der Götterdämmerung.

Die Schleusen waren jetzt geöffnet, das Führerverbot des privaten Kapitalexports aufgehoben.

Zwar schrie Josef Goebbels weiterhin in alle verfügbaren Mikrophone, schwadronierte vom Endsieg und rief zum Endkampf auf. Ein hinkender, gebeugter Hitler mit fahlem, eingefallenem Gesicht inspizierte in Berliner Vorstädten die Kompanien unterernährter Jugendlicher, invalider Greise, welche zu ebendiesem Endkampf gegen hochgerüstete Rotarmisten an die Front und damit in den sicheren Tod geschickt wurden.

Aber wichtig war Himmler. Sein Verrat am Führer beflügelte bei so manchem Nazi-Bonzen den gesunden Menschenverstand. Rette sich, wer kann! Unter Mitnahme so vieler Raubgüter wie möglich.

Zuerst einmal legten die Räuber in ihrem Herrschaftsgebiet eigene Verstecke an. Ein Beispiel: Am 4. April 1945 stießen die vorrückenden amerikanischen Infanteristen in Thüringen auf eine veritable Ali-Baba-Höhle. Bei Merkers, in den unterirdischen Stollen eines Salzbergwerks, entdeckten sie die gleißende Pracht von Tausenden von Goldmünzen, Goldbarren und Silberstangen.

Auf der Blaa-Alm, bei Altaussee, im Herzen Österreichs, auf neunhundert Meter Höhe, hatten die Generäle vom Reichssicherheitshauptamt ihre Beute vergraben. Ein Bericht des amerikanischen CIC (Counter Intelligence Corps) von 1947 gibt Kunde davon. Die Beutehöhle der SS lag nur einige Kilometer vom Salzbergwerk Altaussee entfernt, wo die Nazi-Bonzen Hunderte von geraubten Kunstwerken (Gemälde, Skulpturen, Zeichnungen, Manuskripte etc.) in hoffnungsvoller Aussicht auf bessere Tage versenkt und gehortet hatten.

Uns interessiert hier jedoch vornehmlich die Rolle der Schweiz als Aufnahme- und Verteilerstation des Nazi-Raubgutes zur Zeit der Götterdämmerung.

Im Sommer 1996 tauchten aus Washingtoner Geheimarchiven erstaunliche Faksimiledokumente auf. Zum Beispiel ein Agentenbericht aus der Kantonalbank des Kantons Graubünden, Filiale Davos. Ein anderer Insiderbericht, von einem OSS-Informanten erstellt, erzählt über die Vorgänge bei der Banque cantonale Vaudoise in Lausanne.

Beide Male ging es um die Beute des Hermann Göring. Der Reichsmarschall wußte offenbar um die Verschlagenheit der helvetischen Großbanken. Er traute ihnen nicht. Er wollte seine Schätze lieber in kleineren, kantonalen Banken verwahrt haben, wo er dem Bankgeheimnis und der Kundenfreundschaft voll vertrauen konnte.

Viele andere Operationen ähnlicher Art sind heute dokumentiert. Aus Industrie-, Handel-, Bank-, Partei- und SS-Kreisen wurden immense Vermögen verschoben. Überall liefen dem lecken Dampfer die Ratten davon.

Franz von Papen, reichsdeutscher Botschafter in Ankara, wurde in Nürnberg freigesprochen (ein deutsches Gericht verurteilte ihn später; aber bereits 1949 war er wieder auf freiem Fuß). Von Papen besaß ein beachtliches Vermögen. Wie war es vor den

Alliierten in Sicherheit zu bringen? Von Papen hatte einen Freund. Einen hochrangigen Schweizer Diplomaten. Der half bei der Verschiebung in die Schweiz.

Ein am 4. Dezember 1996 veröffentlichtes amerikanisches Geheimdokument aus dem OSS-Archiv enthält einen Agentenbericht, betreffend den Berliner Sitz der Dresdner Bank, vom April 1945. Das Dokument attestiert den Transfer (über einen Schweizer Treuhänder) von zwanzig Millionen Dollar zugunsten eines Kontos von Josef Goebbels in Buenos Aires.

Ende des Jahres 1944 und zu Beginn 1945 hatten in Zürich, Basel, Lugano, Bern und Luzern die Geschäftsanwälte (Treuhänder, Vermögensverwalter etc.) Hochbetrieb.

Zu jener Zeit (und bis 1990) existierte in der Schweiz das Formular B. Es erlaubte einem Anwalt, ein anonymes Konto für seinen Klienten zu eröffnen. Genauer: Der Anwalt eröffnete das Konto fiduziarisch bei der Bank, verschwieg den Namen des Auftraggebers und berief sich auf seine Anwaltsehre. Das System hatte einen erfreulichen Vorteil: Dem an sich schon hermetischen Schutz des Bankgeheimnisses gesellte sich der Schutz des Anwaltsgeheimnisses hinzu.

Der Klient versenkte seine Beute also hinter einer doppelten Mauer des Schweigens.

Eine Frage stellt sich, die zu entscheiden beim gegenwärtigen Wissensstand schwerfällt: Wie viele dieser deutschen Kapitalfluchtströme entsprangen der Quelle von Straßburg? Wie viele Transaktionen wurden getätigt im Rahmen des beschlossenen Plans des Aufbaus nach der Niederlage eines neuen, stärkeren Reichs? Welche Transaktionen dagegen waren privat, individuelle, von Panik bestimmte Beuteverschiebungen?

In den kommenden Jahren wird höchstwahrscheinlich die von der Schweizer Regierung und dem Parlament eingesetzte Historikerkommission eine Antwort finden. Auch die paritätisch vom Jüdischen Weltkongreß und der Schweizerischen Bankiervereinigung bestellte Untersuchungskommission unter Paul J. Volcker wird sich des Problems in nächster Zeit annehmen; die Beute

Görings und der anderen Nazi-Größen stammte ja vornehmlich aus jüdischem Besitz.

Meine Hypothese ist folgende: Konzerne, Banken, Parteibehörden, SS-Ämter etc. haben nach der Konferenz in Straßburg und gemäß deren Beschlüssen systematisch versucht, immense Beutegüter – Gold, Schmuck, Kunstgegenstände, Devisen etc. – ins sichere Ausland zu transferieren.

Südamerika, insbesondere Argentinien, war neben der Schweiz der bevorzugte Anlaufhafen. Jorge Camarasa [27] dokumentiert die nächtlichen Landungen deutscher Unterseeboote an der Mündung des Rio de la Plata. Die Boote waren angefüllt mit Kisten von Gold, Silber und Diamanten und begleitet von bewaffneten deutschen Agenten.

Juan Peron war 1933 als junger Militärattaché in Rom zum erstenmal der Faszination des Faschismus erlegen. Trotz seiner späten, von den Alliierten erzwungenen Kriegserklärung an Hitler (1944) blieb sein Land eine bevorzugte Zufluchtsstätte der geschlagenen Nazis.

Der kanadische Historiker Ronald C. Newton analysiert in seinem Buch die Fluchtwege nicht nur der Beute, sondern auch der von den Alliierten gesuchten Kriegsverbrecher nach Argentinien.[28]

Wie gut die von Schweizer Privatbanken, Treuhändern, Geschäftsanwälten und Vermögensverwaltern nach Südamerika – insbesondere nach Argentinien, Paraguay und Südbrasilien – organisierten Kapitalexporte funktionierten, ist partiell bekannt. Sie erlaubten zahlreichen Nazis nach 1945 den Wiederaufbau einer zivilen Existenz.

Adolf Eichmann, Leiter des Judenreferats im Amt IV des Reichssicherheitshauptamtes, wurde von Mossad-Agenten in Buenos Aires geschnappt. Aber Hunderte anderer Nazi-Verbrecher lebten friedlich und unbehelligt – häufig im Luxus – in Missiones, dem Dreiländereck von Iguaçu oder in schönen Landgütern entlang den Ufern des Parana. KZ-Arzt Joseph Mengele wurde nie gefaßt.

Eduard Roschmann, genannt der Schlächter von Riga, Gestapo-

Chef Heinrich Müller und viele andere Nazi-Funktionäre gingen in Südamerika in Pension.

Am 2. 2. 1996 veröffentlichte die amerikanische Regierung ein Geheimdokument, das zum erstenmal eine Schätzung der nach Südamerika – insbesondere nach Argentinien und Paraguay – verschobenen Nazi-Raubgüter nennt. Allein im April 1945 erhielten argentinische Versicherungsgesellschaften, Banken, Treuhandgesellschaften, Vermögensverwalter und Handelshäuser Vermögenswerte aus Nazi-Raubbeständen im Wert von ungefähr einer Milliarde Dollar. Eine höchst beunruhigende Summe, die zu Recht die Angstträume der Alliierten nährte. In der entlegenen argentinischen Nordprovinz Missiones kauften deutsche Agenten 1945 riesige Landgüter. In Missiones wird Matetee angebaut. Gleich gegenüber von Missiones, am anderen Ufer des Parana, in Encarnación (Paraguay), wird auch heute noch vornehmlich deutsch gesprochen. Mit Berliner und Münchner Akzent.

Kein neues Reich ist erstanden. Die Treue zur Vergangenheit ist dennoch geblieben. Wilfried von Owen, ehemaliger Pressechef von Josef Goebbels und Pensionär in Buenos Aires, erklärte der Madrider Tageszeitung El Sol: »Nicht nur bereue ich keineswegs meine Vergangenheit, sondern ich bleibe ein großer Bewunderer meines Exchefs Dr. Josef Goebbels. Er war ein brillanter Mann. Ich verstecke mich nicht. Ich war Soldat und stand unter dem Befehl einer legitimen Regierung. Ich habe keines der sogenannten Kriegsverbrechen begangen. Mir kann man nichts vorwerfen.«[29]

Sowohl die Kapitalexporte nach Südamerika wie die massiven Beutetransfers in die Schweiz wurden fast immer von deutschen Herrschaftsträgern und nur selten von privaten deutschen Treuhändern organisiert. Hermann Göring, Joachim von Ribbentrop und zahlreiche andere Nazi-Oberen brachten ihre Schätze in Sicherheit dank der aktiven Mitarbeit von Beamten ihrer jeweiligen Behörde oder Verantwortlichen der Partei. Ich verweise auf die umfassende Ribbentrop-Biographie von Michael Bloch.[30] Die Vermutung liegt demnach nahe, daß auch die meisten sogenannten privaten Raubüberweisungen an Schweizer (oder südamerikanische) Banken in den Rahmen der Straßburger Beschlüsse gehören.

Görings Agenten reisten mit deutschen Diplomatenpässen. Sie eröffneten die Konten. Die Überweisungen erfolgten sodann direkt von deutschen Privatbanken, insbesondere der Süddeutschen Diskonto-Gesellschaft in Baden.

Auch die Lastwagenkolonnen traten wieder in Aktion. Diesmal waren es Lastautos der Reichspost, begleitet von deutschen Polizisten, die bei Buchs über die Grenze kamen. Sie reisten aus Nürnberg und München an. Sie karrten Hermann Görings geraubte Bilder, Skulpturen, Schmuck und Edelsteine, Goldbarren, Silberleuchter, Diamanten und Devisenschätze in die helvetischen Bankverliese.

Görings Schätze waren meist von Juden geraubt. Aber auch sonst stahl Göring zusammen, was er nur konnte: Kunstsammlungen aus polnischen, ungarischen, russischen, holländischen Museen, Devisenmillionen aus Privatbanken besetzter Länder und vieles andere mehr.[31]

In Davos wurden Konten auf den Namen des Deutschen Sanatoriums, das voll vom NSDAP-Apparat kontrolliert war, eröffnet. Andere Vermögenswerte – vorläufig bekannte Gesamtsumme: 16 Millionen Schweizer Franken – wurden in einem Konto unter dem Tarnnamen Dr. Ingmann in der Schweiz gehortet.

Nicht nur die Schweiz erhielt Görings Beute. Vier Tonnen von Görings Gold gingen nach Madrid.

Die Hypothese, Görings anscheinend private Kapitalfluchtoperation gehöre in den Zusammenhang der in Straßburg im August 1944 entwickelten Strategie – Schaffung eines Vierten Reichs –, wird noch durch andere Indizien gestärkt. Wie Göring verfuhren manche andere Nazi-Bonzen. Joachim von Ribbentrop zum Beispiel. Er wandte sich mit Vorliebe an den Schweizerischen Bankverein, Hauptsitz Basel. Mit den Direktoren des Schweizerischen Bankvereins konferierten meistens Diplomaten der Wilhelmstraße. Insbesondere ein Kurt Eichel. Auch hier nimmt ein Nazi-

Bonze den fast amtlichen Weg, um »seine« Millionen in Sicherheit zu bringen. Konnte das ohne Hitlers Wissen, ohne die Zustimmung der SS und der Gestapo erfolgen?

Ribbentrops Operationen waren hochprofessionell. Parallel zu den Großbanken arbeitete er mit privaten Treuhandgesellschaften, zum Beispiel der heute liquidierten Treuhandgesellschaft Wehrli & Co. in Zürich. Diese wiederum hatte gute Beziehungen nach Buenos Aires. Bei der Banco Aleman Transatlantico landeten Ribbentrops Millionen auf dem Tarnkonto unter dem Namen Pedro Rodriguez Panchino.

Woher kam Ribbentrops Goldschatz? Die Vorgeschichte ist abenteuerlich: Am 8. September 1943 wechselte Italien die Seite, brach mit Hitler. Die Wehrmacht und die SS jedoch verließen Rom nicht mit leeren Händen. Sie verluden Teile der Goldreserven der italienisch-königlichen Nationalbank auf ihre Lastwagen. In deren Verliesen fanden sie die zuvor von Mussolini geraubten Gold- und Devisenschätze der albanischen Nationalbank. Auch dieses Gold holten sich die SS-Kommandos. Dokumentiert ist ein Raub im Wert von damals 475,8 Millionen Schweizer Franken.

Was geschah mit dem italienischen und albanischen Raubgold? Es wurde im Reichsbankkeller in Berlin gelagert. Das italienische Gold bestand zum großen Teil aus Münzen, kommend aus aller Herren Länder.

Ein Teil der Goldmünzen wurde an verschiedene Geheimdienste, Behörden, Wehrmachtstellen und die SS zur besonderen Verfügung überwiesen. Ribbentrop legte sich im Außenministerium eine persönliche, als Fonds für die geheimen Auslandsaktivitäten gedachte Reserve zu.

Ribbentrops Fonds wird auf 72 Millionen Schweizer Franken geschätzt.

Einen Teil davon überwiesen Treuhänder Wehrli aus Zürich und andere Hehler nach Buenos Aires.

Ein Bericht des amerikanischen State Departments von 1946 offenbart eine seltsame helvetische Praxis.

Aus Kostengründen betraute das schweizerische Außenministerium – wenn es um kostspielige Transporte nach Übersee ging – Privatpersonen mit dem diplomatischen Kuriergepäck. International tätige Treuhänder, reisende Bankiers, Geschäftsanwälte übernahmen diese Aufgabe. Sie reisten auf Überseedampfern, in internationalen Eisenbahnzügen und genossen diplomatische Immunität. Kein Zöllner und kein Grenzwachtposten durfte gemäß Wiener Konvention ihr Gepäck durchsuchen. Ein amerikanischer Geheimagent brach trotzdem das Schloß eines solchen helvetischen, privat transportierten Diplomatenkoffers auf: Er fand 500 000 Dollar in Noten und Dokumente, die zeigten, daß das Geld Ribbentrop gehörte und von einer Schweizer Bank an deren Korrespondenten in Buenos Aires geschickt wurde.

Mittwoch, den 11. Dezember 1996, im Gebäude des amerikanischen Repräsentantenhauses in Washington: Die Bankenkommission der Kammer tagt unter dem Vorsitz von Jim Leach, Abgeordneter des Staates Iowa. Die Kommission hält öffentliche Hearings betreffend Nazi-Raubgold in Schweizer Banken und Beuteverschiebungen nach Südamerika in den Jahren 1944 und 1945. Erster Zeuge ist der New Yorker Senator Alfonse D'Amato. Anhand eben entdeckter Geheimdokumente aus amerikanischen Archiven belegt D'Amato eine zweite, merkwürdige helvetische Praxis: Einigen deutschen Großkunden eidgenössischer Finanzinstitute und Treuhänder wurden Fluchtdokumente und Pässe für die gefahrvolle Reise nach Südamerika zur Verfügung gestellt.

Nach der Urteilsverkündung im Nürnberger Kriegsverbrecherprozeß wurde Joachim von Ribbentrop als erster gehängt. Hermann Göring beging zwei Stunden vor seiner Hinrichtung Selbstmord.

Die Beute der beiden Räuber liegt mit höchster Wahrscheinlichkeit zum großen Teil noch heute in helvetischen Bankenkellern oder ist längst übergegangen in die Privatvermögen der Zürcher, Basler und Berner Treuhänder, Anwälte und Strohmänner.

IV. Neutralität

Die Schweizer sind kein geschichtsloses Volk. Sie besitzen ein Kollektivgedächtnis, ein Über-Ich, eine starke, jahrhundertealte Identität.

Für diese Identität ist die Neutralität der Sockel. Auf ihm ruht das eidgenössische Selbstverständnis. Die Neutralität ist das Herzstück der schweizerischen Selbstinterpretation. Nur wer die Theorie der immerwährenden Neutralität versteht, begreift die helvetische Geschichte.

Ohne Neutralität keine Schweiz. Niemand findet Zugang zum eidgenössischen Kollektivbewußtsein ohne vorangehende Analyse des Neutralitätsdogmas.

Diese Analyse wollen wir hier vornehmen.

Die Verantwortlichen vom Londoner Ministry of Economic Warfare, jene vom US Board of Economic Warfare, welche die helvetische Goldwaschmaschine zu lähmen und die mannigfaltigen schweizerischen Industrie- und Waffenexporte ins Reich sowie die helvetischen Kompensationskredite zugunsten Hitlers zu unterbinden trachteten, erlitten Niederlage auf Niederlage.

Während all der Jahre der Finsternis versuchten sie vergeblich, die Schweizer umzustimmen. Diplomatischer Druck half nichts, Verträge blieben tote Buchstaben, Warnungen wurden mißachtet, selbst die Erstellung einer schwarzen Liste für über tausend Schweizer Firmen und die Blockierung (in den USA) aller Schweizer Konten blieb erfolglos.

Fortwährend stießen die Alliierten auf die Mauer der Neutralität.

Den alliierten Verhandlungspartnern mußte das helvetische Neutralitätsargument wie eine faule Ausrede vorkommen. Sie hatten Unrecht.

Für das Selbstverständnis der Schweizer ist das Neutralitätsdogma keine Ausrede. Es ist unverbrüchlicher Bestandteil ihrer nationalen Identität.

Im Namen der Neutralität finanzierte die helvetische Herrschaftsklasse nicht nur Hitlers Angriffskriege, sie tat auch viel

Gutes. Ein Beispiel: die Rolle der Eidgenossenschaft als internationale Schutzmacht.

Bricht Krieg aus, zerbrechen die diplomatischen Beziehungen zwischen den kriegführenden Staaten. Immer wieder überrascht der Krieg Menschen im Ausland. Wird die diplomatische Vertretung des Heimatlandes im Gastland geschlossen, ist der ausländische Bürger der Regierung des Gastlandes ausgeliefert. Um diesen Mißstand zu bekämpfen, schuf die Völkergemeinschaft vor anderthalb Jahrhunderten die Institution der Schutzmacht.

Während der Jahre 1939 bis 1945 war die Eidgenossenschaft die bevorzugte Schutzmacht auf der Welt. Bei Kriegsausbruch spielte sie eine noch geringe Rolle. Jedoch mit dem deutschen Westfeldzug, dem deutschen Vorstoß auf dem Balkan und dem Eintritt Italiens in den Krieg gewann ihre Rolle sehr rasch an Bedeutung. Schließlich vertrat die Schweiz fünfunddreißig Staaten. Diese Staaten setzten großes Vertrauen in die Schweizer Diplomaten: Häufig betrauten gleich zwei gegeneinander kriegführende Staaten die Schweiz mit dem Schutz ihrer nationalen Interessen.[32]

Drei Aktionsfelder der Schutzmacht sind von besonderer Bedeutung:

1. Die Rückführung von Zivilinternierten in ihr Heimatland. Bei Kriegsausbruch internierten die kriegführenden Staaten häufig die ausländischen Zivilisten. Die Schweiz führte meist langwierige Verhandlungen mit beiden Staaten – dem Heimat- und dem Gaststaat – über den Austausch der Internierten und ihre Rückführung. Für die Internierten gab die Schweiz Schutzbriefe aus. Zehntausende von Menschen wurden »ausgetauscht«. Die Schweiz unterhielt dafür einen bedeutenden Beamtenapparat: über 150 Beamte in Bern und über 1000 Diplomaten auf der ganzen Welt.

Die Rückführung der Internierten (ausnahmsweise auch schwerverletzter Soldaten) war meist äußerst aufwendig und kompliziert. 35 000 Menschen wurden rückgeführt. Die größte einzelne Operation betraf Eritrea und Äthiopien: 28 000 italienische Frauen, Männer und Kinder wurden nach dem englischen Einmarsch in Asmara und Addis Abeba nach Italien verschifft. Auch Juden konnten gerettet werden: Mehrere hundert Juden (zuerst aus Deutschland, später aus dem Balkan) wurden gegen in Palästina lebende Deutsche ausgetauscht. 1944 gelang es der schweizerischen Schutzmacht 1870 ungarische Juden freizukaufen, mit amerikanischem Geld (1000 Dollar pro Mensch); sie kamen in die Schweiz.

Die juristische Grundlage der Schutzmachttätigkeit bildete das der Schweiz bilateral übertragene Mandat. Gleichzeitig aber arbeiteten die Schutzmachtvertreter ebenfalls in Anwendung der Genfer Konventionen des Internationalen Komitees vom Roten Kreuz: Aufgrund dieser Konventionen konnten die Schweizer Diplomaten die Kriegsgefangenenlager besuchen. Nur Stalin hatte die Genfer Konventionen nicht unterzeichnet: Die sowjetischen Kriegsgefangenen waren daher total und ohne jeglichen Schutz der Willkür ihrer deutschen Wächter ausgesetzt. Hitler ermordete 2,5 Millionen von ihnen.

2. Die Staaten des Westens zahlten große Summen an die Schweiz, welche diese dann als Unterstützungsgelder an die in Feindesland Internierten weitergab. Insgesamt vermittelte die Schutzmacht 245 Millionen Schweizer Franken Unterstützungsgelder. Die Überweisungen waren meist alles andere als einfach. Ein Beispiel: Erst 1944 gelang es der Schweiz, von Japan die Erlaubnis der Überweisung der Unterstützungsgelder zugunsten der auf den Philippinen und in Indonesien (damals: Niederländisch-Indien) inhaftierten Personen zu erwirken.

3. Die Gefangenenbesuche. Wie schwierig die waren, zeigt Edgar Bonjour:

»In erster Linie oblag es der Schutzmacht, die Gefangenenlager zu besuchen. Den Inspektoren wurde der Eintritt in die Durchgangslager, wo sich die Gefangenen oft lange aufhielten, in Verletzung des Abkommens verwehrt. Gewöhnlich besuchten die Vertreter der Schutzmacht alle drei Monate die Unterkünfte und Arbeitsstätten der Kriegsgefangenen, stellten Mängel fest, nahmen Klagen entgegen, vermittelten zwischen Leitern und

Insassen der Lager. Die Schutzmachtvertreter genossen das Vorrecht, das den Rotkreuzdelegierten abging, ohne Zeugen mit den Kriegsgefangenen zu sprechen. In Deutschland besuchten im Jahr 1944 schweizerische Inspektoren 150 Lager, Lazarette und Militärgefängnisse sowie 1900 den Stammlagern angegliederte Arbeitskommandos und faßten hierüber 350 Berichte ab. Anfang März 1945 kamen schweizerische Schutzmachtbeamte prominenten englischen Geiseln auf die Spur, deren Rettung in letzter Stunde gelang. In Japan brauchte es über hundert schriftliche Interventionen, bis die Schweiz die Erlaubnis erhielt, etwa ein Drittel der Gefangenenlager zu besichtigen.«[33]

Zu erwähnen (obschon von der Schutzmachttätigkeit unabhängig) ist die Aktivität der Delegierten des Internationalen Komitees vom Roten Kreuz: Sie kümmerten sich um sieben Millionen Kriegsgefangene und 175 000 Zivilinternierte. In Genf arbeiteten über 3000 Menschen in der Zentralagentur für Kriegsgefangene. Über 600 000 Nachforschungsgesuche wurden beantwortet.

Nur ausnahmsweise gestatteten die Deutschen den Zugang zu den Konzentrationslagern. Die Haltung des Reichs blieb den ganzen Krieg über dieselbe: Konzentrationslager sind genau wie Strafanstalten, Zuchthäuser, Polizeigefängnisse etc. interne Institutionen des Reichs. Sie unterstehen weder den Genfer Konventionen noch dem Schutzmachtmandat.

58 Schweizer sind in deutschen Konzentrationslagern und Strafanstalten umgekommen (davon sieben durch Bombardements, zwei durch Selbstmord). Keinem konnte die Schweiz zu Hilfe kommen.

Die Schutzmachtfunktion der Schweiz und der Einsatz der Delegierten des IKRK während der Zeit des Zweiten Weltkriegs verdienen Hochachtung.

Sie können jedoch in keinem Fall die Komplizenschaft der Finanzoligarchie und ihrer sichtbaren Regierung, des Bundesrates, mit Adolf Hitler entschuldigen oder vergessen machen (so intensiv sich auch die offizielle Schweiz nach Kriegsende darum bemühte).

Die »schweizerische Neutralität« ist eine mit Kunst und Ausdauer verfolgte Mystifikation der helvetischen Oligarchie. Sie verschleiert damit ihre Praxis und findet darin ihren Nutzen.

Doch die Dinge liegen komplizierter: Die fiktive Neutralität zwischen 1939 und 1945 besitzt eine lange Geschichte, die eng mit dem Aufkommen des Kapitalismus verbunden, durch diesen aber nicht restlos bestimmt ist. Die Neutralität der Eidgenossenschaft wurde durch die europäischen Mächte im Westfälischen Frieden von 1648 anerkannt, später durch die Staaten am Wiener Kongreß im Jahr 1815 erneuert und bestätigt. Der Genfer Diplomat Pictet-de-Rochmont erreichte damals, daß die heute noch von der Eidgenossenschaft vertretene These angenommen wurde: Die Schweiz ist nicht um ihrer selbst willen neutral, sondern sie ist es für die anderen, denn das Bestehen eines neutralen Staates im Herzen Europas entspricht dem besonderen Interesse eines jeden Staates des Kontinents.

Wie lautet heute die offizielle Definition, das heißt die »Theorie« der Neutralität, wie sie von der Regierung der Schweiz vertreten wird?

Etymologisch kommt der Begriff »neutral« vom lateinischen Adjektiv *neuter* oder dem vulgärlateinischen *neutralis* und bedeutet »keiner von beiden«.

Franz Blankart, ehemals Assistent von Karl Jaspers, heute Staatssekretär und höchster Handelsdiplomat der Schweiz, stellt fest: »Der Neutralitätsbegriff bezeichnet im wesentlichen etwas Negatives. Wenn C neutral ist, dann ist es weder A noch B, oder genauer, die Definition von A und B ist von derjenigen von C gänzlich unabhängig; die Definition von C hingegen hängt von der Form und dem bedeutungsmäßigen Inhalt der beiden anderen, A und B, ab. Der Neutrale ist also zunächst einmal weder das eine noch das andere.«[34]

Aber was ist er dann?

André Gorz sagt: »Die Schweiz gibt es nicht«[35], und er unterstellt damit, daß ein Staat, der sich der internationalen Stellungnahme ständig entzieht, der sich weigert, Partei zu ergreifen, und manchmal sogar so weit geht, das Vorhandensein von Konflikten, die Menschen und Völker zerreißen, zu leugnen, daß ein solcher Staat in Wahrheit keine internationale Existenz besitze. Wir haben es gesehen, diese Sicht der Dinge ist verfehlt. Die Schweiz gibt es. Sie ist eine finanzielle, ökonomische Großmacht.

Deshalb müssen wir über die semantische Diskussion hinausgehen und auf eine bedeutungsvollere Ebene gelangen, jene der Selbstinterpretation der Bankenoligarchie und der von ihr abhängigen Regierung. Beide sind sich in einem Punkt einig: in der positiven Bewertung der Neutralität. Worin besteht dieses Positive? Der Erfinder der Formel ist ein einstiger Bundespräsident, der später zum Nestlé-Präsidenten befördert wurde: »Die jüngsten Ereignisse und die bescheidenen Aktivitäten, die wir ausführen durften, scheinen mir zu zeigen, daß in der heutigen Welt sehr wohl ein Platz ist für eine Neutralität, wie diejenige unseres Landes, welche nicht eine moralisch-gleichgültige Neutralität ist und nichts zu tun hat mit Neutralismus, die keine Flucht ist vor Verantwortung, die keineswegs Verzicht auf das Urteil über die Ereignisse bedeutet und die sich nicht der Tat entzieht, wenn diese für die Sache des Friedens nützlich sein kann.«[36]

Der positive Wert der Neutralität basiert gemäß offizieller Theorie noch auf einer anderen Überlegung: Der Begriff der Neutralität schließt die Konsequenz der bewaffneten Verteidigung und der Unabhängigkeit mit ein. Die Schweiz ist neutral, sie ist mit keiner der Parteien eines Konflikts verbündet. Wenn jedoch dieser Konflikt auf ihr Territorium übergreift, wenn er die Möglichkeit, sich neutral zu verhalten, mit anderen Worten die Unabhängigkeit, in Frage stellt, dann verteidigt sie sich mit der Waffe in der Hand.

Blankart sagt zu Recht: »Die Neutralität ist eine Art von lokalem Pazifismus, der sich das Recht zur Selbstverteidigung vorbehält.«[37]

Eine dritte Vorstellung gesellt sich schließlich noch zum Begriff der Neutralität, jene der »Vermittlung«. Pictet-de-Rochmont sagte in Wien zu Metternich: Die Anerkennung der schweizerischen Neutralität liegt im Interesse aller Staaten Europas.

Diese Berufung zur Vermittlung, die von der sichtbaren Regierung geltend gemacht wird, ist in Wirklichkeit recht bescheiden. Sie wird im wesentlichen als die abstrakte Möglichkeit zweier Feinde verstanden, sich auf einem neutralen Territorium zu begegnen. Sie hat mehr mit Geographie zu tun als mit Politik.

Worin besteht denn nun in der täglichen Praxis des Staates die schweizerische Neutralität?

Blankart gibt Auskunft:

> »Die Neutralität ist, wie jede Außenpolitik, eine Politik der Interessenverteidigung. Sie hat ein klares positives Ziel: die staatliche Souveränität aufrechtzuerhalten. Doch das ändert nichts an der Tatsache, daß die Neutralität selbst, wenn sie dieses Ziel erreichen will, etwas rein Negatives ist. Mehr noch, sie muß sich notwendigerweise hinter dieser Negativität verschanzen. Auf nichtmilitärischer Ebene kann diese Negativität von gewissen Solidaritätsaktionen begleitet sein. Doch die Negativität wird durch solche Aktionen nicht geringer.«[38]

Die helvetische Neutralität reduziert sich also auf ihre reine Negativität. Oder, um mit Claude Lévi-Strauss zu sprechen: Sie besteht ausschließlich in ihrer Methode.

Schließlich eine persönliche Erinnerung: Meine Heimatstadt Thun liegt an einer wichtigen Bahnstrecke, die Basel über die Lötschberg- und Simplontunnel mit Domodossola verbindet. Sie besitzt einen großen Rangierbahnhof. In den Jahren 1941 bis 1944 drang allnächtlich fast ununterbrochen ein dumpfer Lärm von dort zu unserem Haus am Hang herauf. Er stammte von den endlosen deutschen Güterzügen, die gen Süden, nach Italien, rollten, und von italienischen und deutschen Zügen, die nach Norden, ins Rheinland, fuhren.

An einer großen Wand in der Bahnhofshalle hingen allerlei

offizielle Plakate. Eines davon zeigte einen Schweizer Soldaten im Profil, mit Stahlhelm und geschultertem Gewehr: Er hielt den Zeigefinger an seinen Mund. Darunter stand: »Wer redet, schadet der Heimat«. Ein anderes Plakat war ein Polizeiaufruf: Gesucht wurden deutsche Saboteure, die in die Schweiz eingedrungen waren und in Dübendorf versucht hatten, schweizerische Militärflugzeuge in die Luft zu sprengen. Andere Anschläge, unterschrieben mit »Der Luftschutz-Kommandant« mahnten zur Verdunkelung aller Fenster und Türen nach Einbruch der Nacht.

Ein Aufruf ist mir besonders im Gedächtnis geblieben: Der Bundesrat erklärte der Bevölkerung Sinn und Inhalt seines mit dem Reich geschlossenen Abkommens über den »zivilen Güterverkehr« durch die Alpentunnel. Der Ton war feierlich. Unterschrieben hatten der Bundespräsident und der Kanzler (der Sekretär des Bundesrates). Aufgrund ihrer »strikten Neutralitätspolitik« hatte die Regierung den Eisenbahnzügen »aller kriegführenden Mächte« die Durchfahrt durch ihr Hoheitsgebiet gestattet; unter der Voraussetzung, diese transportierten ausschließlich »zivile Güter« (Kleidung, Lebensmittel, Medikamente etc.).

An einem Spätnachmittag im Dezember 1943 ging ein ungewöhnlich heftiger Schneesturm über Thun nieder. Der von Norden aus dem Aaretal heraufziehende Sturm wütete vor allem in der Altstadt, riß Dachziegel herunter und heulte fürchterlich. Unter der Kraft des Windes knickten die Platanen am Kai und brach die Metallstange, die seit Jahrhunderten den rostigen Hahn der Stadtkirche trug. Der Himmel war pechschwarz und die Luft vom Geruch von Bränden erfüllt. Tote Schwäne und vor Schreck gelähmte Enten strandeten am Seeufer.

Am Bahnhof kam es unterdessen zu einer Katastrophe: Dutzende mit dem Kürzel DRB und dem schwarzen Adler gekennzeichnete Waggons stürzten wie tödlich getroffene Tiere um. Fetzen grüner Planen wirbelten durch die Luft. Ein Flügel des Eingangstors war aus den Angeln gerissen. Lokomotiven waren entgleist.

Aufgeschreckt von dem Lärm, lief ich unter Mißachtung des

Verbots meiner Mutter zum Bahnhof. Der Lärm hatte nicht getäuscht: Gleich Leichen auf einem Schlachtfeld lagen Flugabwehrkanonen, Panzertürme, Lkw mit zerbrochenen Scheiben und schwere Maschinengewehre verstreut auf den Gleisen. Das Kanonenrohr eines umgestürzten Panzers hatte sich verbogen. Nun glich er einem sterbenden Elefanten. Überall aufgerissene Metallkisten: Artilleriegranaten waren aus dem Innern eines Waggons herausgerollt, der beim Umstürzen die Gleise beschädigt hatte. Der Bahnhof glich einem Schlachtfeld.

Gegen Abend trafen auf dem Bahnhofsvorplatz Militärlastwagen ein, gefolgt von einer Eskorte dunkler Limousinen, deren Nummernschilder sie als Diplomatenautos auswiesen. Den Limousinen entstiegen Männer mit Filzhüten und in Ledermänteln.

Ein Gendarm erklärte mir, es seien Mitarbeiter der Legation des Deutschen Reichs in Bern. Die Männer in den Ledermänteln erteilten den Schweizer Soldaten und den Thuner Gendarmen in barschem Ton kurze Befehle, die diese voller Respekt vor den Fremden sogleich ausführten. Eine tausendköpfige Menge Schaulustiger hatte sich in der unmittelbaren Umgebung der Gleise eingefunden. Auf Befehl der Deutschen wurde sie von den Schweizer Soldaten rücksichtslos abgedrängt.

Ein dichtes Schneetreiben setzte ein. Ich stand stumm in der Menge neben meinem Vater. Mein Vater war Gerichtspräsident von Thun und Oberst der Schweizer Armee, ein kultivierter, gescheiter, grundehrlicher Mann.

Auf meine Frage, woher denn alle diese Waffen kämen und wem sie gehörten, antwortete er mit leiser, stockender Stimme: »Lies den Anschlag des Bundesrates in der Bahnhofshalle. Der erklärt alles.«

Zum ersten und wahrscheinlich einzigen Mal in seinem Leben hatte mir mein Vater nicht die Wahrheit gesagt. Es war meine erste Begegnung mit der helvetischen Neutralitätslüge. Ein Trauma, das zu überwinden ich Jahre brauchte.

FÜNFTER TEIL

Der Sieg über die Sieger

Wie man sich bettet, so liegt man
Es deckt einen keiner da zu
Und wenn einer tritt, dann bin ich es
Und wird einer getreten, bist's Du!

Bertolt Brecht,
Aufstieg und Fall der Stadt Mahagonny

I. Abrechnung

Nach Kriegsende war Abrechnung. Die Westalliierten bestellten 1946 die Gnomen zur Einvernahme nach Washington.

Das Berner Regime hatte zuvor versucht, sich durch kosmetische Korrekturen auf diesen Tag des Gerichts vorzubereiten. Hier die Vorgeschichte dieses Versuchs: Anfang Dezember 1943 trafen sich in Teheran Roosevelt, Churchill und Stalin. Sie entwarfen ihren ersten gemeinsamen Plan zur Neuorganisation der Nachkriegswelt. Bedingungslose Kapitulation der Achsenmächte, Zerstückelung Deutschlands, Einzug von Reparationszahlungen... und natürlich: kein Pardon für Hitlers Hehler.

Die helvetische Herrschaftsklasse reagierte rasch: Sie baute ihre Regierung um. Dafür suchte sie den Dialog mit der »Anderen Schweiz«, der Aktion Nationaler Widerstand. Diese wurde geführt von den Sozialdemokraten unter Hans Oprecht. Am 15. Dezember 1943 wurde vom Parlament, erstmals in der Geschichte der Eidgenossenschaft, ein Sozi in die Regierung gewählt. Natürlich nicht der mutige Oprecht, sondern der assimilierte Stadtpräsident von Zürich, Ernst Nobs. Ein Jahr darauf schickte das Regime seinen Außenminister, Vichy-Freund Marcel Pilet-Golaz in die Wüste.

Doch der Berner Poker mißlang. Die Alliierten ließen sich nicht täuschen. Um so mehr als die Berner Goldwaschmaschine weiterfunktionierte... bis zum 6. April 1945, drei Wochen vor Hitlers Selbstmord. Auch die helvetischen Waffen-, Kredit- und Industrielieferungen ins Reich liefen ungestört weiter, bis zum Zusammenbruch.

Die Eidgenossen wurden vorgeladen. Nach Washington.

Als die Schweizer Delegation – mit Minister Walter Stucki an der Spitze, begleitet vom Genfer Völkerrechtsprofessor William Rappard – am 11. März 1946 in Washington eintraf, war das psychologische Klima eiskalt. Die alliierten Sieger hegten den dringenden Verdacht, die Schweizer horteten in ihren Heimatkellern oder auf den in den USA blockierten Schweizer Konten, hohe Summen von Devisen, welche die Deutschen jederzeit zur Finanzierung eines dritten Weltkriegs verwenden könnten.

Das Vierte Reich blieb ein Trauma für die Alliierten. Um so mehr als wichtige Nazi-Größen – Bormann und andere – verschwunden waren und selbst Hitlers Tod zu diesem Zeitpunkt nicht vollständig geklärt war.

Hauptziele der Washingtoner Verhandlungen war die Konfiskation der deutschen Guthaben und die Reparationszahlungen. Die Verhandlungen dauerten 68 Tage – und waren mühsam.[1]

Im »Currie-Abkommen« hatten sich die Schweizer zwar verpflichtet, die deutschen Guthaben zu blockieren, herausgeben jedoch wollten sie diese auf keinen Fall.

Warum Reparationen zahlen? Die Schweiz war ja neutral gewesen im Krieg. Sie war es immer noch. Sie hatte bloß Geschäfte gemacht, wie das Neutrale eben tun. Mit allen und jedem.

»Zur Verfügung stehen« heißt das auch heute noch im Berner Politjargon. Politische Meinungen haben wir keine. Wir bieten unsere Dienste an. Stellen Tisch und Stuhl bereit. Gehen zur Hand. Wirte eben.

Am Verhandlungstisch saßen die Sieger des Zweiten Weltkriegs. Ihnen gegenüber Hitlers Hehler. Die Sieger waren eine Koalition von achtzehn Mächten, unter der Führung der USA, Frankreichs und Großbritanniens. Die Hehler waren die Eidgenossen, die auch die Liechtensteiner vertraten (zwischen der Schweiz und dem Fürstentum besteht eine Monetarunion). Warum war die Sowjetunion nicht am Tisch?

Im Potsdamer Abkommen (in einer unilateralen Erklärung) vom 2. August 1945 hatte Stalin auf alle deutschen Auslandsguthaben verzichtet, mit Ausnahme jener, die in Finnland, Ungarn, Bulgarien, Österreich und Rumänien lagerten.

Die Schweizer hatten überhaupt kein Unrechtsbewußtsein und benahmen sich ziemlich arrogant. Der Chefdelegierte Stucki zeigte sich ungehalten, weil ihm die Amerikaner den jungen (brillanten) Seymour J. Rubin gebenübersetzten, ein »Judenbüblein«, wie sich der Mann aus Bern feinfühlig ausdrückte.[2]

Ein weiterer Delegierter, William Rappard, brüstete sich mit seiner konsequenten Verweigerung gegenüber den alliierten Ansprüchen.

Beide Männer sind mir in Erinnerung: Als kleines Kind habe ich den hageren, gepflegten Stucki mit dem stechenden Blick bei meinem Großvater gesehen. Rappard war mein Professor in Genf, ein schöner Mann, mit üppiger weißer Mähne, spöttischen Augen und einem riesigen amerikanischen Straßenkreuzer.

Stucki, vormals Botschafter bei Pétain in Vichy, und Rappard, einmal auch Nationalrat, waren kluge, persönlich sympathische Menschen. Aber es waren Wirte.

Keiner von beiden hatte je die geringste Sympathie für die Nazi-Verbrecher empfunden.[3] Rappard stand Hans Oprecht und August Lindt vom Nationalen Widerstand nahe. Stucki[4] hatte 1944 als Chef der Schweizer Mission in Vichy eine kluge, mutige Vermittlerrolle zwischen den gaullistischen Truppen und Pétains Garde gespielt. Vichy wurde am 26. August befreit. Im lokalen Spital lagen zahlreiche schwerverwundete, von ihren Offizieren verlassene deutsche Soldaten. Stucki kümmerte sich um sie, organisierte unter schwierigsten Umständen einen Medikamenten- und Verpflegungstransport des Internationalen Komitees vom Roten Kreuz aus Genf.

Am Morgen des 27. August ließ Oberst Rounel, Chef der Maquis des Allier-Departementes und Kommandant der gaullistischen Truppen, seine Maquisards vor dem Hôtel des Ambassadeurs, dem Sitz der Schweizer Gesandtschaft, antreten. Er übergab Stucki die Ehrenbürgerurkunde der befreiten Stadt. Als Zeichen der Hochachtung und der Dankbarkeit.

Die Verhandlungen in Washington betrafen drei Themenkreise: zuerst das Beutegold, insbesondere das der königlich-belgischen Zentralbank gestohlene, in Berlin umgeschmolzene und in die Schweiz überführte Gold. Dann die deutschen nichtstaatlichen Guthaben, endlich die nachrichtenlosen Konten der ermordeten Nazi-Opfer.

Zum zweiten Themenkreis: »Liquidierung des deutschen nichtstaatlichen Besitzes in der Schweiz«. Die Hälfte sollte als Reparation an die Alliierten gehen. Die andere Hälfte konnte das Berner Regime behalten, als Garantie für die spätere Rückzahlung der noch ausstehenden, ans Reich gelieferten Kompensationskredite. Erst 1952 wurde für diese zweite Gattung beschlagnahmter deutscher Guthaben zwischen der Alliierten Reparationskommission, der Regierung Adenauer und der Schweiz eine Lösung gefunden. Diese war dank Adenauers Großzügigkeit für die Gnomen außerordentlich günstig.[5]

Zum dritten Themenkreis: die »nachrichtenlosen« Konten. Israel existierte 1946 noch nicht. Jüdische Organisationen saßen nicht am Verhandlungstisch. Die Frage der nachrichtenlosen jüdischen Guthaben bei Schweizer Banken – und die Guthaben anderer verschollener Nazi-Opfer – wurde bloß am Rande erwähnt.

Im Frühling und Sommer 1946 ging ein wahres Trommelfeuer auf den Schweizerischen Bundesrat, die Schweizerische Nationalbank und die Verhandlungsdelegation in Washington nieder. Insbesondere die amerikanische Presse gebärdete sich feindselig. Walter Stucki und seine Kollegen wurden Tag für Tag mit Vorwürfen – häufig der absurdesten Art – konfrontiert. Manchmal mochte es scheinen, als hätten Schweizer Ganoven persönlich die europäischen Zentralbanken geplündert, den Juden die Goldzähne aus dem Mund gerissen und die Operation Odessa organisiert. Insbesondere die Diskussionen über das Raubgold waren äußerst kompliziert und zuweilen heftig.

Warum war gerade das belgische Gold so wichtig? Hitlers Hehler hatten ja Nazi-Raubgold aus allen möglichen besetzten Ländern, Totengold aus den Vernichtungslagern, von den Einsatzkommandos gestohlene Goldschätze, eingeschmolzene Zahnkronen, Eheringe und Münzen aller Art gehortet, gehehlert und im Dienste der SS und der Reichsbank vermarktet.

Das belgische Raubgold gelangte in Washington zu einem Verhandlungsprivileg gemäß einer besonderen historischen Situation: Der mächtige Verhandlungspartner Frankreich gehörte in Washington zu den Siegermächten. Zwei Jahre zuvor wurde Frankreich noch von Marschall Pétain regiert, dem erklärten, überzeugten, eifrigen Kollaborateur von Adolf Hitler. Die königlich-belgische Zentralbank hatte vor Kriegsausbruch den Großteil ihrer Goldreserven der Banque de France anvertraut. Wir haben gesehen: Die Banque de France hatte den belgischen Goldschatz redlich verteidigt. Sie hatte mit allen Mitteln versucht – Evakuierung der Barren nach Schwarzafrika, rechtliche Einwände vor der Hemmen-Kommission etc. –, den deutschen Räubern zu widerstehen. Umsonst. Der greise Philippe Pétain war vor Hitler in die Knie gegangen.

Die Panzerdivision Leclerc, unterstützt vom aufständischen Volk, befreite Paris am 24. August 1944. Am 1. Oktober bereits schickte die provisorische Regierung von General de Gaulle eine Delegation nach Brüssel. Mit der belgischen Regierung schloß diese einen Vertrag: Die Banque de France überführte aus ihren eigenen Beständen eine Goldmenge, die dem von den Deutschen gestohlenen und den Schweizern gewaschenen belgischen Raubgold äquivalent war. In Washington saß der Delegationschef der provisorischen Regierung de Gaulle den Eidgenossen als direkter Gläubiger gegenüber... und übte entsprechenden Druck aus.

Die Alliierten – vor allem die Amerikaner – machten den Schweizern auch Vorwürfe, die ungerecht waren. Die Nazis hatten die Goldreserven von elf Zentralbanken besetzter Länder geraubt. Dazu Millionen und Abermillionen (Gold, Silber, Edelmetalle, Schmuckstücke, Devisen etc.) von Privateigentümern: Die Devisenschutzkommandos hatten systematisch jedes besetzte

Land heimgesucht. Endlich war da noch das Totengold: Goldzähne, Eheringe, Schmuckstücke, Eigentum getöteter Zwangsarbeiterinnen und Zwangsarbeiter, vergaster Opfer oder ermordeter Gestapo-Häftlinge. Die Reichsbank hatte große Mengen dieses Goldes im Berner Goldbunker gewaschen.

Ein anderer Teil des Raubgoldes war dank der Operation Odessa in helvetischen Großbankkellern, Treuhandfirmen, bei Geschäftsanwälten versenkt oder dank Schweizer Vermittlung nach Buenos Aires, Madrid, Asunción übergeführt worden. Die alliierte Verhandlungsdelegation sah sich zu Recht als Vertreterin all dieser geschädigten Staaten und Menschen.

Aber Stucki und seine Kollegen konnten beim besten Willen keine umfassende Auskunft geben. Auch wenn sie gewollt hätten – was eher zweifelhaft ist –, hätten sie keine genaue Transport- und Verwertungskarte sämtlicher nazistischer Raubgoldtransaktionen auf den Tisch legen können.

Ich sage es noch einmal:

Der amerikanische Ärger und die heftigen Vorwürfe an die Adresse Stuckis und der Schweiz waren zuweilen unbegründet und ungerecht.

Nehmen wir ein Beispiel. Kehren wir zurück zum italienischen Raubgold. Juli 1943: Im großen faschistischen Rat wird Benito Mussolini abgesetzt. Am 25. Juli läßt König Vittorio Emanuele Mussolini verhaften. Am 8. September schließt das Königreich den Waffenstillstand mit den Alliierten.

Die Alliierten standen in Sizilien und Süditalien. Rom wird zur offenen Stadt erklärt. Die SS, die Gestapo und die Wehrmacht ziehen ab. Am Hauptsitz der italienischen Nationalbank, an der Via Nazionale, fahren SS-Camions auf: Die Kommandos leeren die Tresore. Gestohlen werden italienische Goldreserven und die zuvor von Mussolini geraubten Goldbestände der albanischen Nationalbank von Tirana. Gemäß dem heutigen Wissen betrug die Beute 117 Tonnen Goldbarren und Goldmünzen aller Herren Länder.

Die Kolonne setzt sich nach Mailand in Bewegung. In Mailand lagert die Beute während zwei Monaten.

Die Alliierten stoßen gegen Norden vor. Die deutschen Linien sind bedroht. Partisanenbrigaden kämpfen in der Lombardei, im Piemont. Die Deutschen fürchten um ihre Beute. Ende November wird sie in die Berge gebracht.

Neues Versteck: die Festung La Fortezza in Südtirol, nahe bei Bozen. Die Festung stammt aus dem Ersten Weltkrieg. Sie bietet optimalen Schutz gegen Angriffe von alliierten Fallschirmjägern und italienischen Partisanen.

Benito Mussolini wird in einem unwirtlichen Gebäude in 2000 Meter Höhe auf dem Monte Sasso in den Abruzzen interniert. Ein deutsches Fallschirmspringerkommando unter dem SS-Oberst Skorzeny befreit ihn am 12. September 1943.

Hitler installiert den Diktator an den Ufern des Gardasees, in der Kleinstadt Salò. Mussolini wird eine Art Gauleiter Norditaliens. Formell ruft er die Faschistische Republik von Salò aus. Er läßt mehrere Faschistenkader, Mitglieder des Großen Rates, die im Juli gegen ihn gestimmt hatten, standrechtlich erschießen. Darunter seinen Schwiegersohn und Exaußenminister, Graf Ciano.

Im April 1945 ziehen seine Protektoren ab. Der Gangsterboß im schwarzen Hemd flieht vor den Partisanen. Mit seiner Geliebten Claretta Petacci wird er am 26. April in einem kleinen Dorf gefaßt. In der Nacht zum 28. April erschießen Partisanen ihn und seine Gefährtin. Die beiden Leichen werden in Mailand an einem Balken an den Füßen aufgehängt und öffentlich zur Schau gestellt.

Und das Gold von La Fortezza? Während der kurzen Lebenszeit der Republik Salò waren 23 Tonnen nach Basel in die Keller der Bank für Internationalen Zahlungsverkehr und 10 Tonnen in jene der Schweizerischen Nationalbank chauffiert worden. Sie waren bei Chiasso über die Grenze gegangen. Die Beträge galten der Begleichung ausstehender Schulden. Andere Goldtransporte über die Schweizer Grenze sind ebenfalls belegt.

Ein Bruchteil davon hat Berlin erreicht: In den Salzminen von Merkers in Thüringen fanden amerikanische Truppen im April 1945 italienische Goldbarren und Münzen. Erwiesen ist ebenfalls: Von der Reichsregierung wurden verschiedenen Behörden – darunter dem Auswärtigen Amt – italienische Goldmünzen in Millionenhöhe zur »besonderen Verwendung« überstellt.

Die Alliierten gaben Italien nach Kriegsende 23 Tonnen des gestohlenen Goldes zurück.

Über 50 Tonnen blieben bis heute verschollen.

Kriegsverbrecher und Exreichsbankpräsident Walther Funk versicherte bei seiner Einvernahme, diese Goldtonnen hätten Berlin nie erreicht. Hunderte von Personen wurden im besiegten Deutschland und im befreiten Italien von amerikanischen Beamten befragt. Schlüssige Antworten blieben aus.

Bei den befragten Personen handelte es sich zumeist um SS-, Gestapo- oder Parteiangehörige oder um italienische Faschisten. Sicher war diesen Leuten nicht aufs Wort zu glauben. Merkwürdig ist dennoch, daß trotz intensivster Suche so wenig italienisches (und albanisches) Gold in Deutschland gefunden worden ist oder in den Fluchtkanälen der Operation Odessa identifiziert werden konnte.

Eine plausible Hypothese: Im Kanton Tessin leben heute Dutzende von Erben von steinreichen Treuhändern, Geschäftsanwälten, Vermögensverwaltern. Alles Gold, das La Fortezza Richtung Berlin verließ, durchquerte Tessiner und Schweizer Hoheitsgebiet. Per Eisenbahn, häufiger über die Straße und den Gotthardpaß. Wahrscheinlich ist, daß viele Tonnen Gold beim Transport durch die Schweiz versickert sind. Ein aufnahmfähiger Boden.

In Washington zeigten sich die Amerikaner ungerecht. Stucki und die offizielle Schweizer Delegation konnten von dem versickerten Gold nichts wissen. In der Eidgenossenschaft ist das Bankgeheimnis seit 1934 das heiligste Gesetz.

Die alliierten Forderungen waren klar: Deutsche Guthaben bei Schweizer Instituten werden überschrieben. Die Schweiz muß alles Raubgold herausgeben. Die »nachrichtenlosen« Vermögen der Nazi-Opfer müssen den Überlebenden oder ihren Erben ausbezahlt werden.

Die Schweizer blieben störrisch. Herausgabe der Guthaben? Des Raubgoldschatzes gar? Niemals. Die Neutralität verbietet das.

Die Schweizer verlangten die Aufhebung der schwarzen Liste und die Deblockierung aller schweizerischen Konten in den USA.

Was war die »schwarze Liste«? Sie zählte sämtliche neutralen Firmen auf, die im Verdacht standen, mit dem Feind Geschäfte gemacht zu haben, und deren Geschäftsvolumen in den Kriegsjahren angestiegen war. Sie identifizierte sie genau: Kapital, verantwortliche Organe, Geschäftsbereich etc. Mit diesen Firmen war jeglicher kaufmännische Kontakt unter Strafe verboten.

Auch die Blockierung der Guthaben in den USA war eine ernste Sache: Es handelte sich immerhin um eine Gesamtsumme von mehr als fünf Milliarden Schweizer Franken – im Jahr 1946 eine immense Summe.

Die Alliierten lehnten beide Ansinnen ab.

Stucki machte einen äußerst schlauen Vorschlag: die Schaffung eines Kompensationssystems zwischen den deutschen Guthaben in der Schweiz und den blockierten schweizerischen Guthaben im Ausland. Für das in der Schweiz liegende Nazi-Raubgold wollte Stucki den Alliierten per Saldo 100 Millionen Schweizer Franken zahlen.

Die Alliierten lehnten den Vorschlag als »beleidigend« ab.

Stucki und Gefolge verließen stolz den Saal.

Die Krise war gefährlich. Das State Department bereitete bereits die Boykottliste der Schweizer Exportgüter in den Vereinigten Staaten vor. Der Paria Schweiz hatte in der Nach-Hitler-Welt nicht viel zu bestellen.

Trotzdem blieb Stucki störrisch wie ein verbohrter Prediger. Es ging um die Neutralität, die Ehre der Schweiz, die Prädestination, Gottes Auftrag an die Eidgenossen.

Ein unglaublicher Zufall kam den Schweizern zu Hilfe: Der Schweizer Gesandte in Washington hieß Carl Bruggmann. Er war verheiratet mit Mary Wallace, der Schwester des ehemaligen amerikanischen Vizepräsidenten Henry A. Wallace. Wallace war

1946 Secretary of Commerce, Handelsminister, der Regierung Truman. Mary nahm Partei für die Heimat ihres Mannes. Und gegen die Vernunft. Henry Wallace intervenierte beim Präsidenten. Truman ordnete die Wiederaufnahme der Verhandlungen an.

Einen klugen Mann gab es damals im Bundesrat: Außenminister Max Petitpierre. Er war nicht im Augiasstall groß geworden. Als Völkerrechtsprofessor an der Universität Neuenburg (und Ständerat seines Kantons) lebte er – obschon der freisinnigen Staats- und Herrschaftspartei zugehörig – nicht im Intimkreis der Macht. Er wurde Ende 1944 in die Regierung gewählt und hatte somit an den schlimmsten Delikten, begangen in den Jahren 1940 bis 1943, keinen Anteil.

In die Außenpolitik versuchte er einen neuen Geist zu bringen. Er versuchte aus der Zwangsjacke der passiven Neutralität auszubrechen. Ein Beispiel: Petitpierre suchte den Kontakt zu Moskau, und obwohl Stalin die Schweiz haßte, gelang Petitpierre im März 1946 die Herstellung diplomatischer Beziehungen zur Sowjetunion.

Petitpierre drängte die Schweizer Vertreter in Washington zur Konzilianz. Ihm dämmerte etwas von dem verheerenden Eindruck, den die helvetische Selbstgerechtigkeit bei den Siegern – deren Völker Millionen von Menschen im Kampf gegen das Nazi-Ungeheuer verloren hatten – erzeugen mußte.

Petitpierre versuchte, die Delegation umzustimmen. Rappard protestierte. Schließlich schickte er dem weitsichtigen Petitpierre einen Brief: »Sie haben es gewollt ... wir haben nachgegeben.« Es ging um die Höhe der von der Schweiz zu zahlenden Reparationssumme. Rappard wollte sich stur an die von Stucki bereits in der ersten Verhandlungsphase angebotenen 100 Millionen Schweizer Franken halten.

Nach 68 Tagen und Nächten zermürbenden Kampfes gegen die helvetische Arroganz und Einsichtslosigkeit gaben die Alliierten auf. Sie nahmen Stuckis neuen Kompromißvorschlag an: Die Eidgenossenschaft zahlte den Alliierten 250 Millionen Franken gegen eine Saldoquittung für alle Ansprüche bezüglich der Goldtransaktionen mit der Reichsbank.

Reparationen oder gar die Herausgabe von illegal akzeptiertem Gold seien diese lächerlichen 250 Millionen jedoch beileibe nicht, versicherte Stucki. Stucki gab sich nobel: Die 250 Millionen seien ein freiwilliger Beitrag der Schweiz zum Wiederaufbau Europas.

Später wurde dann noch über die »nachrichtenlosen« Guthaben der Opfer des Nazi-Terrors geredet. Jüdische Gemeinden, Familien, Unternehmen, aber auch viele andere Gläubiger hatten seit Hitlers Machtantritt (und auch davor) Hunderte von Millionen Schweizer Franken auf helvetischen Nummernkonten, in Banksafes, bei Geschäftsanwälten, Treuhändern, Versicherern deponiert. Vierzehn Millionen Menschen hatte Hitler allein in den Konzentrationslagern, in den Sklavenarbeitslagern, bei Massenmorden und Pogromen ermorden lassen. Viele dieser Menschen waren Gläubiger von Schweizer Finanzinstituten. Ihre Vermögen waren jetzt »herrenlos«.

Von den Hunderten von Millionen »nachrichtenloser« Vermögen gab die Schweiz in Washington gerade 20 Millionen Schweizer Franken heraus. Auch hier distinguierter Hochmut: Die 20 Millionen seien ein freiwilliger schweizerischer Vorschuß an die eben erstandene Organisation der Vereinten Nationen, verkündete Stucki.

Das Washingtoner Abkommen wurde am 25. Mai 1946 unterschrieben. Formal handelte es sich um einen Austausch von Briefen.

II. Der Zorn der Krämer

Hitlers Hehler machten in Washington ein ausgezeichnetes Geschäft. Für das Raubgold zahlten sie 250 Millionen. Allein der Wert des von den Nazis auf abenteuerliche Weise gestohlenen, in Berlin umgeschmolzenen und in die Schweiz verfrachteten Goldes der königlich-belgischen Zentralbank belief sich auf rund eine

Milliarde Schweizer Franken. Dazu kam das holländische Raub-gold (über eine halbe Milliarde Schweizer Franken), Teile des albanischen, italienischen, polnischen etc. Raubgoldes.

Die Reichsbank hatte zwischen 1939 und Beginn 1945 Gold im Wert von über 1,7 Milliarden Schweizer Franken in die Berner Goldwaschmaschine geschleust. Viel mehr noch wurde auf Privat-konten deponiert oder über die Schweiz nach Südamerika und andere Länder verschoben.

Fast alles davon war Beutegold, gestohlen in den Zentralbanken der besetzten Gebiete; eingetrieben bei Unternehmen, Privat-banken und Privatpersonen durch die Devisenschutzkommandos; von Gefangenen oder ermordeten Menschen in den Konzentra-tionslagern geraubt.

Natürlich diente die Nazi-Beute der Bezahlung schweizerischer Waffen- und Warenlieferungen, der Begleichung von deutschen Kreditschulden. Das Raubgold, das in der Berner Goldwasch-maschine gewaschen wurde, blieb auch nicht einfach liegen.

Die Schweiz war auch nicht das einzige neutrale Land Europas, das nach Kriegsende von den Siegern zur Kasse gebeten wurde. Gleich nach der Abreise Stuckis aus Washington ging eine neue Verhandlungsrunde über die Bühne. Diesmal wurde mit Schwe-den abgerechnet.

Unmittelbar nach der Unterzeichnung des Washingtoner Ab-kommens brach unter den helvetischen Hehlern Streit aus: Die Hehler ärgerte, daß sie für ihre Raubgoldtransaktionen 250 Millio-nen Schweizer Franken an die Sieger zahlen mußten. Sie suchten nach einem Sündenbock und fanden ihn in Nationalbank-Gene-raldirektor Alfred Hirs. Dieser eignete sich hervorragend für diese Rolle. Streber Hirs gehörte nicht zur Zürcher Finanzoligarchie; er war ein nach oben gekommener Apparatschik, ohne solide politi-sche Beziehungen. Auch war er ein bekennender Antisemit, was 1946 eher peinlich wirkte. Schließlich figurierte Hirs als Puhl-Intimus. Dieser Emil Puhl aber stand 1946 als Kriegsverbrecher in Nürnberg vor Gericht. Kurz: Hirs wurde als Hauptverantwortli-cher für das Desaster von Washington ausgemacht.

Der äußere Anlaß schien bizarr: Die Eidgenossen waren überzeugt, daß der amerikanische Geheimdienst ihre Gespräche in der Schweizer Legation, in Hotels und Restaurants abhörte, ihre Telefone anzapfte und ihre Briefe öffnete. Delegationschef Stucki hatte daher Flüstern bei wichtigen Gesprächen und totales Telefon- und Korrespondenzverbot für alle Delegationsmitglieder verfügt. Hirs aber hatte nach Hause geschrieben. Ohne seinen Brief durch die Code-Spezialisten der Legation verschlüsseln zu lassen. Er hatte den Brief einfach in einen Briefkasten in Washington geworfen. Darin hatte er angedeutet, die Schweizer wären im schlimmsten Fall bereit, bis zu 250 Millionen zu zahlen.

Wie frostig das psychologische Klima im Bundeshaus und im Nationalbankpalast im Sommer 1946 war, zeigt ein Brief von Finanzminister und Alibisozialist Ernst Nobs[6] an seinen Parteifreund Johannes Huber:

Bern, den 12. Juli 1946
Herrn Nationalrat Joh. Huber, St. Gallen

Mein Lieber,
ich möchte Dir als Mitglied des Bankrates und des Bankausschusses gerne einigen Aufschluß geben über die Verhältnisse in der Nationalbank. Präsident Weber wird nach der Generalversammlung zurücktreten. Zur Zeit wird die Frage geprüft, ob das Verhalten Hirs' in Washington so ungehörig und fahrlässig war, daß seine Entlassung sich rechtfertigen würde. Es ist Tatsache, daß trotz strengen Verbotes des Ministers Stucki an alle Delegationsmitglieder, irgendwie über vertrauliche Vorbesprechungen und über die Instruktionen des Bundesrates bezüglich der maximalen Entschädigungssumme Mitteilungen auf gewöhnlichem brieflichen Weg an irgendwen zu machen, Hirs solche Mitteilungen an Weber in Zürich gelangen ließ. Er hat also dafür weder den Code noch den Kurierdienst benutzt, sondern unter flagranter Verletzung dieser Vorsichtsvorschriften möglicherweise verschuldet, daß die Alliierten vorzeitig vernommen haben, daß die Delegation maximal bis auf 250 Millionen gehen konnte, während Stucki

und die Delegation hofften und hoffen durften, mit 150 Millionen durchzukommen. Diese Angelegenheit ist zur Zeit Gegenstand einer Untersuchung. Ich habe die diesbezügliche Korrespondenz Hirs' bei Weber erhoben. Es ist Tatsache, daß Hirs in einem Brief vom 30. März 1946 die Ziffer von 250 Millionen dreimal genannt hat, im Sinne einer Diskussion dieses Betrages, nicht im Sinne einer Mitteilung, daß der Bundesrat beschlossen habe, nötigenfalls so hoch zu gehen. Aber auch so war diese Korrespondenz höchst verfehlt und im höchsten Maße schädlich, und Hirs war auch sonst in Washington ein arger Versager, der sich gar nie in seiner Aufgabe und Rolle zurechtgefunden hat. Die Nationalbank hat auch sonst in bezug auf die Goldfrage in Washington nicht geschickt operiert. Präsident Weber sagte vor Washington: »Was, die Goldfrage? So etwas besteht für die Nationalbank überhaupt nicht!« Die Nationalbank hat sodann die von der Delegation oder von Delegationsmitgliedern anbegehrte Dokumentation nicht geliefert. Auf Reklamation wurde gesagt, dafür sei ja Hirs Mitglied der Delegation. Als dann Hirs in Washington die Goldfrage vertreten sollte, redete er sich darauf hinaus, er sei nicht dafür nach Washington gegangen, sondern als Sachverständiger der Delegation für Bankfragen. Es war eine sehr leidige Sache. Zu welchen Schlüssen der Bundesrat kommen wird, steht nicht fest. Inzwischen soll auch Generaldirektor Rossy erklärt haben, daß er mit Hirs, der über ihn bewußt unwahre Behauptungen verbreitet habe, nicht länger zusammenarbeiten wolle. Es besteht darüber eine Untersuchung, die, wenn ich nicht irre, von Herrn Daguet geführt wird. Ich habe erst in den letzten Monaten feststellen können, daß das persönliche Verhältnis der drei Generaldirektoren nicht das beste ist. Weber wird noch bis zur Generalversammlung, also bis nächsten März bleiben, dann sind seine Tage gezählt.

Mit einem herzlichen Gruß an Dich und unsere sehr verehrte Genossin Huber, Dein Ernst Nobs.[7]

Die 250 Millionen Schweizer Franken Abgeltung, welche die Schweizer für das Raubgold leisten mußten, stellten dennoch einen großen Sieg über die Sieger dar. Ein gutes Geschäft. Ein Bruchteil der Beute.

Ein hervorragendes Geschäft machten die Eidgenossen auch mit den »nachrichtenlosen« Vermögen der ermordeten Nazi-Opfer. Hier gingen sie überhaupt keine konkret sanktionierte Verpflichtung ein.

Stuckis Brief – Teil der Verhandlungsakten – sagt lediglich: Der Bundesrat werde mit Wohlwollen prüfen, wie man den Alliierten diese »nachrichtenlosen« Vermögen für humanitäre Zwecke und für den Wiederaufbau zur Verfügung stellen könne.

Zwanzig Millionen wurden der UNO überwiesen. Das Bankgeheimnis war gerettet.

Daß Stuckis Brief ein weitgehend leeres Versprechen blieb, zeigt das Drama von 1996: Vor dem Jüdischen Weltkongreß mußte 1996 die Schweizerische Bankiervereinigung in die Knie gehen. Mit fünfzigjähriger Verspätung. Das »Memorandum of Understanding« vom Mai 1996 schafft die paritätische Untersuchungskommission, welche die »nachrichtenlosen« Millionen – heute wahrscheinlich Milliarden – ans Licht fördern und den Nachkommen der ermordeten Gläubiger zuführen soll. 1996 mußte der Bundesrat das Bankgeheimnis für diese Konten endlich aufheben.

Als Niederlage empfanden Stucki und seine Kollegen jedoch das Liquidierungsabkommen der deutschen nichtstaatlichen Guthaben. Besonders wurmte sie, daß es den Alliierten gelungen war, ihnen eine neuartige juristische These aufzuzwingen. Die vom amerikanischen Juristen Seymour J. Rubin – jener Rubin, den Stucki als »Judenbüblein« abqualifiziert hatte – ausgearbeitete These lautete: Private Vermögen im Ausland sind nicht wirklich privat, weil sie eine gewisse staatliche Protektion genießen.

Zwar hatten die Eidgenossen bei Kriegsende immer noch über eine Milliarde Schweizer Franken ausstehende Kreditansprüche gegen Deutschland. Sie hofften, sich aus den zu liquidierenden Guthaben sanieren zu können. Unzufrieden waren sie dennoch.

Als Erniedrigung empfanden sie, unter ständigem, unausweichlichem Druck der Amerikaner verhandeln zu müssen. Jene Schweizer Unternehmen, deren Handelsvolumen mit Deutschland und den Achsenmächten sich in den Jahren der Finsternis vergrößert hatte, standen auf der »schwarzen Liste«. Mit ihnen war der kaufmännische Kontakt unter Strafe verboten. Die Konten in den USA waren blockiert. Sie beliefen sich auf die damals horrende Summe von fünf Milliarden Schweizer Franken. Trotz britischer Opposition – die Engländer brauchten helvetische Industrieprodukte – wurde die Liste bis zum 30. Juni aufrechterhalten.

Ein Grund für die amerikanische »Grausamkeit« war psychologischer Natur: Randolph E. Paul, der amerikanische Delegationsleiter, und die meisten seiner Kollegen, kamen aus dem Finanzministerium. Ihr Ziehvater hieß Henry J. Morgenthau.[8]

Im heimatlichen Bern gab Bundesrat Walther Stampfli, Vorsteher des Eidgenössischen Departements für Volkswirtschaft, zu Protokoll: »Die Alliierten behandeln uns schlimmer als Hitler.«

Heute lebt nur noch ein einziger der Verhandlungspartner von 1946: Seymour J. Rubin, das »Judenbüblein«. Er war als junger Anwalt aus Chicago zur alliierten Delegation gestoßen. Stuckis Arroganz hat er nie verwunden. Er trat aus dem Regierungsdienst aus und eröffnete in Georgetown ein Anwaltsbüro. Sein ganzes restliches Leben widmete er dem Kampf für Gerechtigkeit, insbesondere der Suche nach den »nachrichtenlosen« Vermögen in Schweizer Bankverliesen und anderswo auf der Welt.

Seymour J. Rubin hat Stucki als »kompetente, wenig herzliche, schwierige Person« in Erinnerung. Heute im Ruhestand, hat er am 7. November 1996 seinen Frust der Zürcher Weltwoche anvertraut.[9]

Trotz seiner formellen Ausgestaltung (ein Briefwechsel) war das Washingtoner Abkommen ein Staatsvertrag. Nach eidgenössischer Verfassung mußte dieser, um Gültigkeit zu erlangen, vom Parlament ratifiziert werden.

Die beiden Kammern des Parlaments (National- und Ständerat)

wurden vom Bundesrat im Juni 1946 zu einer eiligen Sondersession zusammengerufen. Grundlage der Ratifikationsdebatte
war die »Botschaft des Bundesrates vom 14. Juni 1946 an die
Bundesversammlung betreffend die Annahme des Finanzabkom-
mens, abgeschlossen in Washington«.

Wer heute das stenographische Bulletin der Bundesversammlung, außerordentliche Junisession 1946, 12. Tagung der 32. Amts-
dauer, liest, dem stehen die Haare zu Berge.

Die rechtsbürgerliche Presse geriet außer Rand und Band: »Das
Recht des Stärkeren« habe in Washington gesiegt. Die Schweiz
habe sich der »Macht der Sieger beugen müssen«. Wie ein geschla-
genes Land sei sie zu »Reparationen« gezwungen worden. Die
Schlacht von Marignano 1515 wurde beschworen: Dort wurden
schweizerische Heere von François I^{ier} vernichtet. Marignano gilt
im schweizerischen Kollektivgedächtnis als Inbegriff der Niederlage.

Im Parlament bildeten sich drei Fronten: Die alemannischen
Konservativen und einige Zürcher Wirtschaftsfreisinnige wollten
von dem Diktat aus Washington partout nichts wissen. Die
Schweiz müsse ihre Neutralität, ihr gutes Recht gegen die Arro-
ganz der Alliierten verteidigen. Keine Ratifikation des Schandab-
kommens. Traugott Wahlen, das Gewissen der Bauern, wollte die
Eidgenossenschaft retten. »Unbeugsam« müsse sie sein in den
Stürmen des Jahrhunderts.

Der Freisinnige Emil Anderegg aus Sankt Gallen stimmte gegen
den Schmachvertrag von Washington: »Rechtsniedergang, Un-
freiheit, Brutalisierung« seien seine Merkmale.

Todesmutig zeigte sich ein evangelischer Christ aus Zürich:
Nationalrat Paul Zigerli. Der Vertreter der Evangelischen Partei
brandmarkte das Washingtoner Abkommen als die »tiefste Erniedrigung«, welche die Eidgenossenschaft seit ihrem Bestehen
erlitten habe.

Er beantragte »Nichteintreten«.

Die Sozialdemokraten und Gewerkschafter verteidigten das
Abkommen. Der Zürcher Paul Meierhans freute sich. Der Vertrag
drücke die »neue Auffassung über das Privateigentum aus. Die

persönliche Verantwortung mit Hab und Gut für das Verhalten der Regierung«.

Doch die Dummheit ist unter den politischen Parteien gerecht verteilt: Trottel gab es auch unter den Sozialdemokraten. Einer von ihnen hieß Robert Grimm. Noch 1918 hatte Grimm den Generalstreik angeführt. Später unterwarf er sich der herrschenden Ideologie. Er wurde ein zahmer Berner Regierungsrat (Mitglied der Berner Kantons-Exekutive). 1946 präsidierte er den Nationalrat. Grimm stellte wütend (und falsch) fest: »In Washington siegte Macht über Recht.«

Die vielen Verwaltungsräte der Großbanken und Industrieunternehmen, die als National- oder Ständeräte an der Debatte teilnahmen, gaben sich realistisch. Die Alliierten hatten gewonnen. Punkt. Die Schweiz hatte verloren. Aber auch nicht allzuviel. Man müsse an die Geschäfte von morgen denken. Mit eben diesen Alliierten. Und daher die bittere Pille schlucken.

Das Abkommen wurde schließlich ratifiziert. 142 Ja- und 29 Neinstimmen im Nationalrat; 24 Ja- und 11 Neinstimmen im Ständerat.[10]

III. Die schuldlosen Schuldigen

Zwei Welten standen sich in Washington gegenüber: die Welt der alliierten Demokraten, die unter unvorstellbaren menschlichen und materiellen Opfern über fünf Jahre Krieg gegen die Achsenmächte geführt und den Planeten vom Nazi-Geschwür und dem japanischen Militarismus befreit hatten, und die helvetischen Händler.

Zwischen den beiden Welten war das Unverständnis komplett. Keiner konnte den andern begreifen. Insbesondere die Schweizer begriffen nicht, warum die Sieger ihre »Sonderstellung« als Neutrale nicht akzeptieren wollten.

Sonderfall Schweiz. Ein Thema, das bis heute fortwirkt. Walter Stucki, Charles Bruggmann, William Rappard waren durchaus guten Glaubens. Mit Schlichen und Tricks, mit Halbwahrheiten und diplomatischen Lügen verteidigten sie – mit ihrem Gewissen im reinen – die Position der neutralen, so winzig kleinen (und finanziell so mächtigen) Händlerrepublik.

Der Kriegsgewinn der Gnomen bildet heute die Basis der eindrucksvollen, den Planeten umspannenden Macht der schweizerischen Großbanken.

Die Mehrzahl der wahrscheinlich vielen hundert Millionen Schweizer Franken, die 1946 auf den herrenlosen jüdischen und anderen Konten lagen, sind gerettet worden. Sie sind in ihrer großen Mehrzahl längst – völlig legal – in die stillen Reserven der Schweizer Banken, Treuhand-, Finanz- und Versicherungsgesellschaften eingegangen. Auch das Nazi-Raubgold blieb den Gnomen mehrheitlich erhalten.

Zwar redet Altstaatssekretär Paul J. Jollès 1996 von »schockierenden Versäumnissen« der Schweizer.[11]

Aber das ist wohl ein spätes Sündenbekenntnis, wie es gottgefälligen sittenstrengen Christen in der Schweiz oft zu eigen ist. An der Überzeugung, richtig und im Interesse des neutralen, stets allseits bedrohten Kleinstaates gehandelt zu haben, ändert die späte Konfession nichts.

Kurz: Gemessen an den ureigenen, egoistischen, kurzfristigen nationalstaatlichen Interessen der Eidgenossenschaft, verdient die Leistung der Washingtoner Unterhändler ohne Zweifel Bewunderung.

Walter Stucki vollbrachte Großes. Als hätte er sich einen Leitsatz Goethes zu Herzen genommen: »Denn der Mensch, der zu schwankenden Zeiten noch schwankend gesinnt ist, der vermehret das Übel und breitet es weiter und weiter.«

Die Schweiz hatte Hitlers Angriffskriege finanziert; ihre Mächtigen waren zu aktiven, willentlichen Komplizen eines der schlimmsten Massenmörder der menschlichen Geschichte geworden. Jetzt saß in Washington die freie Welt über sie zu Gericht.

Zweifeln? Höflich antworten? Bekennen gar oder sich entschuldigen?

Wo denken Sie hin! Kommt nicht in Frage!

In schwankender Zeit wollte Stucki nicht schwankend sein. Er versteifte sich aufs Leugnen. Schuldig? Niemals. Komplize? Das Wort kenn' ich nicht. Herr Hitler aus Berlin? Ein Geschäftspartner wie jeder andere. Die SS-Monster? Was die taten, geht uns nichts an. Die wüteten ja in Polen und Rußland.

Stucki vollbrachte noch eine zweite Meisterleistung: das Anklagedossier der Alliierten stützte sich auf die Geheimdienstberichte, die Abhörprotokolle aus Bletchley-Park, die sequestrierten Reichsbankakten, die Aussagen der Kriegsverbrecher (Funk, Puhl u. a.). »Verwisch die Spuren« rät Bertolt Brecht im gleichnamigen Gedicht. Eben dies tat Stucki. Jede Aussage zu Fakten verweigerte er. Stets berief er sich aufs Bankgeheimnis. »Stone-walling« nennt man das im amerikanischen Strafprozeß. Diese Strategie erfordert gute Nerven. Stucki hatte sie.

Die komplizierten, langwierigen, von rekurrierenden Krisen unterbrochenen und wieder aufgenommenen Verhandlungen in Washington (und die nachfolgenden diplomatischen Auseinandersetzungen 1952 mit der Bundesrepublik und den Besatzungsbehörden) markieren eine Schwelle: Vom aussätzigen »Neutralen« und Nazi-Komplizen gelingt es der Schweiz, sich – unter größten Schwierigkeiten – zu einem respektierten Vollmitglied der westlichen demokratischen Gemeinschaft zu wandeln. Auch unter diesem Gesichtspunkt ist die Leistung der Eidgenossen in Washington bewunderungswürdig. Selbst wenn sie mit viel Lügen und Halbwahrheiten erkauft wurde.

Alle Durchführungsbeschlüsse des Washingtoner Abkommens (insbesondere die Übergabe der verbliebenen deutschen Privatguthaben) erforderte die Genehmigung der alliierten Kontrollbehörden im besetzten Deutschland. Die Besatzungsmächte kontrollierten sämtliche deutschen Transaktionen mit dem Ausland, also auch mit der Schweiz.

Der mühsame Schritt über die Schwelle vom Hitler-Komplizen zum respektierten Mitglied der freien Welt ist durch zahlreiche Sekundärquellen, Dissertationen zumeist, dokumentiert.[12] Ihre Lektüre ist interessant. Sie geben Aufschluß über das, was uns hier vordringlich interessiert: die Mentalität der helvetischen Herrschaftsträger.

Tatsächlich wichen in Washington die alliierten Großmächte vor der Schweiz zurück: *Die Schweizer besiegten die Sieger des Zweiten Weltkriegs.*

Die unglaubliche Selbstgerechtigkeit, die Sturheit der Eidgenossen, gestützt auf die Neutralitätslüge, erklärt zum großen Teil diesen Sieg.

Die helvetischen Chefunterhändler – allen voran Stucki, Rappard und Bruggmann – sowie ihre Adlaten aus der Nationalbank und die paar in den Gängen herumsitzenden Gnomen – triumphierten.

Hier der vertrauliche Brief von Walter Stucki an Bundesrat Max Petitpierre vom 28.5.1948:

»Es handelt sich ausschließlich darum, daß gemäß Bundesbeschluß vom 14. September 1945 und in voller Übereinstimmung mit den Verhandlungen in Washington vorausgegangenen Besprechungen mit der bundesrätlichen Wirtschaftsdelegation von und in Washington alle Anstrengungen gemacht worden sind, um die Vermögenswerte des Reiches und der Reichsbank nicht dem Abkommen zu unterstellen. Mit der Begründung, diese Mittel müßten für die Finanzierung der deutschen Interessenvertretungen reserviert werden, haben wir dieses Ziel denn auch erreicht. Würden nun diese Mittel entgegen den abgegebenen Erklärungen zur Befriedigung schweizerischer Gläubiger verwendet, so könnten uns die Alliierten zwar nicht eine Verletzung des Abkommens vorwerfen, wohl aber vorhalten, sie seien von uns in Washington getäuscht worden.«[13]

Der Schweizer Gesandte in Washington, Charles Bruggmann, lobte sich selbst, die Alliierten hereingelegt zu haben. Am 27. Dezember 1948 schrieb er an den Direktor der Handelsabteilung im Eidgenössischen Volkswirtschaftsdepartement, Jean Hotz:

»Vor allem möchte ich Ihnen noch danken für die Anerkennung, die Sie mir anläßlich des bewußten Nichtmitmachens so generös ausdrückten. Es ist mir natürlich jeweilen eine große Genugtuung, wenn ich Ihrer Zustimmung sicher bin. Nicht sicher war, daß uns die Amerikaner nichts nachtragen würden, aber bis jetzt fehlt jedes Zeichen einer Mißbilligung. Angesichts kommender Diskussionen werden wir, glaube ich, besonders froh sein, gehandelt zu haben, wie wir taten. Nur sollte die Presse künftig bei ähnlichen Anlässen nicht von Erfolg reden.«[14]

Altstaatssekretär Paul J. Jollès, ein großer Handelsdiplomat, war 1946 ein junger Attaché in Washington. Er war dabeigewesen. Ohne Entscheidungsbefugnis, doch mit wachen Augen und Ohren. In der Neuen Zürcher Zeitung vom 30. Oktober 1996 hält er befriedigt Rückschau: Das Abkommen findet er ausgezeichnet, denn »die Vereinbarkeit zwischen der Neutralitätspolitik und dem Beuterecht der siegreichen Kriegsparteien wurde hergestellt«. Jollès sieht in der Berner Goldwaschmaschine eine Institution der schweizerischen Neutralität. Und diese Neutralität sei stets »verläßlich«. Recht hat Paul J. Jollès.

Während der ganzen achtundsechzig Tage des diplomatischen Kampfes in Washington zeigte insbesondere Walter Stucki ein erstaunliches Maß an Arroganz und Selbstgerechtigkeit. Der Mann verspürte überhaupt kein Unrechtsbewußtsein. Ständig verglich er Hitler mit den Alliierten. Für ihn war die Schweiz das Land der Heiligen. Daß sie irgend etwas falsch gemacht haben könnte oder gar schuldig geworden wäre, kam ihm nicht in den Sinn.

Stucki verhandelte unter extremem Druck. Entsprechend gerieten seine Ausfälle gegen die Alliierten. Hier ein Beispiel. An jenem Tag ging es um die alliierten Kriegsziele. Randolph E. Paul hatte soeben versucht, den Eidgenossen klarzumachen, daß die westlichen Demokratien nicht für ihre egoistischen, nationalstaatlichen Interessen, sondern für die Freiheit aller Menschen auf diesem Planeten während über fünf Jahre Krieg geführt und unsägliche Opfer erbracht hätten.

Stucki wischte diese Argumentation verächtlich vom Tisch:

»Hitler und Goebbels wären ja nicht verlegen gewesen, ihre Forderungen zu begründen unter Hinweis auf die Notwendigkeit, Europa groß und einig zu machen und vor dem Bolschewismus zu bewahren. Wenn wir auch ohne weiteres zugeben, daß dieser Zweck schlecht und daß der von Ihnen genannte Zweck an sich gut ist, so müssen wir doch nachdrücklich daran erinnern, daß das Recht nicht nach den Zwecken verschieden sein darf. Der alte jesuitische Grundsatz, ›der Zweck heiligt die Mittel‹, kann in den einzelnen Staaten sowenig wie in den internationalen Rechtsbeziehungen anerkannt werden.«[15]

Der schlaue Stucki war auch ein großer Heuchler. Um Randolph E. Paul zum Schweigen zu bringen, zitierte er Roosevelt: »Sie haben gewiß die Möglichkeit, uns auf die Knie zu zwingen, wie Hitler dies während des Krieges hätte tun können. Wir vermögen aber nicht zu glauben, daß eine der schönsten und wichtigsten Erklärungen Ihres verstorbenen großen Präsidenten vergessen sein sollte: Er sagte zu Weihnachten 1943: ›Die Rechte jeder Nation, ob groß oder klein, müssen respektiert und bewahrt werden, ebenso sorgfältig wie die Rechte jedes Individuums in unserer eigenen Republik. Die Lehre, daß der Starke den Schwachen beherrschen soll, ist die Lehre unserer Feinde, und wir lehnen sie ab.«[16]

Der interessanteste Mann der Schweizer Delegation hieß ohne Zweifel William E. Rappard. Er gehörte weder der sichtbaren Regierung der Eidgenossenschaft, der Berner Politelite, noch der unsichtbaren, der Zürcher Bankenoligarchie, an. Sein Leben gehörte der Universität.

Kurz nach dem Ersten Weltkrieg etablierte sich in Genf der Völkerbund. Der junge Genfer hatte in den Vereinigten Staaten, an der Harvard University, studiert. Er wurde zum prophetischen Advokaten der Ideen der kollektiven Sicherheit, der Lösung der Konflikte durch internationale Schiedsgerichtsbarkeit, der Selbstbestimmung der Nationen. Sein historisches Vorbild war Jean-Jacques Rousseau. Dem amerikanischen Präsidenten und Völkerbundsgründer, Woodrow Wilson, war er zugetan.

Rappard war ein überzeugter Pazifist. Er haßte Staatsräson und Militarismus. Noch im hohen Alter stand er vor seinen Studenten und predigte auf eindrucksvolle Weise Völkerverständigung und weltweite Abrüstung. Den Mann werde ich nie vergessen.

Sein Begräbnis fand am 2. Mai 1958 in der Kathedrale von Saint-Pierre in Genf statt. Die Politelite aus Bern und die Gnomen waren da, aber eben auch: Hunderte einfacher Bürger und vor allem dankbarer Studentinnen und Studenten.

William E. Rappard hatte in jungen Jahren das Institut des Hautes Etudes Internationales, eine international finanzierte Privatuniversität am rechten Ufer des Genfer Sees gegründet. Das Institut war sein Lebenswerk. Wilhelm Röpke, Georges Sauser-Hall, Maurice Bourquin, Friedrich von Hayek, Hans Kelsen (später Jacques Freymond) unterrichteten hier. Hauptfächer waren und sind Völkerrecht, Zeitgeschichte, internationale Ökonomie, das Recht der internationalen Organisationen. Gerhart Riegner hatte hier gearbeitet.

Rappards Ziel: die Ausbildung von jungen Kadern für die internationalen Organisationen im Geiste der Toleranz. Rappard bewunderte Aristide Briand und haßte Heinrich Rothmund. Aristide Briand, Außenminister Frankreichs und Befürworter der Vereinigung Europas, hatte den Satz geschrieben: »Nie wieder dürfen die langen schwarzen Schleier der Trauer wehen im Himmel über Europa.«

Rothmund, Chef der Bundespolizei, praktizierte die mörderische Antiflüchtlingspolitik während des Zweiten Weltkriegs. Rappard bekämpfte ihn.

Rappards Freunde waren Liebmann Hersch und Gerhart Riegner.

Rappard war die Inkarnation des calvinistischen Genfer Patriziats. Trotzdem trat er 1941 gegen die »Entente nationale«, das Politkartell der Genfer Bankiers an. Die kommunistische Partei und die sozialistische Föderation waren verboten. Ihre beiden Nationalräte Léon Nicole und Jacques Dicker waren aus dem Parlament ausgeschlossen worden. Rappard wurde auf der Migros-Liste, der Liste der Unabhängigen, am 28. September 1941 in den Nationalrat gewählt. Zum heftigen Ärger der Genfer Bankiers. Selbst Rappard war die Wahl nicht ganz geheuer. An Jacob Viner schreibt er: »As of my poor old self, I am afraid that I am getting truly senile. Not only have I published articles, but I have, even almost against my will, been elected to the federal parliament.«

Kurz: Rappard war ein großartiger Mensch, von intellektueller Brillanz und wohltuender Selbstironie.

Aber selbst er erlag in Washington dem helvetischen Wahn der Selbstgerechtigkeit, der Schuldlosigkeit und der immerwährenden Reinheit. Plötzliche Blindheit befiel ihn. Er schrieb an seinen Freund Max Petitpierre (am 27. Mai 1946):

»Ich weiß nicht, wie zukünftige Historiker unsere Verhandlungen, die wir nach Ihren Instruktionen geführt haben, beurteilen werden. Ich habe das Gefühl, sie werden versucht sein, uns zu gratulieren, daß wir uns, was das Gold anbetrifft, so gut aus der Affäre gezogen haben. Dagegen glaube ich, sie werden weniger nachsichtig mit uns sein in der Sache der deutschen Guthaben, die wir mit den Siegern zu teilen uns bereit erklärt haben. Um eine derartige Verletzung unserer Neutralitätstradition zu rechtfertigen und eine solche Mißachtung der bisherigen Völkerrechtsprinzipien, sollten sie der materiellen und moralischen Umstürze, die durch Hitler in der Welt provoziert worden sind, Rechnung tragen.«

In einem anderen Brief (an Petitpierre) degradiert er sich gar zum Sprachrohr der Bankiers:

»Bei ihrer Jagd auf die deutschen Guthaben in der Schweiz sind die Amerikaner manchmal von einem Geist beseelt, der nichts mehr zu tun hat mit ihrem Willen, Reparationen einzustecken, mit ihrer Angst vor dem militärischen Potential eines wiederauferstandenen Feindes, mit ihrer Antipathie für die Neutralen, mit ihrem Berufsstolz oder gar mit ihrem sportlichen Ehrgeiz, das letzte Wort zu behalten in ihrem Konflikt mit dem helvetisch-germanischen Arsène Lupin. Was wollen sie eigentlich? Wollten sie nicht einfach einen störenden Konkurrenten schwächen oder gar ausschalten, ihn ersetzen? Sie geben vor, den Tod des deutschen Sünders und seines schweizerischen Komplizen wegen deren vergangener Missetaten zu suchen. Tatsächlich aber wollen sie deren Geheimnis entdecken und deren Erbschaft einstecken.«[17]

Wie konnte ein so kluger, selbstsicherer und ironischer Mann nur so blind und zeitweise so lakaienhaft unterwürfig sein?

Wie konnten auf dem internationalen Parkett erfahrene, kultivierte Leute wie Rappard und Stucki die internationale Situation der Schweiz derart verkennen? Wie kann ein Jollès heute noch so verstockt sein?

Natürlich hat der Kalte Krieg, der bald nach dem Washingtoner Abkommen einsetzte und eine neue Eiszeit brachte, die Gewichte erneut verschoben. Hitlers Hehler, seine Industrie- und Waffenlieferanten wurden plötzlich zu strammen Verbündeten des freien Westens. Der Finanzplatz Schweiz, vor kurzem noch die Räuber- und Beutehöhle der Nazis, wurde gebraucht. Im Kampf gegen den Kommunismus.

Aber Stucki und Rappard hätten doch merken müssen, was Petitpierre ahnte: daß es eine Geschichte gibt, ein Gedächtnis der Völker und daß eines fernen Tages die Schweiz für ihre Verbrechen im Zweiten Weltkrieg zur Rechenschaft gezogen würde. Wie häufig, wenn es um helvetisches Handeln geht, ist die Antwort auf eine solche Frage sehr viel banaler als vermutet.

Ich erinnere mich an einen Winterabend im Bundeshaus von Bern. Ich arbeitete im Vorraum des Parlamentssaales, spät in der Nacht. Draußen fiel Schnee. Drinnen leuchteten die Kronleuchter.

Franz Blankart kam herein. Franz Blankart ist heute Staatssekretär, höchster Handelsdiplomat der Eidgenossenschaft und auch sonst ein einflußreicher Mann. Sein Büro liegt im Ostflügel des Bundeshauses auf der gleichen Etage wie der Parlamentssaal. Wir diskutierten den letzten Skandal von Bern (nicht das Washingtoner Abkommen). Wieder einmal hatte sich die Regierung, obschon technisch hoch kompetent, menschlich unmöglich benommen.

Blankart suchte lange nach einer Erklärung. Dann fand er sie: »Das höchste Kompliment, das in diesem Haus einem Bundesrat, Beamten oder Politiker gemacht werden kann, ist: ›Er hat die Sache erledigt‹... Wir wollen immer alles erledigen. Rasch, gründlich, definitiv. Das ist der höchste Ehrgeiz in diesem Haus. Mit welchen Methoden, unter welchen Konsequenzen erledigt wird, ist nicht wichtig.«

Blankarts Analyse trifft auf die Verhandlungen von Washington genau zu. Da war noch dieses lästige Dossier mit dem deutschen Gold. Das mußte doch einmal erledigt werden. Die Alliierten stimmten zu unserer unerhörten Überraschung unserem Vorschlag einer minimalen Saldoabgeltung zu? Akzeptiert, erledigt. Geht zu den Akten.

Bleibt die letzte Frage: Warum sind die Siegermächte, die das nazistische Ungeheuer niedergeworfen haben und deren Völker millionenfache Opfer gebracht hatten, vor diesen Schweizern in die Knie gegangen? Einfach so. Plötzlich. Fast diskussionslos (was die zweite Verhandlungsrunde angeht).

Der Kalte Krieg hatte ja noch nicht begonnen. Und irgendeine Sympathie verspürte zu Recht keiner der britischen, französischen oder amerikanischen Delegierten für die Schweizer Ganoven und ihre Raubgoldgeschäfte. Warum also die Nachsicht?

Erste Hypothese: Im alliierten Lager machten sich Kräfte bemerkbar, welche den Willen zur vollständigen Aufklärung lähmten. Finanzgruppen und einzelne Individuen aus den USA, Großbritannien und anderen alliierten Staaten hatten während der Jahre 1939 bis 1945 Geschäfte mit den Nazis über Drittstaaten gemacht.

Zu beachten ist ebenfalls die durchaus zweifelhafte Rolle der Bank für Internationalen Zahlungsausgleich (BIZ), wo während der ganzen Kriegszeit Nazi-Generaldirektoren mit alliierten Bankiers zusammenarbeiteten. Mit »Heil Hitler« unterschrieb der beigeordnete deutsche Generaldirektor Paul Hechler stets seine Briefe aus Basel an den Reichsbankvizepräsidenten Emil Puhl.

Gian Trepp gibt Auskunft über das merkwürdige Treiben der BIZ.[18] Während der ganzen Kriegsjahre – von Januar 1940 bis Mai 1946 – amtierte als deren Präsident der Amerikaner Thomas H. McKittrick. Finanzminister Morgenthau versuchte McKittrick wegen Kollaboration mit Nazis abberufen zu lassen. Umsonst.

Andere Amerikaner äußerten sich ebenfalls außerordentlich kritisch über das Verhalten bestimmter alliierter Finanzgruppen während des Zweiten Weltkriegs. Wilfried G. Burchett, australischer Sonderkorrespondent des englischen Daily Express, zitiert eine Aussage des amerikanischen Kontrollratvertreters Russell Nixon vor einem amerikanischen Senatsausschuß:

>»Außerdem erhebe ich gegen gewisse Elemente in den Außenministerien der Vereinigten Staaten, Englands und Frankreichs die Anschuldigung, daß sie eine Beteiligung aller vier Mächte an den Nachforschungen nach deutschen Vermögenswerten in neutralen Ländern bewußt zu verhindern suchen, weil sich dabei der faschistische oder reaktionäre Charakter der Regierungen in Ländern wie Spanien, Portugal, der Schweiz, Schweden und Argentinien herausstellen würde und alle Einzelheiten der Zusammenarbeit bestimmter Interessengruppen in den alliierten Ländern mit diesen Regierungen zutage kämen. Eine Aktion, an der wirklich alle vier Mächte beteiligt wären, würde die Kompromißpläne hinsichtlich der deutschen Vermögenswerte im Ausland zunichte machen, die der Wahrung gewisser Geschäftsinteressen dienen und die Entwicklung allzu radikaler Systeme verhindern sollen.«[19]

Zweite Hypothese: Das Nazi-Raubgold, dessen Herausgabe in Washington zur Diskussion stand, stammte nicht allein aus den Zentralbankreserven der von der Wehrmacht besetzten Länder. Es war auch Totengold darunter.

Die Reichsbank ließ sowohl das Gold, das im SS-Depot lag, wie

Teile des gestohlenen Zentralbankgoldes einschmelzen und stempeln. Das meiste Beutegold ging in die Schweiz. Keiner konnte nachträglich die verschiedenen Ursprünge feststellen.

Die drei alliierten Chefunterhändler hießen Randolph E. Paul (USA), Paul-Henri Charguéraud (Frankreich) und Francis W. McCombe (England). Alle drei waren besorgte, hochanständige Männer. Ihnen mußte mehr als unbehaglich zumute gewesen sein beim Gedanken, Barren aus Goldzähnen, Eheringen, Schmuckstücken von Millionen ermordeter Konzentrationslagerinsassen in die Goldreserven ihrer eigenen Zentralbanken zu überführen.

Ihr schlechtes Gewissen stimmte sie nachsichtig gegenüber den helvetischen Hehlern. Halbbewußte Scham verleitete sie zur unerwarteten Unterzeichnung des für die Schweiz so vorteilhaften Abkommens.

Heute holt die düstere Vergangenheit die Eidgenossen ein. Nichts ist erledigt.

1996 fordert der Präsident der Bankenkommission des amerikanischen Senats die Wiederaufnahme der Verhandlungen. Gemäß allgemeinem Völkerrecht sind Abkommen, die auf Täuschung, Lug und Trug fußen, ungültig. In Washington 1946 hätten Stucki, Rappard, Bruggmann und ihre Kollegen gelogen wie die Pferdehändler.

Der Präsident verlangt Neuverhandlungen.

Ganz unrecht hat der Amerikaner nicht.

SECHSTER TEIL

Die Holocaust-Beute

Oh, ihr Unglücklichen!
Euerm Bruder wird Gewalt angetan, und ihr kneift die
    Augen zu!
Der Getroffene schreit laut auf, und ihr schweigt?
Der Gewalttätige geht herum und wählt sein Opfer
Und ihr sagt: uns verschont er, denn wir zeigen kein
    Mißfallen.

Bertolt Brecht, Der gute Mensch von Sezuan

I. Die gute Seele Europas

Nacht und Nebel... Im Bewußtsein der europäischen Völker beschwören diese drei Worte seit einem halben Jahrhundert die Finsternis und das Verderben, das über Millionen von Menschen in den Vernichtungslagern gekommen ist. Die Worte stammen aus Wagners Oper »Das Rheingold«. Der Zwerg Alberich, Herr über das unterirdische Reich, besitzt magische Kräfte. Er macht sich selbst unsichtbar, um seine Sklaven zu peinigen. Er lehnt sich auf gegen Wotan, den Beherrscher von Walhall. »Nacht und Nebel, niemand gleich!« Wer diese magische Formel spricht und den Helm aufsetzt, wird unsichtbar in den Augen der anderen, löst sich auf in Nebel. Keiner kann ihn sehen, keiner ihn berühren. Alle Identität verschwindet. Der Mensch zerfließt. Wird transparent. Es gibt ihn nicht mehr.[1]

Richard Wagner war ein genialer Musiker – und ein fanatischer Antisemit.

Die Nazis übernahmen Alberichs Zauberformel. Aber sie kehrten sie um. Nicht die Herrscher, ihre Opfer sollten unsichtbar gemacht werden.

Am 20. Januar 1942 versammelten sich in einer Villa am Berliner Wannsee SS-Führer, Juristen, Staatsbeamte; sie beschlossen die Endlösung: die systematische industriell geplante Ermordung aller jüdischen Kinder, Frauen und Männer in ihrem Herrschaftsbereich. Das jüdische Volk sollte vom europäischen Kontinent verschwinden, unsichtbar gemacht, in Luft aufgelöst werden.

»Nacht und Nebel, niemand gleich!« Ausgesondert sollten die Opfer werden, vertrieben aus der Welt der Lebenden.

Hitlers Verbrechersyndikat erhoffte sich von der Nacht- und Nebelaktion einen doppelten Vorteil: Das jüdische Volk sollte ermordet, die Spuren sollten verwischt werden und die Mörder straflos davonkommen.

In seinem »Discours sur l'origine et les fondements de l'inégalité entre les hommes« schreibt Jean-Jacques Rousseau: »In der Beziehung zwischen den Menschen ist das Schlimmste, das einem passieren kann, der Willkür eines andern ausgeliefert zu werden.«[2]

Der bürokratisch geplante und industriell durchgeführte Massenmord am jüdischen Volk (und anderen Völkern) stellt die Quintessenz verbrecherischer Willkür dar.

Shoa heißt Feuer. Shoa ist die industrielle Verbrennung eines Millionenvolkes mitten im 20. Jahrhundert, mitten in Europa. Elie Wiesel: »Die Nacht hat diese Gemeinschaften aufgefressen, um sie wieder auszuspeien gegen einen Himmel in Flammen.«[3]

Der Shoa, der Auflösung des Volkes durch das Feuer, ging eine lange Zeit der Erniedrigung, der Diskriminierung voraus.

Gleich nach Hitlers Machtergreifung, aber auch schon zuvor, hatten jüdische Familien, Unternehmen und Gemeinschaften Teile ihres Vermögens in die Schweiz, in die vermeintliche Sicherheit gebracht. Je näher der Krieg rückte, um so mehr Juden aus ganz Europa versuchten, einen Teil ihres bedrohten Eigentums durch den Transfer auf Schweizer Bankkonten, in Banktresoren oder zu Händen von schweizerischen Treuhändern, Geschäftspartnern, Anwälten und Notaren zu retten.

Der sechste Teil unseres Buches ist dem Schicksal dieser Vermögenswerte gewidmet.

Jedoch: Keiner kann die gegenwärtige und vergangene Politik der Schweizer Bankiers, Treuhänder, Geschäftsanwälte, Galeristen, Privatpersonen und Unternehmen gegenüber den jüdischen Gläubigern verstehen, ohne vorgängige Kenntnis der offiziellen Flüchtlingspolitik der Eidgenossenschaft während der Jahre 1933 bis 1945.

Die Flüchtlingslüge offenbart die Mentalität, die der gegenwärtigen Behandlung der Holocaust-Beute durch die Banken zugrunde liegt.

Nicht nur Juden, sondern auch viele Zehntausende anderer geschundener, verängstigter Menschen – ukrainische, polnische entflohene Zwangsarbeiter, flüchtige Widerstandskämpfer und andere – wurden am Schweizer Grenzzaun zurückgejagt. Ich will ihre Tragödie nicht vergessen.

»Flüchtlinge«... Auf Juden angewandt, ist der Begriff ungenügend, erfaßt die Tragödie nicht. In fast ganz Europa verwandelte Hitlers Terrorherrschaft Millionen von Menschen in Flüchtlinge, vertrieb sie aus ihren Häusern, beraubte sie ihres Besitzes, ihrer zivilen Existenz, trieb sie auf die Straßen des Exils. In diesen Strömen geschundener, verängstigter Menschen erlebten die Juden eine Tragödie, die noch schlimmer war als jene, welcher die Flüchtlinge anderer Völker ausgesetzt waren. Die Juden waren Ausgestoßene besonderer Art.

Von ihnen redet Hannah Arendt:

»Sie sind nicht verfolgt, weil sie dies oder jenes getan oder gedacht hätten, sondern aufgrund dessen, was sie unabänderlicherweise von Geburt sind – hineingeboren in die falsche Rasse... Der moderne [jüdische] Flüchtling ist das, was ein Flüchtling seinem Wesen nach niemals sein darf: Er ist unschuldig selbst im Sinne der ihn verfolgenden Mächte.«

Und weiter:

»Jählings gab es auf der Erde keinen Platz mehr, wohin Wanderer gehen konnten, ohne den schärfsten Einschränkungen unterworfen zu sein, kein Land, das sie assimilierte, kein Territorium, auf dem sie eine neue Gemeinschaft errichten konnten. (...) Was sich herausstellte, war, daß das Menschengeschlecht, das man sich so lange unter dem Bilde einer Familie von Nationen vorgestellt hatte, dieses Stadium wirklich erreicht hatte – mit dem Resultat, daß jeder, der aus einer dieser geschlossenen politischen Gemeinschaften ausgeschlossen wurde, sich aus der gesamten Familie der Nationen und damit aus der Menschheit selbst ausgeschlossen fand.«[4]

Die Schweiz ist eines der unbekanntesten, rätselhaftesten Länder der Welt. So mysteriös, von Mythen bedeckt wie die Äußere Mongolei. Einer der eindrücklichsten Mythen, welche die helvetische Oligarchie dem Ausland vermittelt, ist jener der Schweiz als barmherzige Schwester der Verfolgten. Die Eidgenossenschaft als Wiege der Humanität, der internationalen Solidarität und der universellen Barmherzigkeit. Helvetien, »die gute Seele Europas«, wie sich Yves Fricker ausdrückt.[5] Hunderttausende jüdischer Männer, Frauen und Kinder haben an diesen Mythos geglaubt. Viele Menschen auf der ganzen Welt hegen diesen Irrglauben auch heute noch.

Wie viele Flüchtlinge, Verfolgte, Transitemigranten, Internierte etc. nahm die Schweiz während der Jahre 1939 bis 1945 permanent oder temporär auf?

Die Zahlen variieren je nach Kriegsgeschehen. Alfred Häsler gibt folgende Statistik: Zu Beginn des Krieges im September 1939 befanden sich zirka 7100 Flüchtlinge in der Schweiz. Bis zum 31. Juli 1942 kamen rund 1200 weitere Flüchtlinge dazu. Bis 31. Dezember stieg die Zahl der Zivilflüchtlinge auf rund 18 000. 1943 wurden von Januar bis Juli 4733 Flüchtlinge aufgenommen, von August bis Dezember 8719 Zivilflüchtlinge. Groß war der Andrang der Militärflüchtlinge. Zu Ende des Jahres befanden sich 39 713 Internierte, entwichene Kriegsgefangene, Militärflüchtlinge aus Italien (über 20 000 nach dem Sturz des Faschismus), hospitalisierte Franzosen und Finnen und 34 232 Zivilflüchtlinge, total also 73 944 in der Schweiz. In der ersten Hälfte des Jahres 1944 wurden 5763 Zivilflüchtlinge aufgenommen. Am 1. Dezember 1944 wurden total 103 162 Militär- und Zivilflüchtlinge gezählt. Bei Kriegsende 1945 (8. Mai) beherbergte die Schweiz über 115 000 Flüchtlinge.[6]

Sie alle kamen in Lager.

Wie viele Juden wurden während der gesamten Nazi-Herrschaft aufgenommen? Es waren 28 000, davon 7000 vor 1939.

Völlig rechtswidrig beschloß der Bundesrat von allem Anfang an, die Finanzierung der Aufnahme, die Kosten für die Weiterreise etc. der jüdischen Verfolgten sei Sache der Schweizer Juden.

Ohne jegliche Verfassungsgrundlage wurde so eine antisemitische Diskriminierung geschaffen.

Jacques Picard redet zu Recht von der »finanziellen Erpressung der Schweizer Juden«.

Er gibt eine Vorstellung von den immensen Auslagen, welche die rund 5000 erwerbstätigen Schweizer Juden zwischen 1933 und 1945 auf sich nehmen mußten.

Ich zitiere auszugsweise:

»Seit 1933 hatte der Verband Schweizerischer Jüdischer Fürsorgen (VSJF) bis Ende 1937 für die mehr als 6000 betreuten Flüchtlinge rund 680 000 Franken ausgegeben: der SIG [Schweizer Israelitischer Gemeindebund] hatte daher in seinen Flüchtlingssammelaktionen während fünf Jahren insgesamt 1 044 000 Franken zusammengebracht. Anfang 1938 rechnete der SIG mit Ausgaben für die Flüchtlingshilfe in Höhe von 80 000 Franken, ein Betrag, der in der Delegiertenversammlung vom März als vermutlich zu niedrig eingeschätzt wurde. Daß die tatsächlichen Ausgaben dann 25mal höher ausfielen als das vorgesehene Budget, resultierte aus den Folgen der bekannten politischen Ereignisse und der nazistischen Verdrängung der Juden aus Deutschland, von denen sich der Verband kurzfristig ›vollständig überrumpelt‹ und zur schnellen Improvisation gezwungen fand. Der VSJF-Jahresbericht nennt als Ursache den Anschluß Österreichs, das Münchner Abkommen, die fortschreitenden Vermögensenteignungen und den beruflichen wie gesellschaftlichen Ausschluß der Juden in Deutschland, die Novemberpogrome, die rassistische Gesetzgebung in Italien und die ›mit List und Gewalt im Juli-August nach der Konferenz von Evian begonnene planmäßige Abschiebung von Juden aus Österreich und Deutschland‹. Nach einer Auflistung der einzelnen Hilfsaktionen, die ›schon längst über die sogenannte Vereinsarbeit hinausgewachsen‹ waren und ein permanentes Engagement erforderten, kommt der Rückblick auf die finanziellen Lasten zu sprechen: ›Eine erste Konferenz im Bundeshaus ergab, daß man behördlicherseits darauf rechne, daß die Judenschaft der Schweiz sich darüber klar sei, daß es sich bei der Betreuung der jüdischen Flüchtlinge, der Bearbeitung ihrer Weiterreise und den finanziellen Folgen in erster Linie um eine Sache des Judentums der Schweiz handle.«« [7]

Sowohl die amerikanischen jüdischen Organisationen als auch die Schweizer Juden beugten sich dem Regierungsdekret: Sie gaben der Erpressung nach. Für alle Flüchtlinge kam die Schweiz auf, nur nicht für die rassisch Verfolgten. Zwischen 1933 und 1953 zahlten jüdische Hilfsorganisationen aus Amerika, aber auch anderer Länder insgesamt 44 Millionen Schweizer Franken Subventionen an den geplagten VSJF in der Schweiz. Die Schweizer Juden selber erbrachten unerhörte finanzielle Opfer: Die 5000 erwerbstätigen Mitglieder des SIG zahlten für ihre verfolgten Glaubensbrüder 10 Millionen Schweizer Franken.

Aber mit der Erpressung war es noch nicht genug: Bern erhob zudem eine Sondersteuer auf wohlsituierte jüdische Frauen, Kinder und Männer, die in der Schweiz auf die Emigration warteten oder untergekommen waren. Diese Sondersteuer brachte der Staatskasse stolze 1 600 000 Schweizer Franken ein. Auch sie entbehrte jeglicher Rechtsgrundlage im Rechtsstaat Schweiz. Die erpreßte Abgabe trug den schönen Namen »Solidaritätsopfer«.

Das Arbeitsverbot machte zudem den aufgenommenen Juden jegliche Erwerbstätigkeit unmöglich.

Im gleichen Zusammenhang: Aus verschiedenen Ländern Europas kamen Kinder zu Erholungsaufenthalten in die Schweiz. Organisiert waren diese »Urlaubszüge« vom Kinderhilfswerk, das dem Roten Kreuz angeschlossen war. Jüdische Kinder blieben ausgeschlossen. Grund: »Man weiß ja nicht, ob sie zurückgeschickt werden können.«

Peter Surava schrieb in »Die Nation« einen energischen Protest. Die Zeitung wurde zensiert, Surava unter Polizeiüberwachung gestellt. [8]

Wie viele Menschen wurden abgewiesen? Niemand weiß die genaue Zahl. Erst vom 13. August 1942 an wurden die Rückweisungen amtlich registriert. Dazu kommt: Nach dem Krieg wurde eine wahrscheinlich sehr hohe Zahl von Rückweisungslisten durch die zivilen und militärischen Behörden vernichtet.

Die Neue Zürcher Zeitung vom 5.12.1996 schreibt: Die Listen wurden »größtenteils« zerstört.

Die allermeisten Zurückgewiesenen waren Juden.

Wie viele Rückweisungslisten aus den Archiven entfernt wurden, ist nicht bekannt. Sicher ist nur: Die Zerstörung der Archivdokumente erfolgte ohne jegliche Rechtsgrundlage. Völlig illegal, diktiert von Panik. Angst erfaßte die Regierung 1945. Panische Furcht vor der Pflicht, Rechenschaft ablegen zu müssen.

Während eines halben Jahrhunderts klammerte sich die helvetische Regierung an die offiziell immer wieder publizierte Zahl von »nur« 10 000 Abgewiesenen.

Wintersession 1996 der eidgenössischen Räte im Bundeshaus von Bern: In Washington beginnen die Hearings des Bankenausschusses des amerikanischen Repräsentantenhauses. Hohe Schweizer Diplomaten und Vertreter der Schweizerischen Bankiervereinigung müssen vor dem amerikanischen Kongreß Rede und Antwort stehen. Es geht um den Verbleib des Nazi-Raubgoldes in helvetischen Bankenbunkern und um die »verschollenen« Holocaust-Gelder am Zürcher Paradeplatz.

Da geschieht das Unerhörte: Der mutige Direktor des Schweizerischen Bundesarchivs Christoph Graf und seine Mitarbeiter veröffentlichen einen Dokumentarband. Titel: »Die Schweiz und die Flüchtlinge 1933–1945«.[9] 45 000 Flüchtlingsdossiers waren aufgearbeitet worden. Fazit: Die Schweiz hat nicht 10 000, sondern mindestens 30 000 Flüchtlinge abgewiesen. 24 400 allermeist jüdische Frauen, Kinder und Männer wurden direkt an der Grenze abgewiesen und gelangten vielfach direkt in die Hände der wartenden SS-Schergen. 14 500 Schutzsuchende hatten umsonst im Ausland um eine Einreisebewilligung nachgesucht.

Noch einmal: Der Band basiert auf der Aufarbeitung von einstweilen 45 000 Flüchtlingsdossiers der Jahre 1933 bis 1945. Dazu kommt: Zehntausende von Dossiers sind vernichtet. Die Zahl der

Abgewiesenen ist mit großer Wahrscheinlichkeit noch viel höher. Spätere Forschungen werden Klarheit bringen. Heute schätzt man sie bereits auf über hunderttausend.

II. Abschreckung an der Grenze

»Ermordete können ihr Schicksal nicht erzählen«, schreibt der Historiker Stefan Mächler.[10] Einige Schicksale sind trotzdem namentlich belegt. Ich gebe hier vier ganz verschiedene Flüchtlingstragödien wieder.

Saul Friedländer ist heute einer der bedeutendsten israelischen Historiker.[11] Er stammt aus einer jüdischen Familie aus Prag. Die Familie war nach Frankreich geflohen. Saul überlebte den Krieg in einem katholischen Internat. Seine Eltern versuchten, von Montluçon kommend, im Herbst 1942 die Schweizer Grenze am oberen Genfer See zu überschreiten.

Jan und Elli Friedländer befanden sich in einer Gruppe, die sich in Lyon formiert hatte. Sie versuchten, sich über die Berge der Grenze zum Wallis zu nähern. Saint-Gingolph ist ein kleines malerisches Städtchen am oberen Seeufer, das zur Hälfte auf Walliser, zur anderen auf savoyischem Gebiet liegt. Ein Sturzbach – die Morges – markiert die Grenze.

Oberhalb von Saint-Gingolph liegt das Dörfchen Novel. Und noch höher das Massiv des Mont Grammont.

Der Gruppe gelang der unbemerkte Aufstieg durch den Bergwald ins Massiv des Mont Grammont und der Abstieg ins Tal der Morges. Sie waren in der Schweiz! Jedoch: Eine Patrouille von Soldaten und Polizisten überraschte sie. Die Gruppe wurde verhaftet und der französischen Miliz in Saint-Gingolph überstellt.

Elli und Jan Friedländer wurden ins Lager von Rivesaltes, in der Nähe der spanischen Grenze, geschickt. Von dort erfolgte die Deportation in ein Vernichtungslager im Osten.

Saul Friedländer, inzwischen Professor am Genfer Institut für Höhere Internationale Studien, begab sich Jahrzehnte später nach

Novel und Saint-Gingolph. In Novel stieß er auf den Bericht von Frau Franken, einer Augenzeugin:

>Wir haben nie erfahren, was aus diesen beiden geworden ist. Ausgewiesen, zweifellos. Sie waren jung, zwei tschechische Juden. Der berüchtigte Feldwebel Arrettaz von Saint-Gingolph lieferte die Flüchtlinge übrigens stets mit einem sadistischen Vergnügen aus. Sein Kollege dagegen, der Zöllner, lief immer weg, versteckte sich, um die schrecklichen Züge jener nicht mitansehen zu müssen, welche direkt an der Grenze den Milizionären übergeben wurden.[12]

Ein Brief von Sauls Mutter, offenbar gerichtet an die Pflegemutter ihres Sohns, vom 30. September ist wie ein Hilfeschrei:

>Wir hatten nach einer sehr beschwerlichen Reise die Schweiz erreicht und wurden zurückgewiesen (refoulés). Man hatte uns nicht richtig informiert. Wir warten jetzt auf unseren Transfer ins Lager von Rivesaltes, wo man über unser Los entscheiden wird, in der Art, wie Sie das wohl kennen. Uns fehlen die Worte, um Ihnen unser Unglück und unsere Verzweiflung zu beschreiben. Wir sind ohne jegliches Gepäck. Können Sie sich unseren physischen und psychischen Zustand vorstellen? . . . Vielleicht könnte eine Intervention in Vichy uns vor dem Schlimmsten bewahren. Es ist nicht das Lager, das wir fürchten. Das wißt ihr ja. Wenn Sie die geringste Möglichkeit haben, uns zu helfen, tun Sie es. Wir flehen Sie an. Handelt schnell. Man könnte sicher in Vichy eine Lösung finden, die weniger katastrophal für uns wäre. Vergessen Sie den Kleinen nicht!<[13]

Am 3. Oktober dann ein letztes Telegramm aus dem Lager Rivesaltes: >Ohne Intervention Innenministerium, unser bevorstehender Abtransport unvermeidlich. Jan Friedländer, 3548 Rivesaltes, Îlot K.<
Frauen und Männer der Vereinigung der Quäker warteten in

den Bahnhöfen und entlang der Eisenbahnlinien, auf denen die Deportationszüge vorbeifuhren. Entlang der Gleise sammelten sie die letzten Botschaften, welche die Deportierten aus den Wagen warfen. Eine solche Botschaft, datiert vom 5. Oktober, gelangte in Sauls Besitz. Geschrieben war sie zu Anfang mit Tinte, dann fast unleserlich mit Bleistift. Ihr Inhalt: »Madame. Ich schreibe Ihnen aus dem Zug, der uns nach Deutschland bringt. Ich habe Ihnen im letzten Moment, dank einem Vertreter der Quäker, 6000 FF geschickt, dazu ein Armband und – dank einer Dame – ein Album mit Postmarken. Behalten Sie alles für den Kleinen auf und empfangen Sie zum letzten Mal unsern unendlichen Dank und unsere wärmsten Wünsche für Sie und Ihre ganze Familie. Sorgen Sie für den Kleinen! Gott danke es Ihnen und segne Sie, Sie und Ihre ganze Familie. Elli und Jan Friedländer«.[14]

Es war das letzte Lebenszeichen der Deportierten.

Der Pionier der kritischen Erforschung der helvetischen Flüchtlingspolitik zur Zeit des Dritten Reichs heißt Alfred Häsler. Bereits 1967 veröffentlichte er sein nunmehr klassisches Werk: »Das Boot ist voll«. Es beginnt mit der Schilderung einer anderen Flüchtlingstragödie:

»Der Gärtner des israelitischen Friedhofes in Bern entdeckte eines frühen Morgens innerhalb der Gräberreihen ein Paar, das dort die Nacht verbracht hatte. Es gab sich zu erkennen als ein junges belgisches Ehepaar israelitischer Herkunft, das nach einer dramatischen Flucht aus Belgien und durch das besetzte Frankreich, um der Deportation nach dem Osten zu entrinnen, heimlicherweise über die Schweizer Grenze und nach Bern gelangt war. Die beiden Eheleute meldeten sich dort unverzüglich auf der belgischen Gesandtschaft, die ihnen mit einem Geldbetrag aushalf und sie an die Organe der Flüchtlingshilfe verwies. In der Angst, dort keine wirksame Hilfe zu finden, verbrachten die beiden Flüchtlinge zunächst die Nacht auf dem israelitischen Friedhof. Es sollte auch ihre letzte Nacht in der Freiheit sein.

Der Friedhofsgärtner verständigte die Flüchtlingshilfe, deren Organe sich sofort des Ehepaares annahmen und in der Absicht, völlig korrekt zu handeln, die sofortige Meldung bei der Polizei veranlaßten.

Die Polizei, die mit den jungen Leuten Erbarmen hatte und ihnen bei der Unterbringung auf der Wache alle Hilfsbereitschaft und Sympathie bekundete, wartete nun die entsprechenden Instruktionen ab. Der Befehl der Polizeiabteilung lautete: Die Flüchtlinge sind sofort in das besetzte Gebiet, wo sie herkamen, auszuschaffen. Dann setzte ein Kampf der Vertreter der Flüchtlingshilfe ein, die, unterstützt von angesehenen Persönlichkeiten außerhalb der jüdischen Gemeinde, das Äußerste unternahmen, um den beiden Flüchtlingen die Rückstellung und damit die Trennung und den Untergang zu ersparen. Über die näheren Umstände dieses zweitägigen Ringens wird bei Gelegenheit noch zu sprechen sein; wir müssen uns mit der bitteren Feststellung begnügen, daß alle Demarchen erfolglos blieben und die Eidgenössische Polizeiabteilung ihr schicksalhaftes Machtwort sprach.

Die Berner Polizei erhielt Auftrag und Befehl, die Ausweisung über Pruntrut unverzüglich in die Wege zu leiten. Seither wissen die Organe der Flüchtlingshilfe nichts mehr von diesen Flüchtlingen, die in das große Meer des ungeheuren Elends zurückgestoßen wurden.«[15]

Dank Dokumenten aus dem israelischen Yad Vashem gelang es fast dreißig Jahre später dem Historiker Guido Koller, die jungen Deportierten zu identifizieren und ihr weiteres Schicksal zu verfolgen.[16]

Céline und Simon Zagiel wurden ins besetzte Frankreich ausgeliefert. Eine besondere Grausamkeit: Im August 1942 war Frankreich südlich der Loire noch nicht von den Deutschen besetzt. Die Zurückgewiesenen hätten ohne weiteres per Eisenbahn oder Auto an die Genfer Grenze geführt werden können.

Die Wehrmacht stand nicht überall an der Schweizer Grenze. Bis zur totalen deutschen Besetzung Frankreichs Ende 1942 verfügte die Schweiz über einen schmalen Grenzstreifen zum unbesetzten Teil. Von Genf/Eaux-Vives fährt eine Eisenbahn nach Annemasse, La-Roche-sur-Foron, Annecy. Diese Linie war offen. Obschon das Vichy-Regime die Juden zu der Zeit inhaftierte, hätte doch eine Chance des Untertauchens im noch nicht besetzten Frankreich bestanden.

Gleich hinter dem Grenzübergang in der Ajoie wurden die beiden jungen Eheleute von einer feindlichen Patrouille verhaftet, nach Belfort und dann nach Paris ins Lager von Drancy gebracht. Am 24. August wurden sie in den Transportzug Nummer 23 gepfercht und nach Auschwitz deportiert. Von der Selektionsrampe, gleich nach der Ankunft, wurde Céline in die Gaskammer geschickt, Simon dagegen wurde als Zwangsarbeiter ausgesondert. Er überlebte.

Ein dritter Fall: Es ist die Geschichte der Familie Sonabend, die der Historiker Stefan Mächler rekonstruiert.[17]

Simon Sonabend war Uhrenhändler in Brüssel. Mit den schweizerischen Uhrenfabrikanten, insbesondere in Biel, hatte er seit siebzehn Jahren regen geschäftlichen, oft auch freundschaftlichen Kontakt. Er war ein in der Schweiz und in Brüssel angesehener, geschätzter Kaufmann. Und ein wichtiger Geschäftspartner der Schweizer: Seit 1925 kaufte er jährlich für durchschnittlich 125 000 Schweizer Franken Uhren und trug zum Prestige der helvetischen Uhrenindustrie wesentlich bei.

1942 war Simon Sonabend dreiundvierzig Jahre alt, seine Frau Laja achtunddreißig. Sie hatten zwei Kinder: die fünfzehnjährige Sabine und den elfjährigen Charles. Die Kinder überlebten wie durch ein Wunder. Die Eltern wurden in Auschwitz vergast. Zeuge für Mächler ist der Sohn Charles.

Er erzählt: Im Sommer 1942 wußte jedermann in der jüdischen Gemeinde in Brüssel, daß die Deportation nach Osten den sicheren Tod bedeutete. Post und Telefon funktionierten. Die Nazis hatten Belgien im Mai 1940 besetzt. Im April 1942 kam – insbesondere aus Polen – die Nachricht von dem Grauen, welches die Deportierten in den Vernichtungslagern erwartete.

Charles Sonabend:

»Sie töteten alle mit Gas. Das heißt, in Brüssel gab es kein Geheimnis: Wenn man nach Auschwitz geschickt wurde, war man zum Tode verurteilt, praktisch von der Ankunft an. Die Deutschen begannen die Leute über Malines zu deportieren. Sie schickten der Familie oder einer Person eine Karte mit der Anweisung, sich mit einem Koffer in Malines einzufinden.«

Malines ist eine Stadt bei Brüssel. Dort wurden die Juden gesammelt. Sie erhielten einen »Arbeitsbefehl« zugestellt (meist über die Association des Juifs de Belgique) und die Aufforderung, sich in Malines zu melden. Im August 1942 erhielten auch die Sonabends einen solchen Befehl. Sie beschlossen zu fliehen. Natürlich in die Schweiz, weil ja in diesem Land der Vater seit über siebzehn Jahre enge geschäftliche und auch freundschaftliche Beziehungen unterhielt.

Simon Sonabend war ein wohlhabender Mann. Die Fluchtvorbereitungen gingen daher ziemlich rasch vonstatten. Falsche Ausweispapiere wurden gekauft, Schlepper für die gefährliche Fahrt durch das besetzte Europa kontaktiert und bezahlt. Historiker Mächler errechnete eine enorme Summe für diese Aufwendungen: Sie entsprach ungefähr zehn Jahreslöhnen eines belgischen Arbeiters. Zwei dieser hochbezahlten Schlepper führten die Familie bis in die Wälder des Jura, genauer in die Gebirgsketten, welche die Franche-Comté vom Waadtländer Jura trennen. Deutsche Kontrollen passierten sie – wenn auch in furchtbarer Angst – dank der gut gefälschten Pässe.

In Besançon war die Eisenbahnfahrt zu Ende. In einem kleinen Hotel wartete die Familie auf die Weiterfahrt. Ein Lastwagen holte sie ab. Ziel: ein französisches Dorf nahe der Grenze. Ein neuer Schlepper nahm sie in Empfang. Zu Fuß und beladen mit schwerem Gepäck ging es über den Mont Risoux, einen bewaldeten Jura-Bergzug, in dem heute einige der schönsten Langlaufpisten Europas liegen.

Um vier Uhr morgens betrat die Familie Sonabend die Schweiz,

Kaufhaus JOH

Kaiserstr.96, 61169 Friedberg
06031/690257 CD-Abteilung /69020 Büro

10.08.1999 16:42:36   11128   3

| 36 | 3,99 DM |
| BÜCHER/ | |

| Summe | 3,99 DM |

| Gegeben Bar | 10,00 DM |
| Zurück | 6,01 DM |

Mwst 7 % aus   3,99 DM =   0,26 DM

UMTAUSCH nur mit KASSENBON und PREIS-
ETIKETT innerhalb einer Woche!!!
Wir danken für Ihren Einkauf!
Es bediente Sie Frl. Funkner

das idyllische Vallée de Joux mit seinem See und den traditionellen Uhrmacherdörfern Le Sentier und Le Pont. In einem Chalet im Wald blieben sie zwei Tage.

Charles Sonabend erinnert sich: »Alle vertrauten darauf, daß wir in der Schweiz angekommen und gerettet waren.«

Es war Freitag, der 14. August 1942. Die Flucht hatte sechs Tage gedauert.

Vater Sonabend, begleitet von seiner Frau und seinen Kindern, machte sich auf den Weg zu seinen Freunden nach Biel. Zuerst gingen sie zu Ernst Schneeberger, dem Direktor der Uhrenfabrik Freco. Die Eltern und die Kinder bezogen getrennt Unterkunft: Vater Sonabend und seine Frau fanden Aufnahme bei Fernand Lob, die Kinder bei Jacques Wollmann.

Am nächsten Morgen wurden die Behörden verständigt. Es galt, den Aufenthalt der Flüchtlinge zu regeln. Fernand Lob, Angestellter bei Schneeberger, war Jude. Angesichts des in Behördenstuben weitverbreiteten Antisemitismus, bat er Schneeberger – der nicht Jude war –, mit der Kantonspolizei von Biel Kontakt aufzunehmen. Das geschah per Telefon. Stunden später traf der Kantonspolizist Muhl, begleitet von Kollegen, in Lobs Wohnung ein. Er verhaftete das Ehepaar Sonabend. Die Polizisten fuhren mit dem Ehepaar per Eisenbahn in die Ajoie, nach Pruntrut, der ehemaligen Sommerresidenz des Basler Bischofs. Das Städtchen Pruntrut (heute im Kanton Jura gelegen) gehörte damals zu bernischem Hoheitsgebiet. Vater Sonabend wurde im Bezirksgefängnis im alten Schloß eingekerkert. Die Mutter kam ebenfalls hinter Gitter: im Ursulinen-Kloster.

Am selben Samstagnachmittag läuteten zwei Fahnder in Zivil an der Wohnungstür von Wollmann. Charles erzählt: Die Fahnder wollten ihn und seine Schwester zum Bahnhof führen. Er hätte protestiert: Samstag sei Sabbat und da dürfe man nicht Eisenbahn fahren. Umsonst. Wollmann half den Kindern ihre Sachen packen. Die Beamten schauten zu. Wortlos ging es zum Bahnhof. Während der ganzen Fahrt nach Pruntrut seien sie scharf bewacht worden. »Selbst beim Gang zur Toilette.«

Die Kinder wurden zu ihrer Mutter ins Ursulinen-Kloster gebracht und eingeschlossen. Es war das Fest von Mariä Himmelfahrt. Durch die Gitter konnte der kleine Charles die Prozession in der Straße unten vorbeiziehen sehen.

Die Erinnerung an die kaltherzigen Ordensschwestern ist Charles bis heute geblieben:

>>Es waren Ordensschwestern – Leute, von denen man ein klein wenig mehr Menschlichkeit erwarten würde –, denen jegliches Mitgefühl fehlte, um uns zu trösten zu versuchen, um uns ein bißchen Hoffnung zu machen, daß wir vielleicht nicht ausgeschafft würden. Es gab nichts dergleichen, es war sehr kalt. Wie wenn sie ihre Arbeit machten, ohne daran zu denken.(...) Ich war nicht abgestumpft, aber ich begriff nicht, daß die Leute so handeln können. Wie wenn sie überhaupt nicht wahrgenommen hätten, was passierte. Obwohl man ihnen gesagt hatte, warum wir abgereist waren, warum die Gefahren und daß man uns in den sicheren Tod schickte. Es war, wie wenn sie sich völlig abgekoppelt hätten, weil sie nicht wissen wollten, was geschah. Es ist dieser Eindruck, der mir während fünfzig Jahren geblieben ist von den Schweizern, die nicht wissen wollten, wie wenn dies für sie eine andere Welt gewesen wäre.<<

Die Bieler Geschäftsfreunde von Vater Sonabend, die ohnmächtig dem Abtransport der Eltern und der Kinder nach Pruntrut hatten zusehen müssen, waren unmittelbar nach dem Verschwinden der Kantonspolizisten aktiv geworden. Sie hatten alle ihnen zur Verfügung stehenden Beziehungen mobilisiert.

Die Ausweisungen von asylsuchenden Juden wurde in der französisch-schweizerischen Grenzregion der Ajoie meist von der Heerespolizei in Zusammenarbeit mit der Berner Kantonspolizei vorgenommen.

Stefan Mächler zitiert insbesondere zwei Akteure: den Chef der Berner Kantonspolizei des Distrikts Pruntrut, Choffat, und den Heerespolizisten Corbaz.

Vorgesehen war der erzwungene Grenzübertritt der Familie

Sonabend nach Frankreich in der Nähe des Schweizer Dorfes Boncourt, am Samstagabend, 22 Uhr.

Das Polizeiauto erschien um 21 Uhr vor dem Gefängnis Pruntrut. Trotz heftiger Gegenwehr wurde Vater Sonabend in den Wagen gezerrt. Dann fuhr das Auto zum Ursulinen-Kloster. Aber die »Andere Schweiz« war erwacht.

Über das, was an diesem Samstagabend vor dem Ursulinen-Kloster von Pruntrut geschah, haben wir Kenntnis dank eines offiziellen Berichts, den Polizeichef Choffat am nächsten Tag an das Kommando der Kantonspolizei in Bern schickte. Choffat schreibt:

»Frau Sonabend wurde eingeladen, im Wagen neben ihrem Mann Platz zu nehmen. Sie weigerte sich, bekam einen Anfall von Verzweiflung und fiel ohnmächtig auf den Zimmerboden. Die Kinder schrien um Hilfe. Aufgerichtet durch die Schwestern kam sie wieder zu sich. Sie rief um Hilfe, schrie ihre Verzweiflung heraus, man führe sie in den Tod. Natürlich wurden die Schreie dieser Personen draußen gehört, und bald hatten sich fünfzig Personen auf dem Platz versammelt. Mitleid ergriff das Publikum, und es protestierte gegen die Maßnahmen der Polizei. Sogar Heerespolizist Corbaz, der seinem Auftrag um jeden Preis Achtung verschaffen wollte, wurde beschimpft. Angesichts dieser Opposition und um so mehr, als es sich um eine Frau und zwei Kinder handelte, beschloß man, auf Gewaltanwendung zu verzichten, um eine Schlägerei zu vermeiden.«

Ein zweiter Rapport, erstellt von Heerespolizist Corbaz zu Händen seines Vorgesetzten, Major Hatt in Biel, schildert die Situation:

»Wir unternahmen alles Notwendige, um sie auszuschaffen, aber es war trotz der Hilfe der Kantonspolizei Pruntrut unmöglich, sie abzuführen. Sonabend, ebenso seine Frau und seine Kinder schrien und wollten sich nicht von der Stelle bewegen. Sie gaben vor, daß sie durch die Deutschen erschossen würden, wenn sie im besetzten Frankreich ankämen. Frau Sonabend zerriß sogar ihre Kleider und legte sich auf den Boden, und es war unnütz, zu insistieren, da etwa fünfzig Passanten, die durch die Schreie alarmiert worden waren, protestierten und schrien, daß man nicht so handeln dürfe. Angesichts der Unmöglichkeit, diese Leute in den Wagen zu bringen und sie zurückzuweisen, sah man sich gezwungen, sie im Gefängnis von Pruntrut zu verwahren.«

Aber nicht nur einfache Leute, Passanten, die mit der gehetzten Familie Sonabend Mitleid hatten und über die Brutalität der eigenen Behörden aufgebracht waren, protestierten. Auch lokalen Notabilitäten, staats- und regierungstreuen Persönlichkeiten geriet das Blut in Wallung. Alfred Ribeaud, Präsident des Bezirksgerichtes, gehörte der katholisch-konservativen Partei an. Oberst Ali Rébétez, im Zivilberuf Professor am Gymnasium Pruntrut, der liberalen Partei.

Beide waren einflußreiche politische Persönlichkeiten. Untereinander waren sie verfeindet. Doch beide intervenierten beim Polizeikommandanten und verlangten energisch Auskunft, warum diese jüdische, mit der Schweiz eng befreundete und dazu noch finanziell bestens situierte Familie ausgewiesen werden sollte. Aus La-Chaux-de Fonds telefonierte der sozialdemokratische Nationalrat und Chefredakteur der Zeitung La Sentinelle (dem offiziellen Organ der Westschweizer Sozialisten) Paul Graber und verlangte einen sofortigen Ausweisungsstopp. Der Arzt Dr. Edouard Gressot, auch er eine einflußreiche Persönlichkeit der Ajoie, erstellte schleunigst ein Zeugnis für Frau Sonabend. Ihr Gesundheitszustand verlange dringend Ruhe und erlaube keine Ausweisung.

In Bern wurden der Chef der Eidgenössischen Polizeiabteilung Heinrich Rothmund und sein Stellvertreter konsultiert. Sie zeigten kein Mitleid.

Heerespolizist Corbaz erstellt ein Vernehmungsprotokoll. Vater Sonabend sagt: »Ich kann nicht nach Belgien zurück, da mir und meiner Familie die Deportation droht. Andererseits ist es mir fast unmöglich, ins unbesetzte Frankreich zu gehen, da dort dieselben Maßnahmen gegen Juden ergriffen werden.«

Frau Sonabend kämpft um ihre Kinder. Sie fleht den Polizisten an, ihre Kinder zu verschonen. (Einheimische Familien in Pruntrut hatten die Aufnahme der Kinder angeboten.)

Der Ausweisungsbefehl wird bekräftigt. Angesichts der vielen Interventionen zugunsten der gehetzten Familie muß jedoch ein juristisch zwingender Grund gefunden werden. Die Heuchler in Bern finden ihn: rechtswidrige Einreise in die Schweiz.

Bei Einbruch der Dunkelheit, am Montagabend, fuhren Heerespolizisten in Zivil und im Taxi am Tor des Bezirksgefängnisses Pruntrut vor. Die Eltern Sonabend leisteten keinen Widerstand. Möglicherweise glaubten sie, sie würden in den von den Deutschen nicht besetzten Teil Frankreichs ausgewiesen. Sie irrten sich. Die Fahrt ging nach Boncourt. Dort übergaben die Heerespolizisten die Gefangenen den Kantonspolizisten, und diese führten die Familie, die Eltern und die Kinder, in die Nähe des Dorfes Saint-Dizier. Weniger als hundert Meter westlich lag das von Wehrmacht, SS und Gestapo kontrollierte französische Territorium.

Der Kantonspolizist Choffat schreibt anderntags an sein Hauptquartier in Bern:

»Der Grenzübertritt wickelte sich unter guten Bedingungen ab. Nachdem die deutsche Patrouille vorbeigegangen war, überquerten alle Mitglieder der Familie Sonabend die Grenze in der Absicht, zu ihrem Domizil in Brüssel zurückzukehren. Die Spesen für das Taxi und die Eskorte wurden von den Betreffenden selbst übernommen. Sie machten keine Schwierigkeiten. Die angeblich leidende Frau erklärte sich schließlich einverstanden, ihrem Mann zu folgen.«

Was der elfjährige Charles Sonabend daraufhin erlebte, berichtete er Stefan Mächler ein halbes Jahrhundert später:

»Wir hatten keine Straßenkarte und keine Anweisung, wohin und auf welche Seite wir gehen sollten. Als wir beim Weg ankamen, wußten wir nicht, ob wir uns nach links oder rechts wenden sollten. Zur einen Seite lag in der Ferne ein Wald, zur anderen Seite war ein Weg. Und unterdessen, während wir unschlüssig waren über die einzuschlagende Richtung, hörten wir in der Ferne einen Hund kläffen (...) Wir versteckten uns hinter einem kleinen Gebüsch. Es war in der Tat eine weitere deutsche Patrouille, die kam. Sie hatten einen Hund, der uns aufgespürt und an der Leine gezogen hatte. Die Deutschen fanden uns sofort.«

Die deutschen Soldaten brachten die Familie nach Belfort, wo sie inhaftiert wurde. Die Eltern wurden nach Paris ins Lager Drancy verfrachtet. Am 24. August wurden sie deportiert, direkt nach Auschwitz. Dort wurden Laja und Simon Sonabend ermordet. Wie durch ein Wunder überlebten die Kinder. Das Lager von Drancy war im August 1942 überfüllt. Adolf Eichmann verfügte nicht über genug Eisenbahnzüge, um alle Juden fristgerecht in die Gaskammern zu transportieren. Seine Weisung: Ein Teil der Kinder unter sechzehn Jahren wird provisorisch der Obhut der Union Générale des Israëlites de France überlassen.

Zehntausende von jüdischen Verfolgten, die in der Schweiz umsonst um Asyl nachgesucht hatten, erlitten das gleiche Schicksal wie Laja und Simon Sonabend. Ich gebe ein letztes Beispiel:
    Das Bundesarchiv birgt den Brief des deutschen Juden und SPD-Mitglieds Max Feingold an Nationalrat Paul Graber.[18]
    Feingold und seine Frau waren als »Staatenlose« im französischen Internierungslager Gurs festgehalten worden. Sie konnten fliehen, erreichten das Rhônetal und versuchten über die Walliser Alpen in die Schweiz zu gelangen.
    Sie wurden zurückgestoßen.
    Glück begleitete sie im Unglück: Die Ausweisung erfolgte durch die helvetischen Grenzwächter in den noch nicht von den Deutschen besetzten Teil Frankreichs. Max Feingold schrieb an den

international bekannten sozialdemokratischen Nationalrat. Paul Graber war ein großer Redner, ein bekannter Journalist und eine der markantesten Persönlichkeiten der Sozialistischen Internationale.

Max Feingold schreibt ihm detailliert:

»Lyon, 27. Oktober 1942
Sehr geehrter Herr Genosse Graber!

Gestatten Sie mir, verehrter Genosse, Ihnen folgenden Fall vorzutragen:

Am Dienstag, den 13. Oktober 1942, abends um 7 Uhr, versuchte ich, mit meiner Frau (die im 4. Monat in anderen Umständen ist) am Col de Balme, Canton Valais, nach der Schweiz zu kommen. Aus Gründen der völligen Erschöpfung meiner Frau wollten wir, ungefähr 1 km von der Grenze entfernt, bereits auf Schweizer Boden in einem Chalet übernachten. Kurze Zeit später erschien ein Schweizer Zollbeamter, der uns mit den gemeinsten Worten überschüttete. Er sagte zu uns unter anderem: Ihr seid Juden. Wir haben genug von dem Gesindel bei uns. Wir brauchen euch Dreckszeug nicht hier. Auf meine Bitte hin, meine Papiere zu prüfen, da ich Journalist und politischer Flüchtling sei, der um Asylrecht bittet, sagte der Zollbeamte: Wie es auch sei, Sie müssen raus. Man brachte uns zum Grenzposten, wo sich ca. 12 Soldaten befanden. Der Zollbeamte verließ uns und forderte den zuständigen Caporal auf, uns am nächsten Tag aus der Schweiz zu jagen.

Ich erklärte nun von neuem dem Caporal meine Situation, und dieser sagte mir nach Prüfung meiner Papiere, daß er veranlassen wird, daß man mich einer zuständigen Kommission vorführen soll. Am Mittwoch, den 14 Oktober, mittags, kam ein anderer Zollbeamter. Er ließ sich auf keine Erklärungen ein, sondern hielt vor den versammelten Soldaten folgende Ansprache:

›Weshalb, Soldaten, seid ihr hier? Wegen dieser Drecksjuden.

Weshalb bekommen wir nur 225 gr. Brot im Tag? Wegen dieser Saujuden. Ich habe noch nicht zu Mittag gegessen, weil ich mich mit diesem verdammten Judenzeug beschäftigen muß. Diese Bande muß verrecken und ausgerottet werden.‹ Zu meiner Frau, die vollkommen in Tränen aufgelöst war, sagte er: ›Wenn Sie nicht gehen, dann schlage ich Ihrem Mann mit dem Gewehrkolben den Kopf entzwei.‹ Zu mir sagte er: ›Wenn Sie jetzt einen Schritt zurückmachen, dann schieß ich Sie wie einen Hund nieder.‹«

Feingold fährt fort:

»Zwölf Schweizer Soldaten standen die Tränen in den Augen. Drei Caporale und neun Soldaten standen machtlos dabei und mußten tatenlos mit zuhören, wie ein Schweizer Zollbeamter ein hilfloses Ehepaar in der allergefährlichsten Art bedrohte.

Da ich die zwölf Schweizer Soldaten nicht persönlich kenne, sind dieselben aus dem Tagesrapport festzustellen. Ein Caporal befand sich darunter, der sich viele Jahre früher in Frankreich aufgehalten hat und dessen Schwester in Cannes mit einem Franzosen verheiratet ist. Er war am 14. Oktober zu Besuch im Grenzposten und Zeuge meiner Vertreibung. Alle Soldaten waren herzensgut zu uns. Sie bemühten sich in jeder nur erdenklichen Beziehung, uns unser Leiden zu erleichtern. Unzählige Male wiederholten sie, wir können nichts dagegen tun. Der Zollbeamte hat zu bestimmen und wir müssen gehorchen.

Folgende Papiere hatte ich vorgelegt: Bescheinigung, daß ich staatenlos bin; Parteiausweis der S.P.D.; Pressekarte; Geburtsschein; Bescheinigung des Camp de Gurs zwecks Evakuierung nach Deutschland (Deportation); Flüchtlingskarte, ausgestellt von der Préfecture du Rhône in Lyon, Internierungsausweis des Camp de Gurs.«

Feingold ist ein politisch gebildeter Mensch. Er weiß um die Eigenart der Schweiz:

> »Ich möchte nicht versäumen, Ihnen sehr verehrter Herr Genosse noch zu erklären, daß ich mir vollkommen bewußt bin, daß die Schweiz ein einzig dastehendes Opfer den Flüchtlingen gegenüber bringt. Ich weiß, daß viele, viele Tausend vom Tode Verfolgte in Ihrem Lande zumindest ein vorläufiges Asyl gefunden haben. Ich weiß, wie groß das Verständnis des Schweizer Volkes gegenüber diesen Ärmsten ist. Ganz gewiß kann und darf man der Schweiz keinen Vorwurf machen, wenn einige Zollbeamte eine andere Ansicht haben, als das Gros des Schweizer Volkes.
>
> Wenn ich trotzdem mein Einzelschicksal nun hervorhebe und mich an Sie wende, dann tue ich es aus dem Grund, weil ich um mein Leben kämpfe. Ich hatte, rein juristisch gesehen, das Recht, um Asylrecht zu bitten. Zumindestens müßte man mich der zuständigen Kommission vorgeführt haben, die über mein Schicksal zu entscheiden hätte. Es kann doch einem untergeordneten Beamten, der zufällig noch Antisemit ist, nicht das Recht eingeräumt sein, selbständig ein so schweres Urteil zu fällen.
>
> Bei meiner Verweisung am 14. Oktober lief ich auf dem Rückweg den französischen Gendarmen in die Hände. Wieso ich und meine Frau uns davon retten konnten, ist ein neues Kapitel, bestimmt aber noch tragischer als das, was mir die wenigen Stunden vorher in der Schweiz passiert ist.«

Verzweiflung klingt aus dem Brief:

> »Ich wende mich heute an Sie, verehrter Genosse mit der höflichen, aber herzlichen Bitte: Helfen Sie uns. Retten Sie unser Leben.
>
> Geben Sie uns die Möglichkeit, daß wir in Ihrem Lande unser nacktes Leben erhalten können. Haben Sie Mitleid mit uns, und nehmen Sie sich unserer an. Es ist Sache der Menschlichkeit, Erbarmen mit uns zu haben. Ich lege mein Schicksal in Ihre Hände und rufe Ihnen in allergrößter Verzweiflung zu: Um Gottes willen retten Sie uns.

Von meiner achtzigjährigen Mutter, die in Nürnberg gewohnt hat, höre ich seit November 1938 nichts. Mein Bruder war in Dachau, später in Oranienburg, von ihm bin ich seit April 1939 ohne Nachricht. Meine Schwiegereltern und drei ihrer Kinder kamen im November 1938 (Grynspan-Affäre) nach Zbanzyn, dann im August 1939 nach Polen. Ein Schwager, der in Paris wohnte, kam im Juli 1942 nach Drancy, später zur Deportation nach Polen. Ich lasse alle seit Jahren durch das Internationale Rote Kreuz (Mademoiselle Bordier) suchen, bis jetzt ohne Erfolg. Meine Frau und ich waren monatelang in Frankreich interniert. Wir halten uns illegal hier auf. Mit dem Ausdruck meines besten Dankes und der Versicherung meiner allergrößten Hochachtung bin ich

Ihr Genosse

Max Feingold«

In der grundsätzlichen Bewertung der praktizierten Asylpolitik sind sich der Hofhistoriker Bonjour und sein kritischer Kollege Graf einig.

Edgar Bonjour schreibt: »Der Egoismus und der verborgene Antisemitismus, den jeder Bürger hegt, veranlaßte ihn, die Augen zu schließen vor der Unmenschlichkeit mancher Aspekte der offiziellen Politik des Asylrechtes.«[19]

Christoph Graf: »So wie der innenpolitische Burgfrieden (und dessen Relativierungen) durch die internationale politische Entwicklung und die geschilderte geschmeidige Außenpolitik der Schweiz beeinflußt wurden, beruhte natürlich auch diese Außenpolitik der Anpassung auf inneren systemimmanenten Voraussetzungen. Wir meinen damit etwa die Tatsache, daß die restriktive Flüchtlingspolitik der Schweiz letztlich auch durch eine wenig aufgeschlossene Grundhaltung im Inneren bedingt war, daß diese realpolitische Anpassung an die Achsenmächte auch auf ideologischen, sozialen und wirtschaftlichen Affinitäten beruhte.«[20]

Die »ideologische Affinität mit den Achsenmächten«, die Christoph Graf in den offiziellen Flüchtlingsdirektiven wahrnimmt, sickerte die Behördenleiter nach unten. Grenzwächter, die eigentlichen Exekutoren der Flüchtlingsvertreibung, waren häufig ebenfalls davon infiziert.

Hier ein Auszug aus einem Bericht des Grenzwachtpostens in Riehen bei Basel. »Auch die Flüchtlinge aus Deutschland versuchen in vermehrtem Maße in die Schweiz zu gelangen. Alle Rassen und Typen europäischer Staaten werden von unseren Grenzwächtern eingefangen und je nach den bestehenden Vorschriften sofort wieder über die Grenze zurückgeschoben oder aber der Polizei übergeben.«[21]

Die offizielle Schweiz zeigte sich aber auch stets doppelzüngig. Während sie die jüdischen Hilfesuchenden diskriminierte, zelebrierte sie – verbal – ihre eigene (verlorene) Tugend der universellen Solidarität. Gerhart Riegner, Vertreter des Jüdischen Weltkongresses in Genf, stellt fest: »Während die Schweiz sich stolz als das Asylland bezeichnete und oftmals die wichtige Rolle betonte, die sie besonders im 19. Jahrhundert gespielt hatte, als ein Land, wo zahlreiche europäische Revolutionäre und Opfer autokratischer Unterdrückung einen rettenden Hafen vor der Verfolgung gefunden hatten, war ihr Verhalten gegenüber den Juden aus Deutschland und später Österreich und der Tschechoslowakei seit 1933 außerordentlich vorsichtig und zögernd. Sie ließ die warme Großzügigkeit vermissen, die sie bei anderen Gelegenheiten gezeigt hatte. Diese vorsichtige und zögernde Haltung der Schweizer Behörden war sicherlich zurückzuführen auf ein tiefsitzendes antisemitisches Vorurteil unter einem erheblichen Teil der Bevölkerung und gleichzeitig auch die ernste wirtschaftliche und soziale Lage, die für eine großherzigere Haltung wenig ermutigend war.«[22]

In einem Punkt hat Edgar Bonjour unrecht: Nicht jeder Bürger, nicht jede Bürgerin der Eidgenossenschaft hegte den »verborgenen Antisemitismus« und »verschloß die Augen« vor der Unmenschlichkeit der offiziellen Abweisung hilfesuchender Menschen an der Schweizer Grenze. Das Gegenteil ist wahr: Während im Bundeshaus, in den Grenzwachtposten, im Generalstab der Armee unermüdlich vor der »Verjudung der Schweiz« gewarnt und die soziale und wirtschaftliche Bedrängnis des Landes[23] beschworen wurde, zeigten Hunderttausende von Bewohnern des Landes – allen voran die schweizerischen Juden, die Gewerkschafter, die Demokraten und die Christen – aktives, stetes Mitleid mit den Verfolgten.

Die starken jüdischen Gemeinschaften in den Vereinigten Staaten spielten bereits Mitte der dreißiger Jahre eine wichtige Rolle. Über 50 000 jüdische Männer, Frauen und Kinder aus Deutschland gelang bis 1938 die Flucht nach Amerika. Sie brachten Kunde vom Straßenterror der SA-Banden, von den ersten Konzentrationslagern, der Zwangsarisierung der jüdischen Unternehmen, kurz: von der Rechtlosigkeit und dem täglichen psychologischen und physischen Terror, dem Juden in deutschen Städten ausgesetzt waren. Diese Berichte fanden in der amerikanischen Presse und Öffentlichkeit ein starkes Echo. Sie rührten das Gewissen auf und erzeugten politischen Druck.

Im Sommer 1938 drängte Präsident Roosevelt die Europäer zu einer Lösung des Problems der zwangsweisen Emigration. Der Völkerbund hatte seinen Sitz im Palais des Nations in Genf. Dort hätte eigentlich die entsprechende Konferenz stattfinden sollen. Hochkommissar für Flüchtlinge war der Amerikaner James McDonald, ein Mann von großer Überzeugungskraft und unermüdlicher Energie.

Die Schweizer Regierung widerstand den Amerikanern: Die Weltflüchtlingskonferenz durfte nicht auf Schweizer Boden stattfinden. Im Juli 1938 trat die Konferenz in einer kleinen savoyischen Bäderstadt am Südufer des Genfer Sees, sechzig Kilometer von Genf entfernt, in Evian, zusammen.

Die große Flüchtlingskonferenz von Evian fand im Juli 1938 statt. Zweieinhalb Monate vor der »Friedenskonferenz« in München. Hitler hatte soeben Österreich annektiert. Das »Problem Tschechoslowakei« sollte friedlich gelöst werden. Ribbentrops Diplomaten arbeiteten auf Hochtouren. Hitler lief im Schafspelz durch die Lande. Friede in Europa, Sicherheit für alle Völker, Stabilität als Ziel der deutschen Außenpolitik. Der Tyrann und Eroberer als Friedensapostel. In England war seit 1937 der naive Arthur Neville Chamberlain Premierminister, in Frankreich der verschlagene Edouard Daladier Ministerpräsident (seit April 1938). Sie waren auf dem Weg nach München...

Josef Goebbels fürchtete um den »guten Ruf« des Reichs. Die Emigration der deutschen, mährischen, österreichischen Juden störte seine Propagandamaschine. Greuelberichte aus Deutschland und Österreich waren unerwünscht.

Die Nazis machten Druck auf ihre helvetischen Geschäftsfreunde. Diese wehrten sich: Die Aufnahme von politisch Verfolgten habe in der Schweiz Tradition. Abweisen könne man diese nicht. Replik der Deutschen: Aber die Juden sind ja gar nicht politisch Verfolgte. Sie laufen bloß weg, weil sie Juden sind. Replik der Schweizer: Das stimmt, aber wie können unsere Grenzwächter denn die politisch motivierten deutschen Emigranten von den asylsuchenden deutschen Juden unterscheiden?

August 1938: Der Druck aus Berlin nimmt zu. Seit 1926 gibt es keine Visumspflicht mehr zwischen der Schweiz und Deutschland. Das Reich droht mit der Wiedereinführung des Visums... was die Geschäftsbeziehungen zwischen der Schweiz und Hitlers Reich erschwert hätte.

Da haben die Schweizer eine Idee. Die Nazis sollen doch die Pässe der Juden kenntlich machen.[24]

Für die Kennzeichnung der Judenpässe wurden zwei schweizerische Vorschläge diskutiert. 1. Die Unterstreichung der jüdischen Namen mit roter statt mit schwarzer Tinte. 2. Die Anbringung eines Stempels auf der ersten Seite des Passes links oben, bestehend aus einem Kreis von zirka zwei Zentimeter Durchmesser und dem Buchstaben J oder einem anderen Zeichen.

Berlin wählte den Stempel. Die helvetische Flüchtlingspolitik basierte fortan – und während der ganzen fürchterlichen Kriegsjahre – auf dieser schlimmen Diskriminierung zwischen politischen Flüchtlingen und rassisch verfolgten Menschen. Die Diskriminierung war mörderisch.

Als wenig später Europa in Flammen aufging, erreichten auch jüdische Soldaten verschiedener Armeen, Deserteure, Fahnenflüchtige, hin und wieder die vermeintlich rettende Schwei-

zer Grenze. Nach universellem Völkerrecht muß jeder Staat fremden Deserteuren Asyl gewähren. Die Schweiz tat dies für alle
Fahnenflüchtigen – nur nicht für die Juden. Im September 1938
verhängte die Schweizer Regierung faktisch eine Grenzsperre
gegen alle österreichischen Juden.[25]

Man sollte komplexe politische internationale Vorgänge nicht
personalisieren. Jedoch: Bei der Ausarbeitung der helvetischen
Flüchtlingslüge spielte ein Mann eine besondere Rolle.

Er hieß Heinrich Rothmund. Er war ein gewiefter Jurist, gewaschen mit allen Wassern helvetischer Verschlagenheit. Auf einigen Archivfotos wirkt der Mann mit der hohen Stirn, den ange-
grauten, streng gescheitelten Haaren, dem grauen Schnurrbart
unter der langen Nase und den hellen, tiefliegenden Augen – die
meist einen melancholischen Ausdruck zeigen – sogar ziemlich
sympathisch.

Er war ein Mann mit Prinzipien, bar jeglicher Eitelkeit oder
individueller Profitsucht. Er war kein Opportunist. Seine Meinung
hat er nie geändert, auch nach dem Krieg nicht, als Beschönigung,
platte Entschuldigung und Vorschieben höherer Befehle in helvetischen Beamtenstuben gang und gäbe waren.

Rothmund, geboren 1888, gestorben 1961, verbrachte sein ganzes energisches Leben im Staatsdienst. Den Ersten Weltkrieg erlebte er als Sekretär zuerst der Kriegsmaterialverwaltung, dann
des Amtes für industrielle Kriegswirtschaft. 1919 wurde er Chef
der Zentralstelle für Fremdenpolizei. 1929 erreichte er seine
höchste Karrierestufe: Abteilungschef, Leiter der Polizeiabteilung
im Eidgenössischen Justiz- und Polizeidepartement. Pensioniert
wurde er 1954.

Der Historiker Heinz Roschewski zeichnet von diesem ungemütlichen Zeitgenossen ein subtiles Porträt: »Dr. Heinrich Rothmund war ... eine zwiespältige Persönlichkeit. Entsprechend am-
bivalent und differenziert war auch seine Einstellung zu den Juden. Typisch für Rothmund war, daß er sich stets und immer
wieder auf seine guten Beziehungen zu einzelnen führenden,
insbesondere gutschweizerischen Juden berief. Typisch auch die

Fremdenfeindlichkeit, die immer wieder ausgesprochene Angst vor einer Verjudung der Schweiz. Und charakteristisch die Einteilung in die guten, leichter assimilierbaren Schweizer Juden und allgemein Westjuden einerseits und die nicht oder nur schwer und nur in vielen langen Jahren assimilierbaren Ostjuden, deren Geschäftsmethoden, Sitten und Bräuche anrüchig und verdächtig seien. Bezeichnend die Überheblichkeit Rothmunds: Der nichtjüdische, christliche Schweizer ist der vorbildliche Mensch und gute Staatsbürger, auf dessen Stand die ›guten‹, assimilierbaren Juden möglichst ›emporgehoben‹ werden müssen, während alle anderen, nicht assimilierbaren Juden möglichst rasch aus der Schweiz entfernt oder möglichst gar nicht hereingelassen werden sollen. Nach Rothmunds Auffassung sind die Juden zum großen Teil selber schuld am Antisemitismus; auch und besonders sei dies in Deutschland der Fall gewesen, während die Schweiz durch die Fremdenpolizei davor bewahrt geblieben sei.«[26]

Der Schweizerische Israelitische Gemeindebund (SIG), präsidiert von Saly Mayer, zählte im Krieg nicht weniger als siebzehn Unterorganisationen. Viele hundert Schweizer Juden – Frauen und Männer – arbeiteten in diesen Organisationen bis zur Erschöpfung ihrer Kräfte Tag und Nacht. Sie intervenierten für ihre gejagten Glaubensbrüder, informierten unaufhörlich die Öffentlichkeit, kämpften zusammen mit sozialdemokratischen und liberalen Parlamentariern, mit Journalisten, Pfarrern und Priestern, mit Tausenden von Frauen und Männern aller Landesteile, sozialen Klassen und politischen Strömungen gegen die unmenschliche Flüchtlingspraxis.

Rothmund wurde besonders beschützt von seinem unmittelbaren Vorgesetzten, dem Chef des Eidgenössischen Justiz- und Polizeidepartements Bundesrat Eduard von Steiger, einem Berner Aristokraten von beschränktem geistigen Horizont.

Das Justiz- und Polizeidepartement verfügte, daß alle Kosten – sowohl für die wenigen aufgenommenen als auch für die provisorisch internierten und auf ihren Transit in ein Drittland wartenden Juden – von den schweizerischen jüdischen Organisationen getragen werden müßten.

Rothmund hegte für die Juden eine perverse Bewunderung. Dem schweizerischen Diplomaten Alexandre Girardet schrieb er nach London:

»Wo ich etwas Positives erfahren kann, gedenke ich, die Herren (vom SIG), mit denen ich seit fünf Jahren auf die loyalste Weise in Emigrantenfragen zusammenarbeite, aufmerksam zu machen. Ich tue gerade in diesen Fragen alles, um den unwürdigen und schädlichen Antisemitismus in der Schweiz zu bekämpfen. Die maßgebenden Kreise der schweizerischen Judenschaft arbeiten ihrerseits gegen alle ihnen bekannt werdenden Unkorrektheiten schweizerischer Juden, da ihnen in allererster Linie daran gelegen ist, jeden Angriffspunkt aus der Welt zu schaffen. Es wird ja wahrscheinlich noch allerhand zu korrigieren sein.«[27]

Gegenüber den deutschen Behörden, mit denen er ebenfalls steten beruflichen und persönlichen Kontakt unterhielt, zeigte sich Rothmund von unglaublicher Naivität.

Ein Beispiel: Zwischen dem 12. Oktober und 6. November 1942 weilte Rothmund zu offiziellen Besprechungen in Berlin. Begleitet wurde er vom Schweizer Gesandten Hans Frölicher. Die netten Herren vom Reichssicherheitshauptamt hatten für die Schweizer Gäste eine kleine Exkursion vorgesehen: ins Konzentrationslager Sachsenhausen (Oranienburg), nahe bei Berlin. Baracken und Stacheldrahtumzäunung standen in unmittelbarer Nachbarschaft eines Wohnquartiers. Sachsenhausen war eines der ersten, von Himmler errichteten Konzentrationslager. Inhaftiert waren da vor allem deutsche Kommunisten, Sozialdemokraten, Regimegegner christlicher Provenienz, Homosexuelle und Juden. Es handelte sich am Anfang nicht um ein Vernichtungslager. Aber der Sadismus der SS entwickelte eine Eigengesetzlichkeit, und schon bald funktionierten in Sachsenhausen eine Genickschußanlage und eine Gaskammer. Hunderte von Menschen wurden ermordet. Viele andere starben bei sogenannten medizinischen Experimenten unter dem Skalpell der SS-Ärzte.

Heinrich Rothmund, der stets genaue Beamte, schrieb über seinen Lagerbesuch einen Bericht an seinen Minister in Bern:

»Es wurde mir das Barackenspital gezeigt, das mit allem Notwendigen ausgerüstet ist, auch mit einem Operationszimmer. Für alle Lungenkranken bestehen Röntgenaufnahmen, auch Stühle für Liegekuren; sie erhalten zusätzliche Nahrung. Die Ernährung scheint im übrigen gezwungenermaßen auf das Minimum dessen beschränkt zu sein, was der arbeitende menschliche Körper benötigt. Es wurde mir denn auch erklärt, der Entzug der Nahrung als Strafe werde nicht mehr angewendet, weil der so Bestrafte am nächsten Tag nicht mehr arbeitsfähig wäre. Für die Schwerarbeiter werden tüchtige Zulagen, gutes Brot und schmackhafte Wurstwaren, auf den Arbeitsplatz befördert.«[28]

Im Konzentrationslager wurde den Gästen aus Berlin und Bern dann auch ein Mittagessen serviert. Gastgeber war der Lagerkommandant. Rothmund benutzte die Gelegenheit, um die liebenswerten Herren von der SS auf einige Irrtümer aufmerksam zu machen. Helvetische Überheblichkeit sogar im Konzentrationslager. Heinrich Rothmund:

»Ich versuchte den Herren klarzumachen, daß Volk und Behörden in der Schweiz die Gefahr der Verjudung von jeher deutlich erkannt und sich stets so dagegen gewehrt haben, daß die Nachteile der jüdischen Bevölkerung durch die Vorteile wettgemacht wurden, während das in Deutschland nicht der Fall war. Der Gefahr kann nur dadurch begegnet werden, daß ein Volk sich von allem Anfang an gegen jede jüdische Ausschließlichkeit wehrt und sie verunmöglicht. Dann ist der Jude ein nützliches Glied der Volksgemeinschaft und kann sich mit der Zeit anpassen. Ich fügte bei, daß ich unter den aus Deutschland zu uns geflüchteten Juden hervorragende Menschen gesehen habe. Die jüdische Rasse ist geschichtlich erprobt, zäh und stark gegenüber Verfolgungen. Sie hat bisher allen Ausrottungsversuchen standgehalten und ist immer wieder gestärkt daraus hervorgegangen. Aus diesen Überlegungen scheine mir, so schloß ich meine Ausführungen, die heutige deutsche Methode falsch zu sein und gefährlich für uns alle, weil sie uns letztendlich die Juden auf den Hals jage.«[29]

Befriedigt schließt der eidgenössische Polizeichef seinen Rapport an von Steiger: Seine Ausführungen hätten bei den Herren von der SS zwar keine Zustimmung gefunden, aufmerksam und höflich jedoch hätten ihm diese dennoch zugehört.

Rothmunds Besuch in Sachsenhausen kommt besondere politische Brisanz zu: Die IKRK-Delegierten und die Diplomaten der Schutzmacht hatten üblicherweise keinen Zugang zu Konzentrationslagern. Offenbar verfügte der Chef der eidgenössischen Polizeiabteilung über spezielle Beziehungen zur SS.

Rothmund war nicht allein. Der Bundesrat deckte ihn in allem, was er sagte, verfügte und tat. Und dieser Bundesrat – insbesondere sein direkter Vorgesetzter, Bundesrat Eduard von Steiger – verfolgte, was die Abweisung der Juden anging, eine kriminelle Politik.

Nach der Konferenz von Wannsee im Januar 1942 begannen die Nazis auch in Frankreich, Belgien, Holland etc. mit der systematischen Verhaftung, Internierung und Deportation der jüdischen Kinder, Frauen und Männer. Zehntausende suchten ihr Heil in der Schweiz.

Rothmunds Stellvertreter Robert Jezler wandte sich mit einer Bitte an seinen Chef: »Die übereinstimmenden und zuverlässigen Berichte über die Art und Weise, wie die Deportationen ausgeführt werden, und über die Zustände in den Judenbezirken im Osten sind derart gräßlich, daß man die verzweifelten Versuche der Flüchtlinge, solchem Schicksal zu entrinnen, verstehen muß und eine Ausweisung nicht mehr verantworten kann.«[30]

Heinrich Rothmund lehnte ab.

»Meines Erachtens sollte der Artikel 9 jetzt angewendet werden.« Artikel 9 des Bundesbeschlusses vom 7. Oktober 1939 sah die gewaltsame Ausweisung aller illegal eingereisten Verfolgten vor. Illegal reist ein, wer ohne Visum die Schweizer Grenze überschreitet.

Woher die in ganz Europa von der Gestapo, der SS und dem Reichssicherheitshauptamt gejagten jüdischen Frauen, Kinder und Männer ein legales Visum nehmen sollten, verriet Rothmund nicht.

Im Winter 1942/43 war die Abriegelung der Schweizer Grenzen komplett.

Im Jahr 1986 kommentierte der Historiker und Redakteur der Neuen Zürcher Zeitung, Alfred Cattani, Rothmunds Entscheid: »In voller Kenntnis, daß die Juden im Osten Gräßliches erwartete, schlug der Chef der Polizeiabteilung dem Bundesrat vor, die Schweiz den Flüchtlingen zu verschließen. Von der Verantwortung der Urheberschaft dieser Maßnahme kann Rothmund nicht entlastet werden. Die gleiche oder noch größere Verantwortung aber lud die Landesregierung auf sich, als sie diesem Vorschlag zustimmte und dabei expressis verbis erklärte, Juden seien nicht als politische Flüchtlinge anzusehen.«[31]

»Ungeheuerlich«, von »blankem Zynismus« geprägt, sei Rothmunds Entscheid gewesen. Cattani hat recht.

Die Weisungen des Bundesrates der Jahre 1942 und 1943 richteten sich ausdrücklich gegen jüdische Flüchtlinge. Ihnen war die Aufnahme in die Schweiz untersagt. Ausnahmen gab es zuweilen für kleine Kinder, für Alte und Kranke.

Diese Weisungen wurden publiziert und verbreitet. Es ging dem Bundesrat darum, die Ströme bedrohter Juden aus dem Westen, die versuchten, der Deportation zu entgehen und die vermeintlich rettende Schweizer Grenze zu erreichen, von ihrem Vorhaben abzuhalten. Gerhart Riegner hat demnach recht, wenn er sagt, die amtlich abgewiesenen (und als solche registrierten) Flüchtlinge seien nur ein kleiner Bruchteil der von der Schweiz in den Tod geschickten Menschen.

Hunderttausende gejagter Juden versuchten nach Bekanntwerden der helvetischen Grenzabriegelung gar nicht mehr, aus Belgien, Frankreich etc. die Schweizer Grenze zu erreichen. Der Weg durch das besetzte Europa war trotz der Schleppernetze außerordentlich gefährlich.

Alle diese Menschen zogen es vor, in Frankreich, in Belgien etc. unterzutauchen. Wie unsicher die Verstecke in den von der Wehrmacht besetzten und von der SS und der Gestapo terrorisierten Ländern waren, zeigen die hohen Zahlen der Verhaftungen. Aus Südfrankreich gelang einigen Juden die Flucht über die Pyrenäen. Ansonsten wurden die Deportationen aus Westeuropa für Eichmann und seine Henkersgesellen zu einem vollen Erfolg.

Die massive, kalkulierte, wissentlich und willentlich praktizierte Rückweisung der Juden an der Schweizer Grenze entsprang einer kriminellen Politik. Diese Politik war und bleibt für alle Zeiten eine »Ungeheuerlichkeit«, wie sich NZZ-Redakteur Cattani ausdrückt.

Der Bundesrat, das Armeekommando, die Kantonspolizisten, Tausende von Beamten, Offizieren und Grenzwächtern leisteten Beihilfe zum nazistischen Massenmord.

Was genau wußten die Behörden vom Schicksal der Juden? Was konnten sie wissen?

Jacques Picard beschreibt ihren Wissensstand im Frühling 1942: »Im Frühling 1942 gelangten erste Fotografien über die Greueltaten der Nazis im Warschauer Ghetto durch Teilnehmer der offiziellen Schweizer Ärztemission in die Schweiz. Die Bilder und Beweisstücke sind aber wegen der *absoluten Schweigepflicht*, der die Teilnehmer der Ärztemission unterworfen wurden, nicht in ›falsche‹ Hände geraten. Nicht schweigen wollte einzig Rudolf Bucher, Chefarzt des Armee-Blutspendedienstes, der schonungslos über die von Nazis begangenen Greuel berichtete und von den Bundesbehörden unter größten Druck gesetzt wurde. Beweise in Form von Bildmaterial besaß die Bundesanwaltschaft in Bern bereits im Frühjahr 1942. Ein weiterer Teilnehmer der Ärztemission, Franz Blättler alias Max Mawick, hatte im Warschauer Ghetto heimlich die Greuel fotografiert, wurde aber zu Hause mit Publikationsverbot belegt. Fast gleichzeitig schickte Franz-Rudolph von Weiss, Schweizer Konsul in Köln, eine Fotoserie von der Ostfront an den Chef der Schweizer Abwehr, Roger Masson, die den Auslad vergaster Juden aus Viehwaggons dokumentierte. Alle diese Materialien blieben unter Verschluß.«[32]

Ein zweites Beispiel: Am 14. Oktober 1942 um 15 Uhr treten die Herren des Internationalen Komitees vom Roten Kreuz im großen Saal, im Erdgeschoß des Genfer Hotel Métropole zusammen. Durch die hohen Fensterfronten scheint die milde Herbstsonne. Der nahe See glitzert im Licht. Gerhart Riegner, andere Zeugen des Massenmords ebenfalls, hatten das IKRK seit Monaten mit Bildern, Augenzeugenberichten, deutschen Dokumenten etc. versorgt: Sie berichteten über die Greueltaten der Einsatzkommandos, die Repression in den Ghettos, die Schrecken der Deportationszüge, die Massenmorde in den Vernichtungslagern. Die Herren vom IKRK waren tief betroffen. Sie hatten vor, durchaus unüblich in der langen Tradition der Organisation, einen internationalen Appell zur Rettung der Opfer zu veröffentlichen. Aus dem Berner Bundeshaus war der Innenminister, Bundesrat Philippe Etter, angereist.

Im Protokoll der Sitzung steht zu lesen: »Herr Etter meinte, daß dieser Appell sehr edel gedacht gewesen sei. Herr Etter hat aber einige Bedenken. Mit der Dauer des Krieges wächst die Empfindlichkeit der kriegführenden Mächte. Deshalb werden diese den Appell als Urteil interpretieren, und wenn sie sich darüber verstimmt zeigen, ist die Wirkung des Appells bereits verfehlt. Man muß nämlich bedenken, daß der Appell je nach dem Zeitpunkt seiner Veröffentlichung vollkommen unterschiedlich ausgelegt und daher mangelnder Unparteilichkeit bezichtigt werden könnte. Eine andere Gefahr: ob veröffentlicht oder nicht, kann er für Propagandazwecke mißbraucht werden. Man könnte dafür sein, wenn es die geringste Hoffnung auf eine positive Wirkung gäbe, was der Redner bezweifelt. Die Kriegführungsmethoden haben sich geändert, so daß jetzt manchmal ein ganzes Land zur Front wird. Eine weitere Gefahr: Eine der Mächte könnte zum Beispiel sagen, sie stelle die Luftangriffe ein, wenn der Gegner die Deportationen von Zivilpersonen einstellte.«[33]

Auschwitz als Mittel der modernen Kriegführung. Und: Die Rettung der Juden könnte von den Alliierten als Erpressungsmittel gegen das Reich mißbraucht werden...

Kurz: Bundesrat Etter, im Namen der Schweizer Regierung, weigert sich standhaft, die nazistische Mordmaschine zu stören. Geschäftsfreunde soll man nicht verärgern.

Der Appell unterblieb.

Archivbilder zeigen wohlgenährte Schweizer Offiziere in lackierten Stiefeln, die Hände in die Hüfte gestützt. Daneben Schweizer Soldaten, mit Stahlhelm und aufgepflanztem Bajonett. Sie stehen in einer verschneiten Waldlichtung des Jura. Auf einem Baumstamm klebt ein Plakat mit deutschem und französischem Text: »Halt! Schweizer Territorium. Überschreiten der Grenze verboten. Bei Mißachtung des Befehls wird von der Waffe Gebrauch gemacht.« Der Himmel hängt tief. Ein Stacheldrahtzaun quert die Lichtung. Jenseits des Zauns drängen sich abgemagerte, zerlumpte Gestalten. Männer mit Bartstoppeln und ängstlichen Augen, Kleinkinder, die die Hand ihrer Mutter pressen. Frauen in abgewetzten Mänteln, ausgetretenen Schuhen. Zitternd vor Kälte.

Wie viele Tage und Nächte sind diese Familien im besetzten Europa unterwegs gewesen, auf der Flucht vor den SS-Patrouillen, den Hunden, den Scheinwerfern, die nachts die Waldwege absuchen? Auf der Flucht in die Schweiz... Nun sind sie da. Drei Meter von der rettenden Grenze entfernt. Und werden zurückgejagt. Von lächelnden Herren in Uniform. Die Bilder sind unerträglich.

Viele Juden begingen Selbstmord am Grenzzaun.

Wie geht man heute in der Schweiz mit diesem Kapitel der Vergangenheit um? Ein Beispiel: »Der Zyschtigsclub« (Dienstagsclub) ist die weitaus populärste Diskussionssendung des deutschsprachigen Fernsehens in der Schweiz. Dienstag, 14. Januar 1997: Die Gäste diskutieren die Flüchtlingspolitik während des Zweiten Weltkriegs. Schreckliches kommt zur Sprache. Dem Moderator ist sichtlich unwohl. Plötzlich fragt er die Gäste: »Sicher war die

Flüchtlingspolitik antisemitisch, aber hat es sich nicht um einen moderaten Antisemitismus gehandelt?« Erleichtert stimmen viele Gäste zu.

Die Zurückweisung von vielen zehntausend jüdischen Kindern, Frauen und Männern läßt sich nicht mehr leugnen, aber wenigstens haben wir einen »gemäßigten« Antisemitismus praktiziert. Nicht einen wilden, blutrünstigen wie die Deutschen.

Schweizer Grenzwächter und Soldaten haben mit aufgepflanztem Bajonett die Juden über die Grenze getrieben, im Genfer Grenzort Moillesullaz zum Beispiel ab Ende 1942 direkt in die Hände der wartenden SS. Die Motoren des SS-Lastwagen liefen bereits, wenn sich die aus dem Auffanglager »Le Bout du monde« kommenden, von Kantonspolizisten begleiteten Kolonnen ausgewiesener Flüchtlinge näherten.

Die allermeisten der in Moillesullaz (Saint-Gingolph, Pruntrut, Saint-Dizier etc.) ausgewiesenen Menschen wurden in die Vernichtungslager deportiert.

In Auschwitz wurden sie nicht »moderat« ermordet. Sie wurden vergast.

Ich rekapituliere: Heinrich Rothmund, seine Vorgesetzten im Bundesrat, viele antisemitische Offiziere, Grenzwächter, Soldaten, Heeres- und Kantonspolizisten benahmen sich während der dunklen Zeit der Nazi-Herrschaft über Europa wie Lakaien des Tyrannen. Sie waren die Schande der Eidgenossenschaft und werden es auf alle Zeiten bleiben.

Jedoch: Die »Andere Schweiz«, die Schweiz der Menschenwürde, der Solidarität, des Widerstandes – die in unserem Buch nur unvollständig, bruchstückhaft in Erscheinung tritt – zählte viele tausend mutige Männer und Frauen. Juden, Protestanten, Katholiken sind darunter: Frauen und Männer, Junge und Alte; Romands, Tessiner, Räthoromanen und Deutschschweizer; Menschen aller Berufe, aller sozialen Klassen und politischen Parteien.

Karl Barth steht in dieser Galerie, und Regina Kägi, Gertrud Kurz, Hermann Böschenstein, Anna Pflüger, Emil Oprecht, Max

Wolff, Benjamin Salgalowitz, Fritz Heberlein, aber auch viele andere, weniger bekannte Namen.

Einen unter diesen Gerechten will ich besonders erwähnen: Polizeihauptmann Paul Grüninger, geboren 1891, war Kommandant der Kantonspolizei von Sankt Gallen. Nach dem Einzug Hitlers in Wien beschloß der Bundesrat – wie an anderer Stelle erwähnt – die obligatorische Visumspflicht für österreichische Juden. Damit war den österreichischen Juden die Flucht in die Schweiz praktisch verwehrt. Paul Grüninger ertrug die Verzweiflung, die Angst, das Flehen der Zurückgewiesenen nicht. Von Herbst 1938 bis Frühling 1939 ließ er über 3000 jüdische Frauen, Kinder und Männer »illegal« über den Rhein und Vorarlberg in die Schweiz einreisen. Bei Privatpersonen bat er um Spenden, damit die Verfolgten untergebracht werden konnten. Rothmund schäumte vor Zorn. Der Sankt Galler Regierungsrat (die Kantonsexekutive) jagte Grüninger am 31. März 1939 aus dem Amt. Das Bezirksgericht Sankt Gallen verurteilte ihn wegen »fortgesetztem Amtsmißbrauch« im Herbst 1940. Grüninger verlor sämtliche Pensionsansprüche. Forthin war er ein Geächteter.

Paul Grüninger starb arm und vergessen 1972. Jedoch: Die von ihm geretteten Frauen und Männer, unterstützt von Stefan Keller, Paul Rechsteiner, Richard Dindo und anderen Schweizer Bürgern, gaben keine Ruhe. 1993 wurde der Sankt Galler Regierungsrat gezwungen, den Polizeihauptmann »politisch« zu rehabilitieren.[34]

III. Veruntreuung

Jacob und Margita Friedman leben in einem heruntergekommenen Quartier in Brooklyn, New York. Jiddisch ist ihre Muttersprache. Sie sind alt. Jacob kommt aus Satu Mare, Rumänien, aus einer orthodoxen, gläubigen, einst sehr wohlhabenden Familie.

Sein Vater war Geschäftsmann und ein wohlinformierter, vorausschauender Mensch: Als sein Sohn siebzehn Jahre alt wurde, schickte er ihn auf Reisen. In die Schweiz, nach Zürich. Eingenäht in seinen Mantel transportierte er Geld und Wertsachen. Jacob machte sieben Reisen. Er deponierte Werte in der Gesamtsumme von über 200 000 Schweizer Franken. Der ihn befragenden Journalistin Anne-Frédérique Widmann sagte er: »Das macht heute zwei Millionen aus, plus vier Prozent Zinsen über achtundfünfzig Jahre. Die Reisen erfolgten in den Jahren 1937 und 1938. Deponiert wurde das Vermögen bei der Schweizerischen Bankgesellschaft und beim Schweizerischen Bankverein.«[35]

Frühling 1944: Der junge Jacob ist auf Geschäftsreise in Budapest. Sämtliche Juden von Satu Mare werden verhaftet, in Viehwagen gepfercht, deportiert. Jacobs Eltern, seine sieben Schwestern und Brüder werden von der SS in Auschwitz ermordet.

Verschiedene Male – insbesondere in den siebziger Jahren – versuchte Jacob das Geld der Familie von den Zürcher Großbanken zurückzuerhalten. Umsonst. Er ist zwar Alleinerbe, kann das aber nicht durch die vorgeschriebenen Sterbeurkunden seiner Angehörigen beweisen. Auch sonst fehlt immer wieder eine Information: Welche Kontonummer? Welcher Deckname? Welcher Kontostand?

Das Bankgeheimnis schützt perfekt die Banken.

Mitte November 1996: Hanspeter Häni, Ombudsmann der Schweizerischen Bankiervereinigung verschickt wiederum Post an 892 Überlebende (oder Nachkommen der Opfer) des Holocaust. Sie alle hatten ihm ihre Dossiers unterbreitet. Sie alle suchen in Schweizer Banken die dort deponierten Vermögen ihrer Familien. Allen Gesuchstellern antwortete Häni höflich, aber bestimmt: Die vorgelegten Dokumente seien ungenügend. Kein Geld sei gefunden worden.

Häni ist ein rechtschaffener Mann. Aber er hat ein schwieriges Amt inne.

Wer Häni schreibt, bekommt einen Fragebogen retour. Dann wird gesucht. Tausende von Fragebogen zirkulieren gegenwärtig.

Ich beschreibe zwei exemplarische Fälle.

Estelle Sapir lebt einsam und allein in einem einzigen, kleinen Zimmer in Rockaway Park in New York. Sie ist eine alte Frau mit einer Katze. Sie überlebt mit einer kleinen Rente. Zeit ihres Lebens ist Estelle ledig geblieben. Denn sie lebt ganz in der Erinnerung an ihren Vater. Alle Briefe, Fotos, Dokumente – auch Kontoauszüge, Bankkorrespondenzen etc. –, einfach alles, bewahrt Estelle auf. Wie Reliquien.

Estelle Sapir wurde 1926 geboren, in einem Palast mitten in Warschau. Ihr Vater, ein erfolgreicher Privatbankier, machte Geschäfte in ganz Europa. Nach dem deutschen Einmarsch gelingt die Flucht. Die Familie Sapir lebt jetzt in Paris. Mit großem Gepäck und allen Bankdokumenten. Mai 1940: Die Wehrmacht nähert sich Paris. Die Familie nimmt den letzten Zug nach Avignon. Von dort will sie nach Spanien weiterreisen. Doch an den Pyrenäen verrät sie der angeheuerte Schlepper. Die französische Polizei verhaftet sie und steckt sie in ein Lager in Südfrankreich.

1942: Die Juden werden nach Osten deportiert.

Die sechzehnjährige Estelle und ihre Mutter werden vorläufig verschont, können später entkommen. Vater Jozef gerät in die Fänge Eichmanns.

Estelle erinnert sich genau an den Abschied: Hinter dem Stacheldraht habe ihr der Vater die Namen der Banken, die Orte, die Konten genannt. Sie mußte vor ihm alles wiederholen. Der Vater sorgte sich um das Fortkommen seiner Frau, seines Kindes. Er wollte sich versichern, daß diese auch tatsächlich das überlebenswichtige Geld finden würden. Dann trieben die Wächter den Vater weg.

Jozef Sapir wurde von der SS in Majdanek ermordet.

Auf ihrer langen Suche nach dem väterlichen Vermögen erlebte Estelle Sapir allerhand: Die vom Vater in englischen und französischen Banken deponierten Vermögenswerte wurden ihr nach dem Krieg problemlos und unbürokratisch ausgehändigt. Sie sind längst aufgezehrt. Die größten Werte liegen bei Schweizer Banken, insbesondere der Schweizerischen Kreditanstalt.

Das vermutete Vermögen muß groß sein, denn Estelle erfuhr eine Vorzugsbehandlung: Anstatt Hänis Fragebogen und den normalen, nachfolgenden abschlägigen Bescheid auf Computerpapier erhielt Frau Sapir eine persönliche Einladung. Repräsentanten der Kreditanstalt empfingen sie am Sitz der Bank in New York. Natürlich wollten auch sie die Sterbeurkunde von Jozef Sapir aus dem Vernichtungslager Majdanek sehen. Natürlich gaben auch sie der Tochter keinen Rappen heraus. Ungenügende Informationen, Bankgeheimnis. Das Übliche. Aber immerhin: Estelle Sapir wurde persönlich im Salon empfangen.

Kommentar der alten Dame: »Die Schweizer Banken haben mich betrogen. Auf eine unmenschliche Weise.«[36]

Gizella Weisshaus ist eine orthodoxe, gläubige Jüdin. Sie lebt mit ihrem Mann in Brooklyn. Zeit ihres Lebens war sie Näherin in einer Kleiderfabrik. Ihre Kinder sind längst erwachsen.

Gizella stammt aus Sighet, dem kleinen transsylvanischen Städtchen in Rumänien, in dem auch Elie Wiesel geboren wurde. Ihr Vater Eugen Stern handelte mit Devisen. Er war ein vorausschauender Mann: In den Wänden seines Hauses versteckte er Dollars und Schmuckstücke. Bei verschiedenen Schweizer Banken eröffnete er Konten. Er wollte für seine Kinder und seine Frau Sarah Halpert vorsorgen. Anders als die meisten anderen Juden aus Sighet fürchtete Eugen Stern die Zukunft.

Sommer 1944: Gizella ist ein fröhliches Mädchen von vierzehn Jahren. Die Juden von Sighet werden verhaftet, in Lager gepfercht und deportiert. Auf der Rampe von Auschwitz wird die junge, kräftige Gizella selektiert. Der SS-Offizier schickt sie in den Sklavendienst. Sie kommt in eine deutsche Rüstungsfabrik in Gelsenkirchen. Ihre Eltern, alle ihre Geschwister und sechsundfünfzig Verwandte werden von der SS in den Gaskammern ermordet.

Gizella überlebt, kehrt nach Sighet zurück und findet den Schmuck, die paar Banknoten in den Wänden. Sie heiratet, wird schwanger. Das wenige Geld reicht aus, um einen Schlepper zu bezahlen, Beamte zu bestechen und die Flucht aus der kommunistischen Diktatur zu bewerkstelligen.

Die junge Familie Weisshaus emigriert nach New York.

Ende der sechziger Jahre hat Gizella endlich genug Geld für

eine erste Reise in die Schweiz zusammengespart. In Zürich lebt ein entfernter Onkel: Fischl Halpert. Er hilft, telefoniert mit den Großbanken, begleitet die Nichte zum Schalter. Umsonst.

Gizella unternimmt später noch zwei weitere Reisen in die Schweiz. Erfolg? Null. Schließlich erhält sie von Bankenombudsmann Häni den berühmten Fragebogen und eine Vorausrechnung von 300 Schweizer Franken für anstehende Unkosten. Sie wirft den Fragebogen und die Rechnung in den Papierkorb. Wie Hunderte anderer Bankgeschädigter schließt sie sich der vom New Yorker Rechtsanwalt Edward Fagan geführten »Class Action« an. Die Klage richtet sich gegen drei Schweizer Großbanken: die Schweizerische Kreditanstalt, den Schweizerischen Bankverein und die Schweizerische Bankgesellschaft. Höhe der Schadensersatzforderung: 20 Milliarden US-Dollar.

Gizella Weisshaus' Fazit: »Die Schweizer Banken haben mich um das Erbe meines in Auschwitz ermordeten Vaters betrogen.«[37]

Die Schweizer jagten die ausländischen Juden über die Grenze, verweigerten den Asylsuchenden den Eintritt, aber horteten deren Wertsachen, Schmuckstücke, Geld und Kunstschätze. Der versteckte, mörderische, aber nie gern öffentlich bekundete Antisemitismus der helvetischen Herrschaftsklasse kam noch in einer anderen, überraschenden Form zum Ausdruck: Privateigentum ist heilig in der Eidgenossenschaft; das jüdische Eigentum jedoch war ein wenig weniger heilig.

Roger de Weck sieht die Zusammenhänge: »Im Mittelpunkt unserer bürgerlichen Ordnung steht der Schutz des Eigentums. Offenkundig war das Eigentum vieler Juden ein bißchen weniger schutzwürdig.«[38]

Das »Memorandum of Understanding« zwischen dem Jüdischen Weltkongreß und der Schweizerischen Bankiervereinigung vom Mai 1996 verpflichtet die helvetischen Geldinstitute, die paritätisch bestellte Untersuchungskommission nach allen Kräften zu unterstützen. Die Untersuchungskommission forscht nach den »nachrichtenlosen« jüdischen Konten in der Schweiz. Präsidiert wird sie vom ehemaligen Chef der amerikanischen Federal

Reserve Bank, Paul J. Volcker. Ihm steht ein Heer von Fahndern zur Seite: Buchhalter, Prüfer, Revisoren, Computerspezialisten der weltweit tätigen Revisionsfirmen Arthur Andersen, Price Waterhouse und KPMG Peat Marwick. Was sie finden werden, bleibt abzuwarten.

Was genau suchen die hochqualifizierten Damen und Herren dieser Revisionsfirmen (und der Kommission)? Sie suchen »nachrichtenlose« Vermögen.

Juristisch gesehen gehören diese in zwei Kategorien:

1. Vermögen (Wertsachen, in Safes deponiert; Kunstschätze; Schmuckstücke; Geld auf Depotkonten; Wertpapierdossiers; stille Industriebeteiligungen; Immobilien, eventuell gekauft unter Tarnnamen etc.), für die Gläubiger existieren.

Gesucht werden Geld- und Sachwerte, welche von jüdischen und anderen Gläubigern in der Vorkriegszeit oder in den allerersten Kriegsjahren in der Schweiz in »Sicherheit« gebracht wurden. Diese Werte erreichten die Bank entweder direkt oder über einen Geschäftsanwalt, Treuhänder, Vermögensverwalter oder Strohmann. Der Erstgläubiger (genauer: der Depotinhaber) wurde daraufhin Opfer von Hitlers Massenmorden. Heute suchen seine Nachkommen, seine berechtigten Erben nach dem Geld.

Die Banken (Treuhänder etc.) führen diese Konten in ihrer Bilanz. Aber entweder melden sich die Gläubiger nicht, oder sie verfügen nicht über die nötigen Legitimationspapiere, wenn sie am Bankschalter erscheinen.

Auf diesen Konten hat es daher seit Jahren keine Bewegungen gegeben. Keine Transfers, keine Abhebungen, nichts. Kein Geld wurde ausbezahlt, kein neues dazugelegt. Die Konten sind – im engsten Sinn des Wortes – »ohne Nachricht«.

2. Andere jüdische Vermögen besitzen keinen identifizierbaren Erben mehr. Ganze Familien – Großeltern, Eltern und alle Kinder, Onkel, Vettern und Tanten – sind von den Nazis vergast, von den Einsatzkommandos erschossen oder von der SS sonstwie massakriert worden. Die Auffindung der »erblosen Vermögen« gehört ebenfalls in den Aufgabenbereich der Fahnder von Price Waterhouse, Arthur Andersen und Peat Marwick.

Für alle nachrichtenlosen und erbenlosen Konten von Nazi-Opfern ist laut Bundesbeschluß vom 13. Dezember 1996 das Bankgeheimnis aufgehoben.

Nacht und Nebel liegen trotzdem über den Holocaust-Konten. Warum?

Anstatt dem Gläubiger bei der Suche und Identifikation des Kontos (des Safes, des Wertpapierdossiers etc.) behilflich zu sein, stellt sich der Schweizer Bankbeamte auf einen zwar juristisch einwandfreien, menschlich jedoch absurden Standpunkt. Er verlangt den Beweis des Erbantritts. Konkret: den Totenschein des verstorbenen Gläubigers. Gelingt es einem Nachkommen, die Sterbeurkunde (oder eine Verschollenheitserklärung) beizubringen, geht die Schikane ungestört weiter: »Beweisen Sie mir einmal, daß sie der Alleinerbe sind«, sagt der Beamte dann.

In diesem Moment ist der Hilfesuchende am Ende: In Auschwitz, Majdanek, Treblinka, Belsen vergaste die SS Familien, Gemeinschaften, oft ganze Städte. Das Feuer verschlang über sechs Millionen Menschen: Kleinkinder, Halbwüchsige, Alte, Frauen und Männer. Im Osten entkamen der Shoa nur ganz wenige.

Ebenso effizient töteten die Einsatzkommandos: Mit dem Rußlandfeldzug 1941 begann der systematische Völkermord. Die Einsatzkommandos mordeten, folterten, zerstörten ganze Familien, ganze Stettl, ganze Ghettos.

Wie kann unter solchen Umständen ein Verschonter, ein Überlebender oder ein Nachkomme per Bescheinigung den Tod jedes einzelnen seiner Angehörigen am helvetischen Bankschalter dokumentieren?

Während über fünfzig Jahren zeigten die Schweizer Banken gegenüber ihren jüdischen Kunden, die nach den Holocaust-Geldern suchten, eine unmenschliche, abscheuliche Haltung. Das Bankgeheimnis wurde 1934 vor allem geschaffen, um die ausländischen Kunden zu schützen.

Einfach war in den dreißiger und frühen vierziger Jahren die Überführung von Fluchtkapital in die Schweiz keineswegs. Aber so groß war die Angst vor der Arisierung ihres Eigentums, so panisch die Furcht vor den braunen Räubern, daß in ganz Europa Zehn-, wahrscheinlich Hunderttausende von Personen, Familien, Unternehmen ihre Reserven in die Schweiz schickten.

Die hohe Kompetenz der Schweizer Bankiers und die allgemeine Redlichkeit, die den Schweizern (zuweilen fälschlicherweise) nachgesagt wird, verleiteten sie dazu.

Vor allem aber das Schweizer Bankgeheimnis – eine in ihrer konkreten Ausgestaltung einmalige Institution auf der Welt – begründete ihre Wahl der Schweiz als Zufluchtsort für ihre von Arisierung, Raub und Plünderung bedrohten Vermögen.

Worin besteht das helvetische Bankgeheimnis? Hier seine gesetzliche Grundlage: Der Artikel 47 des »Bundesgesetzes über die Banken und Sparkassen« bestimmt

»1. Wer ein Geheimnis offenbart, das ihm in seiner Eigenschaft als Organ, Angestellter, Beauftragter, Liquidator oder Kommissär einer Bank, als Beobachter der Bankenkommission, als Organ oder Angestellter einer anerkannten Revisionsstelle anvertraut worden ist oder das er in dieser Eigenschaft wahrgenommen hat, wer zu einer solchen Verletzung des Berufsgeheimnisses zu verleiten sucht, wird mit Gefängnis bis zu sechs Monaten oder mit Buße bis zu 50 000 Franken bestraft.

2. Handelt der Täter fahrlässig, so ist die Strafe Buße bis zu 30 000 Franken.

3. Die Verletzung des Berufsgeheimnisses ist auch nach Beendigung des amtlichen oder dienstlichen Verhältnisses oder der Berufsausübung strafbar.

4. Vorbehalten bleiben die eidgenössischen und kantonalen Bestimmungen über Zeugnispflicht und über Auskunftspflicht gegenüber einer Behörde.«

Die Liste möglicher Urheber von Indiskretionen ist lang:
– die Mitglieder eines Organs (Verwaltungsrat oder Direktionskomitee) und Privatbankiers, Gesellschafter einer Kollektiv- oder Kommanditgesellschaft;

– die Beauftragten; unter diesem Begriff sind alle Personen zu verstehen, denen die Bank im Rahmen ihrer geschäftlichen Tätigkeit einen Auftrag erteilt hat; der Gesetzgeber wollte insbesondere die Rechenzentren erfassen, welche von den Banken mit der elektronischen Verarbeitung von Informationen betraut worden sind;

– die Liquidatoren im Falle des Konkurses der Bank, ebenso wie die Sachwalter, wenn ein Nachlaßvertrag zustande gekommen ist;

– die von der Bankenkommission entsandten Sachverständigen, die als Beobachter bei Banken tätig sind, deren Gläubiger Gefahr laufen, durch schwerwiegende Unregelmäßigkeiten geschädigt zu werden;

– die Angestellten einer anerkannten Revisionsstelle, wie auch die Mitglieder der Organe einer solchen Einrichtung.[39]

Die Verwaltung von Geld hat in der Schweiz sozusagen sakramentalen Charakter. Geld verwahren, empfangen, zählen, horten, damit spekulieren, hehlen – das alles sind Tätigkeiten, die seit der Zeit der ersten Flüchtlingswelle, seit dem Strom der 1685 aus Frankreich nach Genf vertriebenen Hugenotten mit geradezu ontologischer Erhabenheit ausgestattet sind. Kein Wort darf eine derart edle Betätigung besudeln. Sie vollzieht sich in Andacht, in Stille.

Für das Verständnis der heutigen Geheimhaltungsideologie ist ein kurzer Exkurs in die Geschichte unerläßlich: 1598 erließ König Henri IV, von seiner Mutter Jeanne d'Albret, Königin von Navarra, im Geist des Protestantismus erzogen, in der Stadt Nantes das gleichnamige Toleranzedikt. Das Edikt von Nantes war keineswegs ein Gesetz der Glaubensfreiheit; erst die Französische Revolution, die Erste Republik 1792, wird die Glaubens- und Gewissensfreiheit gesetzlich garantieren (die vorausgehende Erklärung der Menschenrechte postuliert sie). Aber immerhin: König Henri IV bringt dem von Religionszwisten und Massenmorden (Henri selbst ist ein Überlebender der Bartholomäusnacht) zerrissenen Frankreich eine lange Epoche des religiösen und zivilen Friedens. Henri IV bezahlt seine Toleranz mit dem Tod: 1610 wird er mitten in Paris von Ravaillac ermordet.

Ludwig XIV., der Sonnenkönig, führt Generationen später eine ganz andere Politik: Die katholische Konfession ist für ihn Mittel zur Politik, die Einheitsideologie, welche ein von zentrifugalen Kräften bedrohtes Königreich zusammenhalten soll. 1685 widerruft er das Toleranzedikt.

Henri IV hatte den Protestanten rund hundert »places de sûreté«, befestigte Städte und Burgen, als königlich anerkannte Zufluchtsstätten zugesichert. Diese Städte wurden nun von den königlichen Armeen belagert, geschleift, geplündert, die Bewohner auf die Galeeren verbannt. Ludwig XIV. ließ alle Pfarrer verhaften, unterdrückte den protestantischen Gottesdienst und beseitigte auch sonst alle Rechte der Protestanten (der Eintritt ins königliche Offizierskorps etc.).

Jedoch: Inzwischen war eine Mehrheit des aufstrebenden Bürgertums zum Protestantismus übergetreten. 200 000 Protestanten, sogenannte Hugenotten, flohen nach Preußen, Holland, aber vor allem in die protestantischen Hochburgen von Genf, Zürich und Basel. Die Mehrzahl der Flüchtlinge war wohlhabend. Genf unterstützte die belagerten protestantischen Städte in Frankreich und verwaltete in seinen eigenen Mauern die Millionenschätze der gejagten Hugenotten. Strengste Geheimhaltung aller Transaktionen war nicht nur ein Gebot der Vorsicht (König Ludwigs Spione waren überall), sondern vor allem ein Werk der Brüderlichkeit, kurz: ein Auftrag Gottes.

Die Ideologie, wenn auch inzwischen ihres Objekts beraubt und pervertiert, wirkt bis heute nach.

Die Architektur der helvetischen Bankgebäude spiegelt den sakralen Charakter, welcher den Umgang mit Geld in den eidgenössischen Teilstaaten auszeichnet, noch heute: prächtige Marmortempel mit Säulen und Hochportal für die großen Geschäftsbanken; kleinere, diskrete, an Kapellen erinnernde und mit dunkler Holztäfelung ausgestattete Stadtpaläste für die familieneigenen Privatbanken. Intransparenz, Verschwiegenheit, Geheimhaltung sind des helvetischen Bankiers höchste Tugenden.

Wer immer die Sünde begeht zu reden, entweiht sie. Ein solches Sakrileg wird vom Gesetz bestraft. Stille und Andacht finden ihre Krönung in der calvinistischen Theorie des geheiligten Ansammelns von Schätzen. In der calvinistischen Prädestinationslehre ist individueller Reichtum ein sichtbares Zeichen der göttlichen Gnade. Materiell reich wird, wer auserwählt ist.

Die schweizerische Eidgenossenschaft ist ein von alten Wunden bedeckter, lebendiger Körper. Ihre Geschichte gehört zu den faszinierendsten und bewegtesten in Europa. Im Glanz dieser Geschichte sollte man immer wieder die Frage stellen: Wie gelingt es der herrschenden Klasse, dieses auf falschem Einverständnis und Pseudoegalität beruhende Regime gegen alle Vernunft aufrechtzuerhalten? Eine Erklärung dafür ist die Aufwertung von Geheimnis und Undurchsichtigkeit zur moralischen Tugend.

Die Bank als moralische Anstalt. Unglücklicherweise steht die Praxis des Bankiers zu dieser Aussage häufig in krassem Widerspruch.

Die gesetzlichen Pflichten der Banken sind kristallklar: Annulliert ein Gläubiger den Depotvertrag, kann die Bank nach zehn Jahren (laut Obligationenrecht) die das Konto betreffenden Akten vernichten. Ist der Gläubiger unbekannt, hat also seinerseits keine Kontoannullierung stattgefunden, darf die Bank keine Akten zerstören. Andere Staaten kennen andere Gesetze. Ein Beispiel: Im amerikanischen Bundesstaat New York sind Banken ermächtigt, nachrichtenlose Konten fünf Jahre nach Eingang der letzten Gläubigernachricht aufzulösen. Sie müssen zuvor einen öffentlichen Suchaufruf publizieren. Das auf dem Konto liegende Geld (oder die im Safe liegenden Vermögenswerte etc.) muß die Bank dem Staat New York überweisen. Ein solches Gesetz gibt es in der Schweiz nicht.

Präsentiert sich ein vermutlicher Gläubiger an ihrem Schalter, muß die Schweizer Bank ihm mit allen ihren Mitteln Hilfe leisten. Ihr obliegt die Suche in den Bankakten nach Hinweisen auf die Existenz eines Kontos.

Wenn ein Konto verwaist ist, das heißt, wenn sein Inhaber als verschollen gelten muß, obliegt der Bank die Benachrichtigung der Erben und Rechtsnachfolger. Nach Gesetz muß die Bank nach diesen Erben suchen.

Nichts von all dem tun die Schweizer Banken: Jüdische Gläubiger werden abgewimmelt. Im Fall vermutlich verwaister Konten suchen sie nicht nach den Erben.

Ein einziges Beispiel: Im Auftrag des Bundesrates erstellten die Historiker Marc Perrenoud und Peter Hug im Dezember 1996 den bereits erwähnten Bericht über »In der Schweiz liegende Vermögenswerte von Nazi-Opfern und Entschädigungsabkommen mit Oststaaten«. Die Historiker identifizieren 1048 Namen verschollener Kontoinhaber, deren Erben nie informiert wurden.

Kurz: Gegenüber den jüdischen Gläubigern der Holocaust-Gelder verkehren die Banken das Bankgeheimnis in sein genaues Gegenteil. Fortan schützt das Bankgeheimnis die Bank vor ihren Gläubigern.

Hans Ulrich Kellerhals arbeitete während der späten dreißiger Jahre (und danach) als Abteilungsleiter für Kontokorrentdepots am Hauptsitz der Schweizerischen Volksbank in Bern. Er erinnert sich: »Vor und während des Krieges konnte man praktisch in keinem europäischen Staat Dollars kaufen oder gar Gold, das war einfach nicht erhältlich.«[40]

Überall herrschte Devisenbewirtschaftung. Der private Kapitalexport war verboten. In Zentral- und Osteuropa sowieso. Aber auch im Deutschen Reich. Gold durften Private nur in seltensten Fällen kaufen. Die Zentralbanken besaßen überall das Goldmonopol (außer in der Schweiz).

Kellerhals: »Wer Gold, Dollars oder Franken in größerem Umfang wollte, mußte in Europa zur Zentralbank gehen – und dadurch war man natürlich identifiziert.«

Auch mit den grenzüberschreitenden Verbindungen haperte es. Kellerhals: »Telegrafische Kontakte waren praktisch nirgends üblich. Außer vielleicht zwischen einigen Großbankzentralen... Eine telegrafische Überweisung in die Schweiz war kaum zu bewerkstelligen.«

Wer telefonieren wollte, hatte ebenfalls Probleme. Nur die zentralen Telefonämter vermittelten Gespräche. Schweizer Banken übten eine vorsichtige Praxis: Bevor ein Bankbeamter mit dem Kunden ein Gespräch anfing, rief er zurück. Ins ausländische Telefonamt eben. Die Polizei konnte anhand der im Telefonamt geführten Register jeden Gläubiger einer Schweizer Bank sofort identifizieren.

Die Kapitalflucht in Richtung Schweiz war trotzdem massiv. Wie wurde sie organisiert?

Polnische, ungarische, rumänische sowie andere Unternehmer und Kaufleute lieferten Waren in die Schweiz. Sie ließen die Guthaben in einer Bank stehen oder aber fakturierten für die gelieferte Ware einen Preis, der unter dem effektiv bezahlten Preis lag; die Differenz wurde vom schweizerischen Käufer auf das schweizerische Depotkonto des ausländischen Verkäufers einbezahlt.

Wer dagegen in Warschau, Budapest, Wien oder Hamburg Ersatzteile, optische Geräte, pharmazeutische Produkte, Chemikalien für die Landwirtschaft, Medikamente oder Farbstoffe einführte, arbeitete umgekehrt: er überfakturierte.

Dem ausländischen Importeur verrechnete der Schweizer Verkäufer einen Preis, der höher war als der effektiv bezahlte. Die Differenz landete wiederum auf dem Depotkonto des ausländischen Kunden.

Viele andere Methoden der Kapitalflucht in die Schweiz wären zu nennen: Der ausländische Kunde konnte eine Fremdwährung in Bargeld mit sich tragen und an der Bahnhofstraße direkt auf ein Konto am Schalter einzahlen. Er konnte auch einen Scheck oder einen Wechsel, ein Akkreditiv irgendeiner Sorte, in seiner Brieftasche transportieren.

Ausländischen Kunden war trotz Devisenbewirtschaftung das Mieten eines individuellen Banktresors jederzeit erlaubt. Der ausländische Kunde konnte dort Schmuck, Silber, Gold, Uhren, Wertpapiere in jeder Menge einschließen.

Schweizerische Kunstgalerien nahmen Skulpturen, Bilder, Zeichnungen, wertvolle Bücher, Manuskripte und andere Werte in Empfang. Als Depotstelle. Versicherer hatten Hochbetrieb.

Ebenso die Geschäftsanwälte, die insbesondere in Genf sogenannte »Sociétés Immobilières« gründeten. Aktiengesellschaften mit Inhaberaktien. Der ausländische Investor kann damit in den Besitz ganzer Häuserzüge gelangen, ohne daß er als Eigentümer namentlich in Erscheinung tritt.

Kapitalflucht wurde auch organisiert im Umweg über Kompensationsgeschäfte: Ich verkaufe eine Ware (eine Dienstleistung) in die Schweiz und kaufe eine andere Ware von der Schweiz. Die beiden Geschäfte werden verrechnet, so daß ein Monetärüberschuß entsteht, der auf mein Schweizer Konto einbezahlt wird. Kompensationsgeschäfte können in beliebigem Umfang, mit beliebig vielen Teilnehmern und aufgrund zahlreicher Vorgänge getätigt werden.

Die Vermögen Tausender ermordeter Nazi-Opfer liegen heute sicher in helvetischen Bankenkellern. Der Jüdische Weltkongreß schätzt die deponierten Werte und ihre Zinseszinsen auf viele Milliarden Dollar. Die Schweizerische Bankiervereinigung gesteht im November 1996 gerade mal 32 Millionen Franken ein.

Sicher sind auch Gelder gestohlen worden. Allesamt Heilige sind ja die Schweizer Bankiers nicht. Genausowenig wie die Bankiers anderer Länder. »Krumme Touren« nennt das Hans Ulrich Kellerhals. Er muß es wissen.

Worin bestehen sie? Bei Nummernkonten zum Beispiel erscheint der Name des rechtmäßigen Kontoinhabers nie in der Buchhaltung (Nummernkonten sind seit jeher eine Spezialität der Gnomen. Es gibt sie weder in den angelsächsischen Ländern noch in Deutschland oder Frankreich). Ein Kunde kommt in die Direktionsetage, weist sich aus und deponiert sein Geld (mittels Signatur eines Depotvertrags). Trotz allgemeinem Bankgeheimnis verlangt er eine zusätzliche Anonymität. Innerhalb der Bank (und in der gesamten Korrespondenz mit ihm selbst) wird das eben eröffnete Konto nur noch mit einer Nummer bezeichnet. Der Name des Kontoinhabers kommt nirgends mehr vor, weder auf Kontoauszügen noch auf Mandaten, noch in der Korrespondenz.

Allein der Direktor der Bank[41] weiß, wem das Nummernkonto

tatsächlich gehört. Kommt der Kunde in die Bank, um Geld abzuheben, bleibt er oben im Direktionssalon sitzen. Der Direktor persönlich begibt sich in die Schalterhalle und hebt die verlangte Summe ab. Wenn Nummernkonten über Jahrzehnte nachrichtenlos bleiben, wenn anstehende Nachfolgegläubiger ohne viel Aufwand abgewiesen werden können, dann ist für einen Direktor (Prokuristen etc.) die Versuchung groß, das Konto selbst zu kassieren... Eines Tages wird die Versuchung unwiderstehlich.

»Krumme Touren« gibt es zuhauf. Helvetische Bankiers – aber nicht sie allein – zeigen sich außerordentlich erfindungsreich. Ich verweise auf eine andere Methode der Plünderung: Hat der ausländische jüdische Kunde Geld eingelegt, mit dem Auftrag, damit ein Wertpapierdepot (Aktien, Obligationen, Anleihen etc.) zu finanzieren, hat der Mandatsträger (konkret: die Direktion) ziemlich freie Hand. Sie kauft, verkauft, je nach Börsenlage. Will sie sich selbst bereichern, kann sie ohne großes Risiko dem abwesenden Kunden immer wieder Verluste verrechnen und die Gewinne für sich buchen.

Bis 1990 existierte in der Schweiz – nebst Liechtenstein einzigartig in Europa – das Formular B. Ein Anwalt konnte für einen Klienten, den er nicht nennen mußte, fiduziarisch einen Depotvertrag unterzeichnen. Viele, vor allem deutsche und österreichische Juden wählten diesen Weg: Sie wußten um den latenten Antisemitismus in Schweizer Banken. Sie lieferten sich dem Anwalt aus. Meldete sich der Klient über Jahre nicht, oder konnte man seinen vermutlichen Erben ohne viel Federlesens abwimmeln, dann stieg auch hier die Versuchung, sich das Konto selbst anzueignen, fast ins Unwiderstehliche....

In den ersten Nachkriegsjahren ist viel Geld aus nachrichtenlosen Konten zuerst in die sogenannten Sammelkonten übergegangen. Dasselbe gilt für die individuellen Banktresore: Für die in ihnen deponierten Wertschriften, Schmuckstücke, Münzen etc. wurden Sammelsafes errichtet.

Und eines Tages kam wohl der Moment, wo diese Gelder in den »stillen Reserven« der Bank verschwanden.

Eine Bank hat drei verschiedene Bilanzen: Die erste ist die öffentliche, den Aktionären der Bank zugängliche Bilanz. Sie wird auf der jährlichen Generalversammlung diskutiert, der Presse vorgestellt. Sie ist der Ausweis der Bank nach außen.

Dann die Bilanz, die für die Steuerverwaltung erstellt wird. »Stille Reserven« sind die Rückstellungen für eventuelle schlechte Geschäfte, faule Kredite, Schadensfälle, die im schlimmsten Fall die Existenz der Bank gefährden könnten.

Die dritte Bilanz – die einzig »wahre« – kennen nur der Verwaltungsrat und die Generaldirektion. In einigen Großbanken sogar nur der Verwaltungsratsausschuß und das Präsidium der Generaldirektion.

Daß gleich nach Kriegsende viele Millionen nachrichtenloser Holocaust-Vermögen in die stillen Reserven der Banken versenkt wurden, stellt eine plausible Hypothese dar.

Banker lesen ja Zeitungen. Daß Massenmörder Hitler ganze Völker in Flammen und Rauch aufgehen ließ, erfuhren auch sie.

Alle diese »krummen Touren«, wie sie Kellerhals nennt, stehen im Gegensatz zur gesetzlichen Buchführungspflicht der Banken.

These, Antithese – der scheinbar unüberwindbare, objektive Widerspruch wird gelöst durch eine Synthese, die ganz in ihrer Negativität besteht. Wer Geld stehlen will, das ordnungsgemäß deponiert worden ist, und trotzdem alljährlich Buchhaltung führen muß, dem bietet sich eine elegante Lösung: die Vernichtung der Dokumente.

Genau das, vermutet der Jüdische Weltkongreß, hätten verschiedene Schweizer Geldinstitute getan. Im März 1996 behandelte das eidgenössische Parlament die Anfrage eines sozialdemokratischen Abgeordneten. Die Regierung bestätigte die Vermutung des Jüdischen Weltkongresses. Hier der Wortlaut der parlamentarischen Anfrage:

»Gestützt auf detaillierte Beweise hat der Jüdische Weltkongreß Anzeige gegen verschiedene Schweizer Banken erstattet (Februar 1996), die anscheinend absichtlich Belege von

Bankkonten vernichtet haben, welche von den Nazis mit gestohlenen jüdischen Geldern eröffnet wurden. Kann der Bundesrat diese Vernichtung von Dokumenten bestätigen? Zusätzlich: Welche dringlichen Maßnahmen gedenkt er zu ergreifen, um die Erhaltung der verbleibenden Dokumente sicherzustellen?«

Aus der Antwort des Bundesrates: »[...] Es ist unbestritten, daß die Schweizer Banken Dokumente vernichtet haben, die aus der Zeit des Zweiten Weltkriegs datieren. Die Unterlagen, welche vom Jüdischen Weltkongreß veröffentlicht wurden und auf die sich der Fragesteller stützt, weisen darauf hin.«

Der Bundesbeschluß vom 13. Dezember 1996 verbietet nun endlich ausdrücklich jede Vernichtung von Bankakten, welche sich auf die im Bundesbeschluß genannten Tatbestände beziehen. Diese Akten müssen unter Androhung von Strafe der vom Bund ernannten Historikerkommission und der Kommission Volcker zur Verfügung gestellt werden. Das Bankgeheimnis gilt für diese Akten als aufgehoben.

Hindert dieses Gesetz die Banken an der Zerstörung der Dokumente? Keineswegs. Man wäre versucht zu sagen: ganz im Gegenteil. Die beiden Untersuchungskommissionen beginnen ihre Arbeit im März 1997. Der Besuch der Revisoren in den Bankarchiven ist angesagt. Da werden sicher viele Bankbonzen am Paradeplatz und anderswo nervös.

Ein Beispiel: In der Nacht vom 8. Januar 1997 macht Christoph Meili, dreißig Jahre alt, Vater von zwei Kindern, seinen Rundgang durch die Büros der Schweizerischen Bankgesellschaft, Bahnhofstraße 45, in Zürich. Meili ist Angestellter der privaten Wache AG, Zürich. Im Lokal der Aktenvernichtungsmaschine stehen zwei riesige Behälter auf Rädern. Die Behälter quellen von Dokumenten, Buchhaltungsauszügen, Verkaufsurkunden etc. über. Meili wird neugierig und schaut sich die Dokumente an. Sie stammen aus den Jahren der Nazi-Herrschaft und betreffen Geschäfte der Bank mit dem Reich.

Meili ist ein überzeugter Christ, völlig apolitisch, aber wie alle anderen Schweizer auch, hat er die öffentliche Diskussion der letzten Monate um die vermutete Komplizenschaft der Schweizer Großbanken mit Adolf Hitler intensiv mitverfolgt.

Er nimmt sich vierzig Blätter und zwei gebundene Konvolute. Sie betreffen die Zwangsversteigerung von arisierten Immobilien in Berlin durch die Nazis und den Erwerb dieser Gebäude durch die Schweizer.

Meili geht zur Israelitischen Cultusgemeinde Zürich (ICZ) und übergibt Werner Rom, dem Präsidenten der ICZ, die Dokumente. Dieser stellt unverzüglich Strafanzeige gegen die Schweizerische Bankgesellschaft bei der Bezirksanwaltschaft Zürich wegen Verletzung des Bundesbeschlusses vom 13. Dezember 1996.

Anläßlich einer Pressekonferenz des ICZ sagt Meili: »Ich fühlte mich persönlich verpflichtet, dem jüdischen Volk zu helfen.«

Am 15. Januar 1997 titelt Die Neue Zürcher Zeitung (vornehm zurückhaltend): »Unverständliche Aktenvernichtungsaktion der Bankgesellschaft«. Die Generaldirektion der Bank redet von einem »bedauerlichen Fehler«.

Christoph Meili wurde von seinem Arbeitgeber fristlos entlassen. Untersuchungsrichter Peter Cosandey ermittelt gegen den Fehlsamen »wegen Aktendiebstahl und Verletzung des Bankgeheimnisses«.

Die New York Times vom 18. 1. 1997 schreibt ironisch: »Niemand vertritt die These, daß Schweizer Bankiers die Konten von jüdischen Holocaust-Opfern geplündert haben, besser als die Bankiers selber.«

Auf Schweizer Banken ist Verlaß. Auf die Zürcher Justiz ebenfalls. Bestraft wird der Informant, nicht die Bank.

Nachkommen, rechtmäßige Erben von Nazi-Opfern suchen seit über fünfzig Jahren einsam, mühsam und meist ohne Erfolg nach den ihnen zustehenden Vermögen.

Die Suche nach den Holocaust-Geldern in helvetischen Bankenbunkern hat eine lange Geschichte. Jacques Picard hat sie nachgezeichnet in einem Expertenbericht, den er für die BBC erstellt hat.

Sein Gutachten heißt: »Die Vermögen rassisch, religiös und politisch Verfolgter in der Schweiz und ihre Ablösung von 1946 bis 1993. Die Schweiz und die Vermögen verschwundener Nazi-Opfer.«[42]

25. Mai 1946: Walter Stucki unterschreibt in Washington – im Namen der Eidgenossenschaft und des Fürstentum Liechtenstein – das Reparationsabkommen mit 18 alliierten Siegermächten.

Die Durchführung des Washingtoner Abkommens verlief je nach Vertragssegment in unterschiedlichem Tempo. Die Goldfrage war rasch bereinigt. Die Aufhebung der alliierten Wirtschaftsmaßnahmen ebenfalls.

Anders das Problem der deutschen Guthaben: Die Schweiz zögerte die Lösung hinaus, verlangte immer neue Verhandlungen. In London gelang es ihr, die noch ausstehenden Schulden des verblichenen Reiches gegenüber der Schweiz in die Gespräche einzubeziehen. 1952 kam der endgültige Abschluß: Die Alliierten verzichteten auf ihre Rechte an den deutschen Guthaben in der Schweiz. Sie erhielten eine Globalabfindung von 121,5 Millionen Schweizer Franken. Die Bundesrepublik übernahm die Rechtsfolge des Reiches. Adenauer zahlte den Schweizern 650 Millionen Schweizer Franken als Abgeltung für die bestehenden Schulden. Die DDR saß nicht am Verhandlungstisch.[43] Die Gnomen konnten zufrieden sein. Ihr dringendstes Anliegen – die Wiederherstellung des Vertrauens der Auslandsgläubiger – war erreicht.

Aber was war mit den Holocaust-Geldern? Den nachrichtenlosen Vermögen der Opfer der nazistischen Massenmorde?

Die interessierten kaum jemand. Jüdische Organisationen saßen in Washington nicht am Verhandlungstisch. Das jüdische Volk hatte noch keinen Staat und konnte daher auch keine spezifischen Reparationsansprüche stellen. Walter Stucki versicherte in einem Brief an die Alliierten, die Berner Regierung werde die lästige Angelegenheit der »nachrichtenlosen Konten der Mordopfer« wohlwollend prüfen.

Druck kam von der Internationalen Flüchtlingsorganisation (IFO) und vom Schweizerischen Israelitischen Gemeindebund (SIG). Im Juni 1947 forderte die IFO die Siegermächte auf, endlich mit der Schweiz die Verhandlungen betreffend die Herausgabe der Holocaust-Beute zu eröffnen. Die IFO verlangte die Aufhebung des Bankgeheimnisses für diese Konten. Der SIG veröffentlichte erste Schätzungen: Sie beliefen sich auf mehrere Millionen Schweizer Franken. Die SIG nannte konkrete Beispiele: Immobilieneigentum; Bankdepots; Kontokorrentkonten etc.

Artikel erschienen in der Weltpresse. In Bern machte sich das Außenministerium Sorgen. Es organisierte eine Umfrage bei den Banken und andern möglichen Inhabern von Holocaust-Konten. Der Verband Schweizerischer Notare, der Schweizerische Anwaltsverband, die Vereinigung Schweizerischer Lebensversicherungsgesellschaften und der Verband Schweizerischer Bücherexperten lehnten jede Antwort rundweg ab. Ihr Argument: Berufsgeheimnis.

Subtiler manövrierte die Schweizerische Bankiervereinigung: Jawohl, sie werde alle individuellen Ansprüche eventueller Erben an die betreffenden Banken weiterleiten. Aber leider: Die meisten Erbwilligen seien gar nicht in der Lage, ihre Rechte nachzuweisen. Hinzu komme, daß diese nachrichtenlosen Gelder meist unter Tarnnamen oder Phantasiebezeichnungen oder auf Nummernkonten angelegt worden seien. Eine Identifikation sei kaum möglich. Und überhaupt: Nachrichten- oder erbenlose Vermögen von Juden in der Schweiz gäbe es wohl kaum.

Das Außenministerium wollte dennoch Zahlen. Am 7. Oktober 1947 meldete die Bankiervereinigung: »Insgesamt 208 000 sFr könnten Personen gehören, von denen vermutet wird, sie seien deutschen Gewaltakten zum Opfer gefallen.«[44]

Dann kam das Jahr 1949, der große Deal mit den kommunistischen Staaten. Exemplarisch haben wir bereits das Abkommen mit Polen analysiert. Überall in Osteuropa hatte Stalin kommunistische Satellitenstaaten installiert. Diese verstaatlichten das in- und ausländische Privateigentum. Viele Schweizer Unternehmen, Banken und Einzelpersonen verloren viel Geld.

Die Länder Osteuropas, von Hitler zerstört und danach von der Roten Armee gebrandschatzt, benötigten Aufbaukredite, Zugang zu den internationalen Finanzmärkten, Importe.

Die Schweizer verlangten Entschädigung für ihre enteigneten Landgüter, Industrien, Handelshäuser. Zu Recht. Die Stalin-Lakaien wollten diesem Wunsch gerne entsprechen, besaßen jedoch nicht die nötigen Devisen. Kein Problem, antworteten die Herren aus Bern. Wir arrangieren das. Ein Vertrag, komplett mit Geheimprotokoll wird ausgehandelt: Der Schweizerische Bundesrat bittet die Privatbanken – völlig rechtswidrig –, die Konten, die den verschollenen Staatsbürgern des betreffenden Staates gehören, abzuräumen und nach Osten zu transferieren.

Die Privatbanken gehorchen. Sie gehören zu den im Osten Enteigneten. Sie organisieren den Transfer. Rechtswidrig, ohne jegliche gesetzliche Grundlage, in flagranter Verletzung des Bankgeheimnisses. Die Stalin-Lakaien zahlen sodann den enteigneten Schweizern ihre verdiente Entschädigung aus. In Devisen.

»Die Schubladen der Schande« nennt der Historiker Marc Perrenoud die Konten, aus denen diese Transaktionen finanziert wurden.[45]

Die Ratifikationsdebatte im Parlament (Oktober 1949) war heftig, wenn auch nicht vergleichbar mit der Ratifikationsdebatte des Washingtoner Reparationsabkommens drei Jahre zuvor.

Der SIG und andere jüdische Organisationen protestierten gegen diese »kalte Nationalisierung«. Den Juden schoß beim Polen-Abkommen die Galle hoch: Sie verwiesen auf den Antisemitismus der Polen. Gleich nach Kriegsende kam es in Polen wiederum zu Pogromen. Gegen das kleine Häuflein der überlebenden Juden.

Nach dem Abkommen mit Polen schloß Bern einen ebensolchen Vertrag mit Ungarn, samt dazugehörigen Geheimprotokollen.

Nachdem im Oktober 1996 die Bankenkommission des amerikanischen Senats die Geheimprotokolle des Vertrags mit Polen veröffentlicht hatte, bestellte der Bundesrat hurtig eine Sonderkommission, welche sämtliche Abkommen der Schweiz mit osteuropäischen Staaten erforschen und veröffentlichen sollte. Die Historiker Peter Hug und Marc Perrenoud legten diesen Bericht am 19. Dezember 1996 vor.

Fragen nach den Holocaust-Geldern kehrten immer wieder. Der Alptraum wollte nicht enden. Immer wieder kam Druck von außen.

Im Herbst 1956 verschickt das Eidgenössische Justiz- und Polizeidepartement einen neuen Fragebogen an die Bankiervereinigung und an die Mitglieder des Verbandes Schweizerischer Versicherungsgesellschaften. Besitzen Sie nachrichtenlose Konten von Nazi-Opfern? Wenn ja, wie hoch ist die vermutete Summe der Gelder? Auf beide Fragen antworteten die Betroffenen folgendermaßen: 21 Banken gestanden präzise Kenntnis von Konten mit einem gesamten Gläubigerstand von 36 580 Schweizer Franken; sie vermuteten, es gäbe bei ihnen noch andere Konten in einer Gesamthöhe von 825 000 Schweizer Franken. Die Versicherungsgesellschaften dagegen wußten nichts Präzises zu berichten; sie bekundeten Zweifel in acht Fällen. Die Gesamtsumme dieser acht Verträge belief sich auf 29 000 Schweizer Franken.

Den Ministerialjuristen in Bern war nicht wohl. Irgend etwas schien faul bei den Antworten der Bankiers und der Versicherer. Die Beamten taten, was sie in solchen Situationen immer tun: Anstatt nachzufragen, der Sache auf den Grund zu gehen, veröffentlichten sie den Bericht, versahen ihn aber mit einem schützenden Vorwort: »Wir geben zu bedenken, daß sich noch *wesentliche erblos gewordene Werte* in auf lange Zeit gemieteten und *daher bis jetzt nicht geöffneten Banktresoren* befinden oder von Treuhandgesellschaften, Notaren, Anwälten, Geschäftsfreunden der verschwundenen Depositäre oder sonstigen Einzelpersonen verwaltet bzw. verwahrt werden.«[46]

März 1957: Im Namen der sozialdemokratischen Fraktion der Bundesversammlung unterbreitet Nationalrat Harald Huber aus Sankt Gallen einen Antrag, der von der Regierung den sofortigen Erlaß eines Gesetzes verlangt. Das Gesetz soll eine obligatorische Meldepflicht für die Banken, Versicherer und alle anderen Vermögensverwalter schaffen. Zugunsten der Gläubiger wird ein vereinfachtes Verschollenheitsverfahren eingeführt. Erblose Vermögen von unauffindbaren Opfern des nazistischen Völkermords werden in einen öffentlichen Fonds für humanitäre Zwecke einbezahlt.

Die Bankiers schrien Zeter und Mordio. Das allerheiligste Bankgeheimnis werde verletzt. Aber die Zeiten hatten sich geändert. Israel war als Staat allgemein anerkannt. In den Vereinigten Staaten machten die jüdischen Gemeinschaften mobil.

Am 20. Dezember 1962 erließ die Regierung einen Bundesbeschluß betreffend »die in der Schweiz befindlichen Vermögen rassisch, religiös oder politisch verfolgter Ausländer oder Staatenloser«. Ein typisch helvetisches Gesetz: Die Bankiers, Versicherer, Treuhänder etc. werden aufgefordert, alle bei ihnen liegenden Gelder einer zentralen Meldestelle mitzuteilen. Freiwillig. Irgendeine staatliche Kontrolle gab es nicht. Der Bundesbeschluß wurde auf zehn Jahre befristet.[47]

Wie hoch waren die Summen, welche die Gentlemen von der Bahnhofstraße zu melden geruhten? Ganze 9 469 881 Schweizer Franken. Im Detail:

Von den Banken kamen	6 068 123
von der schweizerischen Verrechnungsstelle	2 471 900
von Behörden, Treuhandgesellschaften, Privaten	670 053
von den Versicherungen	259 805[48]

Edgar Bronfman, Präsident des Jüdischen Weltkongresses, Elan Steinberg, Exekutivdirektor der Jewish Agency, sogar Stuart Eizenstat, der von Präsident Clinton mit der Überwachung des Holocaust-Dossiers betraute Unterstaatssekretär, werden von Schweizer Blättern meist als extremistische Eiferer verleumdet.

Einen solchen Vorwurf kann man weder Michaël Kohn noch Jean Halpérin, noch Gerhart Riegner machen. Alle drei denken mit Abscheu an die »freiwillige Meldepflicht« von 1962 zurück.

Michaël Kohn ist (zusammen mit Rolf Bloch) 1996 eine dominierende Figur des Schweizerischen Israelitischen Gemeindebundes und einer der bedeutendsten Industriemanager des Landes. Zum Bundesbeschluß von 1962 sind die Juden der Schweiz nicht konsultiert worden. Im Parlament waren sie auch nicht vertreten. Im Spätherbst 1996 veröffentlicht der SIG eine Erklärung: »Die Instrumentalisierung des schweizerischen Judentums darf sich nicht wiederholen.«[49]

Professor Jean Halpérin ist einer der kultiviertesten, gebildetsten und sanftmütigsten Menschen, die ich kenne. Er leitet das Zentrum für jüdische Studien in Genf und lehrt – als Nachfolger von Emmanuel Lévinas – an der Universität Fribourg.

Jean Halpérin: »Mit dem Bankengeheimnis, das ursprünglich ihre Klienten schützen sollte, schützen die Banken sich selber... Ich habe gelernt, daß die Banken nicht die geringsten moralischen Hemmungen oder den elementarsten Anstand ihren Kunden gegenüber hatten. Die Forderung nach einer Sterbeurkunde von Kontoinhabern, die in den Feueröfen der Vernichtungslager umgekommen sind, entspringt einer völlig abwegigen Logik.«[50]

Der Jurist und Ehrenvizepräsident des Jüdischen Weltkongresses, Gerhart Riegner, sagt über die angebliche Suche nach Holocaust-Geldern durch die Schweizer Banken: »Ich bin entsetzt, daß wir während der Verhandlungen anfangs der sechziger Jahre die ganze Zeit angelogen wurden... Die Banken waren überhaupt nicht kooperativ... Ich weiß gar nicht, was ich noch glauben soll. Man hat uns so viele Lügen aufgetischt.«[51]

Nach Abschluß der Geltungsdauer des Bundesbeschlusses von 1962 ging das Trauerspiel weiter.

Wann immer eine neue Attacke aus dem Ausland drohte, gingen die Gentlemen vom Paradeplatz erneut über die Bücher. Und – o Wunder – sie fanden immer neue nachrichtenlose Konten von Nazi-Opfern!

Im Jahr 1997 fanden die Gnomen Holocaust-Gelder in Höhe von »neu« rund 40 Millionen Schweizer Franken. Rückblende: Bei der ersten offiziellen Erhebung 1947 waren es noch »maximal« 208 000 Franken gewesen.

Januar 1997: Den »größten von Banken organisierten Raub der Geschichte« nennt der Vorsitzende der Jewish Agency, Abraham Burg, das mehrheitliche Verschwinden der Holocaust-Gelder. Die Schweizerische Bankiervereinigung wehrt sich gegen die pauschale Vorverurteilung. Avraham Burg ist ja selbst Mitglied der Volcker-Kommission, die ihre Untersuchungsarbeit im März 1997 aufnimmt.

Vorläufig ist zusammenfassend dennoch zu sagen, daß stärkster Verdacht auf Unterschlagung besteht. Noch deutlicher sagt es Roger de Weck: »Nach dem Krieg, sagen die Fachleute, wurde ein Teil der herrenlosen Vermögen *veruntreut.*«[52]

Was hat sich in den letzten fünfzig Jahren auf dem Finanzplatz Schweiz geändert?

Die Bankiers sind von der Heuchelei zum Zynismus übergegangen.

Unmittelbar nach dem Krieg hieß es: Nachrichtenlose Vermögen? So etwas gibt es nicht.

Heute: Die Vermögen existieren, aber wir finden sie nicht.

Ein mittleres Erdbeben ereignete sich im Februar 1997.

Peter Vallone, Präsident des Stadtrates von New York, kündigt ein Gesetz an, das die Transaktionen zwischen Schweizer Banken und von der Stadt abhängigen Institutionen und Behörden verbieten soll. Die Mehrheit der Stadträte gehören wie Vallone der demokratischen Partei an. Aber auch der republikanische Bürgermeister, Rudolph Giuliani, unterstützt den Gesetzesvorschlag. Die Parlamente der Staaten New York, New Jersey und Rhode Island bereiten Hearings vor und verlangen von den Schweizer Banken die sofortige Restitution der Holocaust-Gelder an die rechtmäßigen Besitzer, unter Androhung des Verbots weiterer Tätigkeit auf dem Territorium der genannten Staaten.

Donnerstag, den 6. Februar: George Pataki, Gouverneur des Staates New York, beschließt die Eröffnung einer Untersuchung über die »Aktivitäten der Schweizer Banken zwischen 1939 und 1945« und schickt eine Untersuchungskommission nach Zürich.

Die Schweizer Großbanken realisieren einen guten Teil ihrer Gewinne an der amerikanischen Ostküste, insbesondere an den beiden New Yorker Börsen und dank der Vermögensverwaltung im Auftrag amerikanischer Pensionskassen.

Panik an der Bahnhofstraße.

Die drei helvetischen Großbanken – Bankgesellschaft, Kreditanstalt und Bankverein – reagieren blitzschnell. Sie künden die Schaffung eines Fonds von 100 Millionen Schweizer Franken »zugunsten der Shoa-Opfer« an. Sie sind ab sofort bereit, einen (kleinen) Teil des von ihnen geschuldeten Geldes auszubezahlen ... unter der Bedingung, daß all die Stadträte, Parlamentarier, Bürgermeister und der Gouverneur ihre schrecklichen Gesetzesvorlagen zurückziehen.

Die New York Times (auf der Titelseite vom 6. 2. 1997) rückt die Großzügigkeit der Banken ins rechte Licht: »Ihre Geste ist offensichtlich dazu bestimmt, die drohenden Maßnahmen abzuwenden ... und ihren zerstörten Ruf [battered reputation] wiederherzustellen.«

Die Gnomen haben immer noch nichts begriffen: Die Überlebenden der Shoa und die Erben der Opfer wollen keine Almosen, sondern was ihnen rechtens zusteht. Ihre Obsession ist nicht das Geld, sondern die Gerechtigkeit.

Hoffnung

Das Geschichtsbild jeder Nation ist das Produkt kollektiver Vorstellungen und Mythen. Jede Geschichtsschreibung ist belastet von Ideologien, sie ist eine politische Waffe. Herbert Lüthy, vormals Ordinarius in Basel, schreibt: »Die Wissenschaft von der Geschichte steht im unauflösbaren Bezug zum Bewußtsein der Geschichte, aus dem wir geschichtlich, das heißt politisch denken und handeln.«[1]

Wie das aktuelle Geschichtsbild der immerfort Herrschenden der Schweiz aussieht, offenbaren zwei Ereignisse: die sogenannten Diamant-Feiern von 1989 und die außerordentliche Sitzung der Vereinigten Bundesversammlung vom 7. Mai 1995.

Die Diamant-Feiern: 1989 jährte sich zum fünfzigstenmal Hitlers Überfall auf Polen. Ein Ereignis, das in der Erinnerung der Völker unsägliche Schrecken, Trauer und Besinnung beschwörte. Nicht so in der Schweiz. Das Eidgenössische Militärdepartement nahm den Geburtstag zum Anlaß, um den helvetischen Widerstandsmythos zu revitalisieren. Gefeiert wurde die Generalmobilmachung, die heroische Wehrbereitschaft der stets unbesiegten, weil stets neutralen Schweizer Armee. Ein groteskes Fest. Landesweit wurden die überlebenden Veteranen der Aktivdienstzeit zu Speise und Trank geladen. Nebst Gratiswurst und einer Medaille gab es vaterländische Reden. Der Ton war selbstgefällig. Gedankt wurde den Veteranen für die Rettung des Landes. Gefeiert ihr Heldenmut. Bezahlt wurden die Feste vom Steuerzahler. Der Titel stammte aus einem Gedicht von Gottfried Keller: Die Eidgenossenschaft als unzerstörbarer Diamant.

Peter Bodenmann, Präsident der Sozialdemokratischen Partei der Schweiz, nennt die Armee despektierlich einen »Trachtenverein«. 1989 inszenierte dieser Trachtenverein, der über 400 000 Mitglieder zählt und jährlich Milliarden Franken verschlingt, seine triumphale Selbstdarstellung. Eine Wanderausstellung zog durch die Kantone. Laut Oberstkorpskommandant Rolf Binder, Ausbildungschef der Armee, besuchten über eine halbe Million Menschen diese bizarre Schau.

Die Schweiz wurde zum einzigen Land der Welt, das den Ausbruch des Zweiten Weltkriegs feierte.

Ironie der Geschichte: Der mit der Diamant-Feier-Vorbereitung betraute Oberst Friedrich Nyffenegger entpuppte sich nachträglich als korrupter Funktionär. Unter dem Verdacht der Unterschlagung von Geldern und Medaillen wurde er 1996 von der Bundesanwältin Carla del Ponte verhaftet.

Das zweite Ereignis: Im Mai 1995 feierten überall auf der Welt die Völker den Waffenstillstand, den Zusammenbruch des Dritten Reiches, den Sieg der Zivilisation über das braune Ungeheuer. Nicht in der Schweiz. Der Bundesrat war der Meinung, die Eidgenossenschaft sei im Zweiten Weltkrieg neutral geblieben und brauche dessen Ende daher auch nicht zu feiern. Aufgebrachte Parlamentarier, unter der Führung der Nationalräte Helmut Hubacher und Andreas Gross, rebellierten. Der Bundesrat sah sich gezwungen, des Sieges der Zivilisation über das Hitler-Reich dennoch zu gedenken.

Am Sonntag, dem 7. Mai, trat die Vereinigte Bundesversammlung im Berner Bundeshaus zu einer außerordentlichen Sitzung zusammen.

Bundespräsident (und Verteidigungsminister) Kaspar Villiger hielt auf deutsch, italienisch und französisch die Jubiläumsrede.

»Unser Land blieb vom Zweiten Weltkrieg verschont. Das ist Grund zu Dankbarkeit. Andere Länder haben Europa befreit, haben die europäische Kultur gerettet, haben auch uns eine Zukunft in Freiheit ermöglicht. Das ist Grund zur Bescheidenheit. Unser Land hat in höchst bedrohter Lage zur Erhaltung seiner Unabhängigkeit, seiner Werte und seiner Unversehrtheit das Menschenmögliche geleistet. Das ist Grund zum Respekt vor der Leistung jener Generation. Auch unser Volk mußte Opfer bringen, aber ungleich weniger als jene Völker, welche in den Krieg verwickelt wurden. Das ist Grund zur Zurückhaltung. Und auch die Schweiz hat nicht durchweg so gehandelt, wie es ihren Idealen entsprochen hätte. Das ist Grund zur Nachdenklichkeit. Dankbarkeit, Bescheidenheit, Respekt, Zurückhaltung, Nachdenklichkeit: Diese Werte sollen die heutige Gedenkfeier prägen.«

Villiger zeigte Mut: Er gestand die helvetische Kriegsschuld gegenüber den Zehntausenden an der Grenze abgewiesenen jüdischen Menschen ein. Noch ein Zitat:

»Es geht um jene vielen Juden, auf die durch die Zurückweisung an der Schweizer Grenze der sichere Tod wartete. War das Boot wirklich voll? Hätte der Schweiz der Untergang gedroht, wenn sie sich deutlich stärker für Verfolgte geöffnet hätte, als sie dies getan hat? Haben auch bei dieser Frage antisemitische Gefühle in unserem Land mitgespielt? Haben wir den Verfolgten und Entrechteten gegenüber immer das Menschenmögliche getan? Es steht für mich außer Zweifel, daß wir gerade mit dieser Politik gegenüber den verfolgten Juden diese Schuld auf uns geladen haben. Die Angst vor Deutschland, die Furcht vor Überfremdung durch Massenimmigration und die Sorge um politischen Auftrieb für einen auch hierzulande existierenden Antisemitismus wogen manchmal stärker als unsere Asyltradition, als unsere humanitären Ideale. Schwierige Zielkonflikte wurden auch überängstlich zu Lasten der Humanität gelöst. Mit der Einführung des sogenannten Judenstempels kam Deutschland einem Anliegen der Schweiz entgegen. Dieser Stempel wurde im Oktober 1938 von der Schweiz gebilligt. Wir haben damals im allzu eng verstandenen Landesinteresse eine falsche Wahl getroffen. Der Bundesrat bedauert das zutiefst. Er entschuldigt sich dafür im Wissen darum, daß ein solches Versagen letztlich unentschuldbar ist.«

Stellt Villigers Rede den Bruch mit dem Fideismus dar? Leider nicht. Auch fünfzig Jahre nach dem Delikt nimmt der Bundespräsident das damalige Regime in Schutz:

»Alle, die damals Verantwortung für unser Land trugen, richteten ihr Handeln nur – und nur – nach dem Wohl des Landes aus, wie sie es empfanden und sahen. Sie heute an den Pranger zu stellen wäre ungerecht, wäre wohl auch selbstgerecht. Wir wollen uns deshalb nicht zum Richter aufschwingen.«

Die Generaldirektion der Schweizerischen Nationalbank hehlerte Hitlers Raubgold und tauschte es in weltmarkttaugliche Devisen um. Hitler war für seine kriegswichtigen Rohstoffe vom Weltmarkt abhängig. Die Schweizer finanzierten seine Eroberungskriege. Sie beförderten das Überleben des Reichs. Ohne sie wäre der Zweite Weltkrieg früher zu Ende gegangen, und Hunderttausende von Menschen wären am Leben geblieben.

Das Gold aus Eheringen, Zahnkronen, die Hartmetalle aus Prothesen, Brillengestellen, die Schmuckstücke, welche die Einsatzkommandos im Osten ihren Opfern abnahmen und welche die Gestapo- und SS-Schergen in den Ghettos und Vernichtungslagern stahlen, kamen nur selten in die entsprechenden Depots der Reichsbank oder auf die Konten der von Göring eingerichteten Treuhandstelle Ost. Meist wurde dieses Diebesgut direkt in Zürich, Basel, Bern, Lugano oder Genf angeboten und von den lokalen Vermögensverwaltern, Geschäftsanwälten, Treuhändern, Privatbankiers aufgekauft.

Als 1944 die Götterdämmerung des Reichs heraufzog, halfen die Schweizer Großbanken den Nazis, viele ihrer Raubschätze jenseits des Atlantiks in Sicherheit zu bringen.

Bis April 1945 lieferte die Waffenschmiede Bührle-Oerlikon hochpräzise Schnellfeuerkanonen, Zündvorrichtungen, Waffen aller Art an das Verbrechersyndikat in Berlin.

Das Raubgold kam per Eisenbahn oder Lastwagen bei Basel über die Grenze. Die vor den Nazis geflüchteten, meist jüdischen Frauen, Kinder und Männer wurden von der Schweizer Polizei bei Pruntrut zurückgeschickt... ab 1940 häufig direkt in die Hände der wartenden SS-Mörder. Die Regierung der Eidgenossenschaft riegelte 1942 die Grenze ab, obschon sie zu diesem Zeitpunkt genaue Kenntnis von den Vernichtungslagern, den Mordkommandos und dem Ghettoterror im Osten sowie von der massiven Deportation der Westjuden nach Polen besaß.[2]

Armee und Grenzwacht wurden zu Komplizen der Judenverfolgung gemacht. Der Bundesrat schützte den Schreibtischtäter Heinrich Rothmund.

Kaspar Villiger behauptet: Sie alle haben zum Wohle der Schweiz gehandelt. Richten dürfe man keinen unter ihnen. Hätte Villiger recht, wäre das Nürnberger Kriegsverbrechertribunal illegal. In Nürnberg wurden 1945/46 die Hauptkriegsverbrecher verurteilt. Die schweizerischen (und viele andere) Komplizen wurden nur am Rande erwähnt. Mittäterschaft aber bleibt strafbar.

Im Talmud von Babylon steht: »Die Zukunft hat eine lange Vergangenheit.«

Dagegen können auch Villigers ungelenke Dementis nichts ausrichten. Verbrechen gegen die Menschlichkeit verjähren nie.

Eine Frage stellt sich: Hätten die schweizerische Finanzoligarchie und ihre sichtbare Regierung in Bern 1940 die Allianz mit den westlichen Demokratien gewählt, hätten sie – wie das die Alliierten dringlich verlangten – Hitlers Raubgold (und nicht die jüdischen Flüchtlinge) zurückgewiesen, hätten sie auf die massiven Devisenlieferungen, die Finanzhilfe (Kompensationskredite), die Industrie- und Waffenexporte an das Dritte Reich verzichtet, was wäre geschehen?

Mit großer Wahrscheinlichkeit hätte die Schweiz das Schicksal Österreichs oder der Tschechoslowakei erlitten.

Während der Kriegszeit war ich ein kleines Kind. Mein Vater stand der Offiziersverschwörung[3] nahe; alle meine Angehörigen verabscheuten den Nationalsozialismus. Im Falle einer Annektion hätte ihnen die Deportation in ein Konzentrationslager gedroht.

Daß einer Annektion der Schweiz durch das Reich Teile der Schweizer Bevölkerung im Untergrund widerstanden hätten, steht außer Zweifel. Genau wie in Deutschland und in allen besetzten Gebieten hätte dann auch in der Schweiz die Gestapo fürchterlich gewütet.

Muß ich da dem anpasserischen Bundesrat, den tüchtigen Hehlern und Waffenschiebern nicht dankbar sein? Auf diese Frage wage ich keine Antwort.

Warum denn fällt mein Buch so kritisch aus?

Aus zwei Gründen:

Erstens: Hätte die helvetische Herrschaftsklasse 1945 Reue und Einsicht gezeigt, hätte sie sich für ihre Mittäterschaft, ihre Verbrechen entschuldigt, wäre sie still abgetreten, hätte ich das vorliegende Buch nicht geschrieben.

Die Mächtigen im Land jedoch haben nichts gelernt, sich nicht entschuldigt und sind nicht abgetreten. Im Gegenteil: Aus ihrem Versagen während der Kriegszeit haben sie eine Monumentallüge konstruiert. Diese Lüge versperrt den Horizont der schweizerischen Geschichte bis heute.

Vom Gipfel des Alpenmassivs aus – diesem »wallenden Meer, erstarrt auf Jahwes Befehl«, wie es Victor Hugo empfand – kommentiert die helvetische Herrschaftsklasse seit 1945 das Geschehen der Welt. Arrogant, überheblich, selbstgerecht und zu moralischem Ratschlag an die anderen stets bereit. Sonderfall Schweiz. Das erwählte Volk der Reinen.

Mai 1945: In Washington trotzte Walter Stucki den Siegern. Kurz darauf zersprang der Globus in zwei Blöcke. Die Eiszeit brach an. Stalin bedrohte Europa. Der Kalte Krieg rettete die helvetische Herrschaftsklasse vor ihrer Nemesis. Die Schweiz, zum Glück, liegt in der westlichen Hemisphäre. Keiner verlangte mehr Rechenschaft von den Hitler-Komplizen. Zürich, Basel, Genf waren jetzt lebenswichtige internationale Finanzplätze für den Westen. Regierungen, Staats- und Privatbanken aus der ganzen freien Welt lancierten hier ihre Anleihen. Und aus allen Kontinenten strömte das Fluchtkapital in die helvetischen Bankenbunker. Keine Abrechnung also. Und auch keine Einsicht.

»Vivir es recordar« (leben heißt, sich erinnern) schreibt José Marti. In Frankreich wurde 1945 Pierre Laval erschossen und Marschall Pétain zum Tode, später zu lebenslanger Haft verurteilt.

Überall in Europa – gerade und vor allem in Deutschland – wurde und wird die Haltung der lokalen Herrschaftsträger gegenüber Hitler und seinen Mordkumpanen seit über fünfzig Jahren intensiv diskutiert. Überall sind die Komplizen des Dritten Reichs an den Pranger gestellt, oft auch bestraft worden. Überall. Nur nicht in der Schweiz. Eine Entnazifizierung hat es in der Schweiz nie gegeben. Oder nur äußerst »selektiv«, wie sich Jakob Tanner ausdrückt.[4]

Jean-François Bergier, Präsident der vom Bundesrat bestellten Historikerkommission, weiß warum: »Man hatte Angst vor einer schonungslosen Aufarbeitung der Geschichte. Die Schweiz hat bisher ihre Vergangenheit idealisiert und unpassende Seiten der Geschichte verdrängt ... Die Historiker hatten oft Mühe, an vollständige Informationen heranzukommen.«[5]

Resultat: ein vor Fäulnis stinkendes Kollektivgedächtnis.

Zweitens: Der Zweite Weltkrieg bedeutet nicht bloß einer von vielen Kriegen in der über zweitausendjährigen Geschichte unseres Kontinents. Er ist ein Verbrechen, welches das Gewissen der Welt für immer heimsuchen wird. Während des Zweiten Weltkriegs wurde die Weltgroßmacht der Schweizer Banken begründet.

5,2 Milliarden Menschen leben heute auf der Erde. 3,8 Milliarden davon in einem der 122 sogenannten Entwicklungsländer der Dritten Welt.

Aus diesen Ländern strömen unentwegt immense Kapitalien in die Schweizer Bankenbunker. Fluchtkapital, Korruptionsprofit, Beute der Diktatoren, Frucht systematischer Plünderung der teilweise ärmsten Völker der Welt. In Zaire sterben Kinder an Epidemien und Hunger. Das in der Schweiz verwaltete Privatvermögen des zairistischen Diktators Mobutu wird auf vier Milliarden Dollar geschätzt.

Auf dem Prozeßweg versucht die Regierung der Philippinen seit acht Jahren, die in der Schweiz deponierten, vom gestürzten Diktator Ferdinand Marcos und seinen Komplizen geraubten Milliarden zurückzuerhalten. Umsonst. Bislang umsonst kämpfen auch die haitianische, die malische, die äthiopische Regierung um die Rückerstattung der von ihren jeweiligen Extyrannen (Duvalier, Traore, Haile Selassie) in die Schweiz transferierten Staatsgelder. Viele andere Beispiele wären zu nennen. Trotz der Strafrechtsreform von 1990 ist der Finanzplatz Schweiz heute immer noch eine der effizientesten internationalen Waschanlagen für die Drogenmilliarden und für die Profite des internationalen organisierten Verbrechens. Zu nennen wäre auch die Steuerflucht aus den europäischen Ländern.

Die »Andere Schweiz« will Abhilfe schaffen. Im Parlament legt Nationalrat Rudolf Strahm im Namen der sozialdemokratischen Fraktion konkrete, strukturelle Reformforderungen vor. Im Bundesgesetz über die internationale Rechtshilfe in Strafsachen soll der explizite Ausschluß der Rechtshilfe ans Ausland bei Wirtschafts-, Währungs- und Steuerdelikten beseitigt werden. Im Geldwäschereigesetz muß die Mitwirkung bei Geldwäscherei auch im Falle der fahrlässigen Tat der Strafe unterstellt werden.

Im Rahmen der Doppelbesteuerungsabkommen mit allen Staaten der OECD (die eine der Schweiz ähnliche Rechtsordnung besitzen) muß die Amtshilfe in Steuerfragen (zur Beweiserhebung bei Steuersubjekten in diesen Ländern) zugestanden werden. Das Bankgeheimnis, genau: Artikel 47 des Bundesgesetzes über Banken und Sparkassen, gehört abgeschafft.

Feuer glüht unter der Asche. Leben regt sich hinter der Maske der Heuchelei. Hoffnung.

Die Schweiz ist das vielhundertjährige Produkt einer großartigen Geschichte der Zusammenarbeit zwischen Völkern, Kulturen, Religionen und Sprachen. Eine auf dem europäischen Kontinent einzigartige Föderation.

Die von alten Lügen, Bankenbanditismus, Zynismus und Heuchelei befreite Eidgenossenschaft erwartet im vereinigten Europa eine Aufgabe der aktiven Menschenliebe, der Solidarität.

Nachwort

Der Kampf der Menschen
gegen die Staatsmacht
ist der Kampf des Gedächtnisses
gegen das Vergessen.

Milan Kundera

Antisemitismus

Seit dem Erscheinen der ersten Ausgabe dieses Buchs im März 1997
hat sich in Europa und der Schweiz vieles verändert. Seit Monaten
tauchen aus amerikanischen, schweizerischen u. a. Archiven immer neue Dokumente auf. Zeugen melden sich. Regierungsmitglie-
der widerrufen frühere Aussagen. Immer deutlicher, immer er-
schreckender tritt die helvetische Kriegsvergangenheit ans Licht.

Dies führt in der Schweiz zu einer tiefen Identitätskrise. Sie
zeigt sich an verschiedenen Symptomen.

Zu keinem Zeitpunkt seit den späten dreißiger Jahren war der
Antisemitismus in der Schweiz so virulent wie heute. *Hier ein
Bericht von Frank A. Meyer, dem bedeutendsten Kolumnisten des
Landes:*

»Dienstagnachmittag vergangener Woche am Zürcher Limmat-
quai. Ich steige ins *Tram* Nummer vier. Mit mir steigt ein junger
Mann ein, in dunklem Anzug, weißem Hemd und schwarzem Hut
– ein Schweizer jüdisch-orthodoxer Kultur. Ich begebe mich nach
vorn. Der junge Mann bleibt hinten stehen. Kaum ist das *Tram*
angefahren, gellt ein Stimme über die Fahrgäste hin: ›Jude! Mach,
daß du wegkommst. Du hast hier nichts zu suchen. Solche wie dich
brauchen wir nicht.‹

Der junge Jude weicht seinem Beschimpfer aus, kommt durch
das *Tram* nach vorn. Seine religiöse Alltagstracht hat den Fahrgä-

sten sofort deutlich gemacht, worum es geht. Sie schauen hin. Sie schauen weg. Die gellende Stimme beschimpft den jüdischen Bürger weiter. Ich gehe nach hinten, stelle mich neben den sitzenden Schreier: auch er ein junger Mann, auf den Knien das Magazin ›Focus‹, also kein Betrunkener oder Drögeler, auch kein Ausgeflippter, vielmehr anständig angezogen, jugendliche Kleiderkultur mit Schirmmütze – ein junger Schweizer voller Haß.

Ich spreche ihn ganz leise an: ›Du mußt jetzt sofort aufhören.‹ Er brüllt: ›Was fällt dir ein! Diese Juden plündern unser Land aus. Ich bin Schweizer. Ich muß für jeden Franken arbeiten. Wenn dir nicht paßt, was ich hier sage, kannst du ja auswandern.‹

Der junge Mann steht auf und bedroht mich. Die Fahrgäste verfolgen reglos die Szene. Da tritt ein Fahrgast hinzu und kommt mir zu Hilfe. Der Angreifer setzt sich, steigt wenige Stationen später aus. Die Geschichte aus dem Zürcher *Tram* Nummer vier vom vergangenen Dienstagnachmittag ist zu Ende.«[1]

Auch andere Ereignisse zeugen von der rasanten Verbreitung des rassistischen Gifts:

Im August 1997 wollte ein englischer Rabbiner mit seiner Familie im berühmten Bündner Kurort Arosa Ferien machen. Ein Chalet stand zu vermieten. Der Rabbiner meldete sich. Der Vermieter lehnte ab. Seine Begründung: »Mit diesen Juden haben wir nur Probleme.« Die Geschichte ging um die Welt. Die Tourismus-Behörde von Arosa offerierte der jüdischen Familie für 14 Tage eine Villa und übernahm alle Kosten.

Praktisch sämtliche Verantwortlichen der jüdischen Organisationen der Schweiz können Zeugnis ablegen: Ihre Briefkästen werden überflutet von antisemitischer Post. Und was radikal neu ist in der Schweiz: die Hetzbriefe sind nicht mehr anonym, sondern mit Namen und Adresse des Absenders versehen. Antisemitismus wird also wieder salonfähig in der Schweiz.

1 Frank A. Meyer, *Jude, mach daß Du wegkommst!* In: *Der Sonntagsblick,* Zürich, No. 28, 13. 7. 1997

Die Schweiz ist eine uralte, lebendige Demokratie und ein zutiefst zivilisiertes Land. Das Parlament, die Regierung und fast die gesamte Presse bekämpfen aufs energischste diesen widerlichen Rassismus. Jedoch wird der Kampf geschwächt durch die zahlreichen Widersprüche, die der Regierungsstrategie innewohnen.

Stuart Eizenstat ist Unterstaatssekretär für Internationalen Handel und Spezialbeauftragter für die Wiedergutmachung in Zentral- und Osteuropa. Im Auftrag von Präsident Clinton präsentiert er am 8. Mai 1997 seinen Untersuchungsbericht. Die amerikanische Originalversion umfaßt 210 Seiten. Davon sind 16 Seiten dem Vorwort gewidmet. Die restlichen 194 Seiten sind die historisch-kritische Analyse der in amerikanischen und ausländischen Archiven verfügbaren Dokumente. Diesen historischen Teil, der unter der Leitung des Chefhistorikers des State Department, William Z. Slany, erarbeitet wurde, akzeptiert die Schweizer Regierung problemlos. Das Eizenstat-Vorwort dagegen lehnt sie vehement ab. Warum? Weil Eizenstat im Mai 1997 zur selben Schlußfolgerung gelangt wie mein im März publiziertes Buch: Indem sie Hitlers Raubgold wuschen und in weltmarktgültige Devisen umsetzten, haben die Schweizer Banken geholfen, den Zweiten Weltkrieg zu verlängern. Sie sind mitschuldig am Tod von Millionen Opfern in den Jahren 1944/1945.

Hans Ulrich Jost, Professor für Geschichte an der Universität Lausanne, sagt: »Ich bin entsetzt, wie in der Schweiz auf die amerikanische Kritik reagiert wird.«[1] Die von Stuart Eizenstat gezogenen Schlußfolgerungen hinsichtlich der helvetischen Kriegsschuld werden in Bern als »ideologisch begründet« abgetan. Zwar behauptet die Schweizer Regierung – in durchaus gutem Glauben – sie wolle alles tun, um die ungemütliche Vergangenheit zu ergründen. Gleichzeitig aber führt sie mit Millionen von Steuergeldern einen weltweiten Propagandafeldzug, der die Kritik ausländischer, insbesondere amerikanischer Historiker zum Schweigen bringen soll. In den Vereinigten Staaten wird der hel-

1 Hans Ulrich Jost, in: *Der Bund*, Bern, 11. 6. 1997

vetische Propagandakrieg von der New Yorker Public-Relations-Firma Ruder Finn und insbesondere von der Washingtoner Lobbying-Agentur Barbour, Griffith und Rogers geführt.

Nazi-Konten bei Schweizer Großbanken

Die amerikanischen Anwälte der Holocaust-Opfer machen Druck. Im August erklärte ein New Yorker Gericht die erste, von Anwalt Edward Fagan eingereichte »Class-Action« für formell gültig. (Mit ihr verlangen über 4000 Klägerinnen und Kläger von den drei Schweizer Großbanken Schadenersatz in Höhe von 20 Milliarden Dollar.)

Eine peinliche Panne unterlief der Schweizerischen Bankiervereinigung. Um dem gefährlichen Prestigeverlust, welche die »Class-Actions« in der amerikanischen Öffentlichkeit erzeugen, zu begegnen, veröffentlichten die Bankiers freiwillig eine erste Namensliste von Inhabern sogenannter herrenloser Konten. Die Methode war folgende: Jede Mitgliedsbank der Bankiervereinigung sollte einige Namen zur Liste beisteuern. Die Bankiervereinigung zentralisierte die Meldungen. Die New Yorker Public-Relations-Firma organisierte die Publikation der Liste. Am 23. Juli wurde die Liste in 19 Sprachen in 72 Zeitungen und 27 Ländern publiziert. 1872 Namen von nunmehr verschollenen Ausländern, welche in der unmittelbaren Vorkriegszeit oder während des Krieges Privatkonten in der Schweiz eröffnet hatten, standen auf der Liste. Nur leider: Weder bei den Banken noch bei der Bankiervereinigung noch in der Public-Relations-Firma kam jemand auf die Idee, die Liste vor der Veröffentlichung zu überprüfen. Und schon war das Desaster da! Die Leser der Morgenzeitungen in London, New York, Paris, Berlin entdeckten auf der Liste die Namen berüchtigter Kriegsverbrecher. Inhaber eines herrenlosen Kontos bei einer Schweizer Großbank sind Willy Bauer, stellvertretender Kommandant des Konzentrationslagers Theresienstadt; die Witwe von Gestapo-Chef Ernst Kaltenbrunner; Heinrich Hoffmann, Hitlers Fotograf; Karl Jäger, als SS-Kommandant verantwortlich für den Mord an 130 000 Juden in Litauen; Vojtech Tuka, Nazistatthalter in der Slowakei, der 107 000 jüdische Menschen nach Auschwitz und Treblinka deportieren ließ, u. a.

»Ein fürchterlicher Irrtum«, sagt Georg Krayer, Basler Privatbankier und kluger Präsident der Bankiervereinigung. Nur: Dieser »Irrtum« stellt die Gnomen vor neue, fast unüberwindliche Schwierigkeiten. Nach Gesetz kann eine Bank die Annahme von Depotgeldern (das heißt: die Eröffnung eines Kontos oder spätere Einzahlungen) ablehnen. Ein bestehendes Konto und die darauf liegenden Summen schaffen dagegen einen unumstößlichen Rechtsanspruch.

Resultat: Die Nachkommen der Massenmörder können heute völlig legal die Herausgabe der eben bekanntgewordenen, einst herrenlosen Konten verlangen. Daß das dort liegende Geld Blutgeld ist, erpreßt von den Opfern des Naziterrors, mag moralisch irritieren. Rechtlich aber ist die Schweizer Bank verpflichtet, das Blutgeld den Erben der Henker auszuzahlen.

Eine ähnliche Katastrophe droht dem Hilfsfonds für bedürftige Shoa-Überlebende, den Banken, Industrie und Versicherungen unter dem Druck der Veröffentlichung der amerikanischen Dokumente eingerichtet haben. 170 Millionen Frs. liegen im Fonds. Eingegangen sind (Oktober 1997) 28 000 Hilfsgesuche. Am 29. 9. 1997 unterbreitet die Direktion der Nationalbank dem Parlament einen scheinbar generösen Vorschlag: Aus den helvetischen Goldreserven sollen 100 Millionen für die Shoa-Opfer abgezweigt werden. Nur eben: Ein Großteil des Goldschatzes der Schweizerischen Nationalbank besteht auch heute noch aus Nazi-Raubgold, auch Zahngold aus den Vernichtungslagern. Der Fonds-Vorstand befindet sich demnach in einer unbehaglichen Situation: Die Überlebenden des Holocausts erhalten Hilfsgelder, die bezahlt sind mit der Hehlerbeute der Schweizerischen Nationalbank aus den Nazi-Vernichtungslagern.

Die Kinder von La Martellière

In der zweiten Hälfte des Jahres 1997 wurde der Band Nummer 14 der »Schweizerischen diplomatischen Dokumente« in Bern veröffentlicht. Zum ersten Mal wird schwarz auf weiß nachgewiesen, daß die helvetische Regierung bereits im Spätherbst 1941 über die Judenvernichtungen genau Bescheid wußte. Im erwähnten Archivband findet sich ein langes Telegramm des Schweizer Konsuls in Köln vom 21. November, das die Transporte deutscher Juden nach Polen schildert. Am 24. November übermittelt Minister Ruegger aus Rom an Außenminister Pilet-Golaz eine detaillierte Schilderung der Leiden der ukrainischen und polnischen Juden, die ihm aus dem Vatikan zugegangen ist. Trotz dieses genauen Wissens uber das jüdische Martyrium beschließt die Berner Regierung, die Staatsgrenzen hermetisch zu schließen.

Welche tragischen Folgen diese konsequente Abweisungspolitik für die jüdischen Menschen hatte, zeigen neue, kürzlich entdeckte Dokumente. Hier nur ein einziges Beispiel: Gemäß einer Meldung der Pariser Tageszeitung *Le Monde* entdeckte im August 1997 eine Studentin der Politikwissenschaften im Archiv der »Alliance israélite« in Paris die Namensliste von 21 jüdischen Kindern und Jugendlichen im Alter zwischen sieben und einundzwanzig Jahren. Betreut vom Kinderhilfswerk OSE (Œuvre du secours aux enfants), das sich während der Kriegszeit der Kinder gefangener oder deportierter Eltern annahm, wurden diese Kinder 1943 vom Departement Gers in den Weiler La Martellière, in die Nähe der Schweizer Grenze verlegt. Versteckt in einem isolierten Bauernhof warteten sie monatelang auf die Einreisegenehmigung in die Schweiz. Die Einreise wurde abgelehnt. In der Nacht vom 23. zum 24. März stürmte ein Gestapo-Kommando den Bauernhof, nahm die Kinder gefangen und deportierte sie nach Drancy. Wenig später wurden die Kinder in einem Vernichtungslager in Polen vergast.

Gegen die mörderische antisemitische Schweizer Flüchtlingspolitik konnten selbst höchste kirchliche Würdenträger nichts ausrichten: Edith Stein, eine jüdische Intellektuelle aus Breslau, konvertierte zum Christentum und wurde karmelitische Nonne im Karmel-Kloster von Köln. 1938 übersiedelt Edith in den Karmel von Echt (Holland). 1940 überfällt Hitler Holland. Inzwischen ist Ediths Schwester Rosa (auch sie war konvertiert) nach Echt gezogen. Die beiden Schwestern ersuchen um Aufnahme im Karmeliterinnen-Kloster von Fribourg in der Schweiz. Monseigneur Besson, Bischof von Fribourg und Genf, unterstützt das Gesuch an höchster Stelle in Bern. Am 3. August 1942 lehnt Polizeidirektor Rothmund das Gesuch endgültig ab. Edith und Rosa Stein werden von der Gestapo verhaftet und nach Osten deportiert. Edith Stein und ihre Schwester werden am 8. August in Auschwitz ermordet.

Die Sklavenzüge

Nach dem Erscheinen meines Buches und der dadurch ausgelösten Diskussion wurde der BBC-Film »Nazi-Gold« (Regisseur: Christoph Olgiatti; Produzent: David Marks) ausgestrahlt. Er dokumentiert die Existenz der Nazi-Sklavenzüge, die ab Herbst 1943 meistens nachts und streng geheim durch die Schweiz rollten. Die Züge kamen aus Norditalien und gingen ins Reich. Wer wurde da transportiert? Sicher italienische Zwangsarbeiter, von der deutschen Besatzungsmacht in Mailand, Turin, Verona etc. eingefangen und dann in die reichsdeutschen Rüstungsbetriebe zwangsdeportiert. Wurden auch italienische Juden durch den Gotthard und den Simplon in die Vernichtungslager des Ostens deportiert? Eine im BBC-Film aussagende Zeugin berichtet von Freiwilligen aus der Jüdischen Gemeinde von Zürich, denen es gelungen war, im Bahnhof Enge (ein Züricher Vorortbahnhof) einigen Deportierten Wasser zu reichen.

Die Schweizerische Regierung legte bei der Rekursinstanz der BBC in London einen offiziellen, äußerst energischen Protest ein. Solche Sklaven- und Deportationszüge hätte es nie gegeben. Die

BBC prüfte die Klage genau, verglich sie mit der verfügbaren Archivdokumentation und den Zeugenaussagen und lehnte sie als völlig unbegründet ab.

Der BBC-Film löste in der Schweiz eine Reihe unerwarteter Reaktionen aus. Plötzlich faßten Zeugen – prinzipientreue Menschen aller Regionen und sozialer Klassen – Mut. Über fünfzig Jahre lang hatten sie geschwiegen. Jetzt meldeten sie sich zu Wort.

Bruno Savio, ein 81jähriger, pensionierter Unternehmer erinnert sich noch genau an jenen Herbstmorgen 1943. Er wohnte in der Sankt Galler Vorstadt von Sankt Fiden und machte sich auf, den Frühzug nach Sankt Margarethen, wo er arbeitete, zu besteigen. Auf Gleis 1 des Bahnhofs Sankt Fiden entdeckte er einen Zug geschlossener Viehwagen. Herzzerreißende Schreie tönten aus dem Innern. In der schmalen Luke einiger Waggons sah er Hände, die sich an die Stäbe klammerten. Menschen in Todesangst schrien:»Lasciate mi fuori!« Sofort kamen Heerespolizisten und umzingelten den Zug. Savio wurde zurückgedrängt. Später im Jahr 1943 und während des ganzen Jahres 1944 sah er auf dem schweizerischen Grenzbahnhof Sankt Margarethen viele solcher Züge stehen. Auf einem entfernten Geleise wurden die Lokomotiven gewechselt: Die schweizerische Lokomotive wurde abgelöst durch eine Reichsdeutsche.[1]

Jakob Barandun, 83jährig, diente während der Jahre 1943–1945 in der Heerespolizei. Eine Mission ist ihm besonders im Gedächtnis geblieben: In Chiasso mußte er zusammen mit Kollegen einen Zug der schweizerischen Bundesbahnen – er nennt ihn selbst »einen Sklavenzug« – in Empfang nehmen und durch die Schweiz nach Basel führen. In den plombierten, verschlossenen Dritte-Klasse-Wagen saßen etwa 500 junge italienische Mädchen und 200 ältere Männer. Alle ohne Gepäck, verängstigt und verstört. Nur im hintersten Wagen saß eine deutsche Krankenschwester. Baran-

1 In: *Cash*, Zürich, 26.9.1997

dun erzählt: »Bei einem ungeplanten Halt sahen die hungrigen Italiener eine Konservenfabrik mit großen Mengen Würsten... Wir eilten mit gezogenem Revolver aus dem Zug, damit niemand entkommen konnte.« Im Badischen Bahnhof in Basel, auf deutschem Gebiet, übergaben die Schweizer Heerespolizisten den Zug einem SS-Offizier. Barandun schämt sich heute noch: »Wir übergaben den Zug... und gingen gleich weg. Wir wollten nichts zu tun haben mit diesen Sauschwaben«.[1]

Noch ein Zeugnis: Der heute 73jährige Americo Ferrari amtierte 1944 als Vize-Stationsvorsteher im Bahnhof Bellinzona. Er berichtet:

»Es gab Güterzüge, die auf Nebengeleisen am Bahnhof vorbeigeschleust wurden. Von der Direktion hatten wir Befehl, uns nicht um diese zu kümmern. Nach dem Krieg habe ich erfahren, daß italienische Juden durch den Gotthard ins KZ deportiert wurden.«[2]

Für Hitler war das schweizerische Schienennetz ab 1943 von kriegswichtiger Bedeutung.[3] Über eine Million deutscher Soldaten standen in Norditalien. Ab 1943 und bis 1945 wurden sie mit Waffen, Munition, Benzin, Ersatzteilen etc. vor allem durch die Schweiz versorgt. Die andere mögliche Alpentransversale, die Linie München–Brenner–Bozen, war ab 1943 wegen der alliierten Bombardements häufig unbenutzbar.

Von Herbst 1943 bis Frühling 1945 rollte alle zehn Minuten ein reichsdeutscher Nachschubzug durch die Schweiz. Sei es von Nord nach Süd oder von Süd nach Nord.

Die von Hitler am intensivsten benutzte Alpentransversale war jene, die von Zürich durch den Gotthard-Tunnel nach Chiasso führt. Die andere helvetische Transversale (Basel–Loetschberg–Simplon) wurde ab Frühling 1944 kaum mehr genutzt. Italieni-

1 In: *Der Blick*, Zürich, 20.6. 1997
2 Ebd.
3 Siehe insbesondere »*Führerbefehl: Schont die Schweiz!*« In: *Cash*, Zürich, 8.8. 1997; *Und sie rollten doch,* in *Cash*, Zürich, 26.9. 1997 (und die dort extensiv publizierten Dokumente)

sche Partisanenbrigaden beherrschten Domodossola. Nicht nur sabotierten sie an vielen Orten den 130 km langen Schienenweg, der von Iselle nach Mailand führt. Sie drohten auch, den Simplontunnel zu sprengen.

Die alliierte Front war auf der Linie Ravenna–Pisa zum Stehen gekommen. Der Mittelabschnitt der Front, der Raum Bologna, wurde von amerikanischen Truppen gehalten. Diese erlitten durch die deutschen Panzer schwere Verluste. Präsident Roosevelt schrieb an Bundespräsident Eduard von Steiger. Er bat ihn eindringlich, wenigstens den Benzin-Transport durch die Schweiz zu verbieten und so die deutschen Panzer zum Stehen zu bringen. Von Steiger lehnte ab. Sein Argument: Nur zivile Güter und Kohle werden durch Gotthard und Simplon transportiert. Keine Waffen. Das war eine glatte Lüge.

Die militärischen Nachschubzüge, die von Norden nach Süden rollten, kehrten nicht leer zurück. Ab Herbst 1943 hatte Hitler einen großen Teil seiner Rüstungsindustrie, insbesondere die Fabrikation seiner Jagdflugzeuge (und anderer schwerer Waffen) in die Industriezentren der Po-Ebene und des Piemont verlegt. In Deutschland waren seine Rüstungsbetriebe unaufhörlichen Bombardements ausgesetzt.

Auf ihrer Rückreise brachten die deutschen Züge daher die zerlegten Flugzeuge, Panzergeschützrohre und andere in Italien unter deutscher Aufsicht hergestellten schweren Waffen ins Reich zurück. Mit voller Kenntnis des schweizerischen Bundesrates. In Bern und Zürich arbeiteten zahlreiche amerikanische und englische Geheimdienstagenten und -agentinnen. Mit der Schweiz vereinbarte der handelspolitische Ausschuß des Reichs daher eine »Sprachregelung«, welche die alliierten Geheimdienste in die Irre führen sollte: Die schweren Waffen wurden generell mit dem Ausdruck »Eisenwaren« registriert. In den Protokollen tritt auch der Begriff »Rohre« auf. Von den Alliierten befragt, konnte die Berner Regierung sagen: Das sind zivile Leitungsrohre ... tatsächlich handelte es sich um Geschützrohre. Nach Kriegsende wurden in den Archiven der Bahngesellschaften die Dokumente der Periode 1943–1945 vernichtet.

Die durch die Schweiz deportierten italienischen Zwangsarbeiter wurden in den deutschen Rüstungsunternehmen noch schlimmer behandelt als die sowjetischen Zwangsarbeiter und Kriegsgefangenen: Sie wurden »Badoglios« genannt (nach Marschall Badoglio, der 1943 den Waffenstillstand mit den Alliierten unterschrieben hatte) und sollten für den »Verrat« des ehemaligen italienischen Bundesgenossen büßen.

Am Nord-Süd- und Süd-Nord-Verkehr über die beiden schweizerischen Alpentransversalen, das heißt am Transport von deutschen Waffen, italienischen Zwangsarbeitern (und möglicherweise Juden) hat die Schweiz in den Jahre 1943/1945 Millionen verdient. Indem die Berner Regierung ihr Schienennetz (und leihweise ihr Rollmaterial) der Wehrmacht, der SS, dem Reichssicherheitshauptamt und dem Rüstungsministerium zur Verfügung stellte, hat sie wesentlich zur Verlängerung des Zweiten Weltkriegs beigetragen.[1]

Die Allmacht der Schweizerischen Bankgesellschaft

Zu Beginn Oktober 1997 stellte der Zürcher Bezirksanwalt Peter Consandey endlich die Strafuntersuchung gegen Christoph Meili ein. Rückblick: Meili hatte als Wachmann bei der Schweizerischen Bankgesellschaft in der Nacht vom 8. Januar 1997 hochbrisante Dokumente aus der Nazizeit vor der geplanten Vernichtung (durch die Bank) gerettet und der Israelitischen Kultusgemeinde übergeben. Er wurde von der Zürcher Justiz der Verletzung des Bankgeheimnisses angeklagt. Er verlor seine Arbeit und fiel in zivile Ächtung. Anonyme Täter bedrohten sein Leben und dasjenige seiner Familie. Christoph Meili, seine Gattin und ihre beiden

1 Willi A. Boelcke, in: *Cash*, Zürich, 8. 8. 1997

Kinder flüchteten in die Vereinigten Staaten. Präsident Clinton gewährte ihnen durch ein Sonderdekret die permanente Aufenthaltserlaubnis.

Meilis mutige Tat legte Zeugnis ab von einer zweifachen Realität: Schweizer Großbanken vernichten trotz gesetzlichem Verbot immer noch wichtige Dokumente, die ihre Komplizenschaft mit dem Dritten Reich – insbesondere ihre Übernahme arisierten jüdischen Eigentums – belegen. Meilis Tat beweist aber auch, daß in der Schweiz aufrechte Menschen existieren, welche – selbst wenn sie von der Justiz angeklagt und von anonymen Tätern bedroht werden – für Gerechtigkeit und Transparenz kämpfen.

In der Schweiz scheint die SBG (neues Signet: UBS) allmächtig zu sein. Ihr verantwortlicher Archivar und Direktor Erwin Haggenmueller verletzte klar den Bundesbeschluß vom 13. Dezember 1996 (striktes Verbot der Aktenvernichtung), indem er die von Meili geretteten Dokumente der Shredder-Maschine übergeben wollte.

Bezirksanwalt Consandey weigerte sich, Haggenmueller anzuklagen.

Energischer dagegen reagierte Alan G. Hevesi, Finanzchef der Stadt New York. Oktober 1997: Die Stadt New York vergibt eine öffentliche Anleihe von 1 Milliarde Dollar. Verschiedene Bank-Syndikate konkurrieren um die Offerte. Eines dieser Syndikate wird angeführt von der UBS, Hevesi legt sein Veto ein. Er schließt die Bank von der Bewerbung aus. Seine Begründung: »Die UBS ist die Bank, die trotz eines gesetzlichen Verbotes Dokumente über die Enteignungen jüdischer Vermögen zur Nazizeit vernichtete, die den Wachmann verfolgen ließ, der dies entdeckt hatte, und die nichts unternahm, als ihr Ehrenpräsident Robert Holzach sagte, die Aktivität im Zusammenhang mit dem Holocaust sei das Ergebnis einer jüdischen Verschwörung...

Die UBS muß wissen: Wenn sie als Bank global auftreten und mit der Welt Geschäfte tätigen will, dann muß sie sich den Standards der Weltgemeinschaft anpassen.

Am Vorabend des nächsten Jahrhunderts sind Antisemitismus und Rassismus bei einem globalen Unternehmen inakzeptabel«.[1]

Zensur

42 Staaten leben auf dem europäischen Kontinent und seinen Inseln. Die Schweizerische Eidgenossenschaft, welche die wichtigsten Alpenpässe kontrolliert, ist der reichste Staat Europas (Einkommen pro Kopf der Bevölkerung) und der zweitreichste der Welt. Überall auf diesem Kontinent kehren heute die Gespenster zurück. Im Herbst 1997 hat sogar die mächtige katholische Kirche, in Person des Pariser Kardinal-Erzbischofs Jean-Marie Lustiger, bei der jüdischen Gemeinde Frankreichs um Vergebung nachgesucht (die französische Kirche hatte zu den Rassendekreten von 1940, zu den 1941 beginnenden Verhaftungen staatenloser oder ausländischer Juden, zu den Deportationen ab 1942 von zehntausenden französischen Juden beharrlich geschwiegen). Heute erwacht das Gewissen der Kirche. Nur die Schweizer Regierung hat größte Mühe, ihre aktive, höchst einträgliche Komplizenschaft mit dem Dritten Reich einzugestehen. Kein Schweizer Nazibankier, kein Bahndirektor, kein Verantwortlicher der Judenrückweisungen wurde je für seine Verbrechen vor Gericht gestellt. Die offizielle Schweiz verweigert immer noch jede Schuldanerkennung.

Mein Buch wurde von der einheimischen Presse mehrheitlich zerrissen. Ein »Lügenepos« nannte Wolfgang Bauer mein Buch in der Neuen Zürcher Zeitung.[2] Der Außenminister wies alle Botschaften an, das Buch in der ausländischen Öffentlichkeit durch »freundliche« Journalisten bekämpfen zu lassen. Das Bundesamt für Kultur veröffentlichte eine offizielle, für die Schulen bestimmte Bibliographie der 50 wichtigsten Bücher der Schweizer Holocaust-Diskussion. Mein Buch wurde als »zu extrem« ausgeschlossen.

Dieser Akt der Zensur führte im Parlament zu einer heftigen Intervention.[3] Die Regierung stellte sich hinter die Zensoren.

---

1 Alan G. Hevesi, in: *Die Sonntagszeitung*, Zürich, 11./12. 10. 1997
2 *Neue Zürcher Zeitung*, Zürich, 7. 10. 1997
3 Intervention Nationalrat Helmut Hubacher, 8. 10. 1997

Licht am Horizont

Anläßlich seiner offiziellen Rede zum Nationalfeiertag, am 1. August 1997, beteuerte Bundespräsident Arnold Koller einmal mehr: »Wir wollen und können unserer Vergangenheit furchtlos ins Auge schauen.«[1] Aber in der Schweiz gibt es glücklicherweise nicht nur die Obrigkeit, die Herrschaftsklasse und die Bankiers. Hier lebt auch ein kultiviertes, vielfältiges, von seiner siebenhundertjährigen, demokratischen Geschichte geprägtes Volk.

Eine private Stiftung zugunsten notleidender Holocaust-Überlebender wird unterstützt von Zehntausenden einfacher Schweizer Bürgerinnen und Bürger. Jede Woche melden sich neue Zeugen aus dem Grenzwachkorps, der Heerespolizei, dem Bahnpersonal. Licht glänzt am Horizont. In der offiziellen Mauer des Schweigens und der Verweigerung zeigen sich Risse. Eines Tages wird sie einstürzen.

Gegen die offizielle Schuldverweigerung, der Vergangenheitsverdrängung und die Amnesie steht der Wahrheitswille der Nation. Das Schweizer Volk ist aufgewühlt. Es will aus der Isolation ausbrechen. Die vorläufig letzte Meinungsumfrage (Oktober 1997) ergab eine klare Mehrheit der Bürgerinnen und Bürger für den Beitritt der Schweiz zur Europäischen Union. Eine von Sozialdemokraten und Gewerkschaften ausgearbeitete Verfassungsinitiative zugunsten der Schweizer Mitgliedschaft bei den Vereinten Nationen ist in Vorbereitung. So tief und schmerzlich die gegenwärtige Identitätskrise auch sein mag, von einem bin ich überzeugt: In der schweizerischen Eidgenossenschaft steht der Aufstand des Gewissens bevor.

Jean Ziegler
Genf, im März 1998.

---

1 In: *Der Tagesanzeiger*, Fernausgabe, Zürich, 2. 8. 1997

Anhang

Anmerkungen

Erster Teil: Die schuldigen Schuldlosen

1 Peter Bichsel in: Die Zeit, Hamburg, 11. 10. 1996
2 Peter Grose, Gentleman-Spy: The Life of Allen Dulles, London 1994, S. 148 ff.
3 Vgl. Robert Urs Vogler, Die Wirtschaftsverhandlungen zwischen der Schweiz und Deutschland 1940–1941, Schweizerische Nationalbank, Zürich 1983
4 Hans Ulrich Jost, Nouvelle histoire de la Suisse et des Suisses, Bd. III, Lausanne 1983, S. 90 ff.
5 Hans Ulrich Jost, zitiert in: Dossier: Die Mythen im Schließfach Schweiz, Die Zeit, Hamburg, 11. 10. 1996
6 Vgl. auch Denis de Rougemont, Ecrits sur l'Europe, Bd. II, Paris 1994
7 Zitiert in: Herkules und Atlas, Lobreden und andere Versuche über Friedrich Dürrenmatt, hrsg. von Daniel Keel, Zürich 1990, S. 14
8 Zitiert in: Heinrich Götz, Dürrenmatt, Reinbek 1993, S. 24
9 Friedrich Dürrenmatt, Versuche, Zürich 1988, S. 9
10 Edgar Bronfman in: Die Neue Zürcher Zeitung, 25. 10. 1996
11 Revue Juive, Genf, 24. 1. 1997; vgl. auch: Le Nouveau Quotidien, Lausanne, 9. 1. 1997
12 Über den detaillierten Vorgang orientieren: International Herald Tribune, 24. 10. 1996, The Times, London, 23. 10. 1996, und FAZ, 24. 10. 1996

Zweiter Teil: Hitlers Hehler

1 Ausnahmen gab es: In Äthiopien und Somalia kämpften englische Truppen gegen die italienische Kolonialarmee; in Gabun, Kamerun, Dakar, Madagaskar griffen gaullistische Truppen die Garnisonen der Vichy-Regierung an. (Ich rede hier nur von Schwarzafrika. Ganz Nordafrika nördlich der Sahara war in den Krieg verwickelt.)
2 Besonders englische Historiker vertreten diese Ansicht; vgl. z. B. W. N. Medlicott, The Economic Blockade, Bd. I, II, London 1978

3 Willi A. Boelcke, Die deutsche Wirtschaft, 1930–1945, Interna aus dem Reichswirtschaftsministerium, Düsseldorf 1983

4 Das Memorandum ist wiedergegeben in: Wilhelm Vocke, Memoiren, Stuttgart 1973

5 Willi A. Boelcke, op. cit., S. 219 ff.

6 Willi A. Boelcke, op. cit., S. 239 f.

7 Hannah Arendt, Eichmann in Jerusalem: The Banality of Evil, New York, 1963

8 Willi A. Boelcke, op. cit., S. 249

9 Guido Knopp, Hitlers Helfer, München 1996, S. 71 ff.

10 Politisches Archiv des Auswärtigen Amtes, Bonn: Bd. III, Dossier »Staatssekretär Schweiz 1943« (Clodius Memorandum)

11 Niklaus Meienberg, Reportages en Suisse, L'exécution du traitre de la patrie Ernst S., Genf 1977

12 Roland Buetikofer, Le refus de la modernité, La ligue vaudoise et la Suisse 1919–1945, Lausanne 1996; vgl. auch Hans Ulrich Jost, Les avantgardes réactionaires, Lausanne 1992

13 Alfred Häsler, Das Boot ist voll, Zürich 1967, Neuausgabe Zürich 1992, S. 85 f.

14 Willi Gautschi, Henri Guisan, Zürich 1994, S. 44 ff.

15 Für Kopien der Funksprüche s. Klaus Urner, Il faut encore avaler la Suisse, Les plans d'invasion d'Hitler, Genf 1996. Diesem Band sind auch die Berichte über die geschilderten Operationen entnommen.

16 Klaus Urner, op. cit., S. 86

17 Text in: Victor Monnier, William E. Rappard, Défenseur des Libertés, Serviteur de son pays et de la communauté internationale, Genf 1995, S. 525

18 Abschied von Peter Surava, Eine Dokumentation, hrsg. von Erich Schmid (der auch einen Surava-Film gedreht hat), Zürich 1996

19 Siehe Frédéric Gonseth, Esclaves de guerre pour entreprises suisses, in: L'Hebdo, Lausanne, 19.9. 1996

20 Willi Gautschi, op. cit., Zürich 1994

21 Pierre Bourdieu, J. C. Passeron, La reproduction, éléments pour une théorie du système d'enseignement, Paris 1970, S. 18; vgl. auch Pierre Bourdieu, Le marché des biens symboliques, Revue année sociologique, Paris 1971

22 Ich verdanke die Zusendung dieses Tagebuchauszugs Iring Fetscher, der eine kritische Ausgabe dieser Goebbels-Rede vorbereitet.

23 Thomas Müntzer, Anführer der Wiedertäufer, enthauptet im Jahr 1525; vgl. Ernst Bloch, Thomas Müntzer als Theologe der Revolution, Suhrkamp-Gesamtausgabe, Bd. 2, Frankfurt/M. 1969

24 Siehe insbesondere Gian Trepp, Die Bank für Internationalen Zahlungsausgleich im Zweiten Weltkrieg: Bankgeschäfte mit dem Feind, Von Hitlers Europa-Bank zum Instrument des Marshall-Planes, Zürich 1993

25 Marc Perrenoud, Banques et diplomatie suisse à la fin de la Deuxième guerre mondiale, Politique de neutralité et relations financières internationales, in: Studien und Quellen des Schweizerischen Bundesarchivs, Bern, Nr. 13 (1987) und 14 (1988)

26 Werner Rings, L'or des Nazis, La Suisse un relais discret, Lausanne 1985; dt. Ausg.: Raubgold aus Deutschland, Die Golddrehscheibe Schweiz im Zweiten Weltkrieg, Zürich 1985

27 Für den detaillierten Ablauf der Transaktionen s. Marlise Simons: The ghost of Nazi-Gold returns to haunt Lisbon, in: International Herald Tribune, Zürich, 11./12. Januar 1997

28 Die französische Fassung des Dokuments in: Le Nouveau Quotidien, Lausanne 29. 1. 1997

29 Harold James im Gespräch mit Felix E. Müller, Die Weltwoche, Zürich, 14. 11. 1996

30 Michel Fior, Student des Wirtschaftshistorikers Philippe Marguerat an der Universität Neuenburg, ist der Entdecker des Rossy-Plans. Für seine Abschlußarbeit: La Banque nationale suisse et l'or allemand 1939–1945, erforschte Fior 20 000 Seiten Protokolle des Nationalbankdirektoriums und des Bankrates. Vgl. Michel Fior, Memoire de licence, Universität Neuenburg, 1996; s. auch Justin Favrod in: Journal de Genève, 22. 1. 1997

31 Alfred Hirs wurde 1942 Generaldirektor

32 Tobias Kästli, Ernst Nobs: Vom Bürgerschreck zum Bundesrat, Ein politisches Leben, Zürich 1995

33 Archiv der Schweizerischen Nationalbank, Dokument Nr. 0014

34 Marco Durrer, Die schweizerisch-amerikanischen Finanzbeziehungen im Zweiten Weltkrieg, Kollektion Bankwirtschaftliche Forschungen, Bern und Stuttgart 1984, S. 270 f.

35 Über Gegensatz und Komplementarität zwischen christlichem und arischem Antisemitismus s. Jean-Marie Lustiger, Kardinal-Erzbischof von Paris, selbst jüdisch-polnischer Abstammung, in seinen Gesprächen mit Elie Wiesel, in: Elie Wiesel, Et la mer n'est pas remplie, Paris 1996, S. 242 ff.

36 Robert Urs Vogler, op. cit., S. 7

37 Ich danke dem israelischen Historiker Shraga Elam, der in Zürich arbeitet, für die Übersendung der Archivkopien dieser beiden Briefe

38 Protokolle des Nürnberger Prozeßes gegen die Hauptkriegsverbrecher, Zeugenaussage Emil Puhl gegen Walther Funk, in: Robert Urs Vogler, op. cit., S. 11 f.

39 Memorandum Karl Clodius, op. cit., S. 4

40 Elzbieta Ettinger, Hannah Arendt et Martin Heidegger, Paris 1994

41 Franz Egle, Sprecher des EDA, hatte nach der Veröffentlichung amerikanischer Vorwürfe, die Schweiz habe 1949 Polen die »herrenlosen« Konten polnischer Juden bei Schweizer Banken überwiesen, nur damit Warschau den enteigneten Schweizern eine Entschädigung (in Devisen) bezahlen konnte, als grobe Unwahrheit zurückgewiesen ... nur um vier Tage später sein eigenes Dementi zu dementieren und die Existenz der schweizerisch-polnischen Geheimtransaktionen zuzugeben

42 Friedrich Dürrenmatt, Herkules und der Stall des Augias, Zürich 1985, S. 51

43 Foreign and Commonwealth Office, General Service Command, History Notes, Nazi Gold: Information from the British Archives, London, Nr. 11, September 1996

44 In der ersten Version des Rifkind-Berichts ist fälschlicherweise von 500 Millionen Dollar die Rede

45 Linus von Castelmur, Schweizerisch-Alliierte Finanzbeziehungen im Übergang vom Zweiten Weltkrieg zum Kalten Krieg, Zürich 1992

46 Elie Wiesel, Les juifs du silence, Paris 1976

47 Gegründet wurde das Archiv bereits 1798 von der Helvetischen Republik unter dem Einfluß Napoleons I.

48 Christoph Graf, zitiert in: L'Hebdo, Lausanne, 31. 10. 1996, S. 4. Ich bedanke mich außerdem bei den Archivaren Daniel Bourgeois und Andreas Kellerhals für ihre wertvollen Auskünfte

49 Wesentliche Dokumente zur Interhandel-Affäre verdanke ich Shraga Elam
50 Robert Urs Vogler, Der Goldverkehr der Schweizerischen Nationalbank mit
   der Deutschen Reichsbank 1939/1945, op. cit., S. 8
51 Roger de Weck, Vorsätzliches Unwissen, in: Der Tagesanzeiger, Zürich,
   26.10. 1996

Dritter Teil: Die Mörder

1 Werner Rings, op. cit.
2 Pierre Arnoult, Les finances de la France et l'occupation allemande
   (1940–1944), Paris 1951; P. Kauch, Le vol de l'or de la Banque Nationale par
   les Nazis (1940–1943), Revue de la Banque Nationale de Belgique, Brüssel
   1956; vgl. auch Peter Utz, Goldfingers merkwürdige Machenschaften, in:
   Tagesanzeiger-Magazin, Zürich, Nr. 16, 1980
3 Henri Michel, La Seconde Guerre mondiale, Septembre 1939–Janvier 1943,
   Bd. I, Paris 1968, S. 204
4 Henri Michel, op. cit., Bd. I, S. 454 ff.
5 Werner Rings, op. cit., S. 35
6 Secrets of the Swiss, Special Report, in: Newsweek, New York, 24. 6. 1996
7 Elie Wiesel, Et la mer n'est pas remplie, op. cit., S. 272 und 164
8 Vgl. Nazi-Gold; Information from the British Archives, op.cit., S. 2
9 Gideon Hausner, Die Vernichtung der Juden, München 1979, S. 235 ff.
10 Le Nouvel Observateur, Paris, 14.11. 1996
11 Der Dokumentenband ist zu beziehen bei FCO Historians Library and Records
   Department, Clive House, London SW1 9HD; vgl. auch die Analyse der
   Funksprüche, in: Der Spiegel, Hamburg, Nr. 47, 1996; Le Nouveau Quotidien,
   Lausanne, 31.10. 1996
12 Bendet Hershkovits, zitiert von Hersch Fischler, in: Die Weltwoche, Zürich,
   14.11. 1996
13 Christopher R. Browning, Ordinary Men – Reserve Police Bataillon 101 and
   the Final Solution in Poland, London/New York 1992
14 Jacques Picard, Die Schweiz und die Juden, 1933–1945, Zürich 1994,
   S. 387–461

Vierter Teil: Der Wirtschaftskrieg

1 Hans Ulrich Jost, Nouvelle histoire de la Suisse et des Suisses, Bd. 3, S. 161
2 Jakob Tanner, Bundeshaushalt, Währung und Kriegswirtschaft, Zürich 1986
3 Jean-Claude Favez im Vorwort zu: Klaus Urner, Il faut encore avaler la Suisse,
   Les plans d'invasion d'Hitler, Genf 1996, S. 129 ff.
4 Klaus Urner, op. cit., S. 129 ff.
5 Hans Ulrich Jost, op. cit., S. 160
6 André Marty, Die Bührle-Holding bleibt stumm, in: Die Sonntagszeitung,
   Zürich, 5. 5. 1996
7 Niklaus Meienberg, Es ist kalt in Brandenburg. Ein Hitler-Attentat, Zürich
   1980. Ich zitiere nach der französischen Ausgabe: Maurice Bavaud a voulu
   tuer Hitler, Genf 1982, S. 191 f.; ich danke Adrien Bavaud, dem Bruder von
   Maurice, für seine wertvollen Dokumente

8 Zahlen errechnet durch »Fortune« (das jährlich die Rangliste der Weltreichsten wiedergibt), zitiert in: The Sunday Times, 3.11. 1996

9 Sebastian Speich, Der gedemütigte Riese, in: Cash, Zürich, 17.1. 1997

10 Willi Gautschi, op. cit., S. 522

11 Detail des Vertrags in: Journal de Genève, 21.10. 1996

12 Hans Mommsen, Manfred Grieger, Volkswagen und seine Arbeiter unter dem Dritten Reich, Düsseldorf 1996

13 Beat Balzli, Judenverfolgung verhalf Bally zu Deutschland-Filialen, in: Die Sonntagszeitung, Zürich, 5.5. 1996

14 Daniel Bourgeois, Le Troisième Reich et la Suisse 1933–1941, Neuenburg 1974

15 Über ihre Arbeitsmethoden s. Der Spiegel, Hamburg, Nr. 47, 1996; vgl. auch das Interview mit Peter Hilton, in: Le Nouveau Quotidien, Lausanne, Oktober 1996

16 Winston Churchill, Der Zweite Weltkrieg, Bern 1950; sämtliche Referenzen, Churchill betreffend, beziehen sich auf diese Ausgabe

17 History Notes. Nazi-Gold, Information from the British Archives, Foreign and Commonwealth office. General services Command, London, Nr. 11, September 1996, S. 5

18 Die Schweiz vertrat auch die USA, England u. a. in mehreren Staaten

19 Michael Hirsh, Mark Frankel und Christopher Dickey, The secrets of the Swiss, in: Newsweek, 24.6. 1996

20 Oswald Inglin gibt in seinem Buch »Der stille Krieg«, Zürich 1991, eine genaue Aufstellung

21 Sebastian Speich, Freie Fahrt für die Nazis gegen Kohle und Eisen, in: Cash, Zürich, 17.1. 1997

22 Sebastian Speich, ebd.

23 Henri Michel, op. cit., Bd. II, S. 314

24 Henri Michel, op. cit., Bd. II, S. 303

25 Peter Woog, Rapport concernant les fonds »secrets« du nazisme, JUNA-Archiv des Schweizerischen Israelitischen Gemeindebundes; Dokumente liegen im Archiv für Zeitgeschichte der ETH Zürich.

26 Vgl. den Artikel »Himmler-Pounds go round and round«, in: Daily Mail, London, 5.6. 1950

27 Jorge Camarasa, Odessa del Sur, La Argentina como refugio de Nazis y criminales de guerra, Buenos Aires 1995

28 Ronald C. Newton, The Nazi Menace in Argentina 1931–1947, Leland Stanford Junior University, Kanada, 1992

29 Wilfried von Owen, in: El Sol, Madrid, 12.2. 1992

30 Michael Bloch, Ribbentrop, Paris 1996

31 Für die Details der Fracht s. Newsweek, 24.6. 1996

32 Edgar Bonjour, Geschichte der schweizerischen Neutralität, Basel und Stuttgart 1970, Bd. VI, S. 134ff.

33 Edgar Bonjour, op. cit., S. 144

34 Franz Blankart, Der Neutralitätsbegriff aus logischer Sicht, in: Discordia concors, Festgabe für Edgar Bonjour, Basel 1968, S. 607ff.

35 André Gorz, zitiert von J. Halliday, in: Svizzera, l'eldorado borghese, Quaderni Piacentini, Nr. 39, November 1969, S. 206

36 Max Petitpierre, zitiert bei Jacques Freymond, in: Neutralité et neutralisme, Revue des travaux de l'Académie des sciences morales et politiques, Paris 1966, S. 98
37 Franz Blankart, op. cit., S. 617
38 Franz Blankart, ebd.

Fünfter Teil: Der Sieg über die Sieger

1 Linus von Castelmur, Schweizerisch-Alliierte Finanzbeziehungen im Übergang vom Zweiten Weltkrieg zum kalten Krieg, Die deutschen Guthaben in der Schweiz zwischen Zwangsliquidierung und Freigabe, Zürich 1992
2 Zitiert in: Das Israelitische Wochenblatt, Zürich, 11. 10. 1996
3 Victor Monnier, William E. Rappard, Défenseur des libertés, Serviteur de son pays et de la communauté internationale, Genf 1995
4 Walter Stucki, Von Pétain zur Vierten Republik, Vichy 1944, Bern 1947
5 Für die Details der Regelung s. Linus von Castelmur, op. cit., S. 354 ff.
6 Ernst Nobs, erster Sozialdemokrat in der Regierung, wurde von den bürgerlichen Parteien kooptiert, als der Krieg sich gewendet hatte
7 In Tobias Kästli, Ernst Nobs, op. cit., S. 247
8 Daniel Frei, Das Washingtoner Abkommen von 1946, in: Schweizerische Zeitschrift für Geschichte, 19. Jg., S. 571
9 Seymour J. Rubin im Gespräch mit Felix E. Müller, in: Die Weltwoche, Zürich, 7. 11. 1996
10 Stenographisches Bulletin der Bundesversammlung, Sondersession, Juni 1946
11 Paul R. Jolles in: Die Neue Zürcher Zeitung, 30. 10. 1996
12 Insbesondere Marco Durrer, Die schweizerisch-amerikanischen Finanzbeziehungen im Zweiten Weltkrieg. Von der Blockierung der schweizerischen Guthaben in den USA über die Safe-Haven-Politik zum Washingtoner Abkommen 1941–1946, Bern und Stuttgart 1984; Walter Spahni, Der Ausbruch der Schweiz aus der Isolation nach dem Zweiten Weltkrieg, untersucht anhand ihrer Außenhandelspolitik 1944–1947, Frauenfeld 1977; Oswald Inglin, Der stille Krieg, Der Wirtschaftskrieg zwischen Großbritannien und der Schweiz im Zweiten Weltkrieg, Zürich 1991; vgl. auch: Gian Trepp, Die Bank für Internationalen Zahlungsausgleich im Zweiten Weltkrieg, Bankgeschäfte mit dem Feind. Von Hitlers Europabank zum Instrument des Marshallplans, Zürich 1993; Nicolas Kaloy, SOS Banques Suisses, Leur responsabilité, leurs abus. Genf 1996; vgl. auch Georg Kreis, Der umstrittene Sieg über die Sieger, in: Die Neue Zürcher Zeitung, 25. 5. 1996
13 Bundesarchiv. Dokument übermittelt durch Shraga Elam
14 Dokument übermittelt durch Shraga Elam
15 Zitiert bei Daniel Frei, op. cit., S. 590
16 Zitiert bei Daniel Frei, ebd.
17 Die beiden Zitate aus Victor Monnier, William E. Rappard, Défenseur des libertés, serviteur de son pays et de la communauté internationale, Genf 1995
18 Gian Trepp, Die Bank für Internationalen Zahlungsausgleich im Zweiten Weltkrieg, op. cit., S. 97 f.
19 Wilfried G. Burchett, Der kalte Krieg in Deutschland, Berlin 1950, S. 216

1 Vgl. die Interpretation des Rheingold-Mythos, in: Louis Janover, Nuit et brouillard du révisionisme, Paris 1996, S. 9 f.

2 Ich zitiere nach der französischen Ausgabe: Jean Jacques Rousseau, Discours sur l'origine et les fondements de l'inégalité entre les hommes, Edition Gallimard, Paris 1965, S. 110

3 Im Original: »Ces communautés que la nuit avait englouties pour les recracher vers un ciel en flammes«; Elie Wiesel, Et la mer n'est pas remplie, op. cit. Bd. II., S. 530

4 Hannah Arendt, Elemente und Ursprünge totaler Herrschaft, München 1986, S. 455

5 Yves Fricker: Helvetia au miroir, Genf 1996, S. 67

6 Alfred Häsler, op. cit., S. 338

7 Jacques Picard, Die Schweiz und die Juden 1933–1945, op. cit., S. 368

8 Abschied von Surava, op. cit., S. 203 f.

9 Christoph Graf, Die Schweiz und die Flüchtlinge 1933–1945, Studien und Quellen, Nr. 22, Zeitschrift des Schweizerischen Bundesarchivs, Bern 1996

10 Stefan Mächler, Ein Abgrund zwischen zwei Welten, in: Christoph Graf, Die Schweiz und die Flüchtlinge 1933–1945, op. cit., S. 137

11 Von Saul Friedländer s. insbesondere: L'antisémitisme nazi, Paris 1971; Pie XII et le Ille Reich, Paris 1964

12 Saul Friedländer, Quand vient le souvenir, Paris 1978, S. 86 ff.

13 Saul Friedländer, ebd.

14 Saul Friedländer, ebd.

15 Alfred Häsler, op. cit. Ich zitiere nach der Neuausgabe, Zürich 1992. Häsler gibt hier einen Artikel von Redakteur Hermann Böschenstein wieder, in: Nationalzeitung, Basel, 24. 8. 1942

16 Guido Koller, Entscheidungen über Leben und Tod, Die behördliche Praxis in der schweizerischen Flüchtlingspolitik während des Zweiten Weltkrieges, in: Christoph Graf, Die Schweiz und die Flüchtlinge 1933–1945, op. cit., S. 19 ff.

17 Stefan Mächler, Ein Abgrund zwischen zwei Welten, in: Christoph Graf, Die Schweiz und die Flüchtlinge 1933–1945, op. cit., S. 140 ff.

18 Zitiert von Stefan Mächler, op. cit., S. 173

19 Edgar Bonjour, op. cit., Bd. III, S. 41

20 Christoph Graf, Die politische Haltung der Schweiz 1938–1939, Vortrag am Internationalen Symposium »Der Weg in den Zweiten Weltkrieg«, Universität Bern, 25. 6. 1988

21 Chronik Grenzwachtposten Grenzackerstraße (Riehen), zitiert von Guido Koller, op. cit., S. 59

22 Gerhart Riegner, Die Führung der jüdischen Gemeinschaft in der Schweiz während des Zweiten Weltkriegs, in: Das Neue Israel, September 1985, S. 37

23 Jakob Tanner, Bundeshaushalt, Währung und Kriegswirtschaft 1938–1953, Zürich 1986; Philippe Marguerat, La Suisse face au Ille Reich, Lausanne 1991

24 Alfred Häsler, op. cit., S. 48

25 Für österreichische Juden wird die Visumspflicht eingeführt, was praktisch einer Grenzsperre gleichkommt

26 Heinz Roschewski, Heinrich Rothmund in seinen persönlichen Akten, Zur Frage des Antisemitismus in der schweizerischen Flüchtlingspolitik 1939–1945, in: Christoph Graf, Die Schweiz und die Flüchtlinge 1933–1945, op. cit., S. 107 ff.

27 Heinz Roschewski, op. cit., S. 122
28 Heinz Roschewski, ebd.
29 Heinz Roschewski, ebd.
30 Heinz Roschewski, ebd.
31 Alfred Cattani, in: Die Neue Zürcher Zeitung, 15./16. 3. 1986, zitiert bei H. Roschewski, op. cit., S. 124
32 Jacques Picard, op. cit., S. 407
33 Jean-Claude Favez, Warum schwieg das Rote Kreuz? Eine Internationale Organisation und das Dritte Reich, München 1994, S. 226
34 Stefan Keller, Délit d'humanité, l'affaire Grüninger, Lausanne 1994
35 L'Hebdo, Lausanne, 19. 9. 1996
36 Zitiert bei Anne-Frédérique Widmann, Fonds juifs: Le Crédit Suisse ouvre une brêche dans cinquante ans de silence, in: Le Nouveau Quotidien, Lausanne, 10. 10. 1996; vgl. auch Oliver Schumacher, Der lange Schatten des Holocaust, in: Dic Zeit, Hamburg, 13. 9. 1996
37 Zitiert von Johannes von Dohnanyi, Der heilige Zorn der alten Dame schreckt die Gnomen, in: Die Weltwoche, Zürich, 31. 10. 1996
38 Roger de Weck, in: Der Tagesanzeiger, Zürich, 26./27. 10. 1996
39 Bundesgesetz über die Banken und Sparkassen von 1934, Art. 47. Kommentar der Artikel und regelmäßig auf den neuesten Stand gebrachte Analyse der Rechtsprechung durch Maurice Aubert, in: Fiches juridiques, Genf
40 Hans-Ulrich Kellerhals im Gespräch mit Beat Kappeler, in: Die Weltwoche, Zürich, 24. 10. 1996
41 Heute sind in Großbanken stets zwei Direktionsmitglieder über die tatsächliche Identität des Nummernkontoinhabers informiert. Diese Regel besteht, um die Versuchung zu bekämpfen
42 Gutachten erstellt im Auftrag von Lawrence Lever, Projektbeauftragter der BBC, London, Januar 1993
43 Die ausstehenden Schulden des Reiches beliefen sich auf über 1,2 Milliarden Schweizer Franken
44 Jacques Picard, op. cit., S. 10
45 Marc Perrenoud in: L'Hebdo, Lausanne, 24. 10. 1996
46 Jacques Picard, op. cit., S. 11
47 Das Gesetz hatte 16 Artikel. Bei Zuwiderhandlung sah es eine Maximalbuße von 10 000 Schweizer Franken vor
48 Jacques Picard, op. cit., S. 33
49 Zitiert von Michaël von Orsouw, Herrenlose Vermögen: Die Juden wollen Gerechtigkeit, in: Facts, Nr. 45, Zürich 1996
50 Jean Halpérin im Gespräch mit Jean-Christoph Aeschlimann, in: Der Tagesanzeiger, Zürich, 12. 12. 1996
51 Gerhart Riegner im Gespräch mit Hubert Mooser, in: Die Sonntagszeitung, Zürich, 27. 10. 1996
52 Roger de Weck, in: Der Tagesanzeiger, Zürich, 11./12. 1. 1997

1 Herbert Lüthy, zitiert von Felix A. Müller, in: Die Weltwoche, Zürich, 26. 12. 1996

2 Wer den ungeheuerlichen Bundesratsdirektiven zuwider handelte, wie zum Beispiel der Diplomat Carl Lutz oder der Polizist Paul Grüninger, wurde verurteilt

3 Willi Gautschi, op. cit., S. 235 ff.

4 Jakob Tanner, op. cit., S. 16

5 Jean-François Bergier im Gespräch mit Urs Zurlinden und Daniel Dunkel, in: Revue Facts, Zürich, 9. 1. 1997

Anmerkung zum politischen System der Schweiz

Für die deutschen Leser stellen sich möglicherweise Probleme der politischen Terminologie. Deshalb einige Hinweise: Die Schweizerische Eidgenossenschaft wird regiert von einem siebenköpfigen Bundesrat. Der Bundesrat ist Regierung und kollektiver Staatschef zugleich. Turnusgemäß (entscheidend ist das Datum seiner Wahl) wird ein Bundesrat oder eine Bundesrätin zum Bundespräsidenten gewählt. Jeder Bundesrat steht einem Departement der Bundesverwaltung (Ministerium) vor.

Der Bundesrat wird gewählt von der Vereinigten Bundesversammlung, die aus National- und Ständerat besteht. Der Nationalrat ist die alle vier Jahre vom Volk direkt gewählte Abgeordnetenkammer. Der Ständerat vertritt – gemäß einem Wahlmodus, der je nach Kanton verschieden ist – die 26 Stände (oder Kantone), die den Bundesstaat bilden. Ein Gesetz tritt in Kraft, wenn beide Kammern ihm zugestimmt haben und die Referendumsfrist abgelaufen ist.

Die Eidgenossenschaft ist eine direkte Demokratie: 50 000 Bürgerinnen und Bürger können ein Gesetz zur Volksabstimmung bringen. 100 000 Bürgerinnen und Bürger können jederzeit eine Volksinitiative lancieren: Sie kann die teilweise oder totale Revision der Bundesverfassung (Einführung eines neuen Artikels, Abänderung oder Abschaffung existierender Artikel) zum Ziel haben.

Der erste Bundespakt unter den drei Urkantonen Uri, Schwyz und Unterwalden wurde 1291 beschworen. Die heute geltende Verfassung datiert von 1848.

J. Z.

Dokument 1

MEMORANDUM OF UNDERSTANDING
BETWEEN
THE WORLD JEWISH RESTITUTION ORGANIZATION
and
THE WORLD JEWISH CONGRESS
representing also the
JEWISH AGENCY and Allied Organizations
and
THE SWISS BANKERS ASSOCIATION

(1) An Independent Committee of Eminent Persons will be appointed. Three persons will be appointed by the World Jewish Restitution Organization (WJRO) and three persons will be appointed by the Swiss Bankers Association (SBA). The Committee of six will jointly appoint an additional member as Chairperson. Furthermore, each side will nominate two alternates.

(2) The Chairperson will administer the budget of the Committee which will be funded by the SBA.

(3) The Committee of Eminent Persons will appoint an international auditing company; this company must be licensed by the Federal Banking Commission (FBC) to operate in Switzerland. The SBA will assure the auditors unfettered access to all relevant files in banking institutions regarding dormant accounts and other assets and financial instruments deposited before, during and immediately after the Second World War.

(4) The Committee of Eminent Persons will instruct the auditing company as to the scope of its duties. It will examine the methodology of the individual banks, the Swiss Bankers Association and the Office of the Ombudsman as regards the search for accounts and assets in question. The Independent Committee will also be authorized to retain the services of other experts, as necessary. The Independent Committee will publish progress reports from time to time.

(5) The parties of the agreement will cooperate to assure that the Swiss Govern-

324

ment will deal with the question of looted assets in Swiss banks or other institutions which were not reported or returned under the relevant laws during the years before, during and immediately after the Second World War.

(6) All negotiations will be handled in an environment of absolute discretion with a view of reaching an amicable resolution of all issues.

(7) As soon as the contents of this Memorandum are agreed upon, there will be a summit meeting of the presidents and their delegations to affix their signatures and to announce the names of the members of the Committee and the scope of its task to the public.

Signed and agreed:
New York, New York, May 2, 1996

Edgar M. Bronfman	Zvi Barak
Dr. Georg F. Krayer	Hans J. Baer
Avraham Burg	Israel Singer
Dr. Josef Ackermann	

Mitglieder des unabhängigen Komitees von Persönlichkeiten zur Abklärung von Vermögenswerten ohne Kundenkontakt bei Schweizer Banken aus dem Zweiten Weltkrieg

Schweiz

Herr
Prof. Dr. Curt Gasteyger
Professor für internationale Politik am
Institut universitaire de hautes études internationales, Genf

Herr
René Rhinow
Ständerat

Herr
Prof. Dr. Klaus Jacobi
Altstaatssekretär, Bern

Jüdische Organisationen

Mr. Shevah Weiss
Speaker, Israel Knesset

Mr. Avraham Burg
Chairman, Jewish Agency

Mr. Reuben Beraja
Chairman, Latin America Jewish Congress

Dokument 2

Bundesbeschluss
betreffend die historische und rechtliche Untersuchung
des Schicksals der infolge der nationalsozialistischen Herrschaft
in die Schweiz gelangten Vermögenswerte

vom 13. Dezember 1996

Die Bundesversammlung der Schweizerischen Eidgenossenschaft
gestützt auf die Artikel 64 und 64bis der Bundesverfassung,
nach Einsicht in den Bericht vom 26. August 1996[1] der Kommission für Rechtsfragen des Nationalrates
und in die Stellungnahme des Bundesrates vom 16. September 1996[2],
beschliesst:

Art. 1 Gegenstand

[1] Untersucht werden Umfang und Schicksal von Vermögenswerten aller Art, die von Banken, Versicherungen, Anwälten, Notaren, Treuhändern, Vermögensverwaltern oder anderen natürlichen oder juristischen Personen oder Personengemeinschaften mit Wohnsitz oder Sitz in der Schweiz erworben, diesen zur Verwahrung, Anlage oder Übermittlung an Dritte übergeben oder von der Schweizerischen Nationalbank entgegengenommen wurden. Die Untersuchung bezieht sich auf Vermögenswerte, die

a. Personen gehörten, die Opfer der nationalsozialistischen Herrschaft wurden

---

[1] BBl **1996** IV 1165
[2] BBl **1996** IV 1184

326

oder von denen infolge dieser Herrschaft zuverlässige Nachrichten fehlen und deren Vermögen seither von den Berechtigten nicht beansprucht wurden;

b. infolge der Rassengesetze oder anderer diskriminierender Maßnahmen im Einflußbereich des nationalsozialistischen Deutschen Reiches ihren rechtmäßigen Eigentümern entzogen wurden; oder

c. von Mitgliedern der Nationalsozialistischen Deutschen Arbeiterpartei, vom nationalsozialistischen Deutschen Reich, seinen Institutionen oder Vertretern sowie diesen nahestehenden natürlichen oder juristischen Personen stammen, eingeschlossen alle Finanztransaktionen, die mit diesen Vermögenswerten durchgeführt wurden.

[2] Die Untersuchung erstreckt sich ebenfalls auf die von der Schweiz seit 1945 getroffenen staatlichen Maßnahmen, welche Vermögenswerte nach Absatz 1 zum Gegenstand hatten.

[3] Der Bundesrat kann auf Antrag der Expertenkommission oder von sich aus den Gegenstand der Untersuchung neuen Erkenntnissen oder den Arbeiten anderer Untersuchungskommissionen anpassen. (96.434)

Art. 2 Durchführung der Untersuchung

Der Bundesrat setzt eine unabhängige Expertenkommission ein, welche den Umfang und das Schicksal der Vermögenswerte nach Artikel 1 historisch und rechtlich untersucht. Der Kommission gehören Expertinnen und Experten aus verschiedenen Fachrichtungen an.

[2] Die Expertenkommission orientiert den Bundesrat regelmäßig über den Stand der Arbeiten, namentlich wenn sich im Laufe der Untersuchung konkrete Hinweise auf Vermögensansprüche nach Artikel 1 ergeben.

Art. 3 Vertraulichkeit der Untersuchung

Die mit der Durchführung der Untersuchung betrauten Personen sowie ihre Mitarbeiterinnen und Mitarbeiter unterstehen dem Amtsgeheimnis. Der Bundesrat regelt die Einzelheiten in den Untersuchungsaufträgen.

Art. 4 Pflicht zur Aktenaufbewahrung

Akten, die der Untersuchung nach Artikel 1 dienlich sein könnten, dürfen nicht vernichtet, ins Ausland gebracht oder sonstwie schwerer zugänglich gemacht werden.

Art. 5 Pflicht zur Gewährung der Akteneinsicht

[1] Die in Artikel 1 erwähnten Personen und Institutionen, ihre Rechtsnachfolger sowie Behörden und Amtsstellen sind verpflichtet, den vom Bundesrat bestimmten Mitgliedern der Expertenkommission und den von ihnen beigezogenen Forscherinnen und Forschern Einsicht in alle Akten zu gewähren, die der Untersuchung dienlich sein könnten.

[2] Diese Pflicht geht jeder gesetzlichen und vertraglichen Geheimhaltungspflicht vor.

Art. 6 Verfügung über die Untersuchungsmaterialien

Sämtliche Untersuchungsmaterialien stehen in der alleinigen Verfügungsbefugnis des Bundesrates.

Art. 7 Veröffentlichung der Untersuchungsergebnisse

[1] Der Bundesrat veröffentlicht die Untersuchungsergebnisse vollständig.

[2] Personendaten werden für die Veröffentlichung anonymisiert, sofern überwiegende schutzwürdige Interessen lebender Personen dies erfordern.

Art. 8 Rechtsschutz

[1] Bei Streitigkeiten über die Pflicht zur Aktenaufbewahrung und zur Gewährung der Akteneinsicht entscheidet das Departement auf Antrag der Experten.

[2] Gegen den Entscheid des Departements kann innert zehn Tagen Verwaltungsgerichtsbeschwerde beim Bundesgericht erhoben werden.

[3] Das Departement und das Bundesgericht entscheiden unverzüglich.

[4] Das Bundesgesetz vom 19. Juni 1992[1] über den Datenschutz ist nicht anwendbar.

Art. 9 Strafbestimmungen

[1] Wer vorsätzlich Artikel 4 oder einer gestützt auf Artikel 5 Absatz 1 erlassenen Verfügung zuwiderhandelt, wird mit Haft oder mit Buße bis zu 50 000 Franken bestraft. Handelt der Täter fahrlässig, so ist die Strafe Buße bis zu 10 000 Franken.

[2] Die Strafbarkeit von Verletzungen des Amtsgeheimnisses nach Artikel 320 des Strafgesetzbuches[2] bleibt vorbehalten.

[3] Für Widerhandlungen in Geschäftsbetrieben sind die Artikel 6 und 7 des Verwaltungsstrafrechtsgesetzes[3] anwendbar.

[4] Die Strafverfolgung ist Sache der Kantone.

Art. 10 Finanzierung

Die Bundesversammlung bewilligt einen mehrjährigen Verpflichtungskredit für die Durchführung der Untersuchung nach Artikel 1.

Art. 11 Schlußbestimmungen

[1] Dieser Beschluß ist allgemeinverbindlich.

[2] Er wird nach Artikel 89bis Absatz 1 der Bundesverfassung als dringlich erklärt und tritt einen Tag nach der Verabschiedung in Kraft.

[3] Er untersteht nach Artikel 89bis Absatz 2 der Bundesverfassung dem fakultativen Referendum und gilt bis zum 31. Dezember 2001.

[1] SR **235.1**
[2] SR **311.0**
[3] SR **313.0**

Dokument 3

EIDGENÖSSISCHES DEPARTEMENT FÜR AUSWÄRTIGE
ANGELEGENHEITEN
EIDGENÖSSISCHES DEPARTEMENT DES INNERN

Bern, 19, Dezember 1996

Ernennung der unabhängigen Expertenkommission und Auftrag des Bundesrates

**Historische und rechtliche Untersuchung des Schicksals der infolge der nationalso-
zialistischen Herrschaft in die Schweiz gelangten Vermögenswerte**

Gestützt auf den von beiden Räten einstimmig verabschiedeten Bundesbeschluß
betreffend die historische und rechtliche Untersuchung des Schicksals der infolge
der nationalsozialistischen Herrschaft in die Schweiz gelangten Vermögenswerte
ernannte heute der Bundesrat einstimmig die Mitglieder der unabhängigen Expertenkommission. Diese wird beauftragt, die Rolle der Schweiz und von deren
Finanzplatz im Kontext des Zweiten Weltkrieges zu untersuchen. [...]

Der Bundesrat hat Jean-François BERGIER, Zug, Professor an der ETH Zürich,
zum Präsidenten gewählt.

Die anderen Mitglieder sind:

Wladyslaw BARTOSZEWSKI, Warschau
Saul FRIEDLAENDER, Jerusalem
Harold JAMES, Princeton (USA)
Georg KREIS, Basel
Sybil MILTON, Washington

Jacques PICARD, Bern
Jakob TANNER, Bielefeld, Zürich
Joseph VOYAME, St Brais (Kanton Jura)

[...]

Auftrag an die Expertenkommission

Untersuchungsgegenstand sind im einzelnen die in Art. 1, Abs. 1 und 2, des Bundesbeschlusses definierten Themenfelder. Die Untersuchungen schließen auch die Nachkriegszeit, namentlich die nachfolgenden staatlichen Maßnahmen (Washingtoner Abkommen, Meldebeschluß von 1962 usw.) wie auch die amtliche historische Aufarbeitung dieser Ereignisse mit ein. Die Arbeiten der Kommission können auch die Befragung von Zeitzeugen einschließen.

Der Bundesrat wünscht im Zusammenhang mit dem vom Bundesbeschluß definierten Untersuchungsfeld die Untersuchung insbesondere der folgenden Themenbereiche:

Bedeutung des Goldhandels, der Devisengeschäfte, Rolle der Schweizerischen Nationalbank, Rolle der Privatbanken, Bedeutung der Vermögensverwaltung (sowohl von Opfern des Naziregimes wie auch von Deutschen und ihren Kollaborateuren). Wissensstand der Beteiligten betreffend die Herkunft von Vermögenswerten. Transit von Fluchtgeld durch die Schweiz in andere Staaten. Handel mit Kunstwerken, Schmuck usw. Umfang und Bedeutung dieses Handels mit Raubgut, Kenntnisstand über die Herkunft dieser Vermögenswerte.

Rolle der schweizerischen Rüstungsproduktion, Übernahme deutscher Betriebe durch schweizerische Unternehmen, namentlich im Rahmen der Arisierungsmaßnahmen, Finanzierung der Export/Importgeschäfte.

Staatliche Maßnahmen und rechtliche Grundlagen für Wirtschaft und Finanzplatz, soweit sie für diese Untersuchung relevant sind. Diesbezügliche Abkommen der Schweiz zu den Achsenmächten und den Alliierten. Behördliche Maßnahmen zur Devisenhandelskontrolle, Bankenaufsicht, politische Kontrolle der SNB, Aus- und Einfuhrkontrollen, Kontrolle des Handels mit Kriegsmaterial.

Bedeutung der Flüchtlingspolitik im Zusammenhang mit den wirtschaftlichen und finanziellen Beziehungen der Schweiz mit den Achsenmächten und den Alliierten.

Maßnahmen zur Identifikation, Kontrolle, Rückgabe von Raubgut und Fluchtgeldern, Behandlung der nachrichtenlos gewordenen Vermögenswerte, Behandlung der Vermögenswerte aus den Achsenmächten. Maßnahmen zur Rückgabe von geraubten Vermögenswerten an die Eigentümer bzw. deren Nachkommen/Erben, Definition von Anspruchsberechtigungen.

Rechenschaftsberichte der Behörden über ihre Tätigkeit. Offizielle historische Aufarbeitungen, Reaktionen auf ausländische Quelleneditionen.

Der Bundesrat kann auf Antrag der Kommission oder von sich aus den Gegenstand der Untersuchung neuen Erkenntnissen oder den Arbeiten anderer Untersuchungskommissionen anpassen.

Danksagung

Raoul Ouédraogo und Arnaud Frauenfelder, Assistenten an der Universität Genf, haben mitgeholfen, die umfangreiche Dokumentation zu sichten, zu klassieren und zu kontrollieren. Juan Gasparini hat mir wesentliche Dokumente betreffend der nazistischen Kapitalexporte nach Südamerika verschafft.

Catherine Lorenz hat mit großem persönlichem Einsatz und fachlicher Kompetenz die Reinschrift der sukzessiven Versionen des Manuskripts betreut.

Im Schweizerischen Bundesarchiv ist mir mit außerordentlicher Sachkenntnis und Freundschaft Daniel Bourgeois zur Seite gestanden. Meine Forschung hätte in der vorgegebenen Frist nicht zu Ende geführt werden können ohne die praktischen Ratschläge und bibliographische Orientierungshilfe anderer, international anerkannter Historiker, die über die Beziehungen der Schweiz zum Dritten Reich geforscht haben. Es sind dies vor allem Jean-Claude Favez, Philippe Burrin, Shraga Elam und Hans Ulrich Jost.

Renaud Gautier, Privatbankier in Genf, hat mir wertvolle Erläuterungen zu spezifisch banktechnischen Problemen gegeben.

Zahlreiche, zum Teil entscheidend wichtige, vertrauliche Dokumente, Hinweise und Interna aus der Verwaltung und den Banken sind mir von Personen zugegangen, die aus naheliegenden Gründen ihren Namen hier nicht erwähnt haben möchten. Ihre vielfältige Hilfe zu diesem Buch entspringt tiefer persönlicher Überzeugung.

Erica Deuber-Pauli hat die verschiedenen Versionen des Manuskripts kritisch gelesen und mir kluge Ratschläge erteilt.

Wertvolle Hilfe in Rat und Tat hat mir mein Lektor Karl Heinz Bittel geleistet.

Allen Genannten schulde ich Dank.

Genf, im Februar 1997   Jean Ziegler

GOLDMANN

Krisenherd Naher Osten

Ralph Giordano,
Israel, um Himmels willen, Israel 12474

Victor Ostrovsky,
Geheimakte Mossad   12658

Suha Arafat/Gerard Sebag,
Ich bin eine Tochter Palästinas 12703

Hanan Ashrawi,
Ich bin in Palästina geboren   12722

Goldmann • Der Taschenbuch-Verlag

GOLDMANN

Biographien der Gewalt

Guido Knopp,
Hitler – Eine Bilanz   12742

Guido Knopp,
Hitlers Helfer   12762

Alan Bullock,
Hitler und Stalin   12757

Goldmann • Der Taschenbuch-Verlag

GOLDMANN